LA GESTION STRATÉGIQUE D'ENTREPRISE

Aspects théoriques

2e édition

Marcel Côté et collaborateurs

LA GESTION STRATÉGIQUE D'ENTREPRISE

Aspects théoriques

2e édition

**gaëtan morin
éditeur**

Montréal ▫ Paris ▫ Casablanca

Données de catalogage avant publication (Canada)

Côté, Marcel, 1934-

La gestion stratégique d'entreprise: aspects théoriques.

2e éd.

Comprend des réf. bibliogr. et des index.

ISBN 2-89105-576-4

1. Planification stratégique. I. Titre.

HD33.C67 1995   658.4'012   C95-940998-X

Montréal, Gaëtan Morin Éditeur ltée
171, boul. de Mortagne, Boucherville (Québec), Canada, J4B 6G4, Tél.: (514) 449-2369
Paris, Gaëtan Morin Éditeur, Europe
20, rue des Grands Augustins, 75006 Paris, France, Tél.: 33 (1) 53.73.72.78
Casablanca, Gaëtan Morin Éditeur – Maghreb S.A.
Rond-point des sports, angle rue Point du jour, Racine, 20000 Casablanca, Maroc, Tél.: 212 (2) 49.02.17

Révision linguistique : Christian Bouchard

Imprimé au Canada

Dépôt légal 3e trimestre 1995 – Bibliothèque nationale du Québec – Bibliothèque nationale du Canada

1 2 3 4 5 6 7 8 9 0   G M E 9 5   4 3 2 1 0 9 8 7 6 5

AVANT-PROPOS

Au début des années 90, les professeurs de stratégie de l'École des Hautes Études Commerciales de Montréal concevaient le projet de publier un livre de cas en stratégie d'entreprise. À titre de membre de ce groupe, j'ai complété le projet au cours de l'année 1990-1991. À l'automne 1994, l'éditeur m'informait qu'il fallait songer à une réédition du livre *La gestion stratégique, concepts et cas*. Après m'être informé auprès d'étudiants, de professeurs et de représentants d'éditeurs de la façon de restructurer le livre, j'ai proposé à Gaëtan Morin Éditeur de ne plus réunir en un seul volume les concepts et les cas, mais plutôt de rassembler les concepts dans un manuel et d'envisager la publication d'un ou de quelques livres de cas «sur mesure» adapté(s) aux besoins des étudiants inscrits aux cours de politique générale d'administration et de stratégie intégrés aux programmes de gestion. Ces besoins sont généralement différents selon le programme suivi et l'université fréquentée.

La réalisation d'un tel projet requiert du directeur qui se charge d'assembler les nombreuses pièces d'un aussi vaste casse-tête du temps, des efforts et de la patience. Dans sa tâche, il doit aussi pouvoir compter sur la bonne volonté et la collaboration de plusieurs personnes. Dans le cas de ce manuel, le choix des thèmes et des concepts ainsi que la rédaction du cahier de cas qui l'accompagne proviennent des efforts individuels et collectifs fournis au cours des dernières années par mes collègues Daniel Côté, Christiane Demers, Yvon Dufour, Louis-Jacques Filion, Taïeb Hafsi, Danny Miller, Alain Noël, Francine Séguin et Jean-Marie Toulouse.

Le milieu universitaire commence à peine à reconnaître que la rédaction de documents pédagogiques destinés au « grand public étudiant » est un travail utile et nécessaire au développement des connaissances. Une bonne dose de témérité et de désintéressement est donc nécessaire pour rédiger de tels documents. Je remercie mes collègues de tout leur soutien malgré le peu de retombées scolaires du présent projet. De plus, la rédaction d'un cas requiert de multiples ressources (humaines, financières, techniques), une bonne expérience de l'écriture de cas ainsi qu'une grande ouverture d'esprit de la part des dirigeants des entreprises dont il est question. Si on compare les moyens mis à la disposition des universités canadiennes et québécoises à ceux des universités américaines[*] pour la rédaction de cas, on constate qu'ils sont encore relativement limités. Grâce à la volonté

---

[*] À titre d'information, mentionnons que le budget annuel que la Harvard Business School consacre à la rédaction de cas est à peu près l'équivalent du budget global de fonctionnement de l'École des Hautes Études Commerciales de Montréal.

des collègues en stratégie, nous avons donc pu compter sur la collaboration d'assistants de recherche et surtout d'étudiants diplômés qui, pour la plupart, et selon les exigences universitaires, ont pu rédiger, sous la direction d'un professeur du groupe de stratégie, une version préliminaire de la plupart des cas. Cette version s'est enrichie progressivement avec la participation soutenue et discrète de certains auteurs, de professeurs qui ont supervisé la rédaction des cas et de madame Joëlle Piffault qui a aidé plusieurs étudiants à compléter la version préliminaire.

J'aimerais remercier d'une façon particulière Jacques Lauriol, professeur à l'École supérieure de commerce de Toulouse en France, Mohamed Charih, Michel Paquin et Robert J. Gravel, professeurs à l'École nationale d'administration publique de l'Université du Québec, Georges Fernandez, étudiant au programme conjoint de doctorat à l'École des Hautes Études Commerciales de Montréal, Daniel Côté, Christiane Demers, Yvon Dufour, Louis-Jacques Filion, Taïeb Hafsi, Danny Miller, Alain Noël, Francine Séguin et Jean-Marie Toulouse, tous mes collègues professeurs à l'École des Hautes Études Commerciales de Montréal, de m'avoir permis d'incorporer au manuel certains de leurs écrits.

Pour terminer, je tiens à souligner que le caractère collectif du présent ouvrage ne modifie en rien l'entière responsabilité du directeur de projet à l'égard de son contenu et qu'il ne saurait engager la responsabilité d'aucun de ses collègues, de ses collaborateurs ni d'aucune des directions des entreprises décrites dans ce livre.

COLLABORATEURS
ET COLLABORATRICES

Mohamed Charih est professeur de management à l'École nationale d'administration publique. Il est titulaire d'un M.B.A. en management international et d'un Ph.D. en administration publique. Ses domaines d'intérêt sont le management stratégique dans l'administration gouvernementale, les réformes administratives et la prise de décision dans les organisations publiques complexes.

Daniel Côté est professeur agrégé de stratégie à l'École des Hautes Études Commerciales de Montréal. Il possède un B.A.A. des HEC de Montréal, une maîtrise en économie, une maîtrise en agribusiness et un Ph.D. en économie de la Louisiana State University.

Il est directeur du Centre de recherche en gestion sur les coopératives depuis 1992. De plus, il a fondé un centre de recherche en gestion d'entreprises agroalimentaires qu'il dirige depuis maintenant deux ans. Ses travaux de recherche portent sur l'internationalisation de l'industrie laitière et la formulation de stratégies pour un développement durable, les pratiques de gestion en milieu coopératif, le développement régional et la réinsertion sociale par l'économique.

Il est l'auteur de nombreux articles traitant de différents aspects de la stratégie dans les entreprises et dirige une équipe internationale de chercheurs sur l'internationalisation de l'industrie laitière.

Christiane Demers est professeure agrégée de stratégie à l'École des Hautes Études Commerciales de Montréal. Elle est diplômée de l'Université de Montréal (M.Sc. en communication) et de l'École des Hautes Études Commerciales de Montréal (Ph.D. en administration). Ses domaines de recherche sont la stratégie d'entreprise, le changement dans les organisations et la communication organisationnelle. Elle est l'auteure d'un livre et de plusieurs articles traitant de ces sujets. Elle est également coresponsable du Groupe de développement de la méthode des cas aux HEC.

Yvon Dufour est professeur adjoint de management et de stratégie à l'École des Hautes Études Commerciales de Montréal. Il est titulaire d'un baccalauréat en relations humaines, option communication organisationnelle, de l'Université du Québec à Montréal, d'une maîtrise (M.Sc.) en administration de la santé de l'Université de Montréal et d'un Ph.D. en relations industrielles et en gestion de l'Université de Warwick en Angleterre. Ses principaux domaines de recherche sont la mise en œuvre de stratégies, la gestion des établissements de santé, les alliances et les regroupements d'entreprises privées ou publiques.

Georges Fernandez est ingénieur qualifié et titulaire d'un baccalauréat et d'une maîtrise en génie physique de l'École Polytechnique de Montréal ainsi que d'un M.B.A. de l'Université McGill. Ses travaux de recherche portent sur les alliances stratégiques et la mondialisation.

Tout d'abord ingénieur dans une firme de génie-conseil, il a par la suite été directeur du développement des affaires d'un holding financier, directeur général et chef de la direction d'un groupe industriel européen œuvrant dans le domaine des pâtes et papier et, plus récemment, expert-conseil en gestion auprès de clients industriels européens. Il donne des cours en stratégie aux étudiants des premier et deuxième cycles universitaires.

Louis-Jacques Filion est professeur agrégé d'entrepreneurship et de stratégie. Il est titulaire de la Chaire d'entrepreneurship Maclean Hunter à l'École des HEC de Montréal. Il possède un Ph.D. en entrepreneurship. Ses domaines d'intérêt portent sur les systèmes d'activités des entrepreneurs et des travailleurs autonomes, la stratégie des PME, l'épistémologie ainsi que les méthodologies de recherche en sciences administratives, et, plus particulièrement, sur la vision entrepreneuriale.

Robert J. Gravel est professeur à l'École d'administration publique de l'Université du Québec et, depuis juin 1983, il est directeur de la maîtrise en analyse et gestion urbaine (MAGU), programme conjoint de l'ENAP, l'INRS et l'UQAM. Ingénieur civil (Université Laval), il possède une maîtrise en planification urbaine de l'Université de Toronto ainsi qu'une maîtrise en administration publique de l'Université Southern California. Il a obtenu un doctorat en géographie humaine de l'Université de Paris I – Sorbonne. Ses travaux de recherche portent plus particulièrement sur l'administration municipale et régionale, la décentralisation, la planification stratégique et la productivité dans les petites et moyennes organisations.

Taïeb Hafsi est professeur titulaire de stratégie des organisations à l'École des Hautes Études Commerciales de Montréal. Il a aussi enseigné cette matière à l'Université McGill et à l'École supérieure des sciences économiques et commerciales en France. Très actif dans l'organisation et l'animation de programmes de perfectionnement pour dirigeants, il a orienté ses recherches vers le fonctionnement des organisations complexes. Il est l'auteur de nombreux articles et volumes traitant de ce sujet. M. Hafsi possède un diplôme d'ingénieur en génie chimique, une maîtrise en management de la Sloan School/MIT ainsi qu'un doctorat en administration des entreprises de la Harvard Business School.

Jacques Lauriol est professeur de management stratégique au Groupe ESC Toulouse (France). Il est titulaire d'un doctorat des HEC de Paris. Ses recherches sont axées sur le management stratégique et, plus particulièrement, sur la décision et l'action stratégique. Il est également consultant en stratégie et organisations et membre de la Commission Recherche de l'Association Internationale de Management Stratégique (AIMS).

Danny Miller est chercheur titulaire à l'École des Hautes Études Commerciales de Montréal. Il possède un B.Com., un M.B.A et un Ph.D en gestion, stratégie et théorie des organisations. Ses domaines de recherche sont, entre autres, le processus de décision stratégique, le changement et le déclin dans les organisations, les configurations, les taxonomies et les typologies d'entreprises.

Alain Noël est professeur titulaire de stratégie, membre du Centre d'études en administration internationale (CETAI) et directeur du programme de M.B.A. à l'École des Hautes Études Commerciales de Montréal. Il possède un B.A. de l'Université de Montréal, ainsi qu'un B.A.A. et un M.B.A. des HEC de Montréal. Après une carrière internationale d'expert-conseil en gestion, il obtient un Ph.D. en stratégie de l'Université McGill. Chercheur invité à l'INSEAD, il anime régulièrement des séminaires de stratégie et d'administration internationale dans différents établissements scolaires européens. Il est membre fondateur de la Strategic Management Society, président de l'Association Internationale de Management Stratégique (AIMS), dont le siège social se trouve à Paris, et président du Club Montréal au World Trade Centre Inforum de Montréal.

Michel Paquin est professeur à l'École nationale d'administration publique. Il est diplômé de l'École d'administration de Paris et de l'École des Hautes Études Commerciales de Montréal (Ph.D. en administration). Ses domaines d'intérêt sont les nouvelles formes d'organisation, la réingénierie dans le secteur public, le management stratégique et la formation des managers publics.

Francine Séguin est professeure titulaire à l'École des Hautes Études Commerciales de Montréal. Elle a obtenu un baccalauréat et une maîtrise en sociologie de l'Université de Montréal et elle possède un doctorat de l'Université Harvard. Son enseignement et ses recherches portent sur les théories des organisations et la stratégie d'entreprise, et elle s'intéresse particulièrement à la gestion dans le secteur public.

Elle a été de 1986 à 1993 directrice et rédactrice en chef de la revue *Gestion*, et elle est actuellement directrice du service de l'enseignement de la direction et de la gestion des organisations.

Jean-Marie Toulouse occupe, depuis le 1er janvier 1995, le poste de directeur de l'École des Hautes Études Commerciales de Montréal. Il est également professeur titulaire en entrepreneurship et en stratégie. De 1988 à 1995, il était titulaire de la Chaire d'entrepreneurship Maclean Hunter. Bachelier ès arts de l'Université de Montréal, il y a aussi obtenu un baccalauréat en psychologie ainsi qu'une licence et un doctorat en psychologie sociale. Finalement, en 1970, il recevait un Post Doctoral Fellow en administration des affaires de l'Université de California de Los Angeles.

Il a d'abord travaillé en consultation avant d'accepter un poste de professeur à l'Université d'Ottawa (1970-1973). Il s'est joint à l'équipe des HEC de Montréal en 1973 en occupant divers postes de gestion universitaire et de recherche.

TABLE DES MATIÈRES

CHAPITRE 17
Gérer stratégiquement, c'est choisir les personnes avec le bon profil d'aptitudes et de comportement

CHAPITRE 18
Gérer stratégiquement, c'est être vigilant et adapter constamment ses plans à la réalité du moment afin d'éviter le paradoxe d'Icare en se méfiant des risques du succès

INTRODUCTION

La direction générale et la stratégie

La gestion constitue d'abord un champ d'application et d'action : la praxis, l'art de la personne qui mène l'enjeu, qui prend en charge, qui dirige. Cette praxis repose sur le postulat que les organisations se révèlent plus efficaces (finalité) et plus efficientes (productivité, rendement) lorsqu'elles sont « dirigées » (École des HEC, 1983). La direction générale doit s'assurer que l'organisation s'intègre au milieu en agissant sur lui et en y réagissant. La stratégie a entre autres pour fonction de garantir cette action-réaction.

Dans ce manuel, le dirigeant et la stratégie retiendront notre attention. Nous tenterons de décrire comment prend forme une stratégie au sein d'une entreprise et comment la stratégie se modifie pour s'adapter à son milieu. La description de situations stratégiques variées fera ressortir la nécessité d'agir plutôt que de se contenter de réagir, en s'appliquant à mieux gérer le changement.

Il est à noter que dans ce manuel les termes « direction générale », « dirigeant », « stratège » et « sommet stratégique » sont utilisés indistinctement pour désigner les personnes responsables de la direction de l'entreprise. De même, les termes « entreprise », « compagnie », « firme », « organisation » sont utilisés pour signifier une entité juridique ou une personne morale à but lucratif ou sans but lucratif. Une entreprise, « c'est la mise en œuvre d'une volonté dont la nature est aussi variée que l'est la créativité humaine » (selon la taille, la structure juridique et la nature de l'entreprise, qu'elle soit une entreprise de service, une industrie, un commerce ou un métier).

Bien que le manuel traite plus particulièrement de gestion ou de management stratégique plutôt que de politique générale, nous sommes conscients que cette dernière est essentielle aux stratégies d'une entreprise, même si cette politique générale n'est pas toujours formulée par ses dirigeants. Nous empruntons à Martinet (1983) la définition de politique générale qu'il décrit ainsi :

> [...] *l'ensemble des principes directeurs et des grandes règles et normes qui orientent en permanence l'action* [...] *Elle s'impose à la stratégie en lui fixant des buts à atteindre (ou à ne pas dépasser), des contraintes et des critères à respecter* [...] *Sous les contraintes de politique générale ainsi fixées, le groupe dirigeant est amené à élaborer des stratégies d'évolution de l'entreprise, sur un horizon déterminé.*

Nous parlerons ainsi de hiérarchie de plans, de démarche stratégique, de processus stratégique pour rappeler au lecteur que l'approche «taylorienne», c'est-à-dire la décomposition des décisions stratégiques en étapes séquentielles prises en charge par des niveaux hiérarchiques différents, est dépassée. En effet, elle risque d'une part de dissocier la formulation et la mise en œuvre qui doivent s'interpénétrer pour qu'une stratégie soit pleinement efficace et d'autre part d'attribuer des rôles bien précis aux membres de l'entreprise, c'est-à-dire que revient aux dirigeants la tâche de penser la stratégie tandis que les gestionnaires de niveaux inférieurs ne font que la mettre en œuvre. Nous tenterons de montrer que même si le stratège a besoin de s'appuyer sur des processus et des modèles analytiques pour guider ses choix stratégiques, il ne doit surtout pas renoncer à utiliser son flair et son intuition, et à puiser dans ses expériences passées ce dont il a besoin pour progresser.

Nous aimerions une fois de plus préciser au lecteur que nous considérons comme théorique tout exercice de planification tant qu'il n'est pas entièrement mis en œuvre. Nous croyons que beaucoup de critiques, d'ailleurs bien fondées, contre la planification stratégique et bien des désillusions, des hésitations et des réticences entretenues par des cadres et des dirigeants à l'égard de la gestion stratégique naissent de la dichotomie pensée (conception) et action (mise en œuvre), planificateur concepteur (responsable de la formulation) et acteur sur la ligne de feu (responsable de la réalisation des plans souvent conçus à l'écart). Rappelons que, pour nous, un plan demeure «une vue de l'esprit» et ne trouve sa vraie utilité que lorsqu'il est transformé en projets concrets réalisables en un temps limité, avec une somme de ressources prévisibles et disponibles, et qu'il est appliqué dans des délais raisonnables par des membres de l'organisation qui y adhèrent suffisamment pour souhaiter son efficacité et son efficience.

Nous espérons démontrer que la pensée du dirigeant bien encadrée par une démarche et un processus de planification stratégiques doit tenter de comprendre la complexité croissante de l'environnement de son entreprise dans le but de la simplifier. Le dirigeant et ses collaborateurs pourront sans doute mieux déterminer les variables clés relatives aux activités de l'entreprise afin d'établir leur propre capacité à influencer et à contrôler ces variables au moment de l'application de leurs plans d'action. Il ne faut toutefois pas croire que tout est question de science et de raison en gestion stratégique. Ce que nous voulons explorer dans ce manuel, c'est autant la dimension «art» que la dimension «science». En effet, nous tenterons de vous faire découvrir comment le dirigeant stratège conçoit les activités futures de son entreprise, comment il se positionne par rapport à ses concurrents, comment il organise et utilise ses ressources, comment il s'y prend pour les intégrer dans ses projets, comment il gère son entreprise composée de personnes «intelligentes».

Résumé du contenu du manuel

Voici maintenant une brève description du contenu de chacun des chapitres du manuel. Le chapitre 1 traite de l'importance pour le dirigeant d'appuyer sa pensée et son action sur une démarche et un processus stratégiques au moment de sélectionner une stratégie. Au chapitre 2 nous étudions les différentes définitions de la notion de stratégie et les diverses écoles de pensée stratégique. Le chapitre 3 décrit le choix de la mission, du domaine d'activité et des objectifs à atteindre et la présence de plusieurs niveaux stratégiques. Plusieurs démarches reliées à l'élaboration de la stratégie sont présentées au chapitre 4. Le chapitre 5 traite de la recherche pour une entreprise d'une possibilité de croissance dans un domaine d'activité et des facteurs de réussite. Le chapitre 6 dresse un tableau des outils qui servent à évaluer les ressources d'une entreprise. Le chapitre 7 décrit la façon de développer une vision collective et partagée au sein d'une entreprise. Les chapitres 8 et 9 traitent des répercussions des valeurs des dirigeants sur la stratégie et du rôle social que joue une entreprise par rapport au choix final d'une stratégie. Au chapitre 10, nous examinons l'importance pour une entreprise de se positionner dans un ou plusieurs domaines d'activité. La recherche d'un équilibre entre les composantes de la stratégie fait l'objet du chapitre 11. Les chapitres 12 à 16 traitent des moyens de mettre en œuvre la stratégie au sein de diverses catégories d'organisations, du choix de la structure organisationnelle, de la sélection des systèmes de gestion, des mécanismes de partage des ressources et d'intégration des personnes au processus décisionnel, de l'établissement d'options stratégiques génériques et de l'évaluation des ressources requises pour leur mise en œuvre. Le chapitre 17 rappelle qu'il importe de choisir des personnes capables d'appliquer la stratégie retenue. Pour terminer, le chapitre 18 met en lumière l'importance pour entreprise de se méfier du succès et rappelle qu'il lui est essentiel d'adapter constamment ses plans stratégiques à la réalité pour conserver sa santé stratégique. Quant à la conclusion, elle souligne que les modèles les plus performants sont ceux encadrés par une vision et une démarche stratégiques faisant partie d'un processus formel de planification et qui ne cherchent pas à se substituer à l'intuition et au flair du dirigeant.

CHAPITRE 1

Gérer stratégiquement, c'est reconnaître que le dirigeant qui définit la stratégie sert de guide à l'orientation du changement en adoptant une démarche et un processus stratégiques pour guider sa pensée et son action

Il y a une vingtaine d'années, les dirigeants de la majorité des entreprises étaient préoccupés par la résolution de problèmes immédiats : ils s'adaptaient à la situation. Ainsi, en utilisant la classification des décisions de gestion proposée par Ansoff (1968 : 15) et Mussche (1974 : 30), nous pouvons dire que leur attention était davantage retenue par des décisions *mécaniques ou opérationnelles* (assurant le fonctionnement quotidien de l'entreprise) et *administratives* (assurant à court terme la gestion des moyens) que par des décisions *tactiques* (appliquant à court et moyen terme les décisions stratégiques par l'organisation des moyens nécessaires) *stratégiques* (caractérisant le choix que fait l'entreprise d'un comportement global et à long terme par rapport à son environnement). L'ajout graduel de techniques et d'outils de gestion, la direction par objectifs (DPO), la gestion base zéro (GBZ), la gestion assistée par ordinateur et les systèmes informatisés de gestion ont permis à une équipe grandissante de spécialistes et d'experts d'approfondir leur connaissance de l'environnement de l'entreprise et de préparer des plans afin de s'adapter aux changements survenant autant dans les ressources que dans l'environnement de l'entreprise. Malheureusement, ces efforts de planification n'ont pas connu les succès escomptés, parce que les personnes responsables de la décision finale et de son exécution ne percevaient pas la pertinence des plans et des projets retenus. Les décisions de ces décideurs stratégiques étaient guidées en partie par les suggestions des experts plus souvent intéressés à l'outil et à la démarche scientifique qu'aux conclusions de leur analyse. Les séances de planification devenaient ainsi de moins en moins fréquentes, car le nombre croissant de facteurs à considérer et à optimiser faisait paraître futiles ces modèles. Les dirigeants en sont venus à ne plus tellement remarquer la différence entre leur démarche de planification basée sur l'intuition et l'expérience et celle qui s'appuyait sur l'utilisation de modèles dits sophistiqués par des spécialistes qui, souvent éloignés de l'action ou insuffisamment expérimentés, ignoraient les variables clés dont il fallait tenir compte. Ces spécialistes oubliaient souvent d'inclure les décideurs dans leur démarche de planification. Devant l'échec des efforts de planification à long terme, les dirigeants des entreprises ont aboli leur service de planification localisé au siège social et ont déplacé leurs spécialistes plus près de l'action (*Business Week*, 1986). Ces modifications ont permis d'intégrer davantage les membres de la direction générale et les dirigeants des centres d'activités stratégiques (CAS) à cette nouvelle approche de planification, que l'on surnomme la gestion stratégique. Jauch et Glueck (1990) la définissent ainsi :

> [...] *un ensemble de décisions et d'actions qui conduisent au développement d'une stratégie efficace ou de stratégies qui aident à atteindre les objectifs de l'entreprise. Le processus de management* [gestion]* *stratégique est la façon selon laquelle les stratèges déterminent les objectifs et prennent des décisions stratégiques.*

Le dirigeant et sa démarche stratégique

Comme le soutient Martinet (1984 : 48), une décision stratégique s'intéresse à « l'externe » de l'entreprise en questionnant sa manière de « s'insérer de façon profitable dans son environnement » aussi bien qu'à « son interne » en définissant un ensemble de règles, de normes et de conditions nécessaires à sa réalisation ; il faut alors éviter de retomber dans cette « vision militaire » de la démarche stratégique qui réserve à l'état-major (les dirigeants) le rôle de concepteur de la stratégie et aux unités de combat (le personnel cadre) celui d'exécuter les « ordres stratégiques » transmis par le sommet. Une telle conception de la démarche stratégique est risquée de nos jours :

> [...] *dans le monde concurrentiel des entreprises il n'existe pas de réponse toute faite à un problème stratégique particulier. Les réponses comme les solutions sont aussi diverses que les empreintes digitales. L'histoire, l'environnement, la personnalité des dirigeants exercent, à des titres différents, des influences subtiles qui rendent chaque problème unique en son genre* [...] *La performance d'une entreprise est le résultat d'une association judicieuse de la préparation et de l'exécution. Elle ressemble à une course d'aviron :* « *quelle que soit la vigueur de chacun des rameurs, si le capitaine ne donne pas la bonne direction, l'équipe ne peut pas l'emporter. À l'inverse, même lorsque le barreur est un navigateur accompli, la victoire ne peut être acquise que si l'équipe rame à l'unisson.* (Ohmae (1991 : 70)

La gestion stratégique traditionnelle est donc à reconsidérer pour les deux motifs suivants proposés par Martinet (1984 : 2) :

---

* Nous allons parler de gestion plutôt que de management stratégique.

- « L'entreprise est un ensemble hétérogène peuplé de personnes et de groupes qui n'ont, *a priori*, aucune raison d'adhérer au projet stratégique des dirigeants. De ce fait, ses dimensions sociales, politiques et culturelles ne peuvent plus être rejetées hors de la stratégie. »

- « L'environnement n'est pas gouverné, partout et toujours, par les seuls mécanismes du marché. La stratégie de l'entreprise peut être contrecarrée par des acteurs « venus d'ailleurs » qui font aussi usage d'armes politiques. »

Dans cet esprit, nous allons tenter d'élargir l'analyse stratégique traditionnelle en nous efforçant d'abord de décrire la démarche stratégique suivie par des dirigeants d'entreprise pour se doter d'un cadre d'analyse et d'action utile à leur gestion stratégique. Par la suite nous traiterons du processus de décision stratégique pour enfin décrire les principaux modèles qui guideront leur intuition, leur flair et leur expérience dans le choix des stratégies à adopter. Ils allieront ainsi leurs habiletés analytiques aux expériences variées qu'ils ont accumulées par le biais de leurs actions passées.

Le cadre général de la démarche stratégique

Fiévet (1993 : 110-113) propose un cadre général à la démarche stratégique en croisant deux axes. D'une part un axe pensée (concept)-action (application concrète), d'autre part un axe temps passé (expérience)-temps futur (exploration). La combinaison de ces deux axes permet d'obtenir un cadre quadripartite du questionnement qui regroupe les quatre opérations suivantes, lesquelles constituent le fondement de la démarche stratégique :

- l'histoire et l'étude des leçons de l'histoire afin d'en dégager les principes permanents (comment concilier les principes immuables et l'évolution régulière) ;

- la prospective et la mesure de l'évolution, rémanence réaliste du passé conditionnant l'avenir (penser l'avenir) ;

- les principes qui servent de fondement à la démarche intellectuelle (comment faire le pont entre le sens permanent du passé et le sens prospectif à découvrir) ;

- la créativité qui permet l'adaptabilité des idées prospectées (construire l'avenir).

Le développement de ces quatre opérations vise à mettre en rapport l'histoire, les principes, la prospective et la créativité, comme l'illustre la figure 1.1 (voir p. 4) qui reproduit ce cadre général de la démarche stratégique. Fiévet soutient que la formation de la stratégie doit reposer sur un équilibre entre ces quatre opérations, car un trop grand poids accordé à l'une ou l'autre d'entre elles risque de donner une stratégie trop rigide ou figée ou encore mal adaptée tantôt à son environnement, tantôt aux ressources de l'entreprise, tantôt encore aux valeurs de la direction. Il souligne qu'un déséquilibre dans l'utilisation de ces quatre éléments au moment de la définition de la stratégie peut conduire à de mauvaises définitions. Par exemple, le dirigeant qui voudrait trop centrer son questionnement sur les seuls principes peut en venir à les considérer comme des règles figées et concrètes à appliquer mécaniquement. Celui qui se centre trop sur l'histoire risque de souffrir de conformisme en copiant le passé et en cherchant à reproduire des modèles désuets. Le dirigeant qui abuse de la prospective court le risque de se laisser entraîner par l'effet de la mode. Enfin, celui qui est trop attiré

FIGURE 1.1
Le cadre général de la démarche stratégique

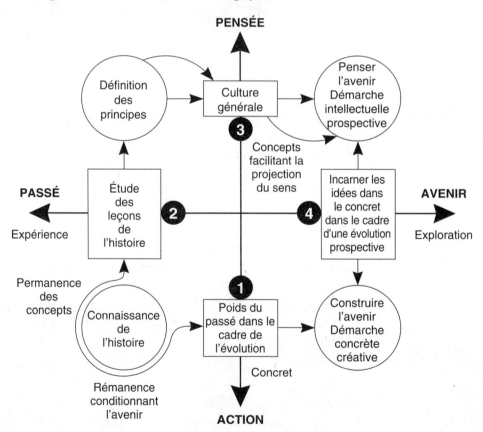

Les quatre opérations qui fondent la démarche stratégique

SOURCE: Général (CR) Fiévet, G., *De la stratégie,* © 1993 InterÉditions.

par la créativité concrète risque de se lancer dans la fabrication de gadgets. Ainsi, il faut donc savoir questionner pour pouvoir créer un nouveau produit, une nouvelle façon de voir un produit existant, une nouvelle façon d'envisager la fabrication, la distribution, la publicité ou la structure de prix. Ces nouveautés conduiront probablement à la définition d'une nouvelle stratégie plus cohérente avec les besoins du client.

Le cadre général de la démarche stratégique illustré par la figure 1.1 permet de formuler plus ou moins clairement, selon la nature de l'industrie et la situation de l'entreprise, un certain nombre de questions semblables à celles qui suivent. À partir des leçons tirées de l'histoire de l'industrie à laquelle l'entreprise appartient et à partir de sa propre histoire, quels principes directeurs ses dirigeants peuvent-ils dégager pour le futur? Quel poids faut-il accorder au passé dans le cadre de l'évolution que vont connaître les activités principales de l'entreprise? Comment mesure-t-on l'évolution des changement survenus? Peut-on prévoir leurs tendances futures à l'aide d'une démarche intellectuelle prospective ou, au contraire, vaut-il mieux apprendre à se méfier de certains modèles de planification stratégique disponibles qui extrapolent le futur à partir d'une vision linéaire du passé, ou réduisent un problème stratégique complexe à quelques variables secondaires? Par exemple, comment une entreprise peut-elle découvrir en examinant ses plus belles réussites passées celles qui sont «porteuses» d'avenir? Comment vont-elles se maintenir et aussi se développer? Peut-on graver dans la tête du plus grand nombre de membres de l'entreprise les principes permanents qui vont guider leur pensée et leur démarche stratégique afin de s'assurer que tout le monde est sur la même longueur d'onde? Quelle est la qualité de la pensée stratégique des principaux dirigeants de l'entreprise? Enfin, comment incarner les idées, les prévisions et la vision du futur dans des projets concrets qui cadrent avec l'évolution prévue?

Le processus d'élaboration de la stratégie

Une fois que les dirigeants qui vont participer au choix des stratégies se sont entendus sur la démarche stratégique à adopter pour encadrer leur réflexion et leur action, il leur reste encore à décider du processus stratégique à suivre. Ce choix est bien important car, comme le souligne Ohmae (1991 : 63) :

La conception d'une stratégie n'est autre que l'extension logique du processus de pensée usuel. C'est un véritable mode de vie, une philosophie à long terme et non un raisonnement à court terme fondé sur des expédients. Comme toute activité créatrice, la réflexion stratégique ne devient un art que lorsque certains principes opérationnels sont gardés présents à l'esprit et certains écueils évités avec soin.

Comment s'élabore une stratégie? Deux façons sont possibles. Premièrement, par quelques dirigeants au sommet de l'entreprise qui, après avoir formulé la

stratégie seuls ou avec la contribution de leurs conseillers et de leurs collaborateurs immédiats, demandent aux cadres des niveaux inférieurs de la mettre en
œuvre – on parle alors d'une planification du «haut vers le bas» – ou, à l'opposé,
par les gens de la base qui instaurent le changement stratégique et qui mettent
en œuvre la stratégie une fois qu'elle a été négociée par les gens du sommet et
de la base – on parle alors d'un processus du «bas vers le haut». L'approche du
haut vers le bas, appliquée dans sa forme pure, a peu de chances de donner des
résultats très positifs, car vouloir séparer la formulation de la mise en œuvre de
la stratégie, c'est un peu comme vouloir séparer la pensée de l'action ou encore
vouloir débrancher la tête du reste du corps dans la réalisation de la majorité
des activités humaines. Par contre, l'approche du bas vers le haut dans sa version pure vise à laisser aux gens de la base une marge de manœuvre qui risque
de conduire à des impasses si leur action n'est pas encadrée par de grandes lignes
directrices et des objectifs généraux émanant de la direction générale de l'entreprise. Ainsi, sans un minimum d'encadrement de la part de la direction qui doit
aussi mettre à la disposition des gestionnaires de l'entreprise un certain nombre de ressources, il y a un risque sérieux de faire perdre temps et argent à l'entreprise et d'engendrer beaucoup de frustration chez tous les intervenants en leur
créant beaucoup d'illusions. Nous reviendrons plus loin sur ces questions.

La typologie des processus de formation de la stratégie

Le processus de formation de la stratégie s'adapte à la situation particulière d'une
entreprise et peut prendre différentes formes selon les objectifs de l'entreprise,
ses stratégies, le style de gestion en vigueur, sa culture organisationnelle et sa
structure administrative, tel que le soulignent Hax et Majluf (1988 : 99). Leur
revue de la littérature leur a permis de bâtir une typologie du processus de formation de la stratégie qui couvre autant la stratégie délibérée que la stratégie
émergente. Le tableau 1.1 présente huit catégories de processus de formation
allant de la stratégie purement délibérée (planifiée) à la stratégie purement émergente (imposée).

Les caractéristiques et le contenu du processus stratégique proposé par Mintzberg

Décrivons maintenant plus en détail le processus d'élaboration de la stratégie
proposé par Mintzberg (1994). Ce dernier souligne qu'un tel processus est «mieux
caractérisé comme un processus d'apprentissage, comme une formation de la stratégie» et qu'il ne faut pas faire de dichotomie entre la formulation et la mise en

TABLEAU 1.1
La typologie des processus de formation de la stratégie :
de la stratégie délibérée à la stratégie émergente

Types de stratégies et caractéristiques du processus de formation

1- Planifiée

La stratégie naît de plans formels et d'intentions (purement délibérées) choisis par le sommet qui se dote d'un système de contrôle pour aider la mise en œuvre dans un environnement calme. La stratégie est purement délibérée.

2- Entrepreneuriale

La stratégie naît de la vision d'une personne qui contrôle tout. La stratégie est délibérée mais peut émerger.

3- Idéologique

La stratégie naît de croyances partagées par le biais de l'endoctrinement ou de la socialisation. L'organisation étant proactive, la stratégie est plutôt délibérée.

4- Parapluie

La stratégie naît de contraintes, le dirigeant ayant un contrôle partiel sur ce qui se passe ; la stratégie est alors partiellement délibérée et émergente.

5- Processus

La stratégie naît d'une approche où le processus est contrôlé par le dirigeant alors que le choix du contenu est fait par les autres acteurs. La stratégie est alors partiellement délibérée et émergente.

6- Déconnectée

La stratégie naît d'une enclave plus ou moins liée à l'ensemble, qui ne s'objecte pas à l'intention centrale. La stratégie émerge de l'organisation, qu'elle soit ou non délibérée pour les acteurs.

7- Consensus

La stratégie naît du consensus obtenu par des ajustements mutuels. Il peut y avoir des risques de dérapage en l'absence d'intentions communes. La stratégie est surtout émergente.

8- Imposée

La stratégie naît de l'environnement qui dicte des actions à faire en limitant les choix. Elle est principalement émergente, même si elle peut être intériorisée et devenir délibérée.

SOURCE : Adapté de Hax, A.C. et Majluf, N.S., « The Concept of Strategy and the Strategy Formation Process », *Interfaces*, vol. 18, n° 3, mai-juin 1988.

œuvre d'une stratégie, quelle que soit la situation de gestion vécue. Par exemple, dans une situation de gestion centralisée (de type entrepreneurial ou visionnaire), ceux qui formulent la stratégie la mettent aussi en œuvre de manière qu'une stratégie formulée puisse être évaluée et reformulée en continu au cours de sa mise en œuvre. À l'extrême, dans des situations plus complexes de gestion, la pensée stratégique n'est pas concentrée en un seul point, de sorte que ceux qui mettent en œuvre la stratégie doivent aussi en assurer la formulation. À la limite, l'entreprise peut s'inspirer dans sa démarche d'élaboration de la stratégie d'un modèle que Mintzberg (1994 : 293-296) surnomme le « modèle jardinier » ou le « modèle de la serre » et qui possède les caractéristiques suivantes :

1. « Les stratégies se développent initialement comme les mauvaises herbes dans un jardin, n'étant pas cultivées comme les tomates dans une serre. » Il est peut-être préférable de laisser émerger des structures plutôt que d'imposer prématurément une cohérence artificielle.

2. « Ces stratégies peuvent prendre racine dans toutes sortes d'endroits, pratiquement partout où des individus ont la capacité d'apprendre et possèdent les ressources nécessaires pour soutenir cette capacité. »

3. « De telles stratégies deviennent organisationnelles quand elles deviennent collectives, c'est-à-dire quand les structures prolifèrent de façon telle qu'elles envahissent le comportement de l'organisation dans son ensemble. » Ainsi, des stratégies émergentes déplacent parfois des stratégies délibérées existantes.

4. « Les processus de prolifération peuvent être conscients mais ils n'ont pas besoin de l'être ; ils peuvent être gérés mais ils n'ont pas besoin de l'être. »

5. « Les nouvelles stratégies, qui peuvent émerger de façon continue, ont tendance à envahir l'organisation au cours de périodes de changements, ponctuées par des périodes de continuité plus intégrée. » Ainsi, l'exploitation de

FIGURE 1.2
La planification, les plans et les planificateurs
autour de la boîte noire de la formation de la stratégie

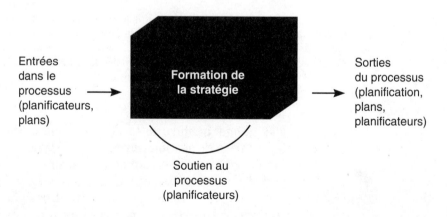

Entrées
dans le
processus
(planificateurs,
plans)

Formation de
la stratégie

Sorties
du processus
(planification,
plans,
planificateurs)

Soutien au
processus
(planificateurs)

SOURCE : Mintzberg, H., *Grandeur et décadence de la planification stratégique*, Paris, Dunod, 1994, p. 333.

stratégies prévalentes et établies peut être interrompue par l'expérimentation de nouveaux thèmes stratégiques.

6. « Gérer ce processus, ce n'est pas préconcevoir des stratégies, mais reconnaître leur émergence et intervenir lorsque c'est approprié. » S'il est nécessaire de déraciner une herbe destructrice dès qu'elle a été identifiée, il vaut la peine d'examiner une herbe qui semble prometteuse et même de construire une serre autour d'elle.

La description du processus stratégique

Mintzberg (1994 : 333 et 391) propose un cadre d'ensemble pour la planification, les plans et les planificateurs que nous reproduisons à la figure 1.2. Ce cadre présente la « boîte noire impénétrable pour la planification aussi bien que pour les planificateurs, autour de laquelle, plutôt que dans laquelle ils travaillent ». Cette boîte noire est précédée d'éléments qui entrent dans le processus (les planificateurs et les plans) et elle est suivie d'éléments qui l'accompagnent à la sortie du processus (planification, plans et planificateurs). La figure 1.3 éclaire davantage sur la présence des planificateurs un peu partout au sein du processus.

FIGURE 1.3
Un cadre d'ensemble pour la planification, les plans et les planificateurs

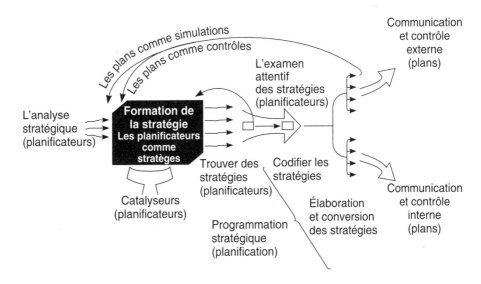

SOURCE : Mintzberg, H., *Grandeur et décadence de la planification stratégique*, Paris, Dunod, 1994, p. 391.

On y voit que le planificateur fait l'analyse stratégique qui sert d'intrant à la « boîte noire », qu'il agit encore comme catalyseur au moment de la formation de la stratégie (trouver des stratégies, les examiner, les codifier, élaborer des plans et convertir les stratégies en plans) et qu'il doit aussi communiquer les plans et exercer un contrôle sur ces derniers autant à l'intérieur de l'entreprise qu'à l'extérieur de celle-ci. Il est donc présent à chacun des moments qui précèdent et suivent la formation de la stratégie et peut ainsi non seulement trouver des stratégies mais encore les programmer, les examiner, les communiquer et les évaluer, tant à l'intérieur de l'entreprise qu'à l'extérieur.

Un tel cadre de planification permet de répondre à la première des deux questions que voici :

1. Pourquoi les organisations planifient-elles leurs stratégies ? À cause des motifs suivants, répond Mintzberg (1994 : 391-392) : pour programmer les stratégies, c'est-à-dire opérationnaliser leur comportement ; pour expliciter leurs plans de mise en œuvre afin de satisfaire les besoins de communication et de contrôle ainsi que les besoins de coordination.

2. Pourquoi les planificateurs se mettent-ils à planifier les stratégies au sein de leur organisation, sans se préoccuper de les programmer et sans expliciter leur mise en œuvre ? Pour trouver une logique à l'action ; pour injecter des données et des analyses dans le processus de formation de la stratégie ; pour examiner attentivement les stratégies qui proviennent de leur processus de formation ; pour inciter les autres membres de l'organisation à penser stratégiquement et à mieux connaître le processus de formation utilisé.

Les questions formulées avec l'appui du processus stratégique

La démarche stratégique décrite précédemment a permis de formuler des questions générales sur l'avenir à long terme d'une industrie et d'une entreprise qui en fait partie. En nous inspirant du processus stratégique décrit ci-dessus, nous proposons de formuler un certain nombre de questions plus spécifiques touchant l'avenir plus immédiat de l'entreprise.

Compte tenu de l'analyse stratégique, quelle affaire ou quelles affaires l'entreprise doit-elle privilégier dans les trois, cinq ou dix prochaines années ? Comment l'entreprise a-t-elle réalisé ses plans au cours des dernières années ? Qu'a-t-elle fait de bien jusqu'ici ? Quelles affaires a-t-elle développées au cours des cinq dernières années ? Quels concurrents affronte-t-elle aujourd'hui et affrontera-t-elle demain ? Comment est-elle arrivée à se distinguer dans son ou ses domaines d'activité ? Que doit-elle faire de différent dans le futur pour survivre, se développer ? Comment doit-elle s'y prendre pour réussir dans de nouveaux domaines d'activité ?

Parmi ses ressources et ses compétences principales, quelles sont celles qui seront encore utilisables dans ses activités de demain et transférables à de nouvelles activités ? De quels moyens nouveaux va-t-elle devoir et pouvoir se doter pour réaliser tous ses projets ? De quels types de gestionnaires aura-t-elle besoin demain pour gérer ses activités «traditionnelles», ses activités nouvelles ? Sont-ils présents dans l'entreprise ? Sinon, peut-on les former à l'interne ou doit-on les recruter chez les concurrents ? Quelle influence ces nouveaux dirigeants auront-ils sur la démarche et le processus stratégiques utilisés par les dirigeants actuels de l'entreprise ? Quel type d'organisation et quels systèmes de gestion faut-il à l'entreprise pour y réussir ? Comment mettre en place une vigie, des systèmes et des méthodes de contrôle pour éviter «le paradoxe d'Icare», c'est-à-dire pour ne pas se laisser asphyxier par un trop grand succès soutenu et pour avoir le courage d'analyser constamment ses activités, même quand tout va bien et même pour avoir le courage de les abandonner quand elles paraissent à leur meilleur ?

Le dirigeant peut répondre à ces questions d'une manière spontanée en se laissant guider davantage par son intuition. Il peut encore y répondre en s'appuyant sur une démarche plus rationnelle faisant appel à la logique et à l'analyse des faits. Nous verrons qu'en matière de stratégie la spontanéité et la créativité sont des ingrédients nécessaires mais insuffisants pour déterminer les conditions et les facteurs entraînant un bon rendement. Nous venons de voir que le planificateur peut intégrer ses réflexions et ses actions à l'aide d'une démarche stratégique et d'un processus intégrateur des activités de planification, de formation et de programmation de la stratégie. Nous allons maintenant nous attarder au fait qu'il peut encore s'inspirer d'un certain nombre de modèles conçus pour l'aider à effectuer diverses analyses sur l'environnement et les ressources du ou des couples produit-marché de son entreprise, sur la dynamique de son industrie et sur l'intensité de la concurrence qu'on y retrouve, sur les activités principales et secondaires de son entreprise afin de préciser celles qui ont le plus de valeur pour ses clients et celles qui constituent le «cœur de ses compétences» afin d'évaluer la qualité de son portefeuille de compétences, sur ses chances de réussite future en évaluant la qualité de son portefeuille de couples produit-marché, sur la qualité de ses structures organisationnelles et des divers systèmes de planification, de contrôle, de récompense/punition, de communication en opération dans son entreprise.

Dans ce manuel, nous tenterons d'amener le dirigeant stratège à encadrer sa pensée dans une démarche et un processus de planification stratégiques afin de l'aider à mieux comprendre la complexité croissante de l'environnement de son entreprise dans le but de centrer son action sur l'essentiel et de simplifier ce qui paraît trop complexe. Il aura alors à transmettre sa nouvelle vision du monde à ses collaborateurs. Ensemble, ils pourront sans doute mieux déterminer les variables clés qui concernent les activités de l'entreprise et mieux établir leur propre capacité d'influencer et de contrôler ces variables au moment de la mise en œuvre de leurs plans d'action. Ainsi, en s'alimentant aussi bien à la dimension «art» qu'à la dimension «science» de leur métier de dirigeants, ils découvriront sans doute de meilleures façons d'organiser et d'utiliser leurs ressources, de les intégrer à leurs projets, de gérer plus intelligemment leur actif principal «qui prend l'ascenseur à tous les jours».

Enfin, pour souligner l'importance de toutes les activités qui constituent le processus stratégique, elles seront toutes traitées dans cet ouvrage. Néanmoins, nous consacrerons plus de temps à l'analyse stratégique et à la formation de la stratégie qu'à la programmation de la stratégie. Ce choix ne signifie nullement que nous valorisons davantage l'analyse et la formation que la programmation ; un manque de temps et d'espace nous y contraint. Nous ne voulons pas pour autant perdre de vue l'ensemble des activités nécessaires à la réalisation de la stratégie. En effet, la stratégie la mieux formulée ne vaut rien si sa pertinence n'est pas validée et si sa mise en œuvre est ratée. De même, des plans trop rigides de mise en œuvre d'une stratégie non pertinente peuvent empêcher l'émergence de stratégies qui conviennent mieux à un nouvel environnement et, en même temps, mettre en danger la survie et la pérennité de l'entreprise en entraînant des résultats catastrophiques.

Nous verrons au chapitre 2 ce que l'on entend par le terme «stratégie», quelles sont les principales écoles de pensée stratégique et la vision du processus stratégique que chacune adopte, et enfin comment les points de vue adoptés par chacune peuvent affecter le rôle joué par le stratège.

CHAPITRE 2

Gérer stratégiquement, c'est reconnaître que la stratégie peut être vue sous des angles différents selon les points de vue adoptés par les principales écoles de pensée stratégique

La gestion stratégique n'a pas évolué différemment des autres disciplines faisant partie d'un programme d'études en gestion. En effet, il y a une trentaine d'années les livres de Chandler (1962) et d'Ansoff (1965) et le livre d'études de cas de l'équipe de Harvard édité et réédité par les pionniers Learned, Christensen, Andrews et Guth (1965), ainsi que quelques articles plus ou moins reliés au sujet, constituaient la documentation disponible pour un cours de politique générale. Mais, depuis ce jour, on assiste à une prolifération de recherches provenant de chercheurs de toutes disciplines qui s'intéressent à l'un ou l'autre des thèmes ou groupes de concepts relatifs à la stratégie. Certains de ces chercheurs ont été élevés au rang de pseudo-gourou en apportant au domaine une contribution «empruntée à l'économie», d'autres ont critiqué la majorité des modèles en place, sans toutefois en proposer de meilleurs, ou se sont simplement acquittés des exigences universitaires du «publie ou péris», et un certain nombre d'entre eux en a profité pour se faire connaître comme consultant. L'éclatement et le morcellement théorique de plus en plus prononcé et le nombre de sujets de recherche sur des thèmes reliés à la stratégie répondent sans doute aussi bien aux critères des organismes subventionnaires – de moins en moins bien nantis – qu'aux règles de promotion du milieu universitaire – de plus en plus surpeuplé. Toutefois, toutes ces recherches répondent-elles adéquatement aux besoins des dirigeants d'aujourd'hui aux prises avec des problèmes de plus en plus multidimensionnels, qu'ils soient à la tête d'une PME ou d'une entreprise multinationale? En consultant la bibliographie produite à la fin du livre, le lecteur constatera par lui-même l'abondance de la documentation disponible aujourd'hui.

Devant une telle abondance, examinons maintenant les écoles de pensée stratégique qui sont nées depuis une vingtaine d'années. Devant les nombreuses définitions du concept de stratégie, nous constaterons qu'il est difficile d'en trouver une qui rallierait la majorité des théoriciens et des praticiens.

Les écoles de pensée stratégique

Allaire et Firsirotu (1993 : 12-14) identifient deux grandes écoles de pensée en stratégie. La première, l'*école de l'analyse stratégique* de l'industrie et de la concurrence ou de positionnement, popularisée par Michael Porter (1980, 1985), « propose un examen des facteurs stratégiques reliées aux produits, aux marchés et aux concurrents » en s'appuyant sur une démarche cérébrale et analytique… « Les choix de position et de déplacement stratégiques résultent d'une démarche intellectuelle au plus haut niveau de la firme. » La seconde, l'*école des ressources et des compétences stratégiques*, popularisée récemment, entre autres, par Hamel et Prahalad (1990, 1994), « conçoit la stratégie de la firme comme une conséquence des choix d'investissement et de développement de ressources qui ont été faits dans le passé par la firme et qui balisent sa marge de manœuvre ». Ces auteurs concilient les deux écoles en soulignant que « la stratégie ne doit pas être un exercice intellectuel et désincarné des réalités de l'organisation et de ses choix passés […] L'examen simultané de ces deux aspects de la stratégie, soit le positionnement et les compétences, est une composante essentielle du processus de réflexion stratégique » qu'ils proposent. Mintzberg (1994 : 105-188), quant à lui, a relevé dix écoles de pensée sur la formation de la stratégie. Elles sont énumérées au tableau 2.1. Les trois premières sont *prescriptives*, en ce sens qu'elles cherchent à expliquer les façons « correctes » d'élaborer la stratégie ; les sept autres sont *descriptives*.

Voici comment Mintzberg les décrit brièvement :

— « l'école de la conception considère l'élaboration de la stratégie comme un processus informel de conception, typiquement situé dans l'esprit conscient du leader ». Le modèle de l'école de la conception est parfois appelé FFOM (forces, faiblesses, opportunités, menaces) [SWOT en anglais] parce qu'il cherche à préciser les forces et faiblesses internes ainsi que les opportunités et les menaces externes ;

— « l'école de la planification » accepte aussi les prémisses du premier modèle, à deux exceptions près : celle selon laquelle le processus est informel et celle selon laquelle le PDG est l'acteur clé ;

— « l'école du positionnement » est axée davantage sur le contenu des stratégies (différenciation, leadership de coût, diversification, etc.) que sur les processus d'élaboration (on suppose généralement, souvent de façon implicite, que ce sont ceux de l'école de la planification). En d'autres termes, l'école du positionnement extrapole simplement les messages de l'école de la planification dans le domaine du contenu réel de la stratégie ;

TABLEAU 2.1
Les écoles de pensée sur la formation de la stratégie

Écoles prescriptives	Vision du processus
Conception	Conceptuelle
Planification	Formelle
Positionnement	Analytique
Écoles descriptives	
Cognitive	Mentale
Entrepreneuriale	Visionnaire
Apprentissage	Émergente
Politique	Liée au pouvoir
Culturelle	Idéologique
Environnement	Passive
Configuration	Épisodique

SOURCE : Mintzberg, H., *Grandeur et décadence de la planification stratégique*, Paris, Dunod, 1994, p. 17.

– « l'école cognitive » considère ce qui arrive dans la tête d'une personne qui essaie de s'occuper de stratégie ;

– « l'école de l'apprentissage » postule que la stratégie émerge au cours d'un processus d'apprentissage collectif ;

– « l'école culturelle » considère la dimension collective et coopérative du processus ;

– « l'école de l'environnement » voit la création de la stratégie comme une réponse passive à des forces externes ;

– « l'école de la configuration » cherche à placer toutes les autres écoles de pensée dans des contextes d'épisodes spécifiques du processus.

Familiarisons-nous maintenant avec les principes proposés par les principales écoles de pensée stratégique en parcourant l'excellente synthèse que Lauriol (1994) en a faite et qui est présentée dans les pages qui suivent. On constatera les différences entre les points de vue adoptés par chacune. Le lecteur intéressé par une analyse plus critique de ces écoles se référera aux propos de Mintzberg (1994).

par
Jacques
Lauriol

Évolution de la pensée stratégique : identification des principes véhiculés par chacune des grandes écoles de pensée stratégique*

La pensée stratégique développée au cours de la décennie 80 a été marquée par de profonds changements. L'émergence d'une « nouvelle économie » (Weber, 1993) recompose la nature des enjeux et des contraintes qui pèsent sur la stratégie d'une entreprise, imposant par là même de nouveaux modes de pensée et d'action.

Ce qui caractérise cette nouvelle économie, c'est la remise en cause des règles du jeu concurrentiel basées sur la valorisation des avantages compétitifs génériques (coût et différenciation) qui avaient été développés dans des marchés clairement identifiés et dont les tendances pouvaient être plus ou moins anticipées. Ce qui prévaut aujourd'hui, c'est la réduction des cycles de vie des produits, la fragmentation des besoins des consommateurs auxquels correspond une offre de plus en plus variée. Les frontières entre segments s'en trouvent redéfinies et profondément ébranlées BCG (Boston Consulting Group, 1991). Par ailleurs, au plan du contexte concurrentiel, un ensemble de facteurs (mondialisation, apparition de nouveaux concurrents, déréglementation…) amènent à globaliser l'approche stratégique adoptée par les entreprises. Incertitude quant aux évolutions futures, instabilité des positions acquises dans des marchés volatiles et complexité dans le management des choix stratégiques conduisent les entreprises à satisfaire simultanément trois impératifs (Saias et Grefeuille, 1992) :

– être globalement compétitives ;
– être capables de réponses spécifiques ou locales (penser globalement et agir localement) ;
– être capables de valoriser et de mobiliser l'ensemble de leurs savoir-faire managériaux techniques entre activités, marchés et pays.

De ce fait, les facteurs de la performance stratégique s'en trouvent profondément modifiés. Si le coût et la différenciation restent d'actualité, ils ne peuvent suffire à l'appréhension de cette nouvelle complexité ; la maîtrise du temps, par la vitesse de réaction ou la réduction des cycles, l'innovation tant dans les produits que dans l'organisation, la flexibilité et le développement de capacités d'adaptation constituent autant de compétences à déployer pour assurer le renouveau organisationnel nécessaire à la maîtrise de cette nouvelle économie (Chakravarthy, Doz, 1992).

L'objet de nos propos porte sur l'identification des principales évolutions de la pensée stratégique, en matière de management stratégique de grands groupes,

---

* Extrait de « Management stratégique : repères pour une fin de siècle », *Gestion, revue internationale de gestion*, vol. 19, n° 4, décembre 1994, p. 59-62.

apparues au cours de la décennie 1980. Cette analyse nous permettra de cerner les ruptures ou mutations en cours, celles qui apparaissent comme les plus représentatives de cette fin de siècle. Nous décrirons un premier repère, à savoir, le management stratégique comme substitut à la stratégie ; trois autres repères seront traités plus loin dans le livre, soit l'émergence d'un nouveau paradigme stratégique : le primat des ressources (chapitre 6) ; le réseau comme nouvelle forme organisationnelle (chapitre 13) ; l'entreprise intelligente : de la culture à l'apprentissage (chapitre 15).

Nous pourrons ainsi conclure sur les nécessaires approfondissements que ces perspectives nouvelles impliquent.

Le management stratégique comme substitut à la stratégie

Ce premier repère peut paraître trivial au premier abord. Pourtant, l'analyse du cheminement de la pensée qui a conduit à son émergence révèle bien plus qu'un simple changement d'appellation. En remontant aux sources de la pensée stratégique, on constate que l'année 1965 est celle de la première formulation élaborée des concepts de *business policy* et de *corporate strategy* (Learned *et al.* 1965, Ansoff, 1968). C'est la naissance à la Harvard Business School (modèle Learned, Christensen, Andrews et Guth) (Andrews, 1971) du concept de *corporate strategy*, basé sur le principe d'une articulation efficace du potentiel dont dispose une entreprise (exprimé en termes de forces et faiblesses), elle-même située dans un environnement qui présente un certain nombre de menaces mais aussi d'occasions de développement. Andrews propose une définition très large de l'environnement (à partir de variables économiques, juridiques, technologiques, industrielles, écologiques, sociales et politiques). Il redéfinit également l'entreprise, qu'il conçoit comme une organisation disposant d'un portefeuille spécifique de ressources, lui permettant de former des compétences distinctives, vecteurs du développement.

Il conçoit la stratégie comme un processus englobant deux aspects, séparés pour la commodité de l'analyse, mais reliés dans la pratique (formulation et implémentation), ce qui permet de définir l'entreprise et sa stratégie à partir de ses ressources. C'est par ce processus stratégique que l'entreprise trouvera unité, cohérence et *internal consistency* lui permettant ainsi de se positionner dans un environnement, d'y affirmer son identité en mobilisant ce qui constitue ses compétences.

Cette première approche, très englobante et complexe dans son maniement, s'est très rapidement heurtée à une demande, d'origine professionnelle, pour des *outils plus opératoires* (Bartlett et Ghoshal, 1991). La décennie 1970, celle de la planification stratégique et de l'irruption des consultants dans le champ stratégique, a permis la production d'un certain nombre d'outils d'analyse, à vocation structurante, pour répondre à cette demande (par exemple, les matrices d'analyse de portefeuille comme celles du BCG).

Ces outils s'intéressent exclusivement au processus de formulation de la stratégie, en considérant l'entreprise et les différents phénomènes organisationnels qui la caractérisent comme une sorte de «boîte noire», devant naturellement s'adapter aux contraintes imposées par un jeu concurrentiel d'inspiration néo-classique. Ce centrage excessif sur le processus de formulation a lui aussi rapidement révélé ses limites. D'abord, parce qu'il fait totalement l'impasse sur l'articulation entre un processus de nature rationnelle (la formulation) et un processus de nature politique (la mise en œuvre), ce qui a conduit à de sévères critiques sur l'attitude du stratège cantonné dans sa «tour d'ivoire», très éloigné du management au quotidien (Peters et Waterman, 1983); ensuite, parce que le caractère universaliste et mécaniste de la démarche s'avère incapable de rendre compte de la complexité et de la diversité constitutives des entreprises et des secteurs industriels (Thiétart, 1981; Maidique, 1983).

La fin de cette décennie 1970 marque la reprise en main par le monde académique de la réflexion sur le processus stratégique. Ansoff (1976) et plus spécifiquement Hofer et Schendel (1978, 1979) initient ce mouvement de revitalisation de la recherche académique. Ansoff (1976) crée le terme de *management stratégique*, Hofer et Schendel (1978) proposent une sorte de taxonomie et un ensemble de concepts analytiques de la stratégie qui expriment un retour à la pensée initiale de l'école de la *corporate strategy*. Elle intègre l'idée de ressources et de compétences de la firme et la nécessité de resituer ce processus stratégique dans le cadre du projet global de l'entreprise.

Les travaux les plus importants de cette période de revitalisation sont probablement ceux de Porter (1980, 1985). Son apport conceptuel le plus fondamental s'exprime dans le rapprochement qu'il opère entre économie industrielle et analyse stratégique. *L'inspiration néo-classique de la démarche* reste évidente, mais elle rompt avec le caractère universel et monolithique de l'école de la planification stratégique en soulignant la dimension contingente de la stratégie. Elle laisse une grande part à l'appréciation de l'analyste-décideur, autorisant ainsi plusieurs scénarios de développement plutôt qu'une décision optimale (Joffre et Koenig, 1985). Son deuxième ouvrage (Porter, 1985) développe l'idée de l'importance des ressources dont dispose une firme comme élément essentiel d'acquisition et de construction d'un avantage compétitif, donc d'une position concurrentielle forte et durable.

En revanche, cette *école de l'analyse industrielle* ne s'intéresse pas au problème de l'articulation entre formulation de la stratégie et sa mise en œuvre. Elle se situe, à l'instar de l'école précédente, dans une perspective de formulation de la décision stratégique, c'est-à-dire essentiellement préoccupée du lien entre stratégie et environnement externe. Le rôle du management dans la formation de cette décision, l'influence du contexte organisationnel et de l'action qui s'y déroule pour organiser la mobilisation des ressources nécessaires à la mise en œuvre de la stratégie n'y sont pas considérés.

Cette conception de l'organisation propose une vision de l'univers stratégique comme étant composé de taux de croissance, de parts de marché, de prix et de coûts, l'ensemble étant gouverné par des mécanismes économiques classiques. Les aspects organisationnels et socio-politiques sont censés ne pas altérer la démarche d'analyse et de formulation des choix stratégiques, puisqu'ils se situent au stade de la mise en œuvre (Martinet, 1984).

La prise de conscience des difficultés croissantes rencontrées par les entreprises nord-américaines au début des années 80 face à la pression japonaise a révélé les conséquences de cette conception. L'analyse des entreprises «excellentes» (Peters et Waterman, 1983) met en évidence l'existence de facteurs essentiels pour la compétitivité de la firme, qui se situent au-delà de la simple formulation de la stratégie (valeurs partagées, culture, style de management…).

Le retour en force de la théorie des organisations dans l'analyse des problématiques stratégiques conduit à l'abandon du postulat de la boîte noire. L'entreprise est *un système politique* (Crozier, Friedberg, 1977 ; Jarniou, 1981), peuplé de personnes et de groupes qui n'ont *a priori* pas de raison d'adhérer spontanément au projet stratégique des dirigeants. De ce fait, les *dimensions sociales, politiques et culturelles* ne peuvent plus être rejetées hors de la stratégie (Martinet, 1984).

On passe ainsi d'une représentation de la stratégie conçue dans une logique d'adaptation à l'environnement et appliquée à une entreprise devant répondre aux injonctions de la décision, à une représentation où la cohérence de l'action stratégique ne va pas de soi. La question de la finalisation des comportements vers les objectifs stratégiques se pose. Comment définir et mettre en place les conditions organisationnelles de l'efficacité, c'est-à-dire comment configurer, entretenir et développer le potentiel compétitif de l'entreprise? Quels systèmes de management mettre en place pour piloter l'action collective visant à valoriser ce potentiel?

Ce changement de perspective conduit à l'émergence du concept de management stratégique qui se substitue maintenant à celui de stratégie. Il postule que la formation de la stratégie ne répond pas d'une seule finalité, celle de l'adaptation aux conditions imposées par un environnement de plus en plus difficile à cerner. Elle est également contrainte par le jeu des structures, de l'histoire et de la culture, des processus organisationnels et des systèmes de management existants (Bartlett et Ghoshal, 1991). De ce fait, la formulation de la stratégie ne peut plus être considérée comme un simple processus de prise de décision, indépendant en quelque sorte, du contexte organisationnel dans lequel il s'inscrit. Mintzberg (Mintzberg et Waters, 1985) définit la stratégie comme *«a pattern in stream of actions»* considérant que la décision, en tant qu'objet d'analyse, n'est pas pertinente (et parfois un construit artificiel – Mintzberg et Waters, 1990); il convient plutôt d'envisager l'action organisationnelle sous toutes ses formes, comme support de la formation des stratégies. On peut alors étudier différentes modalités de formation de la stratégie qui, à partir de conduites délibérées et d'une multitude d'actions et de phénomènes émergents, forment véritablement les comportements stratégiques de l'entreprise.

L'attention se porte donc sur les *conditions* et le *contexte* dans lesquels se forme la stratégie plutôt que la décision stratégique (Pettigrew, 1990). Ceci amène à prendre en considération le jeu complexe des multiples interactions existantes entre structure, processus et systèmes de management dans la formation de la stratégie (Martinet, 1993). De même il est nécessaire de réfléchir à de nouveaux modes d'intégration et de coordination permettant de contrôler et de maîtriser les produits de ces interactions (Hahn, 1991).

Le management stratégique, en tant que système de pensée organisant et orientant l'action collective, doit être capable de maîtriser les contradictions et paradoxes qui naissent de ces interactions. Ce «processus dialectique entre convergence et divergence, stabilité et instabilité, évolution et révolution» (Thiétart et Forgues, 1993 : 5) ne peut être maîtrisé que par une pensée complexe, «une métis». Cette dernière permet «de penser la complémentarité des antagonismes, les luttes-coopérations et les dialectiques généralisées, dans le cadre d'un paradigme dialogique qui accueille la logique, nécessaire à l'intelligibilité, mais autorise son dépassement, indispensable à l'intelligence» (Martinet, 1993 : 69).

En d'autres termes, les conditions de l'efficacité résident dans la capacité du management de l'entreprise à *configurer et articuler* l'ensemble de ces dimensions, pour engager des ressources à des fins d'efficience, d'efficacité et de réduction de l'incertitude. C'est là l'objet du management stratégique qui vise moins à maîtriser la formulation de choix stratégiques qu'à faciliter, dans l'espace et la durée de l'organisation, la formation et la mise en œuvre de stratégies fructueuses (Koenig, 1990).

Ceci passe par une conception renouvelée et élargie des interactions entreprise-environnement, qui ne doit plus se limiter à l'analyse des marchés mais à celle d'un univers stratégique permettant de comprendre comment s'effectue la coproduction (ou production mutuelle) de cet univers par le jeu même de ces interactions. «Le cheminement stratégique d'une entreprise est toujours à la fois le produit d'une interaction et de phénomènes incontrôlés»... le management stratégique doit «combiner efficacement les changements souhaités avec ceux que l'on n'a pas voulus, les transformations délibérées avec les évolutions de l'univers stratégique» (Joffre et Koenig, 1992: 79). Cette perspective implique de nouveaux paradigmes tant du point de vue de la stratégie, dont l'objet consiste toujours en définition d'un système d'objectifs visant à assurer la pérennité et le développement de l'entreprise, que du management de cette stratégie pour identifier les modes d'intégration permettant à l'organisation de développer de nouvelles compétences et capacités d'efficience.

L'éventail de définitions de la stratégie

L'apparition des différentes écoles de pensée stratégique a donné naissance à des changements importants dans la définition même du concept de stratégie. Nous allons sélectionner les définitions proposées par les principaux chercheurs dans le domaine de la gestion stratégique afin de voir s'il est possible d'en dégager certaines dimensions qui pourraient servir à élaborer un outil diagnostique à la disposition des dirigeants pour les aider à mieux comprendre les pratiques stratégiques en usage au sein de leur entreprise.

Bien qu'on emploie fréquemment le terme «stratégie», il n'existe pas de consensus sur une définition unique et précise de la stratégie. Les nombreux éléments composant la stratégie, tels que la nature de l'entreprise, sa structure et sa culture organisationnelles, rendent plutôt difficile la création d'une définition universelle. Une douzaine de définitions ont été proposées au cours des trente dernières années.

Initialement, le terme *strategis* s'appliquait au rôle de général en chef d'une armée. Plus tard, ce terme en vint à désigner «l'art du général», c'est-à-dire les capacités psychologiques et comportementales requises pour remplir ce rôle. À l'époque de Périclès (450 av. J.-C.) *strategis* indiquait des capacités de gestion (administration, leadership, parole et pouvoir). Puis, au temps d'Alexandre (330 av. J.-C.), il décrivait l'habileté à utiliser la force pour vaincre l'opposant et pour créer un système unifié de gestion globale (Quinn et Evered, 1980).

Qu'est-ce que la stratégie pour les principaux auteurs?

Pour Drucker (1954), la stratégie est une perspective, une façon de faire d'une entreprise en réponse aux questions suivantes: Quelle est notre entreprise? Quelle est sa mission? Que devrait-elle être? Quels devraient être ses objectifs par rapport au marché, aux ressources, à la créativité, aux profits, à la formation du personnel, à sa responsabilité sociale, etc.

Pour Chandler (1962), Schendel et Hatten (1972), la stratégie est quelque chose en devenir; elle sert à déterminer les buts et les objectifs à long terme de l'entreprise, à préparer les programmes d'action, à adopter des politiques et à allouer les ressources pour atteindre ces buts.

Ansoff (1965) voit la stratégie comme le fil conducteur entre le passé et le futur, entre les activités d'une organisation et le couple produit-marché qui précise la nature des activités accomplies jusqu'à ce jour et celles que l'organisation compte poursuivre dans le futur.

Pour Learned, Christensen, Andrews et Guth (1965), la stratégie est la définition du domaine d'activité (*what businesses the firm is in or is to be in*); Christensen, Andrews et Bower (1973) voient maintenant la stratégie comme un pattern de décisions au sein d'une entreprise qui détermine et lui fait découvrir ses objectifs, ses fins, et qui produit les principales politiques et les plans pour atteindre les fins. Ce modèle définit aussi l'éventail d'activités que l'entreprise poursuivra, la sorte d'organisation économique et humaine qu'elle veut être, la nature des contributions économiques et non économiques qu'elle compte procurer à ses actionnaires, à ses employés, à ses clients et à la communauté.

Pour Glueck (1976), Jauch et Glueck (1990), et Quinn (1980), la stratégie est un plan cohérent, unifié et intégrateur des objectifs, des politiques de l'organisation qui est vue comme un tout.

Pour Hofer et Schendel (1978), la stratégie comprend l'étendue de l'entreprise, c'est-à-dire le mariage entre ses couples produit-marché et ses territoires géographiques, le déploiement des ressources et des compétences distinctives de l'entreprise, son avantage compétitif ainsi que la synergie obtenue entre les trois niveaux (la direction générale, le CAS et les services fonctionnels).

Pour Noël (1982), la stratégie est l'allocation des ressources de l'entreprise dans le but de réaliser les intentions des dirigeants.

Pour Steiner et Miner (1977) et Argyris (1985), la stratégie est une réponse aux forces externes et internes qui ont un impact sur l'entreprise.

Porter (1980, 1985) voit la stratégie comme le moteur central pour atteindre un avantage concurrentiel par le bon positionnement de l'entreprise dans son industrie, grâce à une bonne connaissance de sa chaîne de valeur.

Pour Andrews (1987), la stratégie est une force mobilisatrice pour les meneurs d'enjeux (*stakeholders*). Selon lui, il faut distinguer deux types de stratégies : la *stratégie corporative*, qui renvoie à l'ensemble de l'entreprise et qui définit les activités dans lesquelles elle va concurrencer de manière à convertir sa compétence distinctive en avantage concurrentiel, et la *stratégie d'exploitation*, qui s'intéresse à la manière que choisit une entreprise pour concurrencer dans un marché donné, avec des produits donnés, et pour se positionner par rapport à ses concurrents.

Mintzberg (1988) divise la stratégie en quatre éléments qu'il appelle les quatre « P » :

— le plan : une séquence d'actions cohérentes qui tendent vers la réalisation d'un objectif ;

— la posture : la position qu'on veut occuper dans l'environnement ;

— la perspective : une vision du monde partagée par les membres de l'organisation ;

— le pattern : les intentions relatives à la concurrence donnant lieu à des stratégies qui font ressortir les comportements d'un organisme.

Pour Hax (1990), la stratégie est le cadre de référence fondamental à partir duquel une organisation peut maintenir sa continuité tout en gérant volontairement son adaptation à un environnement en mouvement afin de se doter d'un avantage concurrentiel. La stratégie inclut la reconnaissance formelle que les bénéficiaires des résultats obtenus par les actions de l'organisation sont ses meneurs d'enjeux. L'objectif ultime de la stratégie consiste à répondre aux intérêts des meneurs d'enjeux et à fournir une base sur laquelle fonder les transactions économiques et les contrats sociaux qui lient l'organisation à ses meneurs d'enjeux. La stratégie comprend les six composantes suivantes : le modèle cohérent, unifié et intégrateur des décisions prises par l'entreprise ; l'expression de la raison d'être de l'organisation sous forme d'objectifs à long terme, de programmes d'action et de choix prioritaire de ressources ; le choix des secteurs d'activité actuels et futurs de l'entreprise ; la poursuite d'un avantage concurrentiel soutenu dans chacun des secteurs d'activité par la considération des opportunités et des menaces de l'environnement ainsi que des forces et des faiblesses de l'entreprise ; l'engagement des trois niveaux hiérarchiques de l'entreprise : la direction générale, le CAS, les services fonctionnels ; la définition de la nature des contributions économiques et non économiques de l'entreprise à l'intention de ses meneurs d'enjeux.

Pour Allaire et Firsirotu (1993 : 17-20), il faut d'abord reconnaître l'existence d'un système stratégique défini comme « l'ensemble des firmes, nominalement autonomes, qui coordonnent leurs activités et partagent des ressources et des coûts par-delà les frontières juridiques formelles de chaque entité [...] ayant un champ plus vaste que celui de l'entreprise puisqu'il comprend les activités et les compétences de firmes reliées pour créer un système hautement performant ». Ces auteurs distinguent ensuite deux types de stratégies, soit la stratégie formelle et la stratégie actualisée. La stratégie formelle « doit mener à des choix d'orientation à la limite du réalisable, elle doit définir des engagements durables et des investissements stratégiques de longue durée de façon à offrir des produits innovateurs et de haute qualité à des prix concurrentiels pour ainsi créer une forte valeur économique pour la société [...] Il s'agit donc d'un vœu présumément raisonnable ». La stratégie actualisée représente les « démarche concrètes prises dans et par l'organisation pour réaliser les bonnes intentions ».

Pour Ohmae (1992 : 73 et 219), il existe un triangle stratégique entreprise-concurrents-clients. La stratégie consiste à devancer ses concurrents en tirant parti de ses atouts concurrentiels relatifs pour mieux satisfaire les besoins de la clientèle. La stratégie se traduit par un plan d'action destiné à optimiser les atouts de l'entreprise compte tenu de l'évolution de l'environnement concurrentiel de l'activité concernée.

Pour MacCrimmon (1993 : 114-116), la stratégie regroupe : 1) une suite d'actions coordonnées qui nécessite le déploiement de ressources en vue d'atteindre des buts ; 2) une suite d'actions coordonnées ayant une grande portée, c'est-à-dire qui couvre en tout temps toutes les activités d'une entreprise ; 3) une suite d'actions coordonnées d'une grande portée et dépendante des événements qui surviennent dans l'environnement, y compris les actions des autres acteurs ainsi que les siennes.

Pour Hamel et Prahalad (1994 : 146-149), la stratégie peut être vue comme une extension faisant le pont entre l'écart qui existe entre les tenants de la stratégie vue comme *« a pattern in a stream of incremental decisions »* et ceux qui la voient comme « un grand plan directeur conçu par de brillants cerveaux ». Vue comme extension (*stretch*), la stratégie permet aux dirigeants d'une entreprise d'avoir une vue claire des buts principaux visés et d'un agenda général des défis reliés à l'acquisition des compétences entre ajourd'hui et demain, le tout permettant de bénéficier d'un effet de levier pour faire plus avec moins de ressources.

par
Yvon Dufour

Pourquoi autant de définitions ?

Les définitions précédentes sont-elles toutes semblables ou sont-elles très différentes, plus complémentaires que rivales ? Les similitudes entre ces définitions sont-elles plus importantes que les différences ? Peut-on adopter indifféremment l'une ou l'autre de ces définitions au hasard ? Bien qu'il n'y ait pas de consensus, y a-t-il une définition qui soit spontanément plus acceptable ? Pourquoi existe-t-il autant de définitions alors que la plupart des gestionnaires semblent implicitement s'entendre sur la signification du terme ? Voilà quelques-unes des questions que soulève la lecture des définitions vues précédemment et auxquelles nous allons essayer de répondre.

Le concept de stratégie : les 5 « P » de la stratégie

La réflexion sur le concept de stratégie a reçu un nouvel élan avec la parution à l'automne 1987 de l'article du professeur Henry Mintzberg de l'Université McGill, intitulé « Le concept de stratégie : les 5 P de la stratégie », dans la revue *California Management Review*. Selon le professeur Mintzberg, le terme « stratégie » est utilisé par les dirigeants des entreprises pour exprimer cinq idées principales qui, quoique distinctes, ne sont pas nécessairement mutuellement exclusives. Ainsi, le terme « stratégie » peut désigner : 1) un plan, 2) un piège (entendu au sens de manœuvre), 3) une position, 4) une perspective ou encore 5) un pattern (figure 2.1).

La stratégie : un plan

Considérée comme un plan, la stratégie représente une suite d'actions cohérentes et intentionnelles destinées à réaliser un objectif. La hiérarchie des plans d'une

FIGURE 2.1
Qu'est-ce que la stratégie ?

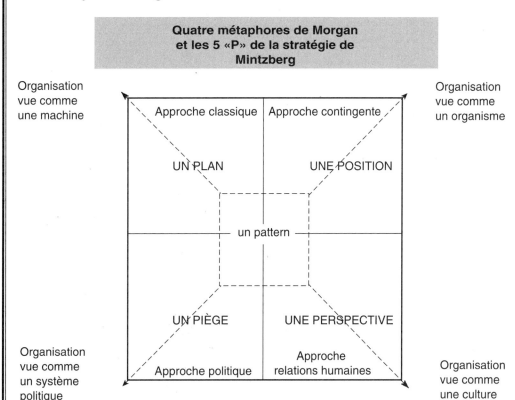

Mission {

entreprise, telle que présentée dans la figure 3.1 (au chapitre 3, p. 26), constitue une illustration du concept de stratégie entendu en ce sens : la mission s'appuie sur les buts qui reposent sur les objectifs qui conditionnent les stratégies qui elles-mêmes reposent sur les politiques qui s'enracinent dans les plans qui sont supportés par les procédures et règlements qui, à leur tour, conditionnent les programmes qui sont finalement transcrits dans les budgets. La définition proposée par Glueck (« un plan unifié, global et intégré […] la stratégie est formulée de façon à s'assurer que les objectifs de base de l'entreprise sont réalisés grâce à une exécution appropriée ») ou celle de Quinn (un plan qui intègre les buts principaux, les politiques et les étapes de l'action d'une organisation en un tout cohérent) représentent également de beaux exemples de cette conception de la stratégie. Comme le souligne Mintzberg, la stratégie est alors élaborée de façon consciente et intentionnelle bien avant les actions qu'elle engendre.

Cette utilisation du concept de stratégie, tout comme les autres d'ailleurs, trahit son utilisateur. En effet, l'emploi du terme « stratégie » en ce sens implique que le dirigeant adopte une vision unitaire : les intérêts de l'individu sont identiques à ceux de l'organisation. Celle-ci est ici conçue comme un système rationnel et technique, comme un ensemble fonctionnellement intégré de composantes s'imbriquant les unes dans les autres et qui fonctionne efficacement. Dans le vocabulaire de Morgan (1989 : 13), le dirigeant conçoit alors l'organisation suivant la métaphore de la machine :

> *Quand les dirigeants se représentent une organisation comme une machine, ils ont tendance à la façonner et à la gérer comme une machine faite de pièces qui s'imbriquent les unes dans les autres, et où chacune joue un rôle clairement défini au fonctionnement de l'ensemble […] Une organisation porte rarement en elle sa propre finalité. Elle est un instrument créé pour réaliser d'autres fins, ce qui se reflète dans le mot même d'organisation, mot qui vient du grec* organon, *soit outil ou instrument.*

De plus, cette conception de la stratégie assume que l'action des gestionnaires est essentiellement intentionnelle, volontaire et proactive et qu'elle conditionne ultimement les résultats obtenus et la réalisation des objectifs. Cette conception de la stratégie est profondément ancrée dans la littérature dite « classique » en gestion et véhiculée, en particulier, par ses partisans de la direction scientifique et leurs épigones contemporains néo-classiques.

Pour être efficace, la stratégie, entendue comme un plan, doit donc réunir les conditions faisant qu'une machine fonctionne bien : l'environnement est stable ; la tâche est simple et le comportement des éléments internes de l'organisation est à la fois constant, prévisible et conforme, etc. Cette conception sépare naturellement la formulation de la stratégie de sa mise en œuvre tout en reconnaissant toutefois que les deux sont d'une certaine façon reliées.

La stratégie : un piège

Le terme « stratégie » peut également être utilisé pour désigner un piège. Ici, la stratégie est entendue comme une manœuvre destinée à éliminer l'adversaire ou encore à tromper la concurrence. De même que dans le cas précédent, la stratégie est, en ce sens, élaborée de façon intentionnelle par le dirigeant, et ce, avant que les manœuvres ne soient entreprises. En fait, pour Mintzberg, il s'agit là simplement d'une extension du concept de stratégie entendu comme un plan. Toutefois, l'emploi du terme « stratégie » implique ici un changement radical dans la conception de l'organisation. En effet, le dirigeant adopte, cette fois, un cadre de référence pluraliste où les individus et les différentes coalitions négocient et rivalisent pour gagner au sein d'une arène politique. Le gestionnaire ne se représente donc plus l'organisation comme un système rationnel et technique mais bien comme une communauté de personnes, un système social d'activité politique. L'accent est ici placé sur les questions d'intérêts et de conflits dans l'organisation. Le rôle et l'usage du pouvoir sont au centre de la stratégie. Dans le vocabulaire de Gareth Morgan (1988 : 224), le dirigeant conçoit alors l'organisation suivant la métaphore du politique :

> La dimension politique d'une organisation se manifeste avant tout dans les conflits et les jeux de pouvoir qui occupent parfois le devant de la scène et dans les innombrables intrigues interpersonnelles qui créent les diversions dans le cours de l'activité organisationnelle [...] La métaphore politique nous amène à voir comment toute activité organisationnelle est fondée sur des intérêts et à évaluer tous les aspects de son fonctionnement en gardant cela à l'esprit [...] ce sont les buts de qui ? Au service de quels intérêts se met-on ? Qui va en bénéficier ?

La définition proposée par Hax (voir p. 23) représente cette fois un exemple intéressant d'une proposition qui intègre cette conception de la stratégie. Évidemment, une telle conception de la stratégie est enracinée dans les écrits des auteurs de l'école politique de l'organisation. La stratégie comprend également tout un ensemble de manœuvres destinées à contourner les pièges et à réduire la possibilité de contre-attaque en situation de concurrence oligopolitique.

> Comme dans un oligopole, une firme subit en partie l'influence du comportement de ses rivales, le choix de la manœuvre stratégique correcte implique la découverte d'une action dont les résultats interviennent rapidement et qui soit le plus possible orientée dans le sens des intérêts particulier de la firme. L'objectif de la firme consiste non seulement à éviter une guerre déstabilisante et coûteuse, ce qui signifierait des résultats médiocres pour toutes les parties prenantes, mais aussi à réussir mieux que les autres firmes [...] Dans un oligopole, la meilleure façon de concevoir l'exécution de manœuvres face à la concurrence est d'y voir une utilisation en finesse de toute la force brute que la firme peut rassembler. (Porter, 1982 : 101)

La stratégie : une position

La stratégie entendue comme une position est une façon de localiser une firme dans son environnement global et, de façon plus spécifique, dans son environnement compétitif. La stratégie s'inscrit dans la relation de l'organisation à son environnement qui est à la fois l'origine des opportunités tout comme la source des dangers et des menaces. La définition proposée par Hofer et Schendel (voir p. 22) de même que celle proposée par Michael Porter (voir p. 22) représentent cette fois des spécimens de ce type de conception de la stratégie.

La stratégie s'inscrit dans la relation de l'organisation à son environnement qui est à la fois l'origine des opportunités tout comme la source des dangers et des menaces. Ici, l'organisation est vue comme un système vivant, comme un organisme. Cette conception de l'idée de stratégie est inscrite dans les écrits des auteurs de la théorie de la contingence.

> *Les organisations sont des systèmes ouverts qui ont besoin d'être soigneusement administrés si l'on veut répondre aux besoins internes, les équilibrer, et les adapter à l'environnement et à ses modifications. Il existe plus qu'une seule façon d'organiser le travail. Tout dépend du type de tâche ou du type d'environnement auquel on a affaire. Les dirigeants doivent s'assurer avant tout d'arriver à de bons ajustements [...] Voilà en bref les idées maîtresses qui sous-tendent l'approche de la contingence de l'organisation.* (Morgan, 1990 : 44)

Il existe deux conceptions majeures du lien stratégique de l'entreprise avec son environnement. La première est essentiellement déterministe et suggère que l'environnement est une donnée objective qui ne peut être changée, qui conditionne ultimement la performance de la firme et, en conséquence, seules les entreprises qui s'y ajustent régulièrement avec succès pourront survivre. La deuxième conception est beaucoup plus volontariste et suggère que l'environnement n'existe réellement que dans la tête des dirigeants et qu'à ce titre les stratégies sont l'expression des perceptions, de l'interprétation, et des hypothèses sur l'environnement virtuel de la firme.

La stratégie : une perspective

Le terme « stratégie » peut également être utilisé pour exprimer l'idée d'une perspective partagée par les membres de l'organisation à travers leurs intentions et leurs actions. Comme le souligne Mintzberg, « la stratégie est en ce sens pour l'entreprise, ce que la personnalité est à l'individu ». Ainsi, la stratégie de l'entreprise Sony est d'être unique, de ne jamais suivre les autres et, en un mot, d'être le plus grand innovateur dans l'électronique grand public. La stratégie est une abstraction qui n'existe réellement que dans l'esprit des personnes intéressées et dans les ensembles concrets de règles et de relations. Comme dans le cas de la stratégie entendue comme un piège, le dirigeant conçoit ici l'organisation comme une communauté de personnes, comme une réalité socialement construite.

Toutefois, l'organisation devient ici un système symbolique. L'accent est placé cette fois sur l'ensemble des valeurs, des croyances, des normes et des pratiques qui sont partagées par ses membres plutôt que sur les questions d'intérêts, de conflits et de pouvoir. La définition proposée par Drucker (voir p. 21) s'inscrit dans cette catégorie. Dans les termes de Gareth Morgan, le gestionnaire abandonne ici la métaphore du politique au profit de la métaphore de la culture :

> *La métaphore de la culture montre un nouveau moyen de créer une activité orga-nisée : influencer le langage, les normes, le folklore, les cérémonies et autres pra-tiques sociales qui véhiculent les idéologies, les valeurs et les croyances fondamentales qui guident l'action [...] Cela a de graves conséquences sur la manière dont nous comprenons les rapports entre l'organisation et l'environnement, et sur la gestion stratégique [...] Nous choisissons des domaines environnementaux et y fonctionnons selon la façon dont nous construisons notre conception de ce que nous sommes et de ce que nous essayons de faire, par exemple : être une entreprise dans le domaine de l'informatique, construire et vendre des automobiles, nous poser comme chef de file dans notre domaine, battre la concurrence. En conséquence, notre action dans ces domaines sera fonction des définitions que nous leur impo-sons.* (Morgan, 1990 : 151)

La stratégie est donc ici l'expression des principales valeurs et des croyances de la communauté de personnes qui forment l'organisation. Le test ultime de la stratégie entendu en ce sens est l'intensité de l'émotion qu'elle dégage chez les individus et la mobilisation qu'elle génère.

La stratégie : un pattern

Finalement, le concept de stratégie peut également exprimer l'idée de pattern observable dans la suite des décisions et actions de l'entreprise. La définition de Christensen, Andrews et Bower (voir p. 22) ou celle d'Ansoff (voir p. 22) s'ins-crivent dans cette ligne de pensée. La stratégie est ainsi une constante dans le comportement de l'organisation au cours d'une période de temps. Elle est ici déduite par l'observateur à partir d'une analyse du comportement de l'entreprise. L'ob-servateur peut alors présumer de l'existence d'une intention ou d'un plan à l'ori-gine même du pattern observé sans que cela ne soit le cas. Les journalistes de la presse d'affaires utilisent souvent le terme « stratégie » en ce sens. Cette fois, la stratégie n'est plus formulée *a priori* mais bien reconnue *a posteriori* à tra-vers l'action et le comportement général de l'organisation.

Cette conception de la stratégie est tout à fait originale par rapport aux idées exprimées précédemment. En effet, ni la conception implicite de l'organisation ni la conception sous-jacente de l'action ne permettent de mieux saisir cette idée. Le pattern peut résulter tout aussi bien d'une stratégie entendue comme un plan que d'une stratégie entendue comme un piège, une position ou une perspective. En fait, le plus souvent, la stratégie vue comme un pattern trouve son origine dans un amalgame de ceux-ci. Seul le temps permet d'observer les régularités dans l'action ou dans les décisions de distinguer un ensemble relativement homogène ou cohérent et, donc, d'inférer la stratégie (figure 2.2).

Les différences entre ces définitions

Malgré qu'elles puissent paraître très semblables au premier coup d'œil, les définitions de la stratégie énumérées précédemment présentent des différences très importantes qui portent sur des aspects aussi fondamentaux que la notion même d'organisation, que la définition du rôle des dirigeants, que les processus d'élaboration de la stratégie, etc. Ces différences sont plus importantes que les similitudes parce qu'elles nous apprennent du nouveau sur la stratégie. On ne peut donc pas simplement adopter au hasard l'une ou l'autre de ces définitions. Toutefois, ces différentes définitions ne sont pas totalement incompatibles entre elles et il n'est pas rare de retrouver des définitions qui expriment plus d'une idée principale. La proposition d'Allaire et Firsirotu de même que celle de MacCrimmon

FIGURE 2.2
La stratégie vue comme un « pattern »

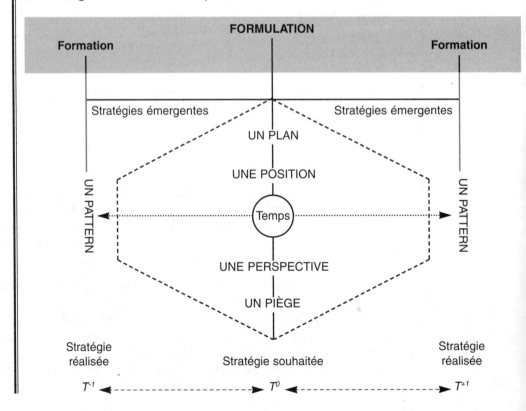

intègrent plusieurs idées. La récente proposition de Hamel et Prahalad introduit même une idée nouvelle, celle de la stratégie vue comme une extension qui relie l'idée de pattern à celle de plan.

Évidemment, aucune de ces définitions n'est spontanément plus acceptable que les autres; seul le contexte donne à une utilisation spécifique du concept de stratégie sa signification particulière. L'idée de plan domine toutefois la conception que la plupart des gestionnaires se font de la stratégie. Cela peut être attribuable notamment au fait que cette idée renforce l'image que les dirigeants sont en situation de contrôle réel et constant sur les actions et les événements qui affectent l'entreprise.

La définition de la stratégie à plusieurs niveaux

Au sein d'une grande entreprise, on doit se rendre compte qu'il existe divers types de stratégies et que plusieurs niveaux hiérarchiques différents contribuent à les définir. Hamermesh (1986) propose trois types de stratégies, soit la stratégie institutionnelle (que nous allons plutôt nommer «mission»), la stratégie directrice et la stratégie d'affaires.

La *définition de la mission* par la direction permet de préciser le caractère premier, le credo et la vision de l'entreprise, son identité et sa culture, le type d'organisation humaine et économique qu'elle veut être. Cette définition donne l'orientation de l'entreprise et suscite l'engagement des gens envers ses buts et sa mission.

La *stratégie directrice*, sélectionnée par le bureau de direction, cherche à clarifier dans quoi l'entreprise veut œuvrer en établissant le portefeuille parfois très hétéroclite de produits et de marchés qui constituent les activités à gérer.

La *stratégie d'affaires*, proposée par les responsables d'un CAS, indique la façon de concurrencer du CAS. Ce type de stratégie s'applique donc à une entité homogène en ce qui a trait aux produits (semblables ou complémentaires), aux marchés (consommateurs ayant des comportements assez semblables) et à la concurrence que l'on peut reconnaître (un groupe de concurrents qui s'affrontent).

Nous ajoutons un quatrième niveau, soit la stratégie fonctionnelle, qui amène chaque groupe fonctionnel (les ressources humaines, la recherche et développement, la production, le marketing, la finance) de l'entreprise à préciser les moyens qu'il compte utiliser pour concurrencer et pour appuyer la stratégie d'affaires.

Comme on peut le constater, le champ de connaissances de la stratégie intéresse de plus en plus de chercheurs de disciplines variées, ce qui ne simplifie pas la tâche des stratèges, des dirigeants et de leurs conseillers, pas plus que celle des enseignants et de leurs étudiants. Le contenu d'un nombre croissant d'articles publiés dans les principales revues scientifiques du domaine de la stratégie semble viser davantage le monde universitaire et satisfaire aux critères de promotion définis par ce milieu (le fameux «publie ou péris» de l'université nord-américaine) que concerner les dirigeants d'entreprises aux prises avec des problèmes de plus en plus complexes, des choix de changements rapides et importants et une concurrence souvent internationale dont ils ne comprennent pas les principaux paramètres de base.

Le présent ouvrage ne se limite pas à la vision proposée par une seule école de pensée stratégique. Nous utilisons les prémisses proposées par plusieurs d'entre elles, en particulier, parmi les écoles prescriptives, l'école de la planification et son modèle stratégique, l'école du positionnement et son modèle d'analyse de la concurrence et les modèles d'analyse du portefeuille des activités d'une entreprise de grande taille. Nous avons également recours aux prémisses des écoles descriptives, en particulier les écoles politique, culturelle et entrepreneuriale, soit pour mieux comprendre comment s'exerce le partage du pouvoir entre les divers niveaux de décision au sein de la structure organisationnelle ou comment se développe une vision commune et partagée au sein d'une équipe dont les membres possèdent souvent des idéologies, des attentes et des expériences différentes. Nous verrons aussi comment l'école de l'apprentissage peut contribuer à faciliter l'émergence d'idées, de méthodes et de façons de faire nouvelles en cette époque où les changements sont de plus en plus rapides, importants et non routiniers. Nous croyons sincèrement que la gestion stratégique d'aujourd'hui doit s'élever au-dessus des batailles des écoles de pensée et qu'elle doit s'appuyer sur les meilleures contributions de chacune d'elles, car vouloir s'en tenir aux paradigmes et aux concepts véhiculés par une seule école risque de faire rétrograder la gestion stratégique à sa situation des années 60.

Le dirigeant et le choix des fonctions exercées par la stratégie

Le dirigeant doit s'assurer que la stratégie exerce ses multiples fonctions auprès de l'entreprise et de ses meneurs d'enjeux (*stakeholders*), c'est-à-dire ses employés, ses fournisseurs, ses clients, ses financiers, le gouvernement, les groupes intermédiaires...

La stratégie sert de guide à l'évolution d'une entreprise en aidant la direction générale à clarifier sa vision du projet qu'elle veut réaliser, à garantir la continuité et la durée de ses actions et à faciliter l'engagement des membres de l'entreprise d'une manière plus volontaire et plus cohérente.

La concentration des efforts collectifs vers un objectif donné constitue une autre fonction de la stratégie. Elle attire l'attention des dirigeants sur les sources potentielles et réelles de vieillissement des activités de l'entreprise, sur leur manque de dynamisme, sur leur perte de maîtrise de la technologie et des marchés desservis, ou sur leur ignorance des opportunités et des menaces présentes dans l'environnement économique, politique, juridique, social et démographique. En ce sens, souligne Hafsi (1985), la formulation de la stratégie représente un exercice douloureux «qui implique des renoncements pénibles à ce qui est familier et à ce qui est parfois très cher».

La stratégie facilite aussi l'engagement des personnes en clarifiant le processus de décision et le rôle des principaux meneurs d'enjeux à chacune des étapes de la décision. Les plans de mise en œuvre de la stratégie permettent également de définir la structure de l'entreprise, de prévoir les mécanismes d'intégration et de coordination des tâches et des fonctions exercées par les membres de l'entreprise, autant d'actions qui peuvent diminuer les conflits de rôles et préciser la marge de manœuvre de chacun.

Le dirigeant dote d'abord son entreprise de systèmes de gestion (planification, information, contrôle, récompenses et punitions) pour suivre le déroulement des plans d'action et déceler les changements qui surviennent à l'extérieur et à l'intérieur de l'entreprise. Il apporte ensuite les correctifs requis afin d'obtenir un seuil de rendement suffisant pour assurer la continuité et la survie de l'entreprise.

Finalement, le choix de la stratégie permet au dirigeant de faire l'allocation de ses ressources entre les divers CAS de son entreprise de manière à optimiser l'atteinte des objectifs visés.

On ne doit cependant pas verser dans l'angélisme et croire que l'entreprise qui a une stratégie est infailliblement vouée au succès. L'avenir restera toujours difficile à prédire en détail et sans erreur. L'entreprise est obligée de scruter constamment son environnement sous ses multiples facettes, ce qui exige la contribution de beaucoup de personnes ayant une formation, des expériences, des caractéristiques et des valeurs très différentes. Ainsi, la nécessité de pouvoir compter sur une personne-orchestre bien visible et crédible apparaît évidente.

Il faut généralement beaucoup de temps, d'énergie et de ressources pour choisir une stratégie qui reflète bien les possibilités de croissance et les forces de l'entreprise, mais cette démarche constitue aussi une source de motivation pour la grande majorité des membres de l'entreprise. La tentation d'adhérer le plus longtemps possible à un plan «pacificateur» et de ne pas prêter beaucoup d'attention aux signaux précurseurs de changements importants guette le dirigeant. Celui qui s'attache trop à une stratégie ou à une structure qui semble «gagnante» risque de faire perdre des occasions d'affaires à l'entreprise. En n'étant pas attentif à ce qui se passe autour de lui ou en s'obstinant à poursuivre dans la même foulée, le dirigeant place l'entreprise dans une position de réaction plutôt que d'action.

La formulation d'une stratégie par l'entreprise, ses unités opérationnelles et ses services fonctionnels risque cependant d'engendrer ou de faire éclater au grand jour un certain nombre de conflits potentiels entre les groupes et les individus concernés, ce qui risque alors de limiter le rôle principal des dirigeants à celui de conciliateur, de modérateur et d'arbitre.

CHAPITRE 3

Gérer stratégiquement, c'est reconnaître que, pour les meneurs d'enjeux d'une entreprise, la stratégie constitue un maillon central de son processus de planification stratégique

Le dirigeant et la place de la stratégie dans la chaîne des plans de l'entreprise

Le dirigeant doit se rendre compte que la stratégie occupe une place vitale dans la hiérarchie des plans d'une entreprise et qu'elle constitue un maillon clé de la chaîne moyens-fins. En effet, la stratégie facilite la poursuite de la mission de l'entreprise ainsi que l'atteinte de ses objectifs et elle représente également un point d'ancrage aux plans, aux programmes d'action ainsi qu'aux politiques fonctionnelles. La stratégie est donc un moyen à la disposition du dirigeant pour suivre la mission de l'entreprise et atteindre ses objectifs ; elle devient une fin pour l'établissement des politiques, des programmes, des budgets et autres plans d'action élaborés dans l'entreprise. La figure 3.1 (voir p. 36) précise les principaux éléments de la hiérarchie des plans d'une entreprise et indique la position relative de chacun, alors que la figure 3.2 (voir p. 37) présente ces mêmes éléments dans une chaîne fins-moyens.

La mission : définition

Pearce II (1982) définit la mission comme « un énoncé général mais durable des objectifs que se fixe une entreprise ». Le caractère unique de cette mission distingue une entreprise des autres entreprises de sa catégorie et détermine le champ de ses activités en ce qui a trait au produit et au marché. La mission procure à l'interne et à l'externe un énoncé de la raison d'être, du but, de l'image et du caractère de l'entreprise (Jauch et Glueck, 1990). Cet énoncé ne fait pas qu'exposer la philosophie qui guide les actions des décideurs stratégiques, il révèle aussi

FIGURE 3.1
La hiérarchie des plans

MISSION
Énoncé général mais durable des objectifs d'une entreprise décrivant le produit, le marché et la technologie de l'entreprise et reflétant les valeurs et les priorités des dirigeants.

BUTS
Fins, définies en termes de quantité et de qualité, que l'entreprise veut réaliser.

OBJECTIF
Résultats escomptés en fonction d'un horizon temporel déterminé dans plusieurs secteurs de préoccupations.

STRATÉGIE
Où aller? Comment y aller?

POLITIQUE
Lois et guides de pensée qui encadrent et gouvernent la prise de décision.

PLAN
Moyen visant à réaliser la stratégie en s'appuyant sur des directives et des guides de décision (politiques).

PROCÉDURE ET RÈGLEMENT
Guides d'action qui précisent les étapes à suivre, les règles à respecter pour mettre en œuvre la décision.

PROGRAMME
Ensemble de séquences d'actions à exécuter avec cohérence afin de réaliser les plans établis.

BUDGET
Transcription chiffrée des objectifs et des programmes.

SOURCES: Adapté de Koontz, H., O'Donnell, C. et Weirich, H., *Essentials of Management*, 1986, p. 77, et d'Osborn, R.N., Hunt, J.G. et Jauch, L.R., *Organization Theory: An Integrated Approach*, New York, John Wiley & Sons, 1980.

FIGURE 3.2
La chaîne fins-moyens de la gestion stratégique

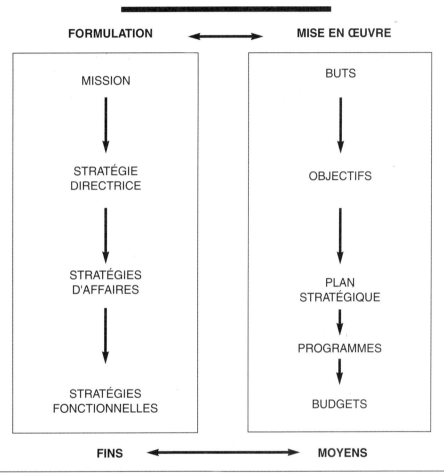

SOURCE : Noël, A., *Apprendre par la méthode des cas*, École des HEC, 1990.

l'image que l'entreprise cherche à projeter à l'extérieur, la perception qu'en ont les membres de l'organisation et indique les principaux produits ou services sur lesquels l'entreprise axera ses efforts ainsi que les besoins des consommateurs qu'elle visera essentiellement à satisfaire. En résumé, la mission permet de répondre aux questions suivantes : Pourquoi sommes-nous en affaires ? Satisfaisons-nous un besoin ou un désir ? La société va-t-elle continuer à nous accepter ? La concurrence va-t-elle nous prendre nos clients ? Si oui, pourquoi ? Que servons-nous? Quelle image projetons-nous auprès de nos clients, de nos partenaires, de la société en général?

La mission de l'entreprise décrit le produit de l'entreprise, le marché qu'elle dessert et sa technologie tout en reflétant les valeurs et les priorités que privilégient les décideurs stratégiques. D'une certaine façon, elle agit un peu comme le phare qui, de loin, guide un bateau vers le port recherché en indiquant à son capitaine et aux autres membres de l'équipage la direction à suivre sans préciser les détails de la route à prendre, informations contenues dans d'autres documents accessibles au seul capitaine. Bien formulée, la mission englobe la vision partagée par toutes les personnes ainsi que les groupes rattachés à l'entreprise, ceux que plusieurs auteurs surnomment les meneurs d'enjeux (*stakeholders*) internes et externes présents dans l'environnement immédiat et général d'une entreprise. Comme Pearce II (1982) le précise:

> *La plus grande valeur de cet outil de gestion stratégique que constitue la mission vient de ce qu'il permet de spécifier les objectifs ultimes de l'entreprise. Il donne ainsi aux gestionnaires une unité de direction qui transcende les besoins individuels, étroits et éphémères. Il donne aux employés, quels que soient leur âge ou leur position, le sentiment de partager les mêmes attentes. Il consolide les valeurs à travers le temps parmi les individus et les groupes d'intérêts. Il propage auprès des intervenants externes, c'est-à-dire les consommateurs, les fournisseurs, les concurrents, les collectivités locales et le public en général, les valeurs et les intentions de l'entreprise et en facilite ainsi la compréhension. Enfin, il affirme l'engagement de l'entreprise à agir de façon responsable, en harmonie avec son désir de préserver et de protéger les exigences essentielles des intervenants internes pour la survie, la croissance et la rentabilité constantes de l'entreprise.*

À titre d'illustration, voici l'énoncé de mission de trois entreprises canadiennes: Bombardier inc., Dominion Textile inc. et le Groupe Jean Coutu.

Chef de file dans les secteurs manufacturiers du matériel de transport, de l'aéronautique et de la défense, des produits de consommation motorisés, des services financiers et immobiliers, Bombardier a des installations dans huit pays, compte 36 500 employés et fait des affaires sur les cinq continents. Elle définit sa mission comme suit: «Aspirer à être un chef de file dans les pays où elle exerce ses activités et à être reconnue comme leader mondial à titre de concepteur, de fabricant et de distributeur de matériel de transport et d'autres produits et services reliés à sa technologie» (Rapport annuel 1994).

La compagnie Dominion Textile, dont les débuts remontent à 1905 au Canada, qui exerce ses activités dans quelque 50 pays, qui exploite 43 installations manufacturières et qui emploie directement 10 900 personnes, exprime sa mission de la façon suivante:

> *La mission de Dominion Textile inc. est de servir de façon rentable les marchés mondiaux en produits textiles de qualité ou en produits connexes. Le but*

fondamental de la société est d'atteindre et maintenir son leadership dans des segments choisis du marché sur une base internationale, en se concentrant sur le service global à sa clientèle.

Le Groupe Jean Coutu (GJC), qui exerce ses activités dans les secteurs du franchisage (bannières de pharmacies PJC Jean Coutu, Maxi Drug et Brooks), de l'immobilier et de la vente au détail, exploite également un centre de distribution à Montréal. Il œuvre au Québec, au Nouveau-Brunswick, en Ontario et aux États-Unis. Fondé il y a 25 ans, le Groupe Jean Coutu n'a jamais perdu de vue sa mission première, exprimée ainsi : « Répondre aux besoins des consommateurs, en auscultant continuellement le pouls de ses marchés et en adaptant son offre aux goûts particuliers de chaque génération qu'il a eu à desservir, à chaque région, à chaque quartier où il est installé » (Rapport annuel 1994).

L'utilité de la mission

La définition de la philosophie d'action de l'entreprise, de ses buts, de son image, de ses traits distinctifs et l'accent qu'on met sur les besoins de ses clients peuvent entraîner l'enthousiasme et l'engagement des membres de l'entreprise lorsque ces derniers comprennent l'étendue et la portée de la mission et qu'ils y souscrivent. Cependant, la contribution de la mission de l'entreprise sera d'autant plus substantielle que son dirigeant saura choisir et maintenir la stratégie, la structure et la culture organisationnelle appropriées. Comme le soulignent Bennis et Manus (1985) : « Quand une entreprise a une vision claire de sa raison d'être, de sa direction et de son état désiré, les gens sont capables de trouver leur propre rôle à jouer au sein de l'entreprise et de la société plus vaste dans lesquelles ils œuvrent. »

La mission peut alors servir de point de rencontre, comme c'est illustré dans les figures 3.3 et 3.4, entre les visées et les valeurs propres des principaux meneurs d'enjeux internes et externes ainsi qu'entre les partenaires d'un même groupe d'intérêt.

La mission et les meneurs d'enjeux (*stakeholders*)

La figure 3.3 (voir p. 40) énumère les intrants internes de la mission (les dirigeants, les membres du conseil d'administration, les actionnaires, les employés) ainsi que les intrants externes (les clients, les fournisseurs, le gouvernement, les syndicats, les concurrents et le public). Retenons que la presque totalité de ces intrants sont les principaux individus et groupes qui agissent directement sur le fonctionnement d'une entreprise et qui ont un intérêt certain à sa réussite. Ces divers

FIGURE 3.3
Les intrants de la mission

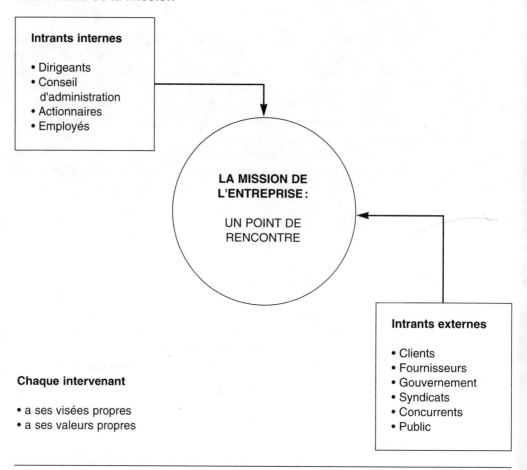

Intrants internes

- Dirigeants
- Conseil
  d'administration
- Actionnaires
- Employés

LA MISSION DE L'ENTREPRISE :

UN POINT DE RENCONTRE

Intrants externes

- Clients
- Fournisseurs
- Gouvernement
- Syndicats
- Concurrents
- Public

Chaque intervenant

- a ses visées propres
- a ses valeurs propres

SOURCE : Pearce II, J.A., « The Company Mission as a Strategic Tool », *Sloan Management Review*, vol. 23, n° 3, 1982.

meneurs d'enjeux (*stakeholders*) font partie de l'environnement tant immédiat que général de l'entreprise, tel que l'illustre la figure 3.4.

L'influence des meneurs d'enjeux sur l'orientation de l'entreprise

Lesquels des meneurs d'enjeux ont le plus d'influence sur l'orientation d'une entreprise et sur sa gestion stratégique ? Le tableau 3.1 (voir p. 42) expose d'une façon

FIGURE 3.4
L'environnement global

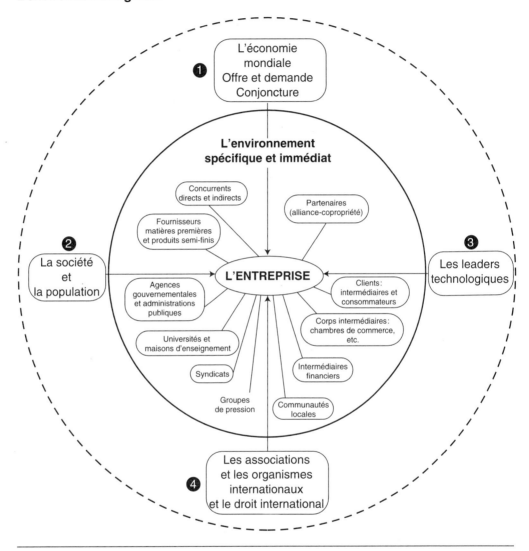

SOURCE: Adapté de Harrison, J.S. et St. John, C.H., *Strategic Management of Organizations and Stake-holders*, New York, West Publishing Co., p. 35.

sommaire les principaux rôles joués par chacun des meneurs d'enjeux à chacune des étapes du processus de planification stratégique. On y remarque que les meneurs d'enjeux externes voient à faire définir l'orientation de l'entreprise, qu'ils surveillent l'élaboration de la stratégie directrice et qu'ils s'informent de la composition du

TABLEAU 3.1

Les responsabilités assumées par les meneurs d'enjeux externes et internes à chaque étape du processus de planification stratégique

Responsabilités des meneurs externes	Éléments à considérer par les meneurs internes
Voir à faire définir la direction de l'entreprise	Définir et faire partager la mission, la vision et les objectifs à long terme
	Choisir les objectifs à court terme et les communiquer à tous les intéressés
Surveiller l'élaboration d'une stratégie directrice	Choisir les grands axes de développement, c'est-à-dire :
	– la concentration, la spécialisation ou
	– l'intégration horizontale et verticale ou
	– la diversification ou
	– le développement international
	– le choix des domaines clés pour avoir des compétences centrales
S'informer du choix du portefeuille d'activités de l'entreprise	Gérer le portefeuille
	Allouer les ressources
	Choisir des cadres
	Choisir des structures organisationnelles
S'enquérir du choix des méthodes de développement afin d'en évaluer l'impact sur les meneurs d'enjeux	Fusionner, favoriser des alliances, acquérir et émettre du capital nouveau, emprunter à long terme
	Évaluer les conséquences de chacune des méthodes pour l'entreprise
Se faire communiquer le choix des stratégies d'affaires pour en dégager les conséquences	Choisir des stratégies pour compétitionner :
	– différenciation, leadership de coûts ou focalisation
	Évaluer les répercussions de chaque stratégie sur l'emploi, les méthodes de travail, les prix, les méthodes de gestion, etc.

SOURCE : Adapté de Harrison, J.S. et St. John, C.H. *Strategic Management of Organizations and Stakeholders*, New York, West Publishing Co., p. 35.

portefeuille d'activités de l'entreprise ainsi que des choix faits pour le développer afin de s'assurer de l'impact de ces choix sur eux-mêmes. Leur rôle consiste donc davantage à surveiller, à se tenir informés afin de réagir lorsque les décisions ne vont pas dans le sens qu'ils souhaitent. Quant aux meneurs d'enjeux internes, ils détiennent le pouvoir de définir les grandes orientations, de choisir des axes de développement à travers la sélection du portefeuille d'activités, d'élaborer des stratégies à tous les niveaux ainsi que de sélectionner les moyens de leur mise en œuvre, tout en ayant à l'esprit les répercussions des stratégies retenues sur l'ensemble des meneurs d'enjeux.

Le potentiel de menace et de coopération et les stratégies adoptées par les divers meneurs d'enjeux

Quel potentiel de menace ou, au contraire, de coopération les divers meneurs d'enjeux représentent-ils pour l'entreprise ? Comment se traduit ce potentiel de menace et de coopération en termes stratégiques ? Le tableau 3.2 énumère les quatre situations stratégiques que l'on peut obtenir en combinant sur deux axes le potentiel de menace pour l'entreprise (élevé ou faible) avec le potentiel de coopération avec l'entreprise (élevé ou faible) Elles sont : 1) un accord partagé quand les potentiels de menace et de coopération sont élevés, ce qui se traduit par une stratégie de collaboration ; 2) un potentiel de menace faible couplé avec un potentiel de coopération élevé, ce qui donne une stratégie de participation ; 3) un potentiel de menace élevé couplé avec un potentiel de coopération faible, ce qui engendre une stratégie défensive ; 4) des potentiels de menace et de coopération faibles, qui résultent en une stratégie de surveillance.

TABLEAU 3.2
Le potentiel de menace et de coopération et les stratégies adoptées par les meneurs d'enjeux

		Stratégie de collaboration	**Stratégie de participation**
	Élevé	(Meneurs d'enjeux)	(Meneurs d'enjeux)
POTENTIEL DE COOPÉRATION AVEC L'ENTREPRISE		• Clients • Employés dont le métier est en forte demande	• Conseil d'administration
		Stratégie de défense	**Stratégie de surveillance**
	Faible	(Meneurs d'enjeux)	(Meneurs d'enjeux)
		• Concurrents • Syndicats	• Actionnaires • Groupes de pression
		Élevé	**Faible**
		POTENTIEL DE MENACE POUR L'ENTREPRISE	

SOURCE : Traduit de Savage, G.T., Nix, T.W., Whitehead, C.J. et Blair, J.D., « Strategies for Assessing and Managing Organizational Stakeholders », *Academy of Management Executive*, mai 1991, p. 65.

Le choix d'objectifs à court et à long terme

Dès que l'entreprise a défini sa mission et clarifié son champ d'activité, le dirigeant doit préciser les résultats quantitatifs et qualitatifs que l'entreprise compte atteindre dans divers champs de préoccupation clés. Drucker (1954) propose de définir des objectifs dans les sept champs de préoccupation suivants : la gamme, la qualité et le prix des produits offerts ; la part de marché souhaitée ; le taux de croissance visé ; le pourcentage de profit escompté ; le rendement sur investissement ; la formation et le développement des cadres et des employés ; la responsabilité sociale.

Jauch et Glueck (1990) suggèrent une liste de dix objectifs dont plusieurs sont semblables à ceux proposés par Drucker : la rentabilité ; l'efficience ; la satisfaction des employés et leur développement ; des produits ou services de qualité pour la clientèle ; le sens civique et la responsabilité sociale ; le leadership dans le marché ; la maximisation des dividendes ou du prix des actions pour les actionnaires ; le contrôle des actifs ; la facilité d'adaptation ; le service à la société.

Ces objectifs font ressortir la diversité des résultats visés par les dirigeants d'une entreprise, certains résultats devant être obtenus à court, moyen ou long terme, et certains autres étant quantitatifs ou qualitatifs.

La stratégie comme réponse à une double question : Où aller et comment y aller ?

Nous n'avons pas l'intention de reprendre la longue liste de définitions énumérée au chapitre 2. Pour les fins du présent ouvrage, retenons simplement que la stratégie, qu'elle soit délibérée ou émergente, indique vers où va l'entreprise, comment elle y va et avec quels moyens. Cette définition suppose un minimum de décisions stratégiques prises par anticipation, une ouverture d'esprit qui permet de pouvoir s'ajuster rapidement en cours d'exécution afin de saisir les occasions fortuites qui se présentent continuellement, ce qui nécessite des ajustements continus des programmes, des plans, des budgets et de l'allocation des ressources, en tout temps et non pas seulement à des périodes fixes prédéterminées. Cette définition couvre l'ensemble des actions nécessaires pour réaliser une stratégie jusqu'au bout, soit la nécessité de laisser, comme le rappelle Wildavsky (1979 : 223), une marge de manœuvre suffisante à ceux qui vont participer à la mise en œuvre d'une stratégie délibérée pour qu'ils puissent interpréter à leur façon, soit en prévoyant que « c'est au moment où on s'engage dans l'action, soit dans la mise en œuvre d'une stratégie délibérée, que l'on découvre quelques-unes de ses limites réelles », comme l'affirment Majone et Wildavsky (1978 : 106).

Le dirigeant et les composantes de la stratégie

Ansoff (1965) et Hofer et Schendel (1978) proposent quatre composantes de la stratégie qui se révèlent encore d'actualité.

Il s'agit de préciser l'étendue du couple produit-marché, aussi appelé domaine recherché. Le choix d'un domaine d'activité comporte nécessairement la sélection d'une industrie et du marché que l'entreprise veut desservir. Cette étendue du couple produit-marché détermine la portée des interactions avec l'environnement.

Ansoff parle du choix du vecteur de croissance ou des axes de développement (Hofer et Schendel renvoient au déploiement des ressources) que l'entreprise compte utiliser pour améliorer la posture du couple produit-marché, à savoir la pénétration du marché desservi au moment présent, l'ouverture de nouveaux marchés, le lancement de nouveaux produits et la diversification.

Ansoff et Hofer et Schendel suggèrent de déterminer des caractéristiques du couple produit-marché qui procurent un avantage concurrentiel à l'entreprise sur ses compétiteurs. Ils proposent de déployer les ressources en recherchant la synergie, c'est-à-dire en s'assurant que les résultats conjoints des nouveaux et des anciens couples produit-marché sont supérieurs à ceux que chaque couple pourrait obtenir individuellement. En somme, faire en sorte que 1 + 1 = 3.

Le choix d'un domaine d'activité

Déjà précisés dans l'énoncé de mission, les domaines d'activité de l'entreprise doivent être expliqués davantage par les réponses aux questions suivantes (Abell, 1980).

– Quel est notre domaine d'activité principal?

– Quel est notre métier, notre affaire?

– Pourquoi sommes-nous dans cette affaire?

– Est-ce un domaine d'activité porteur d'avenir? Quelles sont les possibilités de croissance?

– Quels besoins voulons-nous satisfaire? À quoi serviront nos produits?

– Quelles sont les caractéristiques des clients visés (classe sociale, âge, sexe, localisation)?

– Quelle contribution économique apportons-nous à nos clients? Quelle est la plus-value ajoutée à nos produits?

La segmentation et le segment stratégique : le domaine d'activité et le couple produit-marché

Nantel (1989) affirme que « la segmentation peut être conçue comme l'action de regrouper les unités de consommation composant un marché en sous-groupes de sorte que chaque sous-groupe présente des besoins homogènes et que les sous-groupes entre eux présentent des besoins différents ».

En effet, d'après Nantel, « il est téméraire pour une entreprise de penser qu'elle puisse segmenter son marché. Le marché doit être considéré, dans un premier temps, comme une donnée. C'est la compréhension de cette donnée qui peut, par la suite, permettre à l'entreprise de mieux échafauder ses stratégies ».

Les demandes et les offres forment deux à deux un couple produit-marché (CPM) ou un domaine d'activité, que l'on appelle aussi un segment stratégique. Selon la taille, l'entreprise œuvre dans un ou dans plusieurs domaines qui peuvent être liés ou non liés entre eux.

On utilise souvent les termes « domaine d'activité », « segment stratégique » et « métier » comme des synonymes. Cependant, comme le soulignent les professeurs de stratégie du groupe HEC-Paris, ces termes apportent un éclairage différent à l'analyse stratégique.

Le segment stratégique est le domaine d'activité caractérisé par une combinaison unique de facteurs clés de succès (Strategor, 1988). Il représente l'unité d'analyse qui résulte d'une opération de segmentation. Pour de Bodinat et Mercier (1978-1979), un segment stratégique est constitué par un domaine d'activité naturel de l'entreprise, c'est-à-dire un ensemble homogène de biens et de services de l'entreprise, destinés à un marché spécifique, ayant des concurrents déterminés et pour lequel il est possible de formuler une stratégie. De Bodinat (1980) affirme aussi que « la segmentation stratégique consiste à faire la carte du ou des champs de bataille de l'entreprise ». Véry (1991 : 25) parle plutôt de « cellule élémentaire d'activité » pour désigner le croisement d'une application de consommation d'un produit avec un groupe de clients, chacune des cellules étant caractérisée par des facteurs clés de succès similaires et spécifiques. Au chapitre 5 nous allons établir la liste des principaux facteurs clés de succès susceptibles d'être choisis au sein d'une cellule élémentaire d'activité par les différents concurrents qui y œuvrent pour compétitionner. Retenons pour le moment la définition de l'expression « facteur clé de succès » proposée par Calori, Atamer et Dufour (1989) et qui désigne, soit un élément de l'offre ayant une forte valeur pour un ou des clients, soit un avantage de coût ou un savoir-faire essentiel dans la chaîne de production (ou de distribution) du produit ou service permettant de créer un avantage concurrentiel.

Le *domaine d'activité*, notion plus intuitive et plus immédiate de l'entreprise, correspond au choix des demandes que l'entreprise veut satisfaire et à ce qu'elle offrira pour répondre à ces demandes. «Pris deux à deux, ces couples demande-offre forment un domaine d'activité.» Pour Véry (1991 : 25), «un domaine d'activité stratégique (DAS) est constitué par le regroupement des cellules élémentaires d'une industrie qui se caractérisent par des facteurs clés de succès similaires». Nous verrons ultérieurement qu'une stratégie concurrentielle unique peut être définie et mise en œuvre pour chacun des domaines d'activité d'une entreprise.

Le métier (Strategor, 1988) désigne «toute profession dont on peut tirer ses moyens d'existence» ou encore «l'habileté que procure la pratique de cette profession». De Bodinat (1980) définit un métier comme «un domaine d'activité qui a une demande spécifique, une offre spécifique (un groupe de concurrents spécifiques), et donc des facteurs de succès spécifiques et indépendants des autres métiers».

Les critères de segmentation stratégique

La segmentation stratégique se fait selon les deux axes suivants, soutient de Bodinat (1980) : la segmentation *sectorielle* (définition des activités ou des métiers homogènes et indépendants) et la segmentation *géographique* (détermination pour chaque métier des frontières géographiques du ou des champs de bataille régionaux, nationaux ou mondiaux). Cependant, la combinaison de ces deux segmentations n'est que le préalable à l'élaboration d'une stratégie. En effet, dès que l'entreprise a défini son domaine d'activité, elle doit déterminer la clientèle à laquelle elle destine son activité (les jeunes ou les personnes âgées ; les célibataires ou les couples ; les consommateurs à revenus faibles ou élevés) ainsi que l'étendue du champ de bataille (le marché local, régional, national ou mondial). Prenons, par exemple, des fabricants de montres : le fabricant A peut fabriquer un produit général destiné à la population canadienne ; le fabricant B peut produire une montre bas de gamme destinée au marché des jeunes à l'échelle mondiale. Chaque fabricant devra ensuite définir conment il veut faire concurrence à ses compétiteurs dans son segment.

La segmentation stratégique fournit des résultats peu rigoureux et imprécis, car des synergies ou des phénomènes de perméabilité viennent nuancer les découpages» (de Bodinat, 1980). Il ne faut donc pas s'imaginer que la définition d'un métier est définitive. L'entreprise doit prévoir son évolution et réexaminer sa situation à l'aide des questions proposées par de Bodinat et Mercier (1978-1979). Les questions suivantes aideront l'entreprise à déterminer si une de ses unités constitue ou non un segment stratégique :

– Les besoins satisfaits par les produits de l'unité et les critères d'achat sont-ils les mêmes ?

– Un changement apporté au prix, à la qualité ou au style d'un produit A entraîne-t-il des changements correspondants pour les autres produits ?

– Les produits et les marchés possèdent-ils une base d'expérience commune (même courbe d'expérience) ?

– L'abandon d'un produit aurait-il des conséquences sur les autres produits ?

– Les facteurs de succès sur les différents marchés sont-ils obtenus conjointement ?

– Les marchés sont-ils perméables aux flux d'informations et de biens ?

– Les principaux concurrents en ce qui a trait aux différents produits et aux différents marchés sont-ils les mêmes ?

La valeur relative d'un domaine d'activité

Le dirigeant appuie le choix du ou des domaines d'activité de son entreprise sur l'analyse de la valeur et l'attrait futur de chaque domaine d'activité. Selon Strategor (1988), cette analyse du dirigeant s'effectue à partir de critères dits objectifs, dont se dégage une valeur intrinsèque à un domaine, et de critères propres à chaque concurrent d'un même domaine qui permettent au dirigeant d'attribuer une valeur relative à chaque concurrent. Ainsi, la valeur intrinsèque d'un domaine se mesure en fonction du taux de croissance de la demande d'une activité, qui varie en fonction de son cycle de vie. Quant à la valeur relative, elle se mesure par l'examen de la position concurrentielle de l'entreprise dans un domaine d'activité, afin de dégager ses chances de réussite par rapport à la valeur du domaine, et aussi par rapport à la position des principaux concurrents de l'entreprise.

Selon Newman, Logan et Hegarty (1989), on peut évaluer l'attrait d'un domaine d'activité pour une entreprise avec les critères suivants :

– la demande pour les produits appartenant au domaine : sa croissance, la stabilité de la demande, son déclin à long terme, son état actuel dans le cycle de vie des produits ;

– l'offre des produits du domaine : la capacité potentielle de l'industrie, la disponibilité des ressources requises, la volatilité de la technologie, les contraintes sociales, le contexte législatif et politique, l'évolution de la courbe des coûts ;

– la structure concurrentielle de l'industrie : les barrières à la mobilité, le pouvoir de négociation relatif des fournisseurs et des clients, l'intensité de la concurrence ;

– le potentiel de croissance et de rentabilité : les facteurs clés de succès du domaine.

CHAPITRE 4

Gérer stratégiquement, c'est utiliser diverses démarches afin d'assurer la formation de la stratégie

Voyons maintenant comment se forme la stratégie à travers l'utilisation de modèles d'analyse proposés par un certain nombre d'universitaires, en particulier Andrews (1971), Hamel et Prahalad (1994), Mintzberg (1994), Porter (1980, 1985) et Quinn (1980).

Le processus de formation de la stratégie

Le concept de stratégie et son processus de formation sont inséparables, prétend Hax (1990), puisque, selon les tenants de l'école de recherche sur le processus, on peut percevoir la stratégie comme la résultante de trois processus différents contribuant à sa formation, soit :

- le *processus cognitif individuel* qui vise à comprendre l'environnement de l'entreprise et ses ressources ;
- le *processus social et organisationnel* qui canalise les perceptions et développe les engagements par le biais des communications internes et la recherche d'un consensus ;
- le *processus politique* qui se préoccupe de la création, de la conservation et du transfert du pouvoir au sein de l'entreprise.

Le stratège utilise ces trois processus en s'appuyant sur sa vision de l'entreprise et en exploitant les forces organisationnelles susceptibles d'enrichir et de faire évoluer cette vision, tel que le suggère Hax (1990). Il décidera, au moment de la formation de la stratégie, de son degré de formalisation (stratégie explicite opposée à stratégie implicite), de l'importance à accorder à l'analyse formelle par rapport à celle qui prend en considération le comportement des gens et le pouvoir, de l'équilibre à conserver entre le passé et le futur (pattern d'actions passées opposé au plan proactif et créatif du futur), de la démarche délibérée et volontaire plutôt que de la démarche incrémentale.

Faut-il ou non formaliser les processus de formation de la stratégie? Là encore, deux points de vue s'opposent, soit celui des tenants de l'approche analytique formelle – en particulier Ansoff (1984), Hax et Majluf (1984a, 1984b), Lorange (1980), Porter (1980, 1985) – qui privilégient l'usage de systèmes formels de planification, de contrôle, de récompenses-punitions et celui des tenants de l'approche basée sur le comportement et le pouvoir – en particulier Cyert et March (1963), Lindbloom (1959), Simon (1976), Wrapp (1984) – qui laissent beaucoup de place à la négociation, aux jeux des coalitions, à la pratique du *muddling through* dans la formation de la stratégie.

Enfin, quel rôle devrait jouer la stratégie dans le temps? Là encore, on peut déceler deux points de vue différents. Le point de vue de ceux qui voient la stratégie comme un pattern d'actions qui émerge des décisions passées de l'entreprise (Wrapp, 1984; Mintzberg et Waters, 1980) et le point de vue de ceux qui voient la stratégie comme un indicateur de la direction future de l'entreprise (Newman et Logan, 1971).

Pour tenter de clarifier toutes ces positions différentes, Hax et Majluf (1988: 108) proposent une typologie des processus de formation de la stratégie en huit classes, allant de la stratégie délibérée à la stratégie émergente que nous avons déjà décrite au tableau 1.1 (voir p. 7). De son côté, Mintzberg (1994: 391) propose un cadre général de la démarche de la planification stratégique, lequel est reproduit à la figure 1.3 (voir p. 9).

La relecture de la figure 1.3 indique que la stratégie s'insère dans une démarche de planification débutant avec l'analyse stratégique qui alimente la formation de la stratégie, activité qui déclenche la programmation stratégique qui voit à appliquer la stratégie à l'aide de plans détaillés alimentant la communication et le contrôle externe et interne. C'est donc un ensemble d'activités qui précèdent et qui suivent la formation de la stratégie. Ainsi «le processus stratégique, que les stratégies soient formulées de façon délibérée ou se forment seulement de façon émergente, doit être vu comme "une boîte noire" impénétrable pour la planification aussi bien que pour les planificateurs, autour de laquelle plutôt que dans laquelle, ils travaillent» (Mintzberg, 1994: 332). Ces activités peuvent être décrites plus en détail de la manière suivante:

1. La planification formelle et son rôle incitent les organisations à «s'engager dans la planification formelle, non pour créer des stratégies mais pour programmer celles dont elles disposent déjà, c'est-à-dire pour élaborer et opérationnaliser de façon formelle leurs conséquences» (Mintzberg, 1994: 334).

2. Les planificateurs «jouent des rôles clés dans le processus de planification (c'est-à-dire la programmation stratégique) et dans l'utilisation des plans qui en résultent pour la communication et le contrôle» (Mintzberg, 1994: 361). De plus, plusieurs des rôles importants joués par ces derniers n'ont rien à voir avec la planification ou même avec les plans eux-mêmes car, comme le

mentionne Mintzberg, ils agissent tantôt comme des «découvreurs de stratégies», des «interpréteurs de l'action» ou des «reconnaisseurs de formes», tantôt comme des analystes stratégiques d'études portant sur l'environnement (études externes), sur l'entreprise (études internes), ou sur la stratégie (études reliées au choix décisionnel qui suit la conception des stratégies intentionnelles). Les *études externes* qui s'appuient surtout sur des données quantitatives – sur des «faits solides» – sont réalisées d'une manière *ad hoc* à l'intention des managers afin de les aider soit à «soulever des questions dont ils devraient être conscients mais qu'ils n'ont pas notées», soit à essayer de changer leurs perspectives sur des questions importantes afin de faire évoluer leurs «modèles mentaux», leurs «idées arrêtées», leur «vision du monde», en leur permettant de devenir «plus explicites à propos de leurs hypothèses clés» (Mintzberg, 1994: 371). *L'analyse stratégique interne* permet de regarder à l'intérieur de l'organisation pour y découvrir parfois «des structures émergentes dans les comportements et les compétences». *L'investigation et l'évaluation des stratégies* (intentionnelles) sont proposées après leur élaboration «pour confirmer les résultats de l'intuition du manager ou au moins pour en diminuer les risques» (Mintzberg, 1994: 377).

Les planificateurs peuvent agir encore comme catalyseurs en se préoccupant moins de la promotion de la planification, ou des plans, ou «d'une procédure formalisée pour produire un résultat articulé que d'avoir une pensée orientée vers le futur au sens le plus large» (Mintzberg, 1994: 380), en particulier en entraînant les décideurs à remettre en question les idées reçues, à «sortir des ornières conceptuelles». Enfin, les planificateurs peuvent aussi agir comme des stratèges. «Le seul fait d'être prédisposé à réfléchir sur la stratégie ne transforme personne en un penseur stratégique. Ce sont l'information, l'implication et l'imagination qui jouent ce rôle en permettant d'utililiser son cerveau et de disposer des bases qui permettent la synthèse» (Mintzberg, 1994: 389).

3. La programmation stratégique, qui sert à faciliter la coordination des membres d'une entreprise, se fait en trois étapes: 1) la codification d'une stratégie; 2) l'élaboration de cette stratégie en sous-stratégies, en programmes *ad hoc* et en plans d'action de diverses sortes; 3) l'établissement de la stratégie avant sa codification et son examen après sa codification. La programmation fait émerger des plans sous la forme de programmes, d'échéanciers, de budgets. Ces plans «peuvent être des moyens primordiaux pour communiquer, non seulement des intentions stratégiques mais aussi ce que chaque individu dans l'organisation doit faire pour les réaliser» (Mintzberg, 1994: 352). Les plans servent aussi de «mécanismes de contrôle» en précisant quels comportements sont attendus d'unités et d'individus particuliers, de façon à réaliser la stratégie, et ils sont ensuite disponibles pour réinjecter dans le processus d'élaboration de la stratégie des comparaisons entre ces attentes et les performances réelles» (Mintzberg, 1994: 355).

Les prochains chapitres décrivent les démarches de planification proposées par un certain nombre de modèles de planification stratégique, notamment, pour *l'analyse externe* : le modèle stratégique, le modèle d'analyse de la concurrence, le modèle financier, les modèles de portefeuille ; pour *l'analyse interne* : le modèle stratégique, le modèle de la chaîne de valeur, le modèle du cœur de la compétence. Cependant, comme nous nous intéressons plus particulièrement au modèle stratégique et aux quatre dimensions qu'il suggère pour intégrer l'ensemble des activités des planificateurs, les prochaines pages décrivent ce modèle stratégique. Précisons que chacun des autres modèles mentionnés précédemment sera décrit dans les chapitres subséquents.

Le modèle d'analyse stratégique : objet et contenu

Nous croyons nécessaire d'exposer d'abord la démarche proposée par le modèle stratégique afin que le décideur adopte un cheminement particulier lorsqu'il désire doter l'entreprise d'une stratégie ou apporter des corrections aux stratégies en place à la suite de changements qui se produisent en cours de route ou lorsque les circonstances l'exigent. Mieux comprendre la manière de prendre des décisions stratégiques peut s'avérer utile, tant pour le décideur que pour celui qui est touché par la décision.

L'objet du modèle stratégique

Le modèle stratégique a comme objet l'entreprise en tant qu'entité ayant sa propre raison d'être, qui choisit un domaine d'activité et qui cherche à atteindre des objectifs propres en utilisant des moyens et des ressources qu'elle possède déjà ou qu'elle peut acquérir plus tard. C'est du point de vue de la direction générale dont on tient compte pour percevoir les problèmes dans leur globalité plutôt que de celui des directions fonctionnelles qui, en se concentrant sur une partie de l'entreprise, ne considèrent qu'une des facettes d'une situation. Au sein d'une entreprise, le point de vue de la direction générale se manifeste par la conception de la mission à accomplir, par le choix d'un domaine d'activité à exploiter, et il se traduit dans des objectifs généraux à atteindre. Le domaine d'activité choisi et les objectifs fixés doivent être très dynamiques. À cet égard, le tableau 4.1 décrit l'évolution de quatre compagnies canadiennes. Ces dernières ont connu des changements profonds au cours des 15 dernières années quant à leurs domaines d'activités et quant à l'utilisation des ressources mises à leur disposition. La direction générale de ces entreprises a sans doute dû faire des choix difficiles en ce qui concerne leurs objectifs et l'agencement des ressources mises à leur disposition. La démarche de planification visant à simplifier une réalité complexe est contenue dans le modèle d'analyse stratégique qui regroupe deux catégories d'activités

TABLEAU 4.1
L'évolution de quatre entreprises canadiennes de 1979 à 1994

		BCE	Bombardier	Quebecor	Unigesco
Portefeuille: **activités** **principales**	1979	– Télécommunications – Fabrication – Consultation – Recherche	– Produits récréatifs – Énergie et transport – Produits industriels et manufacturiers	– Édition – Imprimeries – Pellicules photo – Distribution de disques et publication	– Assurance-vie: générale – Bourses d'études
	1989	– Télécommunications – Fabrication – Recherche – Consultation – Services financiers – Gaz et pétrole brut	– Matériel de transport – Produits de consommation motorisés – Défense – Aéronautique – Sociétés de services financiers	– Édition – Distribution – Commerce de détail – Production manufacturière – Impression – Produits forestiers	– Transformation et distribution alimentaires – Distribution en gros et détail de biens de consommation – Grossiste en produits de quincaillerie
	1994	– Télécommunications canadiennes – Fabrication – Bell Canada international – Annuaires – Activités de la société	– Matériel de transport – Produits de consommation motorisés – Aéronautique et défense – Services financiers et immobiliers	– Édition – Distribution – Imprimerie – Produits forestiers – Produits multimédias et interactifs	(Changement de la raison sociale: Groupe Sodisco-Howden) – Distribution et mise en marché: produits de quincaillerie et de rénovation
		(en millions $)	**(en millions $)**	**(en millions $)**	**(en millions $)**
Chiffre **d'affaires**	1979	5 300	385	161	15
	1989	16 681	1 396	1 800	148
	1994	21 670	4 769	3 975	512
Profit **réalisé**	1979	386	11	5,2	0,768
	1989	761	68	157	8
	1994	1 178	176	88	(35)
Nombre **d'employés**	1979	56 100	6 000	2 340	215
	1989	120 000	12 200	13 100	Unigesco 2 000
	1994	116 000	36 500	25 000	Provigo 22 000 850
Capital-actions **et bénéfices** **accumulés**	1979	3 342	98	29	7,8
	1989	9 548	407	272	153
	1994	15 430	1 383	828	51

SOURCE: Rapports annuels des quatre entreprises, 1979, 1989 et 1994.

principales, la formulation de la stratégie et sa mise en œuvre. Les meilleurs choix stratégiques auraient peu de répercussions s'ils ne se réalisaient pas à travers une structure de fonctionnement adéquate, des systèmes d'information, de contrôle, de récompense et de punition qui reflètent bien ce qui est recherché, et s'ils n'étaient pas réalisés par des gestionnaires possédant les habiletés et les aptitudes suffisantes pour mettre en œuvre les plans d'action nécessaires à l'atteinte des objectifs.

Le contenu du modèle stratégique

Andrews (1987) prétend que le dirigeant est l'architecte de la mission de l'entreprise. Il doit clarifier la raison d'être, définir le champ et la gamme d'activités de l'entreprise, choisir les produits à offrir et les marchés à desservir, identifier les concurrents et sélectionner ses armes de compétition.

Selon Andrews, le modèle stratégique permet aux dirigeants de répondre à des questions intéressantes. Que sommes-nous et où voulons-nous aller? Quelle est notre mission? Quel est notre produit principal? Quelle fonction sert-il présentement? À quelle fonction pourrait-on l'étendre ou l'adapter? Qu'arrive-t-il aux marchés que nous desservons? S'étendent-ils ou se réduisent-ils? Quelles sont les grandes tendances sur les plans économique, technique, juridique, social, démographique? Ces tendances provoquent-elles des changements permanents ou temporaires dans les fonctions que nos produits exercent ainsi que dans les marchés desservis? Comment nous y prenons-nous pour aller là où nous voulons aller? Comment faisons-nous concurrence à nos compétiteurs? Quelle est la nature de la concurrence intra-industrielle et interindustrielle? Quelles sont les exigences requises pour réussir à bien concurrencer? Quelles sont les tâches les plus critiques à exécuter pour survivre et pour croître (ventes, financement, gestion du personnel, recherche et développement, achat, contrôle, gestion des opérations, etc.)? Quelles sont les possibilités de croissance de notre entreprise et ses chances de rentabilité compte tenu du cycle de vie de ses produits, de son évolution, de la composition de son portefeuille d'activités? Comment gérer une gamme d'activités parfois disparates et même conflictuelles? Comment intégrer dans un plan d'ensemble (corporatif) les intérêts particuliers de chaque unité ou centre d'activité? De quel mode de gestion faut-il se doter pour tenir compte des points de vue des dirigeants du siège corporatif et de ceux des filiales et des divisions de l'entreprise? Quelles sont les forces et les faiblesses de l'entreprise? D'où proviennent-elles? Quelle est son habileté actuelle et potentielle à atteindre les objectifs qu'elle s'est fixés, malgré les forces contraintes qui s'y opposent? Peut-elle utiliser ses expériences passées et ses capacités pour étendre ses activités, pour améliorer son personnel, pour mieux coordonner les efforts individuels et collectifs? Quelle compétence distinctive possède-t-elle? Que fait-elle de particulièrement bien? Quelles sont les attentes des principaux dirigeants de l'entreprise?

Quelles sont leurs principales valeurs personnelles ? Qu'est-ce qui les motive à agir ? Quel niveau de risque est acceptable pour eux, pour leurs collaborateurs ? Comment perçoivent-ils leur responsabilité et leurs devoirs à l'égard de leur personnel, de leurs actionnaires, de leurs clients et des gouvernements ?

La démarche volontaire et délibérée de formation de la stratégie

Dans les faits, il n'est pas toujours évident qu'un dirigeant suive une démarche volontaire et qu'il assume un ensemble de responsabilités complémentaires pour décider du choix de la stratégie. Afin de comprendre le processus de gestion stratégique, nous allons analyser séparément chacune des responsabilités à assumer d'une manière délibérée pour formuler et mettre en œuvre la stratégie.

La démarche incrémentale de formation de la stratégie

Comme nous venons de le souligner, les dirigeants doivent logiquement chercher à prédire les principaux événements et les situations nouvelles susceptibles de se produire dans un avenir plus ou moins immédiat, tant à l'extérieur qu'à l'intérieur de l'entreprise, afin d'en déterminer l'impact sur les activités et sur les ressources de l'entreprise. Le choix de leur stratégie s'appuie certes sur cette démarche cognitive mais elle tient également compte des processus social, organisationnel et politique, susceptibles de les amener, selon Quinn (1978), à « procéder avec flexibilité et sur une base expérimentale à partir de concepts généraux vers des engagements spécifiques*, en s'efforçant de s'engager le plus tard possible afin de réduire la zone d'incertitude et de compter sur la meilleure information ». « C'est, poursuit Quinn, ce qu'on appelle le processus incrémentalique (*logical incrementalism*) [...] Un tel processus permet de combiner les contributions des analyses systématiques rationnelles, les théories politiques et de pouvoir avec les concepts de comportement organisationnel. »

Une telle vision du processus de formation de la stratégie possède les caractéristiques suivantes (Quinn, 1980) :

- les responsabilités de formulation et de mise en œuvre de la stratégie sont intimement interreliées, puisque la stratégie se forme et se reforme

---

* Ou du plus connu vers le moins connu en évitant de tout finaliser afin de permettre d'adapter la stratégie choisie dès qu'un changement survient à l'externe ou à l'interne.

constamment au fil des événements qui se précisent, de l'information qui devient disponible, du degré d'engagement plus ou moins élevé des collaborateurs envers la stratégie et du feedback constant que l'on reçoit sur la pertinence et la qualité de la stratégie ;

— les décisions stratégiques se prennent en séquences interdépendantes qui prévoient des ajustements et même des retours en arrière ; les décideurs adoptent des solutions «étapistes», à l'essai et partielles pouvant s'ajuster en cours de route, grâce à la rétroaction recueillie auprès des membres de l'entreprise et à l'émergence de «champions» qui vont se charger des plans d'exécution et créer des consensus autour des meilleurs projets. La gestion stratégique s'appuie donc sur un processus de décision en évolution.

Les questions reliées à la formation de la stratégie

La direction générale d'une entreprise qui formule une stratégie se voit confrontée aux questions suivantes, illustrées à la figure 4.1.

FIGURE 4.1
Les facteurs conduisant au choix de la stratégie

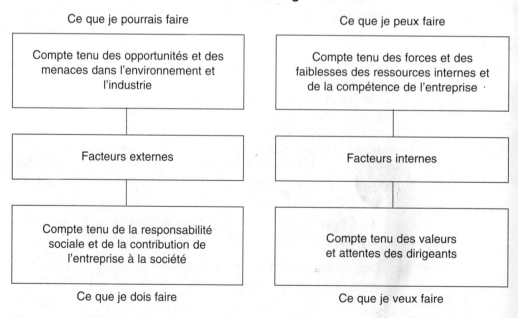

SOURCE : Adapté d'Andrews, K.R., *The Concept of Corporate Strategy*, Homewood, Illinois, Irwin, 3e édition, 1987.

– Comment déceler, dans l'environnement général et spécifique de l'entreprise, les occasions d'affaires ainsi que la nature et l'ampleur des changements qui y surviennent afin de s'y adapter, et d'en tirer le maximum de retombées positives pour éviter de disparaître?

– Comment réussir mieux que ses concurrents à définir et à découper à son avantage le couple produit-marché choisi pour satisfaire ses objectifs, et comment réussir à redéfinir ce couple, si nécessaire?

– Comment obtenir de bons résultats en utilisant bien ses ressources actuelles, en les améliorant et en se donnant la chance d'en acquérir de nouvelles, si nécessaire?

– Comment choisir une stratégie qui reflète bien les valeurs et les attentes des dirigeants et la responsabilité sociale de l'entreprise?

Tel que l'indique la figure 4.1, le dirigeant recherche un équilibre entre des facteurs internes (forces et faiblesses de l'entreprise et valeurs des dirigeants) et des facteurs externes (opportunités et menaces de l'environnement et responsabilité à l'égard de la société) en répondant aux questions formulées ci-dessus, qu'Andrews ramène aux énoncés suivants:

– ce que je pourrais faire;

– ce que je dois faire;

– ce que je peux faire;

– ce que je veux faire.

Nous avons là les éléments du modèle stratégique présentés dans la figure 4.2 (voir p. 58).

Quelques règles de formulation

Andrews (1987) et Porter (1980) suggèrent un certain nombre de règles pour formuler une stratégie (il est bon de noter que ces règles n'ont pas toujours été validées et qu'on ne peut les généraliser pour tous les secteurs d'activité):

– Viser à être différent, à être unique. Par exemple, au lieu de copier IBM, Burroughs s'est spécialisée dans les ordinateurs destinés aux banques et aux compagnies d'assurances[*].

---

[*] Dans les entreprises manufacturières, celles qui copient réussissent souvent mieux que celles qui ont instauré le produit.

FIGURE 4.2
Le modèle stratégique

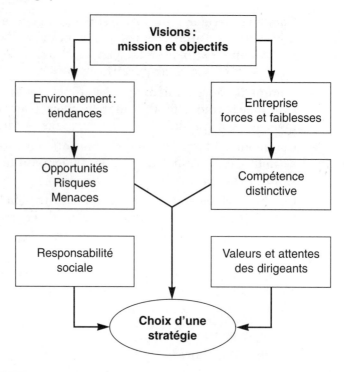

SOURCE : Christensen, R.C., Andrews, K. et Bower, J., *Business Policy, Text and Cases*, Homewood, Illinois, Irwin, 1973.

— Utiliser ses forces pour être le meneur[*]. Par exemple, l'industrie automobile japonaise des années 1970 n'a pas voulu concurrencer les fabricants américains dans le domaine des grosses voitures ; elle a plutôt concentré ses efforts sur les petites voitures. Progressivement, elle a ajouté des modèles à sa gamme de voitures et en 1990 la plupart de ses modèles font concurrence à ceux des Américains et des Européens.

— Concentrer ses ressources dans des domaines où l'entreprise détient un avantage compétitif.

— Choisir le domaine d'activité le plus restreint, compte tenu des ressources disponibles et des exigences du marché, afin d'éviter de se retrouver dans une situation qui place l'entreprise entre celles qui pratiquent une stratégie de coûts faibles et celles qui veulent se différencier.

---

[*] On peut souligner que c'est souvent la deuxième entreprise qui réussit le mieux.

CHAPITRE 5

Gérer stratégiquement, c'est analyser
son environnement afin de rechercher une
possibilité de croissance d'activité dans un
couple produit-marché (CPM),
c'est déterminer les facteurs clés de réussite
dans ce domaine et c'est connaître à quel(s)
groupe(s) stratégique(s) appartiennent ces
couples produit-marché

Le couple produit-marché : critères de définition d'une unité de planification stratégique

L'analyse des données de l'environnement doit être faite pour chaque couple produit-marché observé qui a pu être défini par l'exercice de segmentation que nous avons décrit au chapitre 3. Selon la façon de voir du dirigeant et de ses collaborateurs, un couple produit-marché (ou plusieurs couples selon la décision prise de les examiner) devient alors l'unité de planification stratégique qui facilite le choix d'une stratégie. Voici les principaux critères qu'Ohmae (1991 : 73-79) propose pour définir l'unité de planification stratégique. La figure 5.1 (voir p. 60) présente la combinaison de ces critères :

— les *clients potentiels* de l'entreprise, c'est-à-dire tous les segments clés de clientèle susceptibles d'acheter les produits de l'entreprise, par exemple les ménages à revenu élevé, les jeunes professionnels, les personnes âgées, etc.;

— l'*entreprise* et toutes ses fonctions clés ;

— les *concurrents* et tous les aspects clés (ou les compétences centrales) qu'ils peuvent utiliser.

FIGURE 5.1
Les principaux critères pour définir une unité de planification stratégique

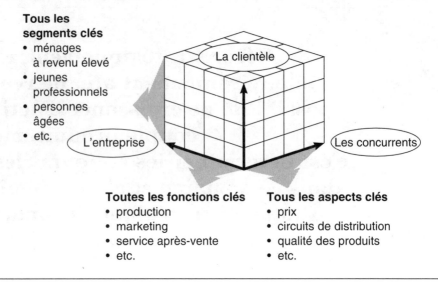

SOURCE : Ohmae, K., *Le génie du stratège*, Paris, Dunod, 1991, p. 78.

L'analyse de l'environnement

Pour Jauch et Glueck (1990), l'analyse de l'environnement « est le processus selon lequel les stratèges examinent les différents facteurs de l'environnement et déterminent les opportunités ou les menaces pour leurs firmes ». La première étape de l'analyse consiste donc à cerner les dimensions de l'environnement à analyser, la période d'analyse retenue et le marché observé.

Les stratèges doivent donc déterminer, pour chacun de leurs couples produit-marché, les principales sources d'influence susceptibles d'avoir des répercussions sur son environnement économique, technologique, écologique, social et démographique, politique et juridique.

Martinet (1983 : 76) mentionne que, pour un nombre croissant d'entreprises, l'environnement se modifie à l'égard de deux critères essentiels : le degré de complexité et le degré d'instabilité. La combinaison de ces deux critères, illustrée à la figure 5.2, donne quatre « situations environnementales », soit : un environnement simple et prévisible, un environnement simple mais peu prévisible, un environnement complexe mais prévisible et un environnement turbulent. Si elle est toujours importante, l'analyse de l'environnement le devient davantage quand les degrés d'instabilité et de complexité augmentent, puisque le stratège aura à

FIGURE 5.2
Les degrés de complexité et d'instabilité de l'environnement

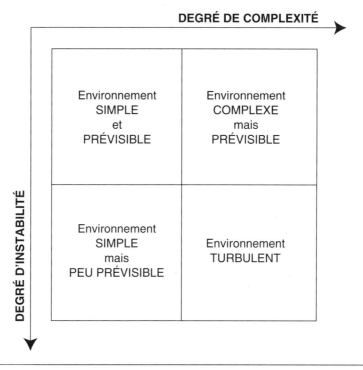

SOURCE : Martinet, A.C., *Stratégie*, Paris, Librairie Vuibert, 1983, p. 76.

recourir à toutes les sources d'information et à toutes les ressources disponibles pour déterminer les sources potentielles de changement afin de diminuer sa zone d'incertitude.

Le tableau 5.1 présente une grille d'analyse des données de l'environnement qui aide un dirigeant à préciser ces sources d'influence. Elle mesure différemment les répercussions de ces influences sur l'offre et la demande de l'activité. Ainsi, la synthèse des nombreux jugements effectués à divers endroits dans l'entreprise par des gens de formation, d'expérience et de valeurs différentes doit être utilisée avec prudence. Cette synthèse ne représente pas la conclusion logique d'une démonstration mathématique. La capacité de jauger et de pondérer le poids relatif de chaque source d'influence s'avère très importante. Même si l'analyse des données de l'environnement identifie beaucoup plus d'opportunités que de menaces, la probabilité qu'une seule menace ait un poids relatif plus fort que celui de toutes ces opportunités demeure forte.

TABLEAU 5.1
La grille d'analyse des données de l'environnement

Conditions et tendances	Sources d'influence
Économiques	– Croissance du pays et croissance mondiale – Conditions générales (inflation, récession…) – Taux de chômage – Politiques monétaires (réévaluation, évaluation…) – Politiques fiscales – Contrôles gouvernementaux – Approvisionnements énergétiques – Approvisionnements en matières premières – Nature de l'industrie (oligopole, monopole, historique, statistique) – Type d'industrie (PME, dominante…) – Conditions du marché – État de la concurrence directe et indirecte
Technologiques	– Degré de technologie actuel – Méthodes de production actuelles dans l'industrie – Licences et brevets – Recherche et développement: industrie, gouvernement
Écologiques	– Environnement physique (eau, air, sol) – Infrastructure de transport – Sources d'approvisionnement – Conséquences écologiques

Sociales et démographiques	– Tendances démographiques: croissance de la population et démographie
	– Tensions entre les forces (minorité contre majorité)
	– Culture: – code d'éthique
	          – valeurs, aspirations, croyances
	          – groupes de pression
	          – aspirations nationales
	          – croyances et histoire
	– Groupes de protection des consommateurs

Politiques	– Lois et règlements – Participation du gouvernement dans l'industrie – Participation du gouvernement dans la libre entreprise – Régime politique en place et ses choix – Stabilité des régimes – Accords internationaux
Juridiques	– Protection de l'environnement (eau, air, sol) – Travail: lois sur les normes de travail; droit d'association, décrets, sécurité au travail, avantages sociaux

SOURCE: Préparé par un groupe de professeurs de l'École des HEC de Montréal, sous la direction d'Alain Noël, 1984, à partir de Thiétart, R.A., *La stratégie d'entreprise*, Paris, McGraw-Hill, 1984.

L'analyse de l'offre et de la demande

Une analyse plus détaillée de l'évolution des éléments de la demande et de l'offre de chaque segment stratégique permet de se poser des questions sur les tendances à la hausse ou à la baisse de l'offre et de la demande. Thiétart (1984) propose une grille d'analyse, illustrée au tableau 5.2 (voir p. 64), qui indique ces tendances.

Par exemple, la demande d'un produit appartenant à un segment stratégique peut être modifiée par l'ouverture d'un *nouveau marché*, une modification du prix, des changements dans les règlements, dans la technologie ou dans les revenus de la clientèle. L'offre d'un produit peut changer à la suite d'une concurrence accrue ou de changements apportés à la structure des coûts de l'industrie.

Les groupes stratégiques qui se forment selon l'hétérogénéité de l'offre

Par le choix de sa mission, de ses objectifs, de ses couples produit-marché et des stratégies qu'elle adopte pour compétitionner dans chacun de ses couples, une entreprise décide d'appartenir à des groupes stratégiques déterminés et, en même temps, son choix la rapproche d'un certain nombre de concurrents directs membres de la même industrie ou l'éloigne d'autres concurrents appartenant néanmoins à la même industrie. C'est le concept de groupe stratégique, rappellent Allaire et Firsirotu (1993 : 236), qui a été choisi « pour tenir compte de cette diversité entre des firmes qui sont potentiellement rivales et expliquer les différences systématiques et durables de rentabilité entre des firmes qui font vraisemblablement partie d'une même industrie. Un groupe stratégique serait constitué de firmes dont les champs stratégiques sont très similaires tant par leur envergure de produits et leur envergure de marchés que par leurs compétences, leurs ressources et leurs technologies ». Ainsi, les entreprises dont les stratégies sont similaires font partie du même groupe stratégique, alors que celles qui ont des stratégies différentes appartiennent à d'autres groupes stratégiques. Le passage d'un groupe à l'autre n'est pas facile à réaliser puisque l'entreprise, selon Thiétart (1984 : 77), doit surmonter les freins que sont la présence de produits différenciés, un coût de passage élevé d'un fournisseur à l'autre, un accès limité aux canaux de distribution et la remise en cause de la stratégie suivie jusqu'ici.

L'identification et l'analyse des groupes stratégiques permettent à une entreprise de mieux connaître sa situation concurrentielle en identifiant ses compétiteurs immédiats et ceux qui peuvent éventuellement se joindre à son groupe. Elles renseignent aussi les membres d'un groupe sur les facteurs clés de succès privilégiés par les entreprises appartenant aux autres groupes stratégiques. Par

TABLEAU 5.2
L'offre et la demande par activité stratégique

	Faible	Moyenne	Élevée

Croissance du marché
Degré de stabilité des produits ou des services
Degré de maturité des produits ou des services
– nouvelles utilisations
– nouveaux marchés
– nouveaux segments
Taille et croissance du segment
Nature et caractéristiques de la demande
Influence de la réglementation
Influence des désirs des clients
Influence de la technologie
Influence des produits substituts
Sensibilité au prix
Capacité de payer du client
Fidélité des acheteurs

Capacité de l'industrie
Sous-capacitaire
ou
Surcapacitaire
Temps d'expansion
Coûts d'expansion

Structure des coûts
Coût de la main-d'œuvre
– de production
– de supervision
– de soutien
Coût du personnel de bureau
Existence d'économies d'échelle
Existence de courbes d'expérience

Économie du secteur
Barrières à l'entrée
Barrières à la sortie
Degré de concentration
Densité de la main-d'œuvre
Réseau de distribution
– régional
– provincial
– national
Degré de la technologie utilisée
Maturité de la concurrence
Forces compétitives

SOURCE: Thiétart, R.A., *La stratégie d'entreprise*, Paris, Édiscience International, 1990, p. 66 et 69.

exemple, la figure 5.3, en combinant la technologie utilisée et le degré de spécialisation d'une entreprise, détermine trois groupes stratégiques, soit celui des entreprises nouvelles à haut degré de technologie qui possèdent une gamme restreinte de produits, le groupe stratégique des petites entreprises traditionnelles qui utilisent une technologie traditionnelle et qui offrent une gamme restreinte de produits et le groupe des grandes entreprises diversifiées qui ont des technologies moyennement avancées mais qui offrent une gamme étendue de produits.

La figure 5.4 (voir p. 66) présente la configuration des groupes stratégiques de magasins de grande surface, en utilisant les critères de qualité et de contenu de mode. Fry et Killing (dans Côté, 1991 : 123) ont relevé trois groupes stratégiques : le groupe de ceux qui offrent la gamme complète de produits de toutes les qualités et de contenu de mode très vaste (Eaton's, La Baie) ; le groupe des magasins d'escompte et les « juniors » qui offrent au contraire des produits de qualité inférieure et de faible contenu de mode (Wal-Mart, K-Mart, Zellers, Towers) et un troisième groupe intermédiaire offrant des produits de qualité moyenne et de contenu de mode moyen (Sears).

Enfin quatre groupes stratégiques peuvent être identifiés dans l'industrie de la presse écrite du Québec en combinant le niveau d'instruction du lecteur avec

FIGURE 5.3
La carte des groupes stratégiques au sein d'une même industrie

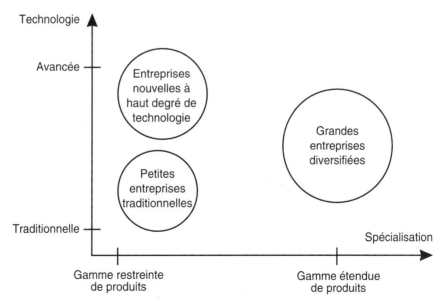

SOURCE : Thiétart, R.A., *La stratégie d'entreprise*, Paris, Édiscience International, 1990, p. 86.

FIGURE 5.4
Le positionnement relatif par types de magasins
selon la mode et la qualité de la marchandise

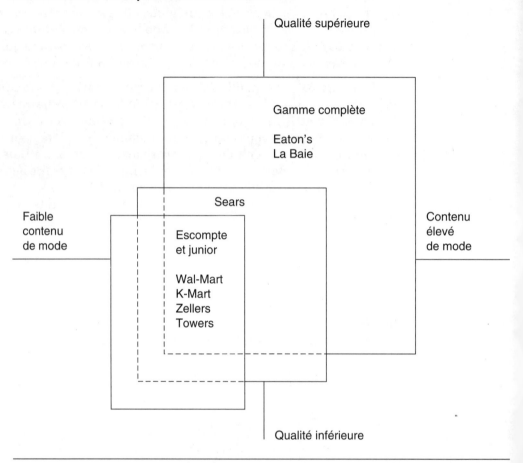

SOURCE : Adapté de Fry, J.N. et Killing, J.P., « Note on General Merchandise Retailing in Canada », *Canadian Business Policy, A Casebook*, Prentice-Hall Canada Inc., Scarborough, Ontario, 1983.

le contenu de l'information véhiculée par les quotidiens et les magazines québécois : le groupe des médias qui s'adressent à un lectorat peu instruit et qui visent seulement à l'informer sans analyser l'information (*Le Journal de Montréal*), le groupe des médias qui veulent analyser l'information à l'intention d'un lectorat très vaste (les magazines), le groupe qui vise à fournir une information en partie analysée à un lectorat instruit (*Le Devoir*) et, enfin, le groupe des médias intermédiaires qui s'adressent à tous les lectorats pour leur transmettre une information partiellement analysé (*La Presse, The Gazette*). On retrouve ces quatre groupes stratégiques à la figure 5.5.

FIGURE 5.5
Les groupes stratégiques des médias écrits du Québec

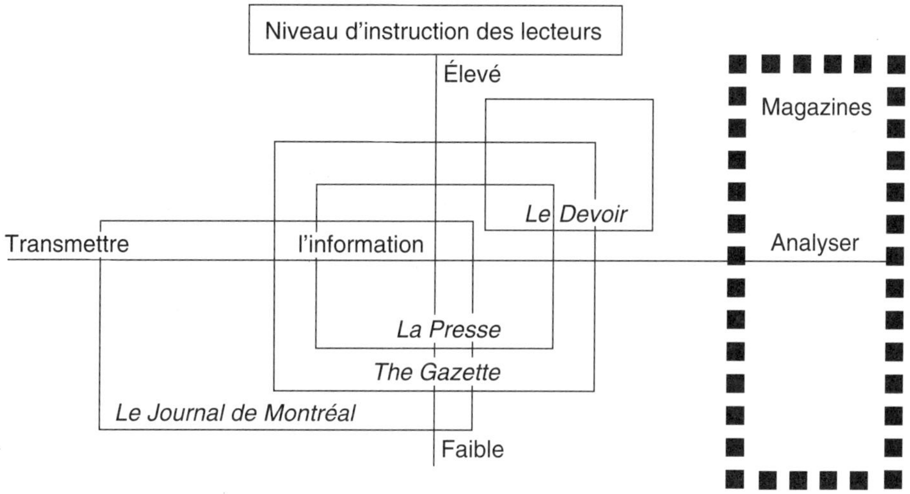

SOURCE : Côté, M., *La gestion stratégique : concepts et cas*, guide du maître, Boucherville, Gaëtan Morin Éditeur, 1991, p. 59.

L'analyse de la concurrence

Porter (1982) prétend que l'entreprise ne doit pas se limiter à l'analyse des concurrents immédiats œuvrant dans le même domaine d'activité, parce que plusieurs forces influencent les conditions immédiates et futures de la concurrence, comme le montre la figure 5.6 (voir p. 68), c'est-à-dire les concurrents directs, les concurrents ou entrants potentiels, les produits substituts, les fournisseurs et les clients.

Le nombre de concurrents, leur taille, leur âge, leur portefeuille d'activités et leur force constituent autant d'éléments qui modifient l'intensité de la concurrence. Le taux de croissance de la demande joue un rôle primordial. En effet, une croissance forte (stade d'expansion) d'un domaine d'activité laisse beaucoup de marge de manœuvre aux principales entreprises qui y prospèrent, tandis qu'une croissance faible (stade de maturité) provoquera de fortes luttes entre les concurrents pour conserver leur part de marché et éliminer les plus faibles. Le volume d'investissements requis dans l'industrie influe sur l'intensité de la concurrence. Par exemple, la construction d'une chaîne de production dans le secteur de l'aluminium ou de l'acier demande plusieurs années, des investissements considérables et entraîne une surcapacité de production dans l'industrie, engendrant des pressions sur les prix et les conditions du marché. Ces nouveaux

FIGURE 5.6
Les cinq forces de la concurrence

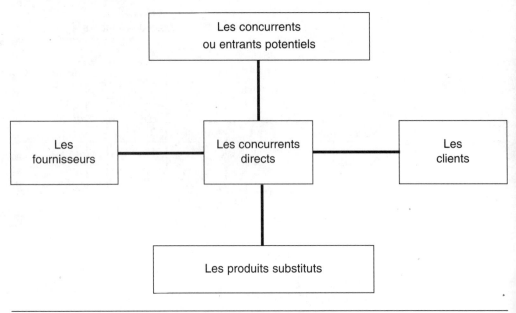

SOURCE: Adapté de Porter, M., *Competitive Strategy*, New York, Free Press, 1980, p. 4.

investissements augmentent les frais fixes, ce qui accroît les barrières à la sortie. La nature du produit lui-même, plus précisément son utilité, la possibilité qu'il soit différencié, sa fréquence d'achat et la place qu'il occupe dans la chaîne de valeur du client influencent l'intensité de la concurrence et les choix stratégiques des entreprises en présence.

La menace de concurrents potentiels dans le domaine d'activité porte atteinte à l'état de la concurrence en modifiant, d'une part, la capacité globale de production et, d'autre part, les pratiques et les stratégies commerciales présentes dans l'industrie. Une entreprise doit évaluer l'importance des barrières à l'entrée (les économies d'échelle, la différenciation du produit, les exigences de capital, le coût d'un changement, l'accès aux réseaux de distribution, les politiques gouvernementales) et celle des barrières à la sortie (coût du retrait, pressions externes pour conserver l'activité, impact du retrait sur les autres activités, etc.). Elle doit également mesurer la capacité des entreprises existantes à se défendre contre les nouveaux entrants ou concurrents potentiels.

Les produits substituts constituent des concurrents potentiels sérieux. Par exemple, dans le domaine du transport des marchandises au Canada, le camion a graduellement pris la place du train, si bien qu'au cours des 30 dernières années.

la part de marché du camion est passée de 30 % à 70 % (*La Presse*, 11 octobre 1990, A2). Un autre exemple concerne les salles de cinéma qui sont éliminées petit à petit par le phénomène des films vidéo. Nous pouvons affirmer que chaque industrie, indépendamment de son degré de maturité, est menacée par une innovation, une nouvelle façon de faire, une autre industrie plus dynamique. Très peu de produits sont non substituables dans le temps.

Le client, par le pouvoir qu'il possède sur son fournisseur, a des répercussions importantes sur le degré de concurrence dans un secteur d'activité. En effet, le client peut exercer des pressions sur le prix, le produit, la distribution et la commercialisation du produit de même que sur les plans conjoints de publicité. La tendance à la fusion et au regroupement des entreprises va modifier le nombre de clients réel au sein d'une industrie et leur accorder un pouvoir accru. De plus, la mondialisation des marchés a élargi les sources d'approvisionnement à des pays dont les prix sont plus bas, ce qui accroît encore davantage le pouvoir de l'acheteur.

Le fournisseur peut également influencer l'intensité de la concurrence. La taille des fournisseurs et leur nombre, leur degré d'intégration en amont, leur capacité de différencier leurs produits pour les rendre plus exclusifs, leur capacité même de devenir des concurrents immédiats en s'intégrant en aval sont autant de variables qui donnent du poids aux fournisseurs.

Le tableau 5.3 (voir p. 70) résume l'ensemble des forces qui influencent les conditions concurrentielles décrites précédemment.

Les limites des outils traditionnels « d'analyse industrielle »

Quinn (1994 : 122) met en garde contre le manque d'adaptation des outils traditionnels « d'analyse industrielle » aux diverses formes que peut adopter aujourd'hui la concurrence grâce aux technologies de services. Au lieu de s'attacher à des stratégies orientées vers les produits, les chefs d'entreprise ont besoin d'aller plus loin et de tenir compte des stratégies basées sur la connaissance et les services... qui procurent un avantage vis-à-vis de la concurrence directe ou des autres entreprises comparables sur le plan des services. Pour y parvenir correctement, ils doivent décomposer à la fois la chaîne de valeur de leur entreprise et les tâches fonctionnelles sur le plan des services, lesquelles tâches engendrent véritablement la valeur ajoutée, chaque tâche fonctionnelle devant être considérée comme un « service » qui peut être confié à une grande variété de fournisseurs extérieurs qui sont souvent meilleurs qu'elle dans l'exécution de ces tâches. Les dirigeants peuvent alors éviter la dispersion de leur disponibilité et de leurs ressources et concentrer leurs compétences intellectuelles et leurs ressources sur des activités

TABLEAU 5.3
Les cinq composantes qui influencent les conditions de la concurrence

Concurrents	– Taille et force des concurrents
	– Importance des coûts fixes
	– Nature des produits
	– Existence d'enjeux stratégiques
	– Nature discrète des investissements
Concurrents ou entrants potentiels	– Existence de barrières à l'entrée
	– Risque de mesures de représailles
Produits de substitution	– Fonction des produits de substitution
	– Usage des produits de substitution
Clients	– Degré de concentration
	– Importance des achats par rapport aux coûts totaux
	– Coût de passage d'un fournisseur à un autre
	– Menace d'intégration verticale en amont
Fournisseurs	– Degré de concentration
	– Différenciation des produits
	– Menace d'intégration verticale en aval
	– Importance de l'industrie en tant que client

SOURCE : Porter, M., *Competitive Strategy, New York, Free Press,* p. 7-29, tiré de Thiétart, R.A., *La straté-gie d'entreprise*, Paris, Édiscience International, 1990, p. 81.

à fort effet de levier, afin d'atteindre un niveau de classe mondiale dans ces acti-vités. Enfin, ils doivent relier aux besoins des consommateurs leurs compétences clés et les activités fonctionnelles conservées à l'interne pour tenter d'obtenir un niveau de valeur ajoutée et de profit plus important qu'auparavant.

La mauvaise adaptation de l'analyse industrielle « classique » à la nouvelle économie qui s'appuie davantage sur le « cœur de compétences » des entreprises

De plus en plus de gens font référence à la « nouvelle économie ». Voyons ce qu'ils veulent désigner par ce terme et quelle description ils font de ses principales carac-téristiques. Beck (1994) démontre que le monde occidental a connu :

– une économie axée sur le traitement des marchandises – de la révolution indus-trielle jusqu'à environ 1918 (période 1) ;

- une économie axée sur la fabrication en série – de 1918 jusqu'aux environs de 1981 (période 2) ;

- une économie axée sur la technologie – de 1981 jusqu'à aujourd'hui (période 2).

Chaque économie présente les caractéristiques décrites à la figure 5.7 (voir p. 72). Beck rappelle que les facteurs clés de succès sont passés d'une grande disponibilité de l'acier à bas prix – au cours de la période 1 – aux sources énergétiques bon marché (en particulier le pétrole) – au cours de la période 2 – et aux micropuces à prix abordable – au cours de la période 3. L'analyse de Beck fait encore ressortir que les infrastructures requises à chaque période économique se sont complètement transformées, passant des transports ferroviaires et maritimes et de la télégraphie – période 1 – au réseau routier, aux aéroports et au téléphone – période 2 – pour s'appuyer aujourd'hui sur les satellites de communication, la fibre optique, les réseaux informatiques et les fréquences radio – période 3.

Les changements observés d'une période à l'autre sont non seulement nombreux mais ils provoquent des coupures totales avec le passé. Attention donc au dirigeant qui veut gérer son entreprise en extrapolant ses activités passées, même si elles ont connu beaucoup de succès jusqu'à ce jour. Nous aurons d'ailleurs l'occasion dans le chapitre 18 de revenir sur cette question du risque associé au succès en parlant du paradoxe d'Icare. Enfin la figure 5.7 dresse une liste des quatre principales forces motrices de chaque période, c'est-à-dire les textiles, le charbon, l'acier et les chemins de fer pour la période 1 ; les autos, les machines-outils, l'immobilier résidentiel, les ventes au détail pour la période 2 ; les ordinateurs et semi-conducteurs, la santé et les services médicaux, les communications et la téléphonie, l'instrumentation pour la période 3.

L'importance à accorder aux compétences stratégiques

Les changements profonds survenus dans l'économie des pays industrialisés ont mis au premier plan l'importance de la « matière grise » comme facteur clé de succès, facteur mis en évidence par un certain nombre d'auteurs depuis une dizaine d'années : Wernerfelt (1984), Dierickx et Cool (1989), Quinn (1992), Ghemawat (1990), Barney (1989, 1991), Ulrich (1990), Rumelt, Schendel et Teece (1991), Hamel et Prahalad (1993) ont parlé d'une approche dite de « compétence stratégique ». Hamel et Prahalad (1990, 1994) ont en particulier popularisé l'approche qui vise à rappeler au stratège que la structure industrielle des pays développés, totalement transformée au cours des dernières décennies, procure de l'emploi à trois personnes sur quatre dans le secteur des services. En effet, comme l'indique le tableau 5.4 (voir p. 73), qui présente les activités industrielles et de services dans les dix pays les plus industrialisés de l'OCDE, ainsi que la valeur ajoutée générée par l'industrie en pourcentage du PNB, la valeur ajoutée dans les services

FIGURE 5.7
L'évolution économique de l'ère industrielle

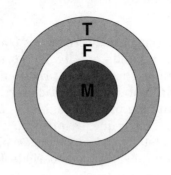

M

Axée sur les marchandises
Production de lingots de fonte
Bénéfice de l'exploitation des chemins de fer
Production de chambres à air
Production de charbon et de coke
Production de filature
Consommation de coton

F

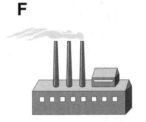

Axée sur la fabrication
Production industrielle
Utilisation de la capacité de production
Commandes de machines-outils
Ventes au détail
Mises en chantier résidentielles
Ventes d'automobiles

T

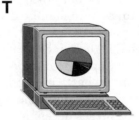

Axée sur la technologie
Production d'ordinateurs
Production de semi-conducteurs
Ventes d'instruments
Balance commerciale en haute technologie
Croissance de l'emploi à forte capacité intellectuelle
Mises en chantier médicales

SOURCE: Beck, N., *La nouvelle économie*, Montréal, Éditions Transcontinentales inc., 1994, p. 38.

TABLEAU 5.4
Les activités industrielles et de service dans les dix pays les plus importants de l'OCDE* (Les définitions communes aux pays de l'OCDE diffèrent quelque peu des définitions américaines)

Pays	Valeur ajoutée générée par l'industrie** en pourcentage du PNB		Valeur ajoutée dans les services en pourcentage du PNB		Part de l'emploi dans les services (en%)
	1968	1988	1968	1988	1988
États-Unis	37	29	61	69	70,2
Japon	44	41	48	57	58,0
Allemagne (ex RFA)	48	40	48	58	56,2
France	39	29	54	67	62,9
Royaume-Uni	38	32	59	67	68,0
Canada	34	31	62	66	69,8
Australie	38	33	53	63	67,8
Suède	38	30	57	67	66,7
Belgique	40	31	55	67	69,3
Autriche	45	37	48	60	54,5

* Pays pour lesquels les données sont disponibles.
** Les données industrielles incluent l'exploitation minière, la production et les services publics, mais ne tiennent pas compte du bâtiment et de l'agriculture ; c'est pourquoi la somme des deux secteurs ne donne pas 100 %.

SOURCES: *OCDE en chiffres: statistiques sur les pays membres*, supplément de l'*Observateur de l'OCDE*, nº 164, juin-juillet 1990, et *Economic Outlook Historical Statistics 1960-1988*, OCDE ; dans Quinn, J.B., *L'entreprise intelligente, savoir, services et technologie*, Paris, Dunod, 1994.

en pourcentage du PNB et la part de l'emploi dans les services en pourcentage de l'emploi total, c'est aux États-Unis et au Canada que le pourcentage de l'emploi dans les services est le plus élevé, étant respectivement de 70,2 % et de 69,8 %, alors que c'est en Autriche qu'il est le plus faible, à 54,5 %.

De son côté, Quinn (1994 : 247-248) rappelle que non seulement les meilleures entreprises de services actuelles peuvent être considérées comme des «entreprises intelligentes» en transformant leurs ressources intellectuelles en services sous la forme la plus utile pour leurs clients mais que les entreprises industrielles sont également touchées par de telles transformations. En effet, comme l'indique Peters dans la préface du livre de Quinn :

L'entreprise industrielle moyenne aujourd'hui n'existe plus. De 75% à 95% des salariés d'une entreprise «industrielle» effectuent des tâches extérieures à la production : ingénierie, conception, ventes, marketing, systèmes d'information, achats, service à la clientèle et distribution. Le «métier» de ces salariés consiste en fait à développer et à proposer des services aux entreprises. (Quinn, 1994 : 9)

Puisque le pouvoir se déplace en direction des services, ce sont les clients qui déterminent en quelque sorte les stratégies, abattant du même coup les frontières dans une industrie. On parle donc d'économie du savoir (économie de compétence) et non plus d'économie d'échelle, affirme Quinn (1994 : 42-51) qui résume ainsi les conclusions de ses recherches :

— les activités intellectuelles et les services représentent aujourd'hui les maillons décisifs des chaînes de valeur dans la plupart des entreprises ;

— si, dans une activité majeure, une entreprise n'est pas «la meilleure du monde» et qu'elle continue d'effectuer cette activité en interne sans la faire évoluer, elle gaspille son avantage concurrentiel ;

— chaque entreprise doit concentrer ses investissements et l'attention de sa direction sur les compétences clés – qui sont souvent des activités intellectuelles ou de services – dans lesquelles elle pourra devenir «la meilleure au monde» et le rester, c'est-à-dire acquérir et conserver un important avantage concurrentiel à long terme ;

— la dimension, une efficacité et une spécialisation accrue et les unités de service indépendantes ont à tel point changé les frontières du monde industriel et les compétences des fournisseurs que les entreprises ne ressentent plus aussi fortement le besoin de procéder à des intégrations verticales ;

— les principes précédents appellent une révision complète des concepts de base en matière d'analyse de l'industrie et de la concurrence, en même temps qu'une redéfinition de ce qu'est véritablement une entreprise «ciblée» ;

— si cette politique est menée de façon stratégique, elle ne «déshabillera» pas l'entreprise. Au contraire, elle lui permettra de réduire les bureaucraties internes, d'aplatir les hiérarchies, de procurer à l'entreprise davantage de cohérence stratégique et de la rendre beaucoup plus réceptive à la concurrence. (Quinn, 1994 : 42-51)

Le diagnostic de l'environnement

Lorsque l'analyse des données de l'environnement est complétée par plusieurs membres de l'entreprise, les dirigeants doivent alors formuler le diagnostic externe en tirant leurs conclusions sur les tendances futures de l'environnement et de la concurrence. Le diagnostic final ne se révèle pas toujours facile à poser puisqu'il requiert la participation, du moins dans les entreprises de moyenne et grande taille, de plusieurs personnes ayant des perceptions, des valeurs et des objectifs différents. Un tel diagnostic représente souvent l'aboutissement de compromis, de négociations ardues entre des individus ou des groupes prêts à défendre leurs conclusions, différentes d'une personne à l'autre.

C'est seulement après avoir posé le diagnostic externe que les décideurs commencent à entrevoir quelques grandes options économiques qui pourraient tirer avantage des occasions de croissance ou protéger l'activité présente des menaces futures.

La détermination des facteurs clés de réussite dans un domaine

Pour chaque segment stratégique, il existe un certain nombre d'éléments à maîtriser ou de capacités à posséder pour que toute entreprise d'un secteur d'activité particulier connaisse le succès. La détermination de ces éléments de réussite n'est pas toujours facile, souligne Ohmae (1991 : 31-37), et le stratège dispose pour cela de deux méthodes : disséquer le marché de manière aussi imaginative que possible pour mettre en évidence ses segments les plus attrayants ou étudier ce qui distingue les entreprises gagnantes des perdantes. Par exemple, un fabricant de chariots élévateurs a tiré un avantage important de l'examen détaillé de la segmentation de son marché. Il a découvert qu'un produit différent était requis par chaque segment, c'est-à-dire, par exemple, que les segments de la distribution au détail avaient des exigences moins grandes que ceux de la manutention portuaire et de l'exploitation forestière et recherchaient des produits moins chers. Il a pu ainsi introduire sur le marché un produit à prix modéré, bien conçu et répondant aux exigences de la clientèle de ces segments cibles, et se hisser à une position de chef de file. Les facteurs clés de réussite des divers secteurs d'activité se situent dans les domaines fonctionnels et opérationnels et diffèrent selon le segment industriel, comme l'illustre la figure 5.8 (voir p. 76) qui donne des exemples des facteurs clés de réussite visant soit à améliorer la rentabilité, soit à développer la part de marché dans différentes branches d'activité.

De plus, le tableau 5.5 (voir p. 77) présente une liste non exhaustive d'éléments tirés des principales fonctions et activités d'une entreprise qui rassemble certains facteurs clés de succès ou de réussite. Il ressort de ce tableau que le succès provient de plusieurs sources, entre autres, un personnel qualifié, des ressources matérielles et physiques souples, des sources de financement à bon marché, des produits de qualité répondant aux besoins des clients, des capacités de recherche et de développement de nouveaux produits, une structure organisationnelle et des systèmes de gestion adaptés aux besoins des dirigeants et des marchés. Il est aussi nécessaire de rappeler que les sources de succès varient sans doute beaucoup selon le secteur d'activité dans lequel une entreprise œuvre. Par exemple une entreprise de service tire certainement son succès de facteurs différents de ceux utilisés par une entreprise manufacturière. Ainsi, sa capacité à utiliser ses ressources intellectuelles au mieux en pratiquant l'extension de ses ressources et l'effet de levier constitue sans doute un facteur clé de succès important, soulignent Hamel et Prahalad (1994 : 127-147 et 149-176). Un autre facteur

FIGURE 5.8
Les facteurs clés de réussite diffèrent selon le segment industriel

Facteur ou fonction clé	Exemples de segments industriels	
	... pour accroître la rentabilité	... pour développer la part de marché
Amont — Accès aux sources d'approvisionnement en matières premières	Uranium	Pétrole
Outil de production (économies d'échelle)	Construction navale Sidérurgie	Construction navale Sidérurgie
Conception des produits	Aéronautique	Aéronautique/Chaîne Hi-Fi
Technologie de production	Soude/Semi-conducteurs	Semi-conducteurs
Gamme de produits large et diversifiée	Grandes surfaces	Fourniture de pièces et composants
Ingénieurs technico-commerciaux	Mini-ordinateurs	Circuits intégrés (LSI) Micro-processeurs
Aval — Force de vente (qualité x quantité)	Bureautique	Automobile
Réseau de distribution	Bière	Pellicules photo Appareils ménagers
Service après-vente	Ascenseurs	Véhicules industriels

SOURCE: Ohmae, K., *Le génie du stratège*, Paris, Dunod, 1991, p. 35.

clé de succès est lié à la conception que les dirigeants se font de leur entreprise – vue comme un portefeuille de ressources – capable d'obtenir des gains d'efficience grâce à l'effet de levier en agissant davantage sur le numérateur, par des revenus et des profits nets accrus, que sur le dénominateur, par une réduction du capital, comme le soulignent Hamel et Prahalad (1994: 157-158). À titre d'illustration, la figure 5.9 (voir p. 78) indique certaines catégories d'effets de levier et mentionne quelques façons d'obtenir un effet de levier à partir de ses ressources. Pour qu'il puisse préciser les facteurs clés de réussite ou de succès dans un secteur particulier, le dirigeant doit parcourir l'ensemble de la chaîne d'activités propres à ce secteur afin de découvrir quelles sont les deux ou trois activités ou tâches fonctionnelles qui constitueront vraiment un avantage concurrentiel déterminant, puisqu'il est impossible d'accorder la même attention à toutes ces activités, rappelle Ohmae (1991: 36). De plus, pour un même secteur d'activité, le succès peut provenir d'une combinaison de plusieurs facteurs différents qui ne peuvent pas être tous maîtrisés de la même façon par chaque entreprise œuvrant dans ce secteur. Il est bon également de souligner que l'importance relative d'un facteur de

TABLEAU 5.5

Certains facteurs clés de succès

	Degré d'importance				
	Peu				Très
	1	2	3	4	5

Qualité des personnes
- Membres de la direction
- Gestionnaires
- Équipe de production
- Personnel de ventes
- Personnel de bureau
- Personnel de soutien

Qualité du marketing
- Produits (étendue et âge de la gamme)
- Prix des produits
- Réseau de distribution
- Publicité et promotion
- Clients (nombre et taille des marchés)

Qualité de la production
- Sources d'approvisionnement
- Technologie utilisée (équipement et outillage)
- Locaux : localisation, âge...
- Agencement des usines
- Entreposage

Qualité des finances
- Niveau de liquidités générées
- Niveau d'endettement
- Niveau de rentabilité

Qualité de la recherche et du développement
- Niveau de la recherche et du développement
- Licences et brevets
- Laboratoires et chercheurs

Qualité de la gestion
- Structure organisationnelle
- Systèmes de gestion (planification, contrôle)
- Systèmes de récompenses-punitions
- Souplesse et rapidité d'ajustement

succès varie dans le temps. Enfin, il est aussi utile de se rappeler que le choix des facteurs clés de succès ne se fait pas d'une manière objective mais qu'il constitue le point de rencontre de perceptions, d'expériences passées et d'attentes de différents membres d'une équipe de direction.

FIGURE 5.9
Les catégories d'effets de levier à partir de ressources et certaines façons de pratiquer l'effet de levier

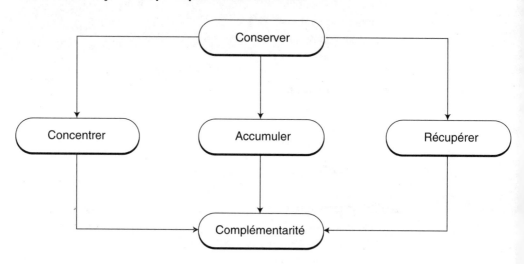

Façons de pratiquer l'effet de levier

converger :	bâtir des consensus sur les buts stratégiques
focaliser :	préciser les améliorations précises à apporter aux buts
cibler :	mettre l'accent sur les activités à grande valeur ajoutée
apprendre :	utiliser pleinement le cerveau de tous les employés
emprunter :	avoir accès aux ressources de ses partenaires
mélanger :	combiner différemment les compétences
balancer :	s'assurer d'avoir les actifs critiques complémentaires
recycler :	réutiliser les ressources et les compétences
coopter :	trouver des causes communes avec les autres
protéger :	mettre ses ressources à l'abri de ses concurrents
accélérer :	minimiser le temps de récupération de ses investissements

SOURCE : Hamel, G. et Prahalad, C.K., *Competing for the Future*, Boston, Mass., Harvard Business School Press, 1994, p. 175.

CHAPITRE 6

Gérer stratégiquement, c'est évaluer les ressources d'une entreprise afin de diagnostiquer ses forces et ses faiblesses; c'est préciser son cœur de compétences et ses avantages distinctifs; c'est déterminer ses activités sources de valeur

L'évaluation des ressources d'une entreprise afin de diagnostiquer ses forces et ses faiblesses ne peut se limiter à un exercice d'analyse et d'évaluation comptable détaché de son contexte. Comme le souligne Mintzberg (1994: 285) «les forces et les faiblesses ne peuvent être ni détachées les unes des autres, ni détachées des contextes spécifiques ou des actions vers lesquelles elles sont dirigées. La pensée doit prendre sa place dans le contexte de l'action». De plus, quelle entreprise peut prétendre que ses compétences établies à ce jour seront maintenues si elle change ses stratégies? Quelle est la qualité de la pensée stratégique des dirigeants de votre entreprise? Consacrent-ils suffisamment d'efforts et de temps à prévoir le futur plutôt qu'à gérer le passé, et au mieux, le présent? Jusqu'où les forces et les compétences centrales d'une entreprise sont-elles transférables et adaptables à de nouvelles activités? Comment une entreprise peut-elle savoir si elle occupe une position de leader dans son industrie? Comment déterminer ses chances de conserver une telle position dans le futur? Comment se comparent vos performances financières avec celles de vos principaux concurrents? Les réponses à ces questions nécessitent la collaboration de plusieurs personnes occupant des fonctions différentes au sein d'une entreprise. L'utilisation d'outils de cueillette d'informations et de grilles d'analyse à contenu varié peut aider à poser un meilleur diagnostic sur la situation actuelle et les chances futures d'une entreprise ainsi que sur sa manière d'utiliser les facteurs et les ressources productives pour accomplir sa mission respective, atteindre ses objectifs et poursuivre ses stratégies. On parle alors de ressources de marketing et de distribution, de ressources de production et d'exploitation, de ressources humaines, de ressources de gestion, de ressources technologiques, de recherche et développement, de ressources financières et comptables. Il faut évidemment les évaluer afin d'établir le cœur de compétences de l'entreprise et préciser son avantage sur ses concurrents. Toutefois, pour bien soupeser les chances de réussite de l'entreprise dans le futur, il faut également évaluer la qualité de la pensée stratégique des dirigeants de l'entreprise.

Le diagnostic relatif à l'orientation de la pensée stratégique des dirigeants d'une entreprise

Quelle est l'orientation de la pensée stratégique des dirigeants d'une entreprise? Sont-ils davantage préoccupés à préserver le passé ou à déceler des opportunités nouvelles, et même à créer le futur? Hamel et Prahalad (1994: 2-3 et 294-296) proposent une liste de questions qui permettront aux dirigeants d'une entreprise de diagnostiquer leur pensée stratégique:

1. Comment se comparent les points de vue des dirigeants de votre entreprise à l'égard du futur par rapport à ceux de vos concurrents?

   — conventionnels et ....distinctifs et
   réactifs   orientés vers le futur

2. Quel sujet attire le plus l'attention de vos dirigeants?

   — réingénierie des .... réingénierie des
   principaux processus   stratégies maîtresses

3. Vos concurrents perçoivent-ils plus votre entreprise comme celle qui suit ou celle qui édicte les règles?

   — suit les règles ....édicte les règles

4. Dans quoi sommes-nous les meilleurs: l'amélioration de l'efficience des opérations ou le développement de nouvelles affaires?

   — efficience des opérations ....lancement de nouvelles affaires

5. Cherchons-nous à bâtir notre avantage concurrentiel surtout pour rejoindre nos concurrents ou pour nous doter d'avantages nouveaux au sein de notre industrie?

   — rejoindre nos concurrents ....innover dans l'industrie

6. Nos plans de changement ont-ils été déterminés surtout par les actions des concurrents ou par notre vision personnelle du futur?

   — actions des concurrents .... notre vision du futur

7. À titre de dirigeant, suis-je davantage un ingénieur d'entretien ou un architecte façonnant le futur?

   — un ingénieur ....un architecte

8. Nos employés sont-ils davantage mus par l'anxiété ou l'espoir?

   — par l'anxiété ....par l'espoir

9. Quel pourcentage de votre temps est consacré aux questions internes (par exemple, discuter du partage des frais généraux entre les divisions) ou aux questions externes (par exemple, chercher à mieux comprendre l'impact d'une nouvelle technologie)?

	question internes	questions externes
	0 25 50 75 100	0 25 50 75 100
gestion des opérations	....	....
marketing	....	....
finance	....	....
gestion des ressources humaines	....	....
recherche et développement	....	....
approvisionnement	....	....

10. Quel pourcentage du temps consacré à l'externe sert à établir comment le monde sera différent dans cinq ans ou à nous ajuster le plus vite à des changements faits par nos concurrents?

	0 25 50 75 100
— définir le monde de demain	....
— nous ajuster à nos concurrents	....

11. Quel pourcentage du temps consacré à l'externe pour définir le monde de demain sert à consulter les autres afin de dégager une vision partagée ou pour se faire une idée personnelle?

	0 25 50 75 100
— vision partagée	....
— idée personnelle	....

L'analyse des forces et des faiblesses

Chacune des ressources d'une entreprise a des forces et des faiblesses passagères ou permanentes que l'entreprise peut corriger plus ou moins vite et plus ou moins facilement. La grille d'évaluation des ressources présentée au tableau 6.1 (voir p. 82 à 84) permet de formuler un diagnostic interne sur la santé d'une entreprise en précisant les points forts et les points faibles de chaque ressource.

TABLEAU 6.1
L'évaluation des ressources de l'entreprise par domaine d'activité

	Segment A					Segment Z				
	1	2	3	4	5	1	2	3	4	5

Marketing
- Prix des produits*
- Degré de maturité des produits
- Étendue de la gamme des produits
- Couverture des marchés par région
- Qualité des produits
- Promotion
- Part de marché par région
- Réseaux de distribution
- Part relative de marché
- Loyauté des clients
- Recherche commerciale

Personnel
- Compétence du personnel
  - direction
  - gestion
  - professionnels
  - production
  - bureau
  - soutien

- Capacité d'attirer et de retenir du personnel de qualité
  - direction
  - gestionnaires
  - production, métier
  - professionnels
  - soutien, bureau
  - ventes

- Politiques de ressources humaines adéquates
  - embauche
  - promotion
  - entraînement et formation
  - rémunération

- Relations patronales-syndicales
  - négociation
  - administration de la convention collective

- Moral des
  - cadres
  - professionnels
  - employés de bureau
  - employés de la production

TABLEAU 6.1 (suite)
L'évaluation des ressources de l'entreprise par domaine d'activité

	Segment A					Segment Z				
	1	2	3	4	5	1	2	3	4	5

– Sens de l'appartenance
  - cadres
  - professionnels
  - bureau
  - production

Finance
– Accès aux sources de financement
– Avoir net des actionnaires
– Revenus bruts par employé
– Taux d'endettement
– Niveau de rentabilité
– Structure de coûts (main-d'œuvre, matières premières, frais généraux, frais financiers, etc.)

Production
– Qualité de la production des produits
– Qualité des fournisseurs
– Qualité des équipements
– Délai dans la production du produit
– Coût de production des produits offerts
– Valeur ajoutée aux produits offerts
– Contrôle de la qualité
– Capacité et qualité d'entreposage
– Localisation

Recherche et développement
– Développement de nouveaux produits
– Potentiel de recherche
– Achat de brevets

Organisation
– Flexibilité de la structure organisationnelle, siège social, CAS
– Processus de décision niveau direction, niveau CAS
– Mécanismes de coordination
– Qualité des systèmes de gestion (planification, contrôle, communication et information)
– Qualité des systèmes de récompenses et de punitions

Gestion
– Clarté de la mission
– Clarté des objectifs
– Plans stratégiques (cohérents, réalistes)
– Capacité à diagnostiquer les opportunités et les menaces
– Capacité à diagnostiquer les forces et les faiblesses

TABLEAU 6.1 (suite)
L'évaluation des ressources de l'entreprise par domaine d'activité

	Segment A 1 2 3 4 5	Segment Z 1 2 3 4 5
– Capacité à saisir les opportunités		
– Capacité à maintenir son avantage compétitif		
– Qualité de l'image corporative		
– Capacité d'adaptation		
– Rapidité d'adaptation		
– Degré d'entrepreneurship		
– Habileté à attirer de bonnes ressources humaines		
– Habileté à adopter de la nouvelle technologie		
– Rapidité de la réaction aux changements environnementaux		
– Rapidité de la réaction aux changements internes		

* Le terme « produits » désigne également ici « services ».

SOURCE : Adapté de Thiétart, R.A., *La stratégie d'entreprise*, Paris, Édiscience International, 1990. p.86-88.

La détermination des avantages compétitifs et de la compétence distinctive de l'entreprise

Il n'existe pas de place réservée en affaires et une entreprise gagne ou perd sa place en agissant différemment de ses concurrents. La survivance de l'entreprise repose sur un avantage soutenu sur ses concurrents, qui lui permet d'obtenir et de maintenir la préférence du consommateur, soit par des prix meilleurs que ceux des concurrents, soit par des produits perçus comme différents. Les dirigeants d'une entreprise doivent se rappeler que les concurrents, pour survivre, doivent également posséder leurs propres avantages compétitifs. Ces derniers constituent donc une menace permanente à son existence.

On ne doit donc pas seulement connaître ce que l'entreprise fait de bien et de très bien pour compléter le diagnostic interne, encore faut-il savoir ce qu'elle fait de mieux que n'importe lequel de ses concurrents afin d'établir sa compétence distinctive. En effet, comme le mentionne Andrews (1987), « la compétence distinctive d'une entreprise est plus que ce qu'elle peut faire de bien : c'est ce qu'elle peut faire de particulièrement bien ».

Les dirigeants de l'entreprise recueillent donc les diagnostics formulés par l'ensemble de leurs collaborateurs sur les diverses ressources à leur disposition dans chacun des CAS et dressent le profil des avantages compétitifs stratégiques de l'entreprise à l'aide de la grille présentée au tableau 6.1. Ils doivent finalement vérifier si ces avantages compétitifs correspondent aux facteurs clés de succès de leur secteur d'activité.

par
Jacques
Lauriol

L'émergence d'un nouveau paradigme stratégique : le primat des ressources*

Le paradigme de l'adaptation ou *strategic fit* (Hamel et Prahalad, 1989) de l'analyse industrielle postule que la position concurrentielle occupée par une firme dépend de sa capacité d'adaptation entre son potentiel compétitif et les variables clés de succès qui caractérisent un marché (Jeanblanc, 1992). La fonction de la stratégie consiste alors à assurer les meilleures conditions de cette adaptation. À l'heure de la globalisation des marchés et des stratégies, il devient impératif de redéfinir cette approche. Il faut maintenant réfléchir aux conditions de production d'une offre globale supportée par un ensemble de systèmes d'organisation et de management d'activités commerciales, productives et logistiques, configurés sur le plan mondial sur la base du principe de l'intégration (Savary, 1991).

Ici encore, c'est l'exemple de la réussite des entreprises japonaises qui révélera la nécessité de rompre avec l'approche du *strategic fit*. Le succès de ces firmes résulte de l'adoption d'une autre approche de la stratégie, celle de l'intention ou *strategic intent*. Elle est basée sur une vision stratégique et sur une logique de recherche et de valorisation des ressources considérées comme pertinentes pour la réalisation de cette intention (Hamel et Prahalad, 1989).

L'intention stratégique résulte d'une démarche proactive, et non plus adaptative, qui spécifie ce que l'entreprise doit faire pour réaliser la vision et la volonté de développement qui l'animent. Pour cela, elle recensera les ressources qui lui sont nécessaires, celles dont elle dispose et celles qu'elle doit acquérir en développant des stratégies d'alliance et de partenariat. Elle veillera constamment à améliorer son efficacité dans l'utilisation de ces ressources (recherche permanente de la productivité) et dans leur capacité à produire de nouvelles sources de valeur ajoutée pour le client (Smothers, 1990). Dans cette approche, la contrainte imposée par un stock de ressources disponibles n'existe plus. La démarche est finalisée par l'intention stratégique dont se dote une entreprise à long terme et est centrée sur les ressources qu'elle doit mobiliser ou acquérir pour réaliser cette intention.

L'attention se concentre donc autour des ressources comme support du développement. Elle se focalise actuellement autour des concepts de cœur de compétences (Prahalad et Hamel, 1990) et de plate-forme stratégique (BCG, 1991).

Le cœur de compétences : les quatre composantes

«*Core competencies are the collective learning in the organization, especially how to coordinate diverse production skills and integrate multiple streams of*

---

* Extrait de «Management stratégique : repères pour une fin de siècle», *Gestion, revue internationale de gestion*, vol. 19, nº 4, décembre 1994, p. 59-71. Reproduit avec la permission de Jacques Lauriol.

FIGURE 6.1
Les quatre composantes du cœur de compétences

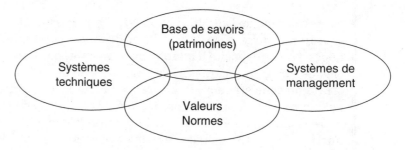

technologies» (Prahala et Hamel, 1990 : 82). C'est à partir de ce cœur de compétences (ressources et capacités ou aptitudes) que se construit la stratégie (voir figure 6.1).

Il est composé de quatre dimensions (Leonard-Barton, 1992) :

— les savoirs, compétences et capacités des employés qui intègrent à la fois les patrimoines technologiques et scientifiques de l'entreprise ;

— les systèmes techniques et les savoirs qu'ils véhiculent, qui résultent de l'accumulation, de la codification et de la structuration des savoirs tacites détenus par les employés. Il sont constitués par des bases de connaissance et se concrétisent par des règles et procédures qui expriment les capacités d'une entreprise dans ces domaines ;

— les systèmes de management représentant les voies officielles et officieuses de création de ces savoirs. La veille technologique et stratégique représente sur ce point une importance capitale, de même que les systèmes de report pour préciser, codifier et mémoriser ces savoirs nouveaux ;

— les valeurs et normes dans lesquelles s'enracinent ces processus de création et de développement du cœur de compétences, qui orientent ainsi son évolution (culture technique plutôt que marketing, style de leadership encourageant l'innovation…).

Le management du cœur de compétences s'appuie sur une autre approche de la stratégie. Plutôt que *fit*, il est nécessaire de penser élargissement (*stretch*) et effet de levier (*leverage*) basé sur les ressources pour construire l'avantage concurrentiel (Hamel et Prahalad, 1993). Cela implique cinq axes d'intervention :

— la concentration et la focalisation des ressources autour de l'intention et d'objectifs précis ;

- l'accumulation de ressources par la capacité à extraire du savoir de l'expérience vécue et à «emprunter» les connaissances des autres firmes (veille technologique, management approprié des alliances et capacité à «internaliser» ces connaissances);

- la capacité de «compléter» les ressources en les mixant, par l'intégration technique et fonctionnelle, selon les besoins exprimés par les utilisateurs de ces ressources;

- la capacité de conserver ces ressources par la recherche systématique de nouvelles sources de valorisation, ou de coopération, pour imposer des standards communs reliés à ces ressources et, bien sûr, toutes les formes d'action permettant de les protéger;

- la rapidité du transfert et de la transformation de ces ressources en compétences exploitées sur des marchés, ce qui suppose une organisation adéquate.

Cette approche, déjà conceptualisée dans les stratégies technologiques développées par les entreprises japonaises (GEST, 1986), s'appuie donc sur la détermination des ressources et des capacités dont doit disposer la firme pour construire un avantage compétitif, base de la formulation de la stratégie (voir figure 6.2).

FIGURE 6.2
La détermination des ressources
et des capacités pour construire un avantage compétitif

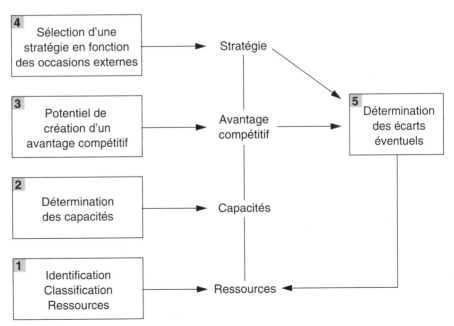

Par ressources, il faut entendre l'ensemble des savoirs dont dispose la firme. Pour que ces savoirs aient une «valeur stratégique», il faut être capable d'en établir et d'en expliciter les contenus, de les classer afin d'établir une sorte de nomenclature permettant de construire un patrimoine et de le gérer dans le temps (Morin, 1985, 1989), et enfin, d'en évaluer la contribution en ce qui a trait au potentiel de création d'un avantage compétitif (détermination des capacités).

Cette notion de capacité est définie «*as a company's proficiency in the business process which allows it to constantly distinguish itself along the dimensions that are important for its customers*» (Bartness et Cerny, 1993 : 81). Ces capacités permettent de mobiliser les savoirs-ressources dont dispose une organisation pour les valoriser dans un ou plusieurs espaces concurrentiels selon une stratégie appropriée. Elles «créent» en quelque sorte la valeur stratégique des ressources en instaurant un «différentiel de maîtrise» qui les rend inaccessibles aux concurrents. En ce sens, elles constituent des «capacités critiques» (*ibid.*, 1993 : 83) parce qu'elles s'appuient sur deux caractéristiques essentielles :

— la complexité de leurs processus de production, qui résulte d'un apprentissage spécifique difficile à constituer et peu transparent, ce qui crée une ambiguïté causale aux yeux des concurrents (Mahoney et Rajendran, 1992) ;
— la diffusion organisationnelle de ces capacités à l'intérieur de l'organisation et avec ses partenaires externes dans le cas d'alliances ou de coopération, ce qui suppose d'excellentes interfaces entre individus et entités concernés.

C'est en articulant ses ressources et ses capacités qu'une entreprise mobilise ses compétences, lesquelles possèdent nécessairement un caractère double :

— opératoire, c'est-à-dire une capacité d'agir sur une activité ;
— combinatoire, parce que résultant d'une combinaison originale de ressources, par des capacités permettant de dégager des avantages concurrentiels.

La plate-forme stratégique

Le *Boston Consulting Group* (BCG, 1991) s'inscrit lui aussi dans cette perspective en développant l'idée de plate-forme stratégique. Cette plate-forme est un ensemble cohérent de compétences de métier et de capacités organisationnelles dont la combinaison assure la compétitivité de l'entreprise et sur lesquelles prennent appui les différentes activités. Elle représente l'expérience collective cumulée de l'organisation ; elle définit l'identité de l'entreprise et assure la cohérence du portefeuille d'activités (voir figure 6.3).

Les compétences de métier constituent un assemblage unique de savoir-faire et d'expérience, long à construire et difficile à imiter. Les capacités organisationnelles (capacité de réponse et capacité d'apprentissage), l'acuité dans la perception des évolutions et la multivalence (capacité de gérer la diversité) conditionnent la qualité de mise en œuvre, et donc l'efficience de la stratégie.

FIGURE 6.3
La plate-forme stratégique

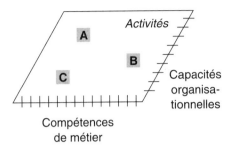

La construction de cette plate-forme est un impératif stratégique ; elle nécessite une transformation des rôles et des modes de fonctionnement, tant du point de vue des systèmes de management que des structures et de la culture d'entreprise afin d'encourager le développement de comportements de coopération.

Elle doit être conçue dans une perspective à long terme, car elle supporte la vision stratégique de l'entreprise. Elle constitue le noyau dur qui assure la cohérence du développement de l'entreprise en privilégiant la croissance interne à partir de la recherche systématique de sources de valorisation des compétences qu'elle contient. Ceci n'exclut nullement les stratégies d'alliance ou même d'acquisition dès l'instant où elles participent du renforcement ou d'une meilleure exploitation de ces compétences.

Sur le plan de l'organisation, le management stratégique d'une plate-forme implique la modification des principes antérieurs. À une structure hiérarchique, verticale et segmentée, il convient de substituer des mécanismes transversaux, multifonctionnels et intégratifs, souvent temporaires parce qu'associés à des projets qui permettent de développer l'apprentissage de la coopération. Cela passe par la mise en œuvre de nouveaux systèmes de gestion des ressources humaines (la politique de formation et l'évaluation des performances en particulier) et par un système d'information performant permettant de contrôler l'activité d'une structure organisée en centres de profit. Le maillage (BCG, 1991 : 20) est donc au cœur du management stratégique de la plate-forme. Il permet d'accumuler et de développer l'expérience nécessaire à la création d'un potentiel basé sur les ressources, source de véritables avantages concurrentiels.

L'émergence de ce paradigme stratégique nouveau, basé sur les ressources (cœur de compétences ou plate-forme stratégique) remet en question les fondements classiques de développement (recherche d'un positionnement résultant d'une adéquation au marché). Il place les notions de ressources, compétences et capacités au cœur du processus de formation de la stratégie en insistant sur les capacités organisationnelles comme élément clé de la valorisation de ces ressources. Il focalise l'attention sur le rôle du management dont la mission essentielle consiste en la construction d'une architecture stratégique qui puisse guider l'acquisition, la consolidation et le développement de ressources et de compétences nouvelles (Collis, 1991).

Le paradigme des ressources postule que la stratégie et son management s'appuient sur la valorisation des compétences de la firme plutôt que sur son adaptation à des contraintes ou caractéristiques sectorielles. En d'autres termes, la firme crée plus son environnement qu'elle ne le subit. Ce faisant, ce nouveau paradigme met de l'avant le primat des ressources dans la formation de la décision ; en tant que déterminant essentiel du choix, mais aussi comme préoccupation majeure pour le management stratégique du point de vue des implications organisationnelles et managériales nécessaires à l'entretien et à la valorisation du cœur de compétences.

Néanmoins, et malgré le très grand intérêt conceptuel que présente ce paradigme des ressources, on doit aujourd'hui constater les faiblesses de ses fondements empiriques et théoriques. D'après Doz (1994), la complexité de ces notions de compétences et de ressources les rend difficiles à manipuler, tant dans leur détermination et leur mesure que dans l'appréciation de leurs répercussions sur les performances de l'entreprise. De ce fait, les approches empiriques se développent de manière dispersée, empêchant ainsi toute constitution d'un corpus cohérent en matière de gestion des compétences comme en matière de test d'hypothèses théoriques (Doz, 1994).

Le point central qui se dégage de ces différentes approches est celui du rôle qu'occupe l'apprentissage dans cette dynamique de la formation des ressources. Ce processus d'acquisition et de valorisation des ressources résulte en effet d'une démarche d'apprentissage. On en vient alors à considérer l'organisation comme un organisme apprenant, capable d'intelligence (Quinn, 1992).

L'organisation doit être capable de favoriser l'acquisition, l'entretien et le développement de savoir-faire nouveaux. Ils devront s'exercer sur l'ensemble de l'entreprise, au national et à l'international, entre les unités et entre les activités qui partagent des ressources identiques. C'est tout le problème du transfert ou de la fertilisation par les savoirs au sein d'une structure qui est posé. Cela implique une reconfiguration de l'organisation non plus autour de critères fonctionnels ou de projets mais autour de pôles de compétences et de réseaux permettant de démultiplier ces savoir-faire tout en bénéficiant d'un effet d'échelle qui optimise leur impact (Berger et Cuvecle, 1992).

Le portefeuille de compétences de l'entreprise

Hamel et Prahalad (1994 : 202-207) définissent une compétence centrale comme un regroupement d'habiletés et de technologies plutôt qu'une seule habileté et une seule technologie. Par exemple, la compétence centrale de Federal Express dans l'acheminement d'enveloppes repose, entre autres, sur l'intégration de la technologie de la codification électronique (*bar coding*), de la communication sans fil, de la gestion du réseau et de l'utilisation de la programmation linéaire. Peut-on considérer n'importe quelle habileté comme compétence centrale ? Non, car pour être considérée comme compétence centrale une habileté doit réussir les trois tests suivants : contribuer beaucoup à la valeur ajoutée que le client perçoit, être unique et permettre de se différencier de ses concurrents, être transférable à d'autres produits (services) en servant à d'autres utilisations. Cependant, retenons qu'une compétence centrale n'est ni un élément d'actif amortissable sur une période (bien que cette compétence puisse perdre de la valeur dans le temps) ni la résultante d'une intégration verticale puisqu'une entreprise n'est pas obligée de fabriquer tout ce qu'elle vend pour réussir. Enfin, chaque facteur clé de succès n'est pas nécessairement une compétence centrale ; néanmoins, une compétence centrale devrait être un facteur clé de succès.

Est-ce facile pour un dirigeant d'entreprise de raisonner à partir de cette notion de compétence centrale et d'appuyer sa démarche stratégique sur la perspective du cœur de compétences ? Non, ce n'est pas quelque chose de naturel pour la grande majorité des entreprises, soutiennent Hamel et Prahalad (1994 : 221-236), parce que le concept d'identité d'une entreprise est construit autour d'unités opérationnelles définies par des couples produit-marché, surnommés centres d'activités stratégiques (CAS ou SBU en anglais), plutôt qu'autour des compétences centrales. Ce ne sont pas tous les dirigeants qui sont capables de voir une entreprise non seulement comme un portefeuille de couples de produit-marché mais également comme un portefeuille de compétences. Il est cependant de plus en plus risqué d'ignorer ou d'écarter ce concept pour les motifs suivants : une entreprise peut réduire la liste d'occasions de croissance dans un secteur donné parce qu'elle n'a pas une bonne connaissance des compétences disponibles dans l'ensemble de l'entreprise, pour le simple motif que ses directeurs d'unités «cachent» leurs bons collaborateurs ; l'entreprise qui morcelle sa structure en plus petites unités opérationnelles risque en même temps de fractionner ses compétences centrales ; l'entreprise qui sous-traite sans discernement par manque de compétences centrales risque de devenir de plus en plus dépendante de fournisseurs externes pour ses produits clés ; une trop grande focalisation et une myopie sur ses produits les plus populaires actuellement peuvent empêcher une entreprise d'investir adéquatement dans l'acquisition de nouvelles compétences centrales pour trouver les produits de demain ; les nouveaux concurrents de demain sont souvent ceux qui peuvent faire leur entrée dans une nouvelle industrie grâce à un transfert de leur cœur de compétences (par exemple, General Motors et AT & T qui ont envahi le marché de la carte de crédit grâce à leurs compétences dans le crédit développées dans leurs activités principales); enfin, une entreprise insensible au concept du cœur de compétences risque de perdre des compétences centrales quand elle se débarrasse d'une unité moins rentable.

L'enracinement d'une telle perspective au sein d'une entreprise demande du temps et de la patience, car chaque membre de l'équipe de direction doit comprendre et assumer les cinq tâches suivantes:

1. Dresser, avec le concours d'équipes de travail hétérogènes formées de gens provenant de fonctions, de divisions, de territoires et de niveaux hiérarchiques différents, l'inventaire des compétences centrales actuelles de toute l'entreprise afin de le comparer avec celui d'autres entreprises concurrentes.

2. Établir l'agenda et l'échéancier d'acquisition des compétences centrales requises en tenant compte des quatre questions suivantes: Comment avoir un meilleur effet de levier en utilisant mieux ses compétences actuelles dans ses marchés actuels? Comment redéployer ou combiner différemment ses compétences actuelles dans des marchés nouveaux? Quelles compétences nouvelles faudra-t-il pour protéger ou agrandir ses marchés actuels? Quelles compétences nouvelles faudra-t-il acquérir pour être présent dans les marchés de demain?

3. Bâtir de nouvelles compétences centrales en y mettant le temps, le support et les ressources nécessaires, en se rappelant que l'acquisition d'un leadership mondial dans une compétence centrale peut prendre plusieurs années d'efforts soutenus.

4. Bien déployer toutes ses ressources centrales au sein de l'entreprise en demandant aux membres de l'équipe de direction d'accorder à l'allocation des compétences centrales autant d'attention qu'ils en accordent au rapatriement, au partage et à la réaffectation des surplus financiers.

5. Bien protéger et défendre ses compétences centrales en évitant leur sous-financement, leur fragmentation au sein des divisions, en les abandonnant lors d'alliances avec des partenaires ou encore en les perdant lors de la liquidation d'une activité moins performante.

Lorsqu'elle est bien intériorisée par les membres de l'équipe de direction et leurs collaborateurs, une telle perspective permet de visualiser l'entreprise autant comme un portefeuille de CAS que comme un portefeuille de compétences centrales. S'il est plus facile, dans les industries bien établies (par exemple, les industries de boissons gazeuses et de couches d'enfant), de déterminer les segments de marché, la chaîne de valeur et la façon de structurer les activités, cette opération est beaucoup moins facile à faire dans le cas des nouvelles industries (par exemple, les industries de la génétique ou du digital). Où commence et où finit l'industrie du digital, de la génétique, des loisirs, des services financiers au particulier? Par exemple, AT & T peut considérer simultanément Motorola comme son fournisseur, comme son client, son concurrent ou même encore comme son partenaire, selon la situation observée. La combinaison de ces deux visions permet donc de mieux maîtriser en même temps chacune des trois phases de la concurrence dans le futur, soit celle du leadership intellectuel, celle de la gestion des avenues de migration vers d'autres marchés ainsi que celle de la compétition pour les parts de marché (Hamel et Prahalad, 1994 : 24-47). La chaîne de valeur, comme outil de détermination des compétences centrales pour ajouter de la valeur aux produits ou services offerts à ses clients, donnera probablement des résultats différents lorsque ses utilisateurs auront en tête les deux perspectives produit-marché (pour pouvoir mieux compétitionner actuellement) et le cœur de compétences disponibles dans l'entreprise (pour chercher comment elle peut mieux servir ses clients actuels avec des produits ou services améliorés et nouveaux ; comment aussi elle peut rejoindre de nouveaux marchés avec ses compétences centrales).

La figure 6.4 (voir p. 94), proposée par Thiétart (1984), permet de visualiser les compétences distinctives d'une entreprise œuvrant dans un secteur d'activité. Thiétart suggère la superposition d'un second graphique qui illustre les facteurs clés de succès de cette même activité. Il serait également possible de tracer les compétences distinctives du principal concurrent. Ces illustrations nous aident à saisir rapidement la position concurrentielle de l'entreprise dans un segment et à juger des écarts entre elle et ses concurrents dans ce segment.

La chaîne de valeur et l'avantage concurrentiel

Comment une entreprise peut-elle générer un avantage compétitif et déterminer la valeur et la somme que les clients sont prêts à payer pour ses services ? En obtenant une performance relative meilleure que celle de ses concurrents, souligne Ohmae (1991 : 25-29), c'est-à-dire en trouvant une voie qui lui permette de gagner, à un coût acceptable, un avantage relatif déterminant et durable sur ses concurrents par des actions difficiles à suivre par ces derniers, soit en se concentrant sur les facteurs clés de réussite, soit en se concentrant sur certains segments qui lui permettent de tirer parti de sa supériorité relative, soit en bouleversant l'ordre établi par des initiatives offensives, soit enfin en se distinguant par l'exploitation de ses marges de manœuvre stratégiques. Ou encore en comprenant mieux l'ensemble des activités distinctes à l'origine d'une part significative et croissante des coûts et de la différenciation des produits de l'entreprise, comme le prétend Porter (1985).

L'analyse des sources d'avantages compétitifs se fonde sur l'examen de toutes les activités, primaires et de soutien, de l'entreprise. Porter (1985) suggère la chaîne type d'activités sources de valeur comme instrument de cet examen :

[Elle] *décompose la firme en activités pertinentes au plan de la stratégie, dans le but de comprendre le comportement des coûts et de saisir les sources existantes*

FIGURE 6.4
Le profil de la capacité concurrentielle de la firme ABC pour l'unité stratégique

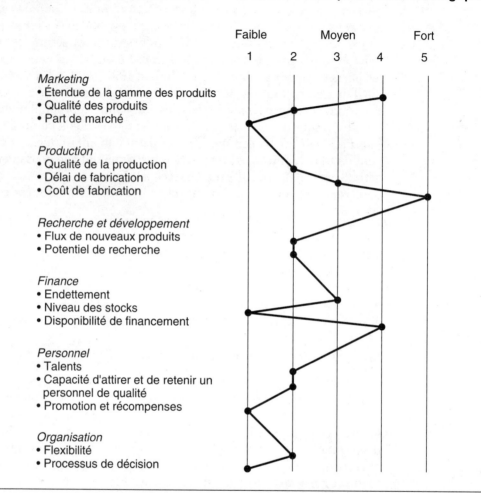

SOURCE : Thiétart, R.A., *La stratégie d'entreprise*, Paris, Édiscience International, 1990, p.88.

et potentielles de différenciation. Une firme acquiert un avantage concurrentiel en exerçant ces activités stratégiques importantes à meilleur marché ou mieux que ses concurrents.

Les activités créatrices de valeur se retrouvent à la figure 6.5 dans la chaîne type de valeur. Cette figure regroupe cinq activités principales, soit la logistique d'entrée (en amont, des fournisseurs), la production, la logistique de sortie (en aval, des clients), la commercialisation et la vente, les services. La figure 6.5 contient également quatre activités de soutien : l'infrastructure de l'entreprise,

FIGURE 6.5
La chaîne type des activités principales et de soutien : sources de valeur

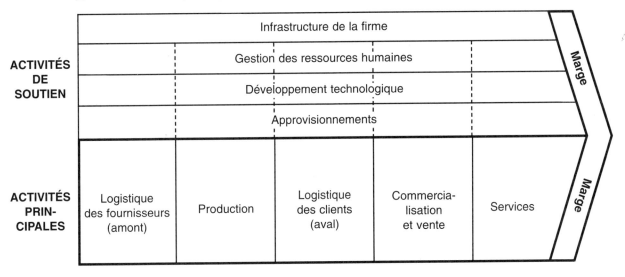

SOURCE : Porter, M., *Competitive Advantage*, New York, Free Press, 1985, p. 46.

la gestion des ressources humaines, le développement technologique et les approvisionnements. De plus, chacune des grandes catégories d'activités principales et de soutien se subdivise en un certain nombre d'activités, comme l'illustre la figure 6.6 (voir p. 96) pour l'activité commercialisation et ventes.

Porter (1985) propose une subdivision des cinq activités principales en s'inspirant des étapes à suivre pour transformer des intrants en produits (ou en services).

— **La logistique d'entrée (ou amont)** Activités associées à la réception, au stockage et à l'attribution des moyens de production nécessaires au produit, tels que la manutention, l'entreposage, le contrôle des stocks, la programmation des transports et les renvois aux fournisseurs.

— **La production** Activités associées à la transformation des moyens de production en produits finis, comme le fonctionnement des machines, l'emballage, l'assemblage, l'entretien des équipements, la vérification, l'impression et les opérations relatives aux installations.

— **La logistique de sortie (ou aval)** Activités associées à la collecte, au stockage et à la distribution physique des produits aux clients, comme l'entreposage des produits finis, la manutention, le fonctionnement des véhicules de livraison, le traitement des commandes et l'élaboration des calendriers.

FIGURE 6.6
La subdivision d'une activité principale

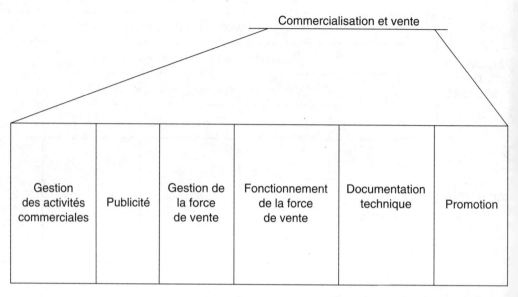

SOURCE : Porter, M., *Competitive Advantage*, New York, Free Press, 1985.

- **La commercialisation et la vente** Activités associées aux moyens par lesquels les clients peuvent acheter le produit et sont incités à le faire, comme la publicité, la promotion, la force de vente, la sélection des circuits de distribution, les relations avec les distributeurs et l'établissement des prix.
- **Les services** Activités associées à l'augmentation ou au maintien de la valeur du produit, comme l'installation, la réparation, la formation, la fourniture de pièces de rechange et l'adaptation du produit.

Voici comment Porter subdivise chacune des activités de soutien en sous-activités.

Les *approvisionnements* se rapportent à la fonction d'achat des moyens de production utilisés dans la chaîne de valeur de l'entreprise et non aux moyens de production eux-mêmes. Les moyens de production achetés comprennent les matières premières, les fournitures et d'autres articles consommables ainsi que des actifs tels que des machines, de l'équipement de laboratoire, de l'équipement de bureau et des bâtiments.

Le *développement technologique* désigne l'ensemble des activités créatrices de valeur qui incorporent une technologie, qu'il s'agisse d'un savoir-faire, de procédures ou de technologie intégrée dans des équipements de traitement ou de transformation.

La *gestion des ressources humaines* se compose des activités que nécessitent le recrutement, l'embauche, la formation, le développement personnel et la rémunération de toutes les catégories de personnel.

L'*infrastructure de l'entreprise* comprend la direction générale, la planification, la finance, la comptabilité, le service juridique, les relations extérieures et la gestion de la qualité. À la différence des autres activités de soutien, l'infrastructure sous-tend généralement l'ensemble de la chaîne et non des activités particulières.

L'importance relative des activités créatrices de valeur varie en fonction du secteur industriel et de la stratégie poursuivie. Par exemple, suggère Porter (1985), la logistique (d'entrée et de sortie), pour un distributeur, constitue l'activité la plus critique, alors que pour une banque qui dessert le marché des entreprises la commercialisation et la vente sont essentielles afin d'acquérir un avantage concurrentiel. Dans le cas d'un fabricant de photocopieurs, le service demeure une source principale d'avantages concurrentiels. Pour une entreprise prestataire de services, comme un restaurant, la logistique externe est presque inexistante alors que la production s'avère cruciale. Dans la sidérurgie, la technologie du processus de production représente le plus grand facteur de l'avantage concurrentiel. Dans le domaine de la vérification, Arthur Andersen tire un avantage important des méthodes de recrutement et de formation de ses professionnels en possédant son propre campus universitaire qui sert à les former à sa méthode de travail. Au sein d'une entreprise diversifiée, le financement est souvent l'affaire du siège corporatif alors qu'on réserve la gestion de la qualité au CAS.

Deux entreprises œuvrant dans le même secteur d'activité mais qui poursuivent des stratégies distinctes auront une chaîne de valeurs différente. Les deux transporteurs aériens canadiens Transat et Air Canada, par exemple, gèrent très différemment leurs activités principales et de soutien. Air Canada se préoccupe davantage de l'ensemble des activités principales alors que Transat est plus tourné vers la commercialisation et la vente ainsi que vers la production à faible coût.

On regroupe les activités principales et de soutien en trois classes : les activités directes, les activités indirectes et la garantie de qualité. Le contenu de chaque classe est le suivant.

Les *activités directes* sont engagées dans la création d'une valeur pour le client, comme l'assemblage, l'usinage de pièces, le fonctionnement de la force de vente, la publicité, la conception du produit et le recrutement.

Les *activités indirectes* permettent d'exercer de façon continue les activités directes comme l'entretien, la fixation des calendriers, le fonctionnement des installations, la gestion de la force de vente, la gestion de la recherche et l'enregistrement des résultats des vendeurs.

La *garantie de qualité* représente l'ensemble des activités visant à assurer la qualité des autres activités comme la surveillance, l'inspection, les essais, les vérifications, la récapitulation, l'adaptation et la rectification. La garantie de qualité n'est pas synonyme de gestion de la qualité, parce que de nombreuses activités créatrices de valeur contribuent à la qualité (Porter, 1986).

Ces trois types d'activités se rencontrent dans les activités principales et de soutien. Par exemple, le développement technologique compte sur les activités directes de l'équipe de laboratoire ainsi que sur l'activité indirecte de la gestion de la recherche.

Porter (1985) note que le classement d'une activité dans l'une ou l'autre des catégories proposées est affaire de jugement et que même «les dénominations des activités créatrices de valeur sont arbitraires et devraient être choisies de manière à fournir la meilleure vision de l'entreprise [...] L'ordre de classement des activités devrait plus ou moins suivre le flux du processus de production».

L'entreprise doit créer des liaisons entre les activités, car elles aussi peuvent conduire à un avantage concurrentiel, par optimisation et par coordination. Il existe, par exemple, diverses façons de concrétiser le respect des spécifications d'un produit : une technologie de qualité, une tolérance étroite des erreurs, une inspection à 100 % de toutes les opérations. Un travail bien fait à l'interne, tel que le contrôle de la qualité par les travailleurs eux-mêmes, peut également réduire les coûts de production, de surveillance et de service après-vente.

On se rend compte que l'étendue du champ concurrentiel (large ou étroit) peut avoir des répercussions sur l'avantage concurrentiel, parce que les dimensions suivantes sont susceptibles d'influer sur la chaîne d'activités génératrices de valeur (Porter, 1985):

- l'étendue du segment qui est constituée par les variantes du produit fabriqué et des clients desservis;
- le degré d'intégration qui est la mesure dans laquelle les activités sont réalisées à l'intérieur de l'entreprise plutôt que par des entreprises indépendantes;
- l'étendue géographique que constitue l'ensemble des régions, pays ou groupes de pays dans lesquels une entreprise lutte avec une stratégie coordonnée;
- l'étendue sectorielle que représente l'ensemble des secteurs connexes dans lesquels l'entreprise exploite une stratégie coordonnée.

Ainsi l'étendue du champ peut être génératrice de coût ou de différenciation. Un champ concurrentiel large, par exemple, permet à une force de vente de vendre les produits de plusieurs unités de l'entreprise ou d'utiliser la même marque de commerce. Cependant, la mise en commun engendre des coûts supplémentaires qui annulent les gains réalisés. Un champ concurrentiel étroit permet de desservir une région, un segment cible de façon particulière ou à des coûts réduits, entraînant ainsi une meilleure utilisation du produit dans la chaîne de valeur du client.

Le pronostic sur « l'avenir » d'une entreprise

L'analyse interne des forces et des faiblesses de l'entreprise risque de donner un portrait statique du passé et, au mieux, du présent si on se contente de prendre note, sans plus, de la compétence distinctive acquise par l'entreprise au cours du temps. Le dirigeant doit encore pousser son analyse interne plus loin en s'interrogeant sur la capacité de la firme d'assurer son avenir. À cette fin, Beck (1994 : 187-205) propose un certain type de comportement à éviter, ce qui va faire naître les énoncés suivants pour juger de l'avenir d'une entreprise.

1. « Ne pas juger d'après les apparences », mais calculer le ratio déclin-croissance, soit le ratio du pourcentage de ventes destinées à la nouvelle économie par rapport aux ventes totales.

2. « Ne pas mettre tous ses œufs dans le même panier » grâce à la conception de produits nouveaux brevetés, soit le ratio du nombre de brevets par rapport au cours de l'action.

3. « Dans la vie rien n'est stationnaire ; on va de l'avant ou on recule », qui est le calcul du ratio du total des dépenses en technologie par rapport aux dépenses totales.

4. « L'argent n'a plus de frontières politiques », d'où l'importance d'apprendre à rassurer l'investisseur par le calcul de deux ratios : le pourcentage des emprunts à taux variables par rapport à la dette totale, et le ratio du pourcentage du financement assuré par gens de l'interne par rapport à la contribution des gens de l'externe.

5. « Cherchez et vous trouverez » en découvrant votre ratio de pénétration du marché mondial, soit le ratio des ventes de l'entreprise par rapport à celles du marché de la région visée.

6. « On n'est jamais un tout petit peu enceinte » (on est actionnaire ou on ne l'est pas), comment on traite ses actionnaires sans droit de vote, ratio revenus nets-actions avec droit de vote.

Ces énoncés permettent de visualiser l'avenir d'une entreprise en cernant la mentalité ou mieux la pensée stratégique de ses dirigeants à travers les actions qu'ils ont posées dans le passé et qui sont porteuses ou non d'avenir.

La remise en question du diagnostic interne

Étant donné que la quantité et la qualité des ressources d'une entreprise changent constamment, tout comme celles de ses concurrents, l'entreprise doit examiner périodiquement le profil de ses avantages compétitifs, qui évolue à l'instar d'une cible mobile, et corriger la liste des facteurs clés de succès de son secteur d'activité qui, elle aussi, se modifie constamment. Les dirigeants peuvent alors mettre en doute leurs capacités de se rapprocher de la liste des facteurs clés de succès et de conserver les avantages compétitifs de l'entreprise.

La chaîne de valeur permet de diagnostiquer l'avantage concurrentiel et de découvrir des moyens pour l'acquérir et le conserver. Cependant, à cause, d'une part, de la multiplicité des activités contribuant à créer cette chaîne et, d'autre part, des liaisons existant entre la chaîne de valeur d'un secteur d'activité et celle des fournisseurs et des clients de ce secteur, il faut réexaminer régulièrement la chaîne de valeur de chaque centre d'activité d'une entreprise afin de savoir si son avantage concurrentiel repose encore sur les mêmes activités.

Confronté à un certain nombre d'options stratégiques potentielles, le stratège cherche à dresser le plan des ressources requises par chaque stratégie. Par la suite, il doit vérifier si l'entreprise possède, ou peut acquérir au besoin, les ressources nécessaires pour poursuivre telle stratégie et quelle stratégie lui permet de contrôler le maximum de facteurs clés de succès et même d'en modifier certains à son avantage.

Comme le lecteur peut le constater, l'analyse des ressources de l'entreprise, l'établissement de la chaîne de valeur et la formulation du diagnostic interne ne sont pas faciles à faire puisque, comme dans le cas de l'analyse de l'environnement et du diagnostic externe, ils demandent la participation d'un certain nombre d'évaluateurs qui portent des jugements différents à partir d'informations incomplètes et souvent désuètes. Le diagnostic interne, même s'il se fonde sur des perceptions sélectives et des jugements biaisés, possède au moins le grand avantage d'étaler au grand jour ces différences d'appréciation.

Gérer stratégiquement,
c'est développer au sein de l'entreprise
une vision collective et partagée

La totalité des dirigeants d'aujourd'hui s'efforcent-ils vraiment de développer une vision collective et partagée du futur? Hamel et Prahalad (1994 : 47) prétendent que non, car l'analyse de l'utilisation de leur temps révèle que bon nombre d'entre eux sont davantage préoccupés par des activités reliées à l'entretien et aux opérations courantes que par des projets orientés vers le futur. En effet, selon ces deux auteurs, les dirigeants utilisent leur temps selon la règle du 40/30/20, c'est-à-dire qu'environ 40 % d'entre eux regardent vers l'avant, que ces 40 % consacrent 30 % de leur temps à découvrir ce qui va se passer au cours des trois, quatre ou cinq prochaines années et que pas plus de 20 % de ces 30 % s'efforcent de développer une vision collective et partagée du futur. Donc, au total, un dirigeant consacre moins de 3 % (40 % x 30 % x 20 %) de ses énergies à développer une perspective « corporative » du futur.

La gestion à court terme
par rapport à la projection à long terme

Que font donc les dirigeants dans le concret? Ils s'occupent plutôt de restructuration et de réingénierie, pour le simple motif que plusieurs d'entre eux ont été entraînés pendant une partie de leur carrière à envisager linéairement le futur à partir des données quantitatives du passé. D'autres s'exercent également à « couper dans le gras » quand la croissance plafonne, que les marges nettes et les parts de marché déclinent (par le biais d'une restructuration ou d'une diminution des capitaux utilisés) plutôt que de tenter de relancer les affaires. Ils ont donc davantage été entraînés à réduire le dénominateur plutôt qu'à tenter d'accroître le numérateur de la formule de calcul du rendement. Plusieurs se trouvent ainsi à la tête d'entreprises mal gérées et sous-gérées. Voici, à titre d'illustration du type de gestion décrit ci-dessus, la liste d'un certain nombre d'entreprises, appartenant à la cohorte des entreprises « Fortune 500 », qui ont réduit leur personnel en 1993 (au moment où la récession était terminée !). Le tableau 7.1 dresse une liste de ces entreprises et indique le pourcentage de réduction choisi.

De telles statistiques convainquent-elles l'investisseur moyen que les dirigeants sont capables de bien comprendre comment la compétition de demain sera différente de celle d'aujourd'hui et qu'il ne suffit plus de segmenter différemment l'ancien marché, de réaliser des analyses de la structure industrielle ou de dresser la chaîne de valeur de ces marchés en totale redéfinition ? Hamel et Prahalad (1994 : 22-24) suggèrent que l'entreprise doit désapprendre beaucoup de son passé avant de pouvoir trouver son futur. Ses dirigeants doivent s'équiper pour découvrir et comprendre les opportunités de demain dans des domaines où les règles de la concurrence sont à définir. Pour ce faire, ils doivent énergiser leur entreprise de haut en bas par une nouvelle vision afin d'arriver au but futur sans prendre de risques inutiles. Cette façon de faire les choses dépasse la vision reposant sur le principe du bon fonctionnement de l'entreprise dans son marché, ou la vision s'appuyant sur une démarche incrémentale à utiliser pour préparer les plans annuels, et aussi la vision basée sur la recherche du *fit* parfait entre les buts et les ressources par une allocation optimale des ressources disponibles. Lynch et Kordis (1994 : 258) soulignent également que la culture de management d'aujourd'hui est remplie d'illusions sur nos performances escomptées et sur nos projets futurs. Nous avons tendance à conserver ces illusions parce que nous sommes incapables de bien évaluer où nous nous trouvons par rapport à la destination que nous recherchons. Ainsi, la médiocrité de notre introspection nous

TABLEAU 7.1
La liste de quelques entreprises qui ont réduit leur personnel en 1993

Réduction entre 5% et 10%		Réduction de 10% et plus	
BASF	8	J.E. Seagram	1?
Data General	8	Owen-Illinois	1?
Westinghouse	7	Monsanto	1
Borden	6	Union Carbide	1?
Dresser	5	IBM	1?
Bethlehem Steel	7	Digital	1
General Motors	5	Amdahl	3?
Honeywell	6	Kodak	1

N.B. Ces pourcentages incluent aussi les réductions par le biais des désinvestissements.

SOURCE : « The Fortune 500 », *Fortune*, 18 avril 1994, p. 257-280, paru dans Hamel, G. et Prahalad, C.K.
Competing for the Future, Boston, Mass., Harvard Business School Press, 1994, p. 7.

empêche d'observer et de saisir ce qui se passe et ce qui devrait se passer dans notre industrie.

Ces propos et statistiques font ressortir la nécessité pour le dirigeant de s'atteler à la tâche de redéfinir pour son entreprise une vision plus claire du futur, vision qu'il doit s'efforcer de faire partager par tous ses collaborateurs. Est-ce une tâche qu'un leader peut facilement assumer aujourd'hui à, un moment où les besoins de l'entreprise, ceux de ses membres, ceux de ses principaux meneurs d'enjeux (actionnaires, fournisseurs, employés, gouvernement, corps intermédiaires, etc.) sont de plus en plus difficiles à concilier avec ceux des clients qu'elle dessert? Comme le souligne Lapierre (1992 : 16), «le leadership n'est pas seulement le fait du leader. Il n'y a pas de leadership s'il n'y a pas adhésion au leader. Il doit donc y avoir une correspondance entre la vision et les actions qu'il propose et les désirs ou les besoins d'une communauté et d'une époque données». Comment donc le chef d'une entreprise doit-il s'y prendre pour élaborer une vision? Dans les prochaines pages, Louis-Jacques Filion propose une démarche à suivre pour élaborer une vision. Il s'intéresse particulièrement au processus suivi par un propriétaire entrepreneur pour élaborer sa vision. Ses propos décrivent également très bien «mutatis mutandis» les étapes de l'élaboration d'une vision par le chef d'une grande entreprise; cependant, à cause de la taille de l'entreprise, ce dernier doit prendre le temps nécessaire pour informer tous les membres de l'entreprise afin de leur faire partager sa vision.

par Louis-Jacques Filion L'élaboration d'une vision

Le texte qui suit présente les étapes du développement d'une vision d'entreprise. Il débute par la détermination d'un intérêt, traite ensuite de la compréhension d'un secteur d'activité d'affaires, de l'établissement et de la conception d'un contexte organisationnel pour souligner en terminant l'importance de la planification.

La vision : définition

La discussion sur la littérature portant sur le concept de vision est volontairement limitée ici. Le lecteur intéressé pourra consulter sur ce sujet Filion (1991), de même que d'Amboise et Nkongolo (1992). La vision est définie comme «une image projetée dans le futur de la place qu'on veut voir occupée par ses produits sur le marché ainsi que l'image projetée du type d'organisation dont on a besoin pour y parvenir» (Filion, 1991 : 109-110). On distingue trois catégories de visions : émergente (idée de produit ou de service qu'on veut lancer), centrale (aboutissement d'une ou de plusieurs visions émergentes), laquelle comprend deux composantes : externe, c'est-à-dire la place qu'on veut voir occuper par son produit ou service sur le marché, et interne, c'est-à-dire le type d'organisation dont on a besoin pour y parvenir, et, finalement, les visions complémentaires qui sont des activités de gestion définies pour soutenir la réalisation de la vision centrale (Filion, 1991). Du point de vue du gestionnaire, le fait de visionner inclut six éléments composites que leur réalisation emboîte les uns dans les autres de façon consécutive sous la forme d'étapes. Ils sont présentés à la figure 7.1.

La détermination d'un intérêt

La détermination d'un intérêt pour un secteur d'activité d'affaires peut provenir de l'un ou l'autre des trois niveaux de relations : primaire, secondaire, tertiaire (Filion 1989a, 1989b, 1990a, 1990b, 1991). On observe que plus le dirigeant est jeune lorsqu'il lance son entreprise, plus cet intérêt tire son origine de son milieu familial (relations primaires), que plus il est âgé, plus cela provient de ses relations d'affaires (relations secondaires) ou d'expériences souvent reliées au travail (relations tertiaires). Il s'agit d'un intérêt vague au début mais qui se précisera de plus en plus par la suite, quoique nous n'ayons pas rencontré un seul dirigeant qui entretienne une vision absolument claire, c'est-à-dire qui sache où il en sera dans dix ans. Cet intérêt constitue le premier jalon de ce que deviendra le point d'ancrage, le pivot de son système. De là, le dirigeant progressera dans la mesure où il saura se donner une méthode de travail et se concentrer

FIGURE 7.1
Le processus du visionnement

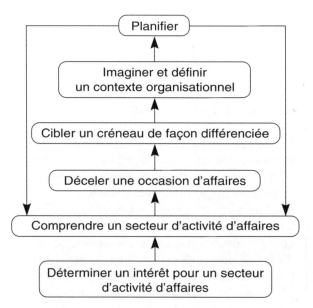

sur une ou sur quelques visions émergentes. Cet intérêt amène le dirigeant à s'intéresser au secteur, à l'étudier et à le creuser et à essayer de le comprendre.

La compréhension d'un secteur d'activité d'affaires

Comprendre exige un minimum de connaissances. Une vision est une image projetée d'un état futur désiré. C'est un rêve réaliste et réalisable. Le réalisme sera d'autant plus élevé que la connaissance, l'image, la compréhension qu'entretient un entrepreneur d'un secteur d'activité d'affaires seront complètes. Il est difficile de visionner un créneau à occuper si on ne comprend pas bien les divers espaces déjà occupés par les intervenants actuels du secteur concerné. Au moins six éléments sont en cause ici : la capacité intellectuelle de l'entrepreneur, son éducation, la position occupée et l'intention poursuivie lorsqu'il acquiert l'information, les connaissances du monde des affaires qui peuvent lui faciliter l'accès à l'acquisition des connaissances de même que la compréhension du secteur concerné et finalement le temps investi et requis pour connaître un secteur, ce qui peut varier beaucoup compte tenu des niveaux de complexité très différents d'un secteur à l'autre. Dans notre échantillon, il n'existe pas de corrélation entre le niveau d'éducation, la réussite scolaire, la discipline étudiée et le succès en affaires. Toutefois, nous avons observé que plus l'entrepreneur est jeune et inexpérimenté, plus il doit mettre de temps pour comprendre le fonctionnement d'un secteur. Ceux qui viennent d'un milieu familial entrepreneurial bénéficient d'un net avantage : l'éducation informelle reçue semble dans ce domaine plus importante que l'éducation formelle. La position occupée lorsque la connaissance du marché est acquise et l'intention déterminent l'angle, le point de vue, le degré d'approfondissement du secteur. Ceux qui pratiquent des activités de vente et de marketing sont nettement avantagés. Qu'ils aient créé l'entreprise, qu'ils l'aient acquise ou qu'ils occupent une fonction de direction générale, de vente ou de marketing dans une entreprise existante, si leurs activités principales concernent les ventes ou le marketing, leurs chances de voir juste augmentent en proportion de leur compréhension du marché laquelle apparaît d'autant plus adéquate du fait que ces entrepreneurs ont côtoyé plus longtemps un nombre plus élevé d'acteurs du secteur. Le temps requis pour comprendre un secteur d'activité et commencer à y voir clair maintenant et pour le futur dépend des éléments précédents, et en particulier de l'expertise acquise du domaine des affaires et de la complexité du secteur. L'étude d'entrepreneurs qui ont lancé leur entreprise lorsqu'ils étaient jeunes nous révèle qu'ils ont mis de cinq à dix ans avant de comprendre suffisamment le secteur. David Murray, entrepreneur de l'année en Écosse en 1984, (Filion, 1990b) avait 16 ans lorsqu'il commença à vendre de la ferraille, 24 ans lorsqu'il acquit une entreprise dans le domaine, 26 lorsqu'il commença à développer des services différenciés. Gio Benedetti venu d'Italie en Écosse (Filion, 1990b) avait 11 ans lorsqu'il commença à travailler à temps partiel dans le commerce de l'un de ses oncles, 19 ans lorsqu'il acheta une entreprise de nettoyage de vêtements mais près de 30 ans lorsqu'il se lança dans le recyclage de gants industriels qui fit sa fortune. Il est difficile de mesurer jusqu'où un entrepreneur comprend son secteur d'affaires. Certains prendront 10 ans, 20 ans, d'autres n'arriveront jamais à bien le comprendre. Les entrepreneurs à succès, déjà aguerris dans un secteur d'activité d'affaires, qui se sont lancés dans un nouveau secteur et qui y ont réussi ont pris entre un et deux ans de travail intensif avant de maîtriser suffisamment la compréhension du secteur pour y déceler, c'est-à-dire y concevoir, un créneau, un espace à occuper de façon différenciée.

La façon de déceler une occasion d'affaires

Déceler exige de l'intuition, mais l'intuition requiert qu'on comprenne, et comprendre demande un minimum de connaissances. Il n'existe aucun entrepreneur dans cette étude qui ait décelé une occasion d'affaires, s'y soit lancé et qui ait réussi sans connaître et comprendre au préalable le secteur. Les exemples de Benedetti et Murray, cités au paragraphe précédent, montrent cependant qu'il arrive dans près de 50 % des cas qu'un entrepreneur ait l'intuition des possibilités intéressantes dans un secteur donné, qu'il explore le domaine, y œuvre mais ne puisse déterminer le créneau qu'il occupera que dans les années qui suivent. Déceler s'apparente ici à saisir, prendre conscience de, avoir l'intuition. Une de mes étudiantes, mère de famille, me disait que si une femme a de l'intuition, c'est d'abord dans son rôle de mère en relation avec son enfant. Elle connaît et comprend si bien son enfant, que lorsqu'il ne se comporte pas comme d'habitude, elle a aussitôt l'intuition que quelque chose de pas «normal» est en train de se passer. Pourquoi? Parce que le comportement affiché ce jour-là n'est pas le comportement habituel. Un exemple vaut ce qu'il vaut, mais l'analogie avec l'entrepreneur est intéressante. Un entrepreneur a l'intuition que quelque chose est possible dans un marché parce qu'il en connaît et comprend un nombre suffisant de dimensions qui en expliquent le fonctionnement pour pouvoir y déceler des interstices, des occasions d'affaires. On évolue du général au précis. L'occasion d'affaires consiste le plus souvent à occuper un segment laissé vacant, que personne n'a encore occupé de cette façon.

La façon différenciée de cibler un créneau

Quelques-uns des entrepreneurs que nous avons étudiés au cours des dernières années n'ont pas apporté d'innovations majeures dans les couples produit marché. Leurs innovations portaient plutôt sur la diminution des coûts, l'amélioration de la qualité ou sur la rapidité du service. C'est ce qui leur a procuré un avantage. De plus en plus de créneaux semblent graviter autour de la dimension «temps»: il ne s'agit pas seulement de choisir le moment propice, mais d'offrir un produit ou un service dans un laps de temps réduit. À la suite de la recherch

d'un créneau, il apparaît que l'entrepreneur qui réussit doit son succè[...]
che pas à pas, à une progression graduelle. Il apprend à se conc[...]
les limites de son activité, à la circonscrire, à se concentrer sur un but,
un objectif à atteindre. Le choix de la cible de départ puis les choix graduels [...]
par la suite pour s'ajuster font la différence. En cela, l'entrepreneur s'apparente
au stratège, et la réalisation de sa vision deviendra difficile, voire dans certains
cas impossible, s'il n'apprend pas à se concentrer. Certains des entrepreneurs
étudiés nous sont apparus comme des gens brillants, remplis de bonnes idées,
mais leur entreprise est restée petite parce qu'ils n'ont jamais su cibler. Il semble
que la combinaison d'une bonne compréhension du secteur, la détermination d'un
besoin non satisfait que constitue une occasion d'affaires, et la capacité de concevoir puis de cibler un créneau qu'on occupera de façon différenciée constituent
les étapes de base du processus visionnaire.

La conception d'un contexte organisationnel

Le fait pour l'entrepreneur d'établir l'espace qu'il désire occuper sur le marché
engendre un fil conducteur autour duquel il conçoit et définit le contexte organisationnel dont il a besoin pour réaliser ce qu'il souhaite. Avoir la vision d'une
chose, c'est déterminer, donner un sens, une direction à nos activités. L'entrepreneur apprend à connaître puis à comprendre un secteur. Il y décèle des possibilités d'affaires, imagine, définit et cible l'espace qu'il va occuper sur le marché
puis conçoit le type d'organisation dont il a besoin pour y parvenir. Une fois ima-
ginée, la vision sera développée, corrigée, ajustée, non en ce qui a trait à l'essentiel mais pour ce qui est d'une multitude d'activités qui doivent être accomplies
pour que se réalise progressivement la vision. Une vision n'est pas statique. C'est
un processus en perpétuelle évolution dont les ajustements sont étroitement liés
au système de relations dont s'est doté l'entrepreneur. Ce sont les gens dont
s'entoure l'entrepreneur qui rendent possible la réalisation de sa vision et qui
l'amènent à la faire évoluer. La vision, de même que les impératifs d'activités à
mettre en place pour réaliser cette vision, deviennent des critères implicites à
partir desquels l'entrepreneur sélectionne les collaborateurs dont il s'entoure. Le
cœur du processus entrepreneurial et ce qui distingue le plus l'entrepreneur du
manager et du gestionnaire de PME semble résider dans l'élaboration et la mise
en place de ce processus visionnaire. Alors que les managers et les gestionnaires de PME cherchent à réaliser des buts et des objectifs en utilisant les ressources disponibles, mais à l'intérieur d'un cadre déjà défini ou calqué sur une
autre entreprise, les entrepreneurs passent une bonne partie de leur temps à
concevoir et à définir où ils veulent aller et la façon d'y arriver. En quelque sorte,
on peut décrire l'entrepreneur comme un déceleur d'espaces à occuper et un concepteur de contextes pour y parvenir. Une fois l'occasion détectée, la vision fournit
les directions au plan d'ensemble pour la mise en œuvre.

La planification

C'est à ce moment qu'interviennent diverses formes de planification. Chez les entrepreneurs que nous avons observés, qu'il s'agisse d'un entrepreneur à succès ou non, on ne voit que très peu de planification formelle détaillée. La planification semble suivre les impératifs financiers de même que la dimension de l'entreprise : lorsque les institutions financières requièrent des plans ou lorsque l'entreprise grossit, on voit apparaître des éléments de formalisation de la planification tels que les budgets et les plans stratégiques. Dans tous les cas étudiés, il existe peu de plans formels tant qu'on ne voit pas arriver quelques cadres supérieurs. Le plan informel qu'entretient l'entrepreneur dans son esprit, le plus souvent sans références écrites, semble établi à partir de sa vision qui en constitue les fondements et en fournit les lignes directrices. On vise un but, un objectif, on établit quelques points de repère mais on s'ajuste au fur et à mesure. À partir de ce processus, on peut établir les éléments de cohérence qui nous permettent de distinguer un entrepreneur : connaissance et compréhension du marché, adéquation du niveau des systèmes de relations internes et externes à l'entreprise avec le niveau de la vision envisagée. Ce sont là en effet deux indices qui prédisent le succès de l'entrepreneur, les possibilités de réalisation ou non de sa vision.

En guise de synthèse, nous pouvons souligner que l'entrepreneur qui désire développer une vision a avantage à établir une démarche rigoureuse de mise en place de son processus visionnaire. Il faut garder à l'esprit qu'une vision n'est pas qu'un rêve. C'est un rêve réaliste qui devrait être basé sur une démarche cohérente qui va de l'analyse du marché d'un secteur d'activité d'affaires à la mise en place d'une organisation qui soit en mesure de venir satisfaire le besoin déterminé. Une vision a d'autant plus de chances de réussir qu'elle est basée sur une démarche cohérente, orientée autour de la détermination d'un marché cible qui corresponde à un besoin réel à combler. L'entreprise réussira d'autant plus qu'elle agira comme un système qui saura bien satisfaire un besoin de clients potentiels identifiés. C'est cela le créneau que la vision doit déceler. C'est là le fil conducteur qu'elle offre à l'entrepreneur.

CHAPITRE 8

Gérer stratégiquement, c'est reconnaître que les valeurs des dirigeants et la culture de l'entreprise interviennent dans le choix de la mission, des objectifs et de la stratégie de l'entreprise

Après qu'elle aura établi ses diagnostics externes et internes, l'entreprise pourra préciser un certains nombre d'options stratégiques qui lui permettront de capitaliser sur les possibilités de croissance dans l'environnement et d'actualiser ses avantages distinctifs. Au moment du choix final de la stratégie, les valeurs des dirigeants vont influencer la sélection de telle option plutôt que de telle autre. En effet, il arrive fréquemment qu'une option reconnue comme la plus rentable et la plus porteuse d'avenir ne soit pas retenue par le dirigeant pour l'un ou l'autre des motifs suivants : elle ne reflète pas son code d'éthique ; elle n'incarne pas sa vision de l'entreprise ; elle ne répond pas à la mission et aux objectifs fixés ; elle s'éloigne de la culture organisationnelle et des valeurs que le dirigeant cherche à inculquer à l'ensemble des membres de son entreprise ; elle sera possiblement boycottée par les cadres de l'entreprise ; elle sera rejetée par les actionnaires ; elle soulèvera les foudres des représentants gouvernementaux...

Les caractéristiques personnelles et les valeurs

L'entreprise doit donc bien connaître la personnalité de ses stratèges et de leurs principaux collaborateurs afin de mieux distinguer les caractéristiques personnelles qui joueront un certain rôle dans leur choix stratégique. Au tableau 8.1 (voir p. 110), nous soumettons quelques-unes des caractéristiques personnelles et des valeurs des stratèges.

– Quelle approche organisationnelle les dirigeants favorisent-ils (structure, partage du pouvoir de décision, systèmes de planification et de contrôle, système de récompense et de punition)?

TABLEAU 8.1
L'énumération (en continu) des caractéristiques et des valeurs des principaux stratèges de l'entreprise

Caractéristiques générales:
- âge, sexe, statut familial
- éducation
- expériences accumulées

Besoin de pouvoir du stratège	très élevé _____très faible	
Attentes	buts personnels_____buts de l'entreprise	
Valeurs personnelles	économiques _____sociales	
	esthétiques _____politiques	
Vision du monde	ouverte _____fermée	
Vision du rôle de l'entreprise	économique _____social	
Mode de pensée	intuitif _____systématique	
Attitude du stratège à l'égard du risque	orienté vers le risque_____réfractaire au risque	
Style de leadership	autocratique_____participatif	
Créativité	forte _____faible	
Objectifs et ambitions	très combatif _____très passif	
Attitude à l'égard des subalternes	très méfiant _____très confiant	

– Lesquelles des options stratégiques potentielles répondent le mieux aux préférences des dirigeants? À celles des principaux meneurs d'enjeux?

– Quels sont les types de conflits soulevés par chaque option?

– Quels changements doit-on apporter dans les préférences de chaque groupe?

Noël (1989) a montré que la personnalité des dirigeants, leurs obsessions, leurs rêves et leurs désirs «déteignent» non seulement sur leur choix en matière d'options stratégiques potentielles mais qu'ils influencent aussi leur diagnostic externe et interne en agissant un peu comme des filtres perceptuels au moment de leur lecture de l'environnement, de la détermination des opportunités et des menaces et de l'évaluation des ressources de l'entreprise.

Jauch et Glueck (1990) prétendent que les choix stratégiques sont modelés par ces quatre facteurs de sélection reliés au dirigeant:

– Ses perceptions de la dépendance externe de l'entreprise, par rapport aux propriétaires, aux concurrents, aux clients, aux gouvernements et à la communauté, demeurent constantes.

– Ses attitudes vis-à-vis du risque servent de filtre et guident ses choix stratégiques, comme les trois attitudes décrites dans le tableau 8.2 l'illustrent.

TABLEAU 8.2
Les attitudes à l'égard des risques et leurs répercussions sur la stratégie

Attitudes du dirigeant devant les risques	Filtres probables de choix	Stratégies probables
Il faut risquer pour réussir, les risques élevés procurent des récompenses	Les projets à risque élevé sont acceptables et désirables	Expansion
Le risque est un fait de la vie, un certain niveau de risque est acceptable	Il faut équilibrer les projets à risque élevé avec ceux à faible risque	Combinaison
Les entreprises se détruisent en prenant des risques élevés, il faut minimiser les risques	Il faut éviter et rejeter les projets risqués	Stabilité

SOURCE: Jauch, L.R. et Glueck, W.F., *Management stratégique et politique générale*, Montréal, McGraw-Hill, 1990, p. 314.

– Le dirigeant garde toujours les stratégies passées en tête. En effet, le point de départ de la stratégie future est souvent la stratégie actuelle.

– Les relations de pouvoir du dirigeant influencent aussi ses choix stratégiques. Mintzberg (1980) rapporte que ces relations occupent environ 30 % du temps dans les choix stratégiques.

Pitcher (1993, 1994) a relevé trois types de gestionnaires: l'*artiste*, l'*artisan* et le *technocrate*. Elle a parlé de leur caractère et de leur influence sur leur organisation, sur l'ambiance qui y règne ainsi que sur leurs choix stratégiques. Voici les principales caractéristiques de chacun de ces gestionnaires selon Pitcher (1993: 28):

Le tempérament de l'artiste est cycloïde, passant plus ou moins rapidement de l'excitation à la déprime. L'artiste a une nature optimiste et une perception diffuse: sa vision est large mais il ne s'attarde pas aux détails. Sa pensée est éclectique et son action sporadique. Sa stratégie, il l'élabore intuitivement et d'ordinaire seul; elle reflète ses vastes ambitions et se concrétise habituellement par des acquisitions.

L'artisan a un tempérament assez calme; il est optimiste mais prudent. Sa perception est axée sur l'avenir immédiat et ancrée dans le concret. Moins attiré par les idées que par les tâches et les gens, il a une pensée plus structurée que celle de l'artiste. S'il est PDG il implique son équipe dans l'élaboration de la stratégie; étapiste, celle-ci vise une meilleure exploitation des marchés actuels ou connexes, ainsi que la croissance interne.

Le technocrate se contrôle. Assez pessimiste, cet individu perçoit le monde comme un ensemble de menaces. Pour dominer sa crainte, il se donne des règles et des outils. Sa pensée est très structurée, presque rigide ; il n'est pas reconnu pour son ouverture d'esprit. Il agit avec méthode. À son avis, la stratégie doit être élaborée par les experts, les professionnels, car ils connaissent les tendances actuelles, les méthodes et les techniques de pointe. Cette stratégie vise exclusivement les bénéfices des prochains trimestres et leur projection dans l'avenir, même si ces projections et plans afférents risquent de devenir une camisole de force pour l'organisation.

Le tableau 8.3 présente les caratéristiques de chacun de ces trois types, en particulier leur affect, leur perception, leur pensée, leur action et leur stratégie. Ainsi, l'artiste qui agit seul a une vision à longue portée, tellement que son entreprise peut en venir à perdre de vue l'immédiat. Quant à l'artisan, sa formation pas à pas en suivant l'exemple de ses pairs lui a appris la patience, la prudence et une certaine forme de traditionalisme qui l'oriente davantage vers l'interne que vers l'externe. C'est en même temps une force et une faiblesse selon l'ampleur, la vitesse et la fréquence des changements qui surviennent dans son entreprise. Enfin, le technocrate, soucieux des détails, du contrôle, des résultats à court terme et de l'importance démesurée des experts, risque de perdre de vue le long terme, de faire fuir tous ceux de ses collaborateurs des types artiste et artisan et ainsi de se faire dépasser par des concurrents plus novateurs (Pitcher, 1993 : 28).

Ainsi, la réponse à la question « Qu'est-ce que les principaux membres d'une entreprise veulent ? » montre bien que les options stratégiques retenues, pour être

TABLEAU 8.3
Du caractère à l'action : les trois types idéaux

Caractère	Affect	Perception	Pensée	Action	Stratégie	
					Processus	Contenu
Artiste	cycloïde optimiste	diffuse	éclectique	sporadique, saut par saut	intuitif, seul	ambitieux, croissance par acquisition
Artisan	calme, optimiste posé	ancrée dans le concret	organisée	pas à pas	émergent, sagesse collective	croissance interne
Technocrate	contrôlé, pessimiste	ciblée	rigide	méthodique, pouce par pouce	plan d'expert professionnel	bénéfices trimestriels projetés

SOURCE : Pitcher, P., « Artiste, artisan, technocrate », *Gestion*, vol. 18, n° 2, mai 1993, p. 28.

durables, doivent refléter les buts, les valeurs et les croyances des principaux meneurs d'enjeux de l'entreprise. Les options stratégiques doivent aussi tenir compte de la structure de pouvoir recherchée par chacun des acteurs principaux et de la nature des relations que les partenaires souhaitent avoir avec l'entreprise (collaboration, coalition, domination, accommodation, conflit, compromis).

Le leadership stratégique

Dans un numéro spécial du *Strategic Management Journal*, Hambrick (1989) rappelle l'importance de redonner au dirigeant au sommet le rôle qui lui revient dans la gestion stratégique. Devant les informations ambiguës, complexes et hétégorènes que les dirigeants doivent interpréter, il est peu probable que deux d'entre eux déterminent la même option stratégique et, même en admettant qu'ils le fassent, ils ne l'implanteront sûrement pas de la même manière.

> *Les biais, les œillères, les egos, les aptitudes, les expériences, la fatigue et d'autres facteurs humains présents dans la classe dirigeante influencent beaucoup ce qui se passe dans les entreprises. Ceci ne veut pas dire que les dirigeants sont des êtres faibles et mal intentionnés, mais seulement qu'ils sont humains et ont des limites. Ainsi donc, si nous voulons expliquer pourquoi les entreprises font ce qu'elles font, ou pourquoi elles performent de telle manière, nous devons examiner les gens au sommet.*

L'étude du leadership stratégique, poursuit Hambrick (1989), met l'accent sur les personnes qui exercent des responsabilités globales à l'égard d'une entreprise, sur ce qu'elles font et sur la façon dont elles le font. Ces personnes peuvent être membres de l'équipe de direction ou membres du conseil d'administration.

Le leadership stratégique est relié au processus de gestion stratégique, tel que décrit dans la figure 8.1. La situation constitue une donnée de base qui se répercute sur le leadership stratégique et peut également toucher la forme et la conduite de l'organisation. Par exemple, la taille d'une entreprise influence les rôles joués par le chef de la direction (Mintzberg, 1973) ; l'âge d'une industrie joue sur l'âge des dirigeants qui y œuvrent (Pfeffer, 1983) ; la personnalité du chef de la direction touche la structure de l'entreprise (Miller et Dröge, 1986) ; les valeurs des membres de l'équipe de direction influencent le niveau d'innovation dans l'entreprise (Hage et Dewar, 1972) ; le rendement atteint par un leader dans ses postes antérieurs agit sur le niveau de rendement qu'il obtient dans son poste actuel (Smith, Carson et Alexander, 1985 ; Pfeffer et Davis-Blake, 1986).

De plus, l'association entre le leadership stratégique et la forme et la conduite de l'entreprise, ainsi qu'entre le leadership stratégique et le niveau de rendement de l'entreprise, repose sur la situation. Par exemple, l'association entre la personnalité du chef de la direction et l'innovation au sein de l'entreprise se révèle

FIGURE 8.1
La place du leadership stratégique dans le processus de gestion stratégique

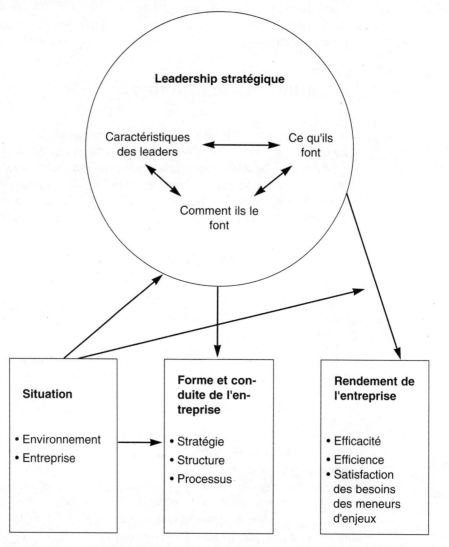

SOURCE : Hambrick, D.C., « Putting Top Managers Back in the Strategy Picture », *Strategic Management Journal*, Special Issue, 1989.

plus grande dans les petites que dans les grandes entreprises (Miller, Kets de Vries et Toulouse, 1984), L'association entre l'hétérogénéité de l'équipe de direction et le rendement de l'entreprise dépend du dynamisme de l'environnement (Hambrick et Mason, 1984 ; Hambrick et Brandon, 1988).

La culture d'entreprise et son impact sur la planification stratégique

Comme le souligne Hofstede (1993 : 91-92) :

> [diriger,] *c'est faire en sorte que les choses soient faites par des personnes autres que les dirigeants. Ceci est vrai dans le monde entier... Pour mener à bien cette tâche, il faut connaître les «choses» qui doivent être faites et les personnes qui doivent les faire. Comprendre les personnes, c'est comprendre leur origine, à partir de laquelle on peut prévoir leur comportement actuel et futur. Chacun retient de son origine une culture spécifique. Il faut entendre ici le mot «culture» dans le sens de la «programmation collective de l'esprit qui distingue les membres d'une catégorie de personnes des membres d'une autre catégorie». La catégorie de personnes peut être une nation, une région ou un groupe ethnique (culture nationale), une catégorie basée sur la différence de sexe (culture de femme ou d'homme), un groupe d'âge (culture de... génération), une classe sociale, une profession ou une activité (culture professionnelle), un secteur d'activité, tout ou partie d'une organisation de travail (culture organisationnelle), ou même une famille.*

Voyons maintenant quels sont les effets et les répercussions qu'une culture nationale peut avoir sur l'importance que les membres d'une entreprise, œuvrant au sein d'un pays donné, peuvent accorder à la planification stratégique et à ses résultantes – stratégie, plan, programme, etc.–, à la démarche et au processus stratégique suivis pour les définir – de haut en bas ou de bas en haut – ainsi qu'aux moyens utilisés pour les mettre en œuvre – structures, systèmes, choix des ressources, etc. Steiner et Schollhammer (1975) ont trouvé que ce sont les États-Unis, suivis de près par la Grande-Bretagne, le Canada et l'Australie, qui se classent comme les plus gros utilisateurs de planification, alors que le Japon et l'Italie se situent à l'autre extrême de l'échelle. En somme, selon Albert (1991), nous sommes en présence de deux modèles opposés, à savoir le «modèle anglo-saxon» du capitalisme qui est fondé sur la réussite individuelle et le profit à court terme, par opposition au «modèle rhénan» qui valorise le consensus et le souci du long terme. Les Suisses, selon Al-Bazzaz et Grinyer (1983) se classent avant les Britanniques et rejoignent les Américains.

Hofstede étudie depuis une quinzaine d'années les différences de culture nationale entre un grand nombre de pays à l'aide des cinq mesures suivantes : la distance dans les relations de pouvoir ; l'individualisme ou le collectivisme ; la masculinité ou la féminité (pôle revendicatif et compétitif chez l'homme opposé au pôle modeste et altruiste chez la femme) ; la propension à écarter l'incertitude ; l'orientation à long terme ou à court terme. La synthèse de ses recherches (1993 : 93-103) révèle de grandes différences entre les pays sur chacune de ces cinq mesures. Il conclut :

> *Les notes concernant la distance dans les relations de pouvoir ont tendance à être plus élevées pour les pays latins, asiatiques et africains, et plus basses pour les*

pays germaniques. L'individualisme prévaut dans les pays développés et occidentaux, alors que le collectivisme prime dans les pays moins développés et orientaux; ici, le Japon occupe une position moyenne. La masculinité est élevée au Japon et dans certains pays d'Europe tels que l'Allemagne, l'Autriche et la Suisse, et relativement élevée dans les pays de culture anglaise; elle est basse dans les pays nordiques et aux Pays-Bas, relativement basse dans certains pays latins et asiatiques comme la France, l'Espagne, la Thaïlande. La propension à écarter l'incertitude est plus forte dans les pays latins, au Japon et dans les pays germanophones, plus faible dans les pays de culture anglaise, nordique et chinoise. L'orientation à long terme se décèle principalement dans les pays d'Extrême-Orient, et en particulier en Chine, à Hong Kong, à Taiwan, au Japon et en Corée du Sud. (Hofstede, 1993 : 99)

En comparant les managements français et américain, Hermel (1993 : 67-68) rappelle :

Aux États-Unis, la pression du court terme, des logiques boursières et financières, ainsi que l'extrême mobilité du personnel et la rapidité des mouvements internes et externes sont telles que les entreprises américaines recherchent une compensation et un facteur de stabilité dans l'investissement managérial; en France, le contexte culturel à la fois riche et lourd induit une relative stabilité qui nécessite d'autant plus la préparation et l'anticipation du moyen-long terme.

Côté (1993 : 155-156) résume son recensement des études qui comparent les dirigeants canadiens anglophones et francophones avec les dirigeants européens et américains de la manière suivante :

Les responsables canadiens francophones et anglophones se ressemblent au niveau du conservatisme, de la religiosité, de l'autoritarisme, des valeurs élitistes. Ils diffèrent au niveau de la distance dans les relations de pouvoir, de l'individualisme, de la masculinité, de la promotion, de la sélection et des plans de carrière, des valeurs et attentes des responsables, de la répartition de l'autorité... Somme toute, les dirigeants canadiens ressemblent plus aux dirigeants américains qu'aux dirigeants britanniques et français.

De son côté, Rieger (1986) invoque le fatalisme comme un des facteurs décourageant l'usage de la planification, par exemple dans les cultures hindoue et islamique.

Enfin, Ohmae (1991 : 198), comparant la gestion stratégique au sein d'entreprises américaines et japonaises, tient les propos suivants :

Une autre caractéristique frappante de nombreuses entreprises des États-Unis est leur tendance à planifier à très long terme. Le Japon qui ne possède pas de business school pourrait envier les managers américains, adeptes des stratégies rigoureuses et objectives. Un planificateur japonais à qui l'on venait de présenter le plan stratégique élaboré et assisté par ordinateur d'une grande entreprise américaine, s'est exclamé : «c'est aussi complexe que la construction d'une usine chimique!» En effet, plusieurs grands groupes américains sont dirigés à la manière de l'économie soviétique. Ils sont planifiés par un état-major pour une période de trois à cinq ans, avec des programmes d'actions à exécuter par les managers, d'un niveau de détail impressionnant, prévoyant aussi bien les situations normales que les situations imprévues. Pendant la période d'exécution, chaque manager est «jugé» sur la précision de son adhésion aux objectifs convenus [...] La performance des régimes socialistes a prouvé que la planification détaillée à long terme alliée à un minutieux contrôle centralisé, était le moyen le plus efficace pour tuer créativité et esprit d'entreprise notamment à la périphérie de l'organisation, c'est-à-dire là où les individus font le travail.

La culture organisationnelle et les types d'entreprises

Hofstede (1993 : 104) rappelle ceci :

Le terme de culture dans le domaine du management ne s'applique pas seulement au niveau national ; il est devenu très fréquent d'attribuer une culture spécifique à une entreprise [...] les différences entre les cultures nationales s'opèrent principalement au niveau des valeurs fondamentales, tandis que les cultures organisationnelles varient au niveau des pratiques plus superficielles : symboles, héros, rituels.

Nous compléterons donc la discussion de ce thème plus loin, au chapitre 15 qui traite de la planification stratégique pratiquée au sein de divers types d'entreprises, en examinant les différences qui peuvent exister dans la démarche et les processus de planification présents dans une bureaucratie mécaniste ou professionnelle, dans une petite ou une grande entreprise, dans une entreprise publique, privée ou coopérative, dans une entreprise de production ou de services.

CHAPITRE 9

Gérer stratégiquement, c'est s'assurer que la stratégie permet à l'entreprise de tenir compte de l'environnement sociopolitique et de jouer son rôle social

L'environnement sociopolitique et les attentes sociétales

Pasquero (1989) fait cette remarque :

> En l'espace de quelques décennies, l'entreprise a dû passer de la situation relativement confortable où les seuls comptes qu'elle avait à rendre étaient ceux qu'elle devait à ses actionnaires, à une situation entièrement nouvelle, où un nombre croissant d'intervenants auxquels elle n'était liée par aucun lien contractuel revendiquent des droits sur elle, et surtout, ont obtenu les moyens de se faire écouter d'elle. Les manifestations concrètes de cette nouvelle donnée sont bien connues : resserrement du contrôle de l'État sur la vie des entreprises, prolifération des groupes de pression, sensibilisation des populations aux coûts sociaux du développement économique.

Ces demandes provenant de divers milieux engendrent des attentes sociétales[*] de sources économique et sociopolitique. Par exemple, la déréglementation économique, tel le décloisonnement des institutions financières, se compose de règles de conduite que l'État impose à un secteur d'activité et qui modifient les conditions d'exploitation des marchés. Une attente sociétale de source sociopolitique cherche à corriger l'écart entre le comportement non économique d'une entreprise et ce que la population attend d'elle.

> Ces attentes ne résultent pas nécessairement d'un manquement de l'entreprise face à ses obligations économiques (qualité et prix des produits) ou sociales (respect

---

[*] Une attente sociétale est un problème complexe d'ordre social, politique et économique dont l'issue peut avoir des conséquences importantes sur le mode de fonctionnement des entreprises. (Pasquero, 1989)

*des normes sociales sur le comportement d'un bon citoyen). Elles peuvent prove-
nir également de la volonté de la société d'utiliser les entreprises comme outils de
réalisation de certains objectifs collectifs.* (Pasquero, 1989)

On peut citer comme objectifs collectifs la lutte contre la pauvreté, l'implantation d'entreprises dans les régions économiquement défavorisées, l'accès plus
facile à la propriété, etc. Chacun de ces objectifs donne naissance à une réglementation sociale perçue comme plus ou moins contraignante par l'entreprise.
Celle-ci adopte alors l'un des trois modes stratégiques suivants, souligne Pasquero
(1989) : RÉACTION, c'est-à-dire soumission à l'environnement, résistance ; PRO-
ACTION, ou manipulation de l'environnement, anticipation ; et INTERACTION,
c'est-à-dire dialogue avec l'environnement, construction.

Une meilleure gestion stratégique de l'environnement sociopolitique comprend
trois types d'ajustements, soutient Pasquero (1989) : un renouvellement de la notion
de rendement de l'entreprise, une révision de la notion de stratégie et des adaptations organisationnelles (voir tableau 9.1).

Allaire (1982), quant à lui, remarque que le contexte sociopolitique turbulent et contraignant de l'entreprise d'aujourd'hui exige l'utilisation de plusieurs

TABLEAU 9.1
La gestion stratégique de l'environnement sociopolitique

Niveaux stratégiques
– stratégie sociétale   (en quoi croyons-nous ?)
– stratégie d'entreprise   (quels marchés exploiter ?)
– stratégie concurrentielle   (comment rester concurrentiels ?)

Composantes de la stratégie
– économique   (marchés)
– sociale   (groupes de pression, population)
– politique   (États, agences publiques, politiciens)

Ajustements organisationnels
– structurels   (fonction affaires publiques)
– systèmes   (analyse sociétale)
– culturels   (polyvalence)

Critères de rendement
– économiques   (rentabilité, efficacité)
– sociopolitiques   (intégration dans l'environnement)
– éthiques   (responsabilités sociales et déontologiques)

Source : Adapté de Pasquero, J., « Gérer stratégiquement dans une économie politisée », *Gestion*, vol. 14,
n° 3, septembre 1989.

mécanismes de «réponse»: une réponse *technocratique* qui fait appel à des techniques de prévision de plus en plus raffinées ; une réponse *politique* qui permet à l'entreprise de participer à la création du type d'environnement nécessaire à sa survie et à sa croissance ; une réponse *anthropocentrique* qui fournira à l'entreprise de meilleurs gestionnaires, capables d'encourager et de se soumettre à des points de vue divergents, qui se constituent de vastes réseaux d'information et souscrivent à des valeurs professionnelles ; une réponse *structurelle* qui aide à concevoir une organisation flexible et capable de s'adapter à des environnements turbulents.

Ainsi, la fusion croissante de l'environnement économique et sociopolitique force l'inclusion, dans la notion de stratégie, de facteurs nouveaux qui ont pu paraître subsidiaires, conclut Pasquero (1989).

Le rôle social de l'entreprise

Le rôle social de l'entreprise, «c'est son devoir de participer à l'évolution de la société par un processus d'adaptation de ses politiques, de ses structures et de ses rendements», prétend la Chambre de commerce du Québec (1982). Chaque entreprise essaie d'exprimer son rôle social par un code d'éthique plus ou moins explicite qui servira de guide de décision stratégique. Les dirigeants retiennent souvent des stratégies «satisfaisantes» plutôt qu'optimales pour répondre à un tel code, si bien qu'on peut dire que le choix d'une stratégie est guidé par des considérations qui touchent, entre autres : la protection de l'environnement, la protection du consommateur à l'égard de prix trop élevés, l'élimination de produits de mauvaise qualité, l'utilisation des impôts et des taxes à des fins utiles pour la population, les droits des employés (sécurité d'emploi, conditions de travail, santé et sécurité au travail) au moment de l'implantation de nouvelles technologies, la reconnaissance des droits des groupes minoritaires, le maintien d'un équilibre entre le taux de croissance désiré par l'entreprise et le maintien d'une qualité de vie au sein de la communauté (Chambre de commerce du Québec, 1982).

Il semble cependant plus facile de discourir sur ces considérations que d'en tenir compte dans l'action de tous les jours, si l'on en juge par le grand nombre de décisions malhonnêtes, de fraudes, de pratiques douteuses rapportées quotidiennement. Par exemple, Etzioni (voir Gellerman, 1986) affirme qu'au cours des dix dernières années pratiquement les deux tiers des 500 plus grandes entreprises américaines ont été impliquées, à des degrés divers, dans une forme quelconque de comportement illégal. Le numéro de *Time* du 25 mai 1987 consacre plus de quarante pages à discuter la question de l'éthique et à étaler les scandales survenus dans différents milieux de la société américaine (gouvernement, milieux financiers, entreprises de toutes sortes).

Qu'entend-on par un comportement éthique? Pour Beckman (1963), «c'est un comportement légal auquel on ajoute d'autres éléments ou un ensemble de principes moraux, de valeurs qui traitent de ce qui est bien et mal, vrai ou faux». Rue et Byars (1977) le définissent comme «un ensemble de principes moraux et de valeurs qui guide le comportement d'un groupe ou d'un membre du groupe». La Chambre de commerce du Québec a soumis en 1982, à titre indicatif, une liste des composantes des responsabilités sociales. Les composantes suivantes peuvent influencer le comportement éthique d'un stratège à l'égard des principaux meneurs d'enjeux et modifier beaucoup l'utilisation de son temps, l'attribution de ses ressources et même le niveau de rendement de son entreprise: le respect des lois, la rentabilité financière, la qualité des relations de travail, la qualité de vie au travail, la contribution à l'emploi, la protection du consommateur, la protection de l'environnement, la formation des employés, le traitement des groupes minoritaires et défavorisés, la participation à la vie communautaire, l'économie d'énergie et de matières premières, la recherche et développement, l'encouragement aux fournisseurs du milieu, la qualité des communications, les pratiques loyales de compétition, la qualité des relations avec les fournisseurs, la participation aux associations professionnelles, la contribution à la qualité de la vie démocratique.

Le code d'éthique de l'entreprise et les niveaux de comportement éthique

Le code d'éthique d'une personne qui tente de conserver un équilibre entre des exigences, des devoirs et des pouvoirs tire ses origines des sources d'influence suivantes: des rôles de l'entreprise perçus par les dirigeants (satisfaction des besoins, création d'une plus-value, création et conservation d'emplois), des normes de comportement édictées par les lois et par les coutumes en vigueur dans un pays, de la perception individuelle des besoins personnels, de la perception individuelle des besoins de la collectivité, et finalement, de la perception du rapport dominant-dominé.

Avec l'existence d'autant de sources d'influence agissant sur le code d'éthique des entreprises, il est tout à fait normal de distinguer des niveaux différents de comportement éthique au sein de ces organisations. On observe donc les cinq principaux niveaux de comportement éthique, présentés ici en ordre croissant, qui définissent le rôle social joué par une entreprise:

– Une entreprise est présumée avoir assumé ses responsabilités sociales lorsqu'elle appuie ses choix stratégiques sur les règles du système économique (la recherche du profit). C'est la théorie de la *main invisible* qui guide alors son comportement.

– Une entreprise est présumée s'être acquittée de ses responsabilités sociales lorsqu'elle respecte les lois ainsi que les us et coutumes en vigueur dans le pays (approche légaliste).

– Une entreprise assume ses responsabilités sociales lorsqu'elle collabore activement avec l'État pour améliorer le mieux-être de la population en général (la *main du gouvernement*).

– Une entreprise assume ses responsabilités sociales dans la mesure où ses activités engendrent des résultats externes positifs dont le coût est assumé par l'ensemble de la société.

– Une entreprise s'acquitte de ses responsabilités sociales dans la mesure où elle tente d'aller au-delà des résultats externes immédiats et éloignés de ses actions et qu'elle propose un projet de société qu'elle veut contribuer à instaurer (la *main de la gestion*).

Comme on peut le soupçonner, le dirigeant dont le code d'éthique est centré sur les règles du marché économique effectuera des choix stratégiques différents de ceux du dirigeant qui désire collaborer à l'implantation d'un projet de société.

Il devient donc nécessaire de définir pour l'ensemble des membres d'une organisation en quoi consiste un comportement socialement responsable, afin de guider les activités quotidiennes et de permettre aux stratèges d'effectuer des choix stratégiques répondant aux besoins de l'entreprise ainsi qu'à ceux de ses meneurs d'enjeux et de la société.

CHAPITRE 10

Gérer stratégiquement, c'est se positionner dans un ou plusieurs domaines d'activité et ajuster son positionnement au besoin au sein du ou des groupes stratégiques présents dans ce ou ces domaines

L'évaluation de la position stratégique

À quel groupe stratégique appartient chacun des centres d'activités stratégiques de l'entreprise? Quels facteurs clés de succès l'entreprise maîtrise-t-elle? Quelles sont ses compétences centrales dans chacun de ses centres d'activités? Peut-elle assez facilement et rapidement changer de groupes stratégiques sans courir de gros risques? Quelle est la qualité des stratégies adoptées par l'entreprise? A-t-elle une position concurrentielle meilleure que celle de ses concurrents? Dispose-t-elle des ressources suffisantes pour s'adapter? Ses dirigeants possèdent-ils la volonté et la capacité de s'ajuster à de nouvelles demandes provenant autant de l'extérieur que de l'intérieur de l'entreprise? L'entreprise a pris de l'ampleur au cours des derniers mois, mais l'a-t-elle fait autant et aussi vite que le lui permettaient les possibilités de croissance présentes dans l'environnement? L'entreprise a connu du succès mais a-t-elle exploité au maximum toutes ses forces et sa compétence distinctive?

En examinant les buts et les stratégies poursuivis à la lumière des résultats obtenus, l'entreprise observe l'écart entre ce qui était escompté et ce qui s'est produit et elle se forme une idée de sa capacité d'adopter les changements requis par l'environnement ou par une modification de ses ressources. Elle peut également savoir si les facteurs et les compétences centrales qu'elle a utilisés pour concurrencer seront encore valables demain.

Selon Newman, Logan et Hegarty (1989), le positionnement de l'entreprise dans son domaine d'activité se mesure à l'aide des critères suivants :

– la *position relative de l'entreprise dans son segment ou domaine d'activité* : les ventes de l'entreprise comparées aux ventes de l'industrie et à celles de ses principaux concurrents, la part de marché relative, l'attrait relatif des produits de l'entreprise, la possibilités de croissance, les points forts de l'entreprise dans les principaux marchés desservis ;

– la *position de l'entreprise comme fournisseur de produits dans son domaine* : l'accès possible aux ressources, les avantages distinctifs de productivité, les forces en recherche et développement ;

– les *facteurs particuliers de compétitivité* : les forces financières particulières, les relations avec le gouvernement et la communauté, la qualité et le potentiel des cadres de l'entreprise.

À ces critères, il faudrait ajouter les deux suivants lorsque l'entreprise compte plusieurs domaines d'activité.

– Quelle est la valeur relative de chaque domaine d'activité de l'entreprise dans l'ensemble de son portefeuille d'activités ? La valeur de tel ou tel domaine s'apprécierait-elle si l'entreprise décidait de confier en sous-traitance certaines de ses activités primaires ou secondaires qu'elle ne maîtrise pas bien et qui ne sont pas stratégiques pour elle ? Quel pourcentage du chiffre d'affaires actuel ou des profits actuels provient d'activités lancées il y a trois ans, cinq ans ?

– Comment l'entreprise décide-t-elle d'attribuer ses ressources à un domaine plutôt qu'à un autre ? Fait-elle l'allocation de ses ressources en fonction de critères connus et acceptés par l'ensemble des membres de l'équipe de direction ? Ces critères reflètent-ils davantage le passé que le futur ? Quel pourcentage des ressources de toutes sortes est réservé au renforcement et à la consolidation des activités actuelles, à la relance de certaines des activités actuelles, à l'expérimentation de nouvelles activités ?

Les facteurs de position concurrentielle

De Bodinat et Mercier (1978-1979) proposent la liste indicative suivante de facteurs de position concurrentielle :

– les *facteurs d'approvisionnement* : l'intégration en amont, le contrat privilégié à long terme, la possibilité d'endettement, le coût de l'endettement, le coût de la main-d'œuvre et sa qualification ;

– les *facteurs de production* : la capacité et la flexibilité des unités, la productivité des unités, les niveaux de coûts, la détention de procédés particuliers, l'emplacement géographique, la qualité de la main-d'œuvre et de la gestion ;

— les *facteurs de commercialisation* : l'image, la qualité et l'étendue du réseau de distribution, la valeur du produit, l'étendue de la gamme, les conditions de commercialisation (crédit de l'acheteur).

L'entreprise la mieux positionnée pour concurrencer est celle qui utilise plusieurs facteurs ; dans le cas où elle perdrait un ou quelques-uns de ces facteurs, elle pourrait encore se maintenir grâce aux autres.

Les sources de mauvais positionnement

Le mauvais positionnement d'une entreprise dans son couple produit-marché provient de plusieurs sources différentes, internes ou externes, contrôlables ou incontrôlables. Par exemple, la désuétude des produits de l'entreprise à la suite de ses efforts insuffisants en recherche ou de son refus de s'adapter aux changements technologiques peut toucher son positionnement initial. Une modification de son positionnement émane de causes externes qu'elle ne peut contrôler, tels des changements brusques survenant dans le marché après une conjoncture économique défavorable, ou d'un nouveau contexte juridique. Enfin, d'autres changements lui sont imposés par ses clients, ses fournisseurs, de nouveaux concurrents, des produits substituts ou ses concurrents immédiats et remettent aussi en cause son positionnement stratégique.

L'audit externe et l'audit interne, que nous avons décrits aux chapitres 5 et 6, permettent donc aux dirigeants d'évaluer la posture stratégique présente de l'entreprise, mais aussi de mettre en doute son à-propos et sa pertinence pour le futur. Les réponses des dirigeants aux questions (du genre : « Devons-nous rester dans le même métier que nous exerçons présentement ? lui consacrer le même degré d'effort ? élargir ou diminuer l'ampleur de notre métier de base en lui ajoutant ou en lui retranchant des produits et des marchés ? ») les guideront dans le choix de la posture stratégique recherchée pour le futur et les aideront à mieux utiliser les facteurs de position concurrentielle à leur disposition.

Les domaines multiples d'activité

L'unité d'analyse sur laquelle s'appuie la démarche stratégique décrite jusqu'ici est le domaine d'activité. Ce dernier peut être considéré comme unique et ne constituer qu'un seul segment stratégique, appelé aussi centre d'activité stratégique (CAS), qui recouvre une combinaison unique de facteurs clés de succès, concurrence dans un marché donné avec un groupe de concurrents connus et utilise une technologie donnée (Strategor, 1988). Cependant, un même domaine d'activité peut être constitué de plusieurs segments stratégiques, lorsqu'il existe plusieurs combinaisons homogènes de facteurs clés de succès différentes les unes des autres. Nous aurons alors affaire à plusieurs centres de décision autonomes, chacun œuvrant dans un champ de bataille déterminé et devant exploiter des compétences particulières pour être compétitif dans un segment stratégique donné. L'entreprise qui se concentre sur un seul couple produit-marché peut consacrer tous ses efforts à faire valoir ses compétences particulières et à contrôler le maximum de facteurs ou de variables clés de succès.

Depuis le début de l'ère industrielle, l'entreprise à activité unique, en prenant de l'ampleur, s'est transformée en une organisation à activités multiples plus ou moins reliées. Ainsi, les entreprises d'aujourd'hui tirent parti de plusieurs couples produit-marché, ce qui leur pose le défi de bien connaître les facteurs clés de succès propres à chaque couple, de les acquérir et de les contrôler mieux que leurs concurrents. Une telle prolifération de domaines d'activité rend l'évaluation de leur posture stratégique plus difficile.

Cette évaluation se fera en déterminant de façon quantitative la position de chaque domaine et en regroupant ces mesures dans des matrices qui combinent

FIGURE 10.1

La matrice de la croissance et de la part de marché relative

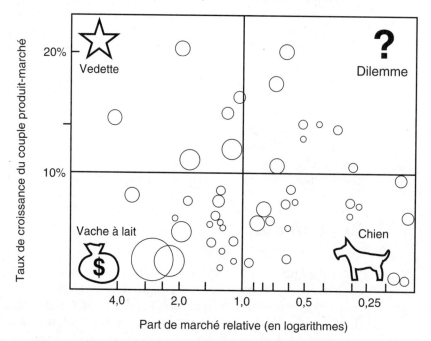

SOURCE: Adapté de Hedley, B., « Strategy and the Business Portfolio », *Long Range Planning*, vol. 10, février 1977, p. 10.

successivement la croissance du domaine et la part de marché relative, le cycle de vie du produit ou le degré de maturité du secteur et la position concurrentielle de l'entreprise ou du CAS sur le marché.

Les figures 10.1 et 10.2 illustrent respectivement ces deux matrices.

FIGURE 10.2
Les options d'investissement selon la matrice de la maturité et de la position concurrentielle (matrice G.E. McKinsey)

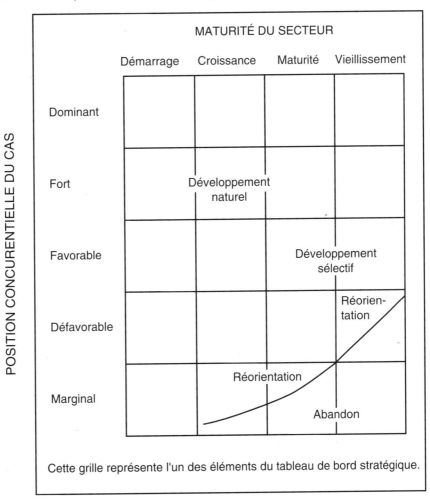

SOURCE : De Bodinat, H. et Mercier, V., « L'analyse stratégique moderne », *Harvard-L'Expansion*, hiver 1978-1979.

Nous décrirons plus loin, dans le chapitre 16, le rôle de ces matrices dans le choix des stratégies. Pour le moment, prenons connaissance du pour et du contre de la planification de portefeuille.

L'utilisation de la planification de portefeuille : le pour et le contre

La planification de portefeuille sert trois fins, indique Hamermesh (1986) : rendre plus facile l'allocation des ressources au sein de l'entreprise (désinvestissement et restructuration financière, critères d'allocation des fonds), améliorer la qualité de la pensée stratégique du CAS (en laissant davantage les responsables de centres formuler des stratégies et les dirigeants définir le cadre de planification, réviser et approuver les stratégies d'activités) et accroître la compréhension des dirigeants du portefeuille global et de chaque CAS, tout en les aidant à concentrer leur attention sur les principales variables clés afin qu'ils puissent choisir quoi connaître et quoi ignorer dans l'immédiat.

Le pour

La planification de portefeuille aide les dirigeants à clarifier leurs attentes à l'égard des CAS, des parts de marché désirées, des plans d'investissement et du rendement voulu ; elle permet de bâtir une structure organisationnelle qui précise les relations entre les niveaux hiérarchiques (degré d'autonomie, ligne d'autorité, système d'incitation et de rémunération) ; elle justifie les décisions de désinvestissement comme des choix stratégiques plutôt que comme un constat d'échec ; elle permet de mieux connaître la contribution de chaque décideur au sein du processus de décision stratégique et d'y apporter les corrections nécessaires.

Le contre

L'écrémage des CAS parvenus à maturité conduit à des problèmes de perte de motivation et de roulement des gestionnaires de ces unités ; le sous-investissement dans les CAS parvenus à maturité ne crée par beaucoup d'enthousiasme et d'engagement de la part des gestionnaires de ces unités ; les unités à croissance rapide soulèvent parfois tellement l'enthousiasme des dirigeants du siège social qu'ils se montrent à l'occasion trop généreux dans l'allocation des fonds et pas suffisamment exigeants en matière de contrôle des pertes et des rendements.

Ainsi, la planification du portefeuille d'activités d'une entreprise comprend les quatre fonctions suivantes, soutiennent Pitts et Snow (1986) :

– choisir les activités dans lesquelles l'entreprise devrait être : vedette, dilemme, vache à lait, chien (voir figure 10.1) ;

– répartir les fonds d'investissement disponibles entre les activités ;

– fixer les objectifs de rendement à chaque activité ;

– guider la sélection des gestionnaires pour diriger ces activités.

CHAPITRE ▪ ▪

Gérer stratégiquement, c'est rechercher un équilibre entre les composantes de la stratégie ainsi qu'entre les niveaux stratégiques de l'entreprise

Les composantes du modèle stratégique sont contenues dans la figure 11.1 (voir p. 134) qui illustre l'influence de chaque composante au moment du choix final de la stratégie. On peut remarquer que cette dernière a survécu aux exigences posées par l'environnement, les ressources de l'entreprise, la volonté des dirigeants et leur perception de la responsabilité sociale de l'entreprise.

L'équilibre stratégique

Comme nous l'avons souligné précédemment, la formulation de la stratégie repose sur des prévisions et des hypothèses souvent fondées davantage sur l'intuition et l'expérience que sur des données objectives, ainsi que sur l'évaluation des ressources de l'entreprise faite à l'aide de critères qualitatifs. Les dirigeants doivent donc réexaminer périodiquement ces éléments qui leur ont servi à déterminer les opportunités et les menaces de l'environnement de même que les forces et les faiblesses de l'entreprise. Cet examen permet aux dirigeants d'évaluer l'à-propos et la qualité de la stratégie qu'ils ont choisie. Une telle évaluation peut se faire à l'aide de réponses fournies aux questions suivantes (Andrews, 1987) : La stratégie a-t-elle été explicitée par écrit ? Peut-elle être clairement identifiée ? Est-elle unique ? Exploite-t-elle pleinement les possibilités de croissance de l'environnement national et international ? Est-elle cohérente avec les ressources et la compétence distinctive (présentes et projetées) de l'entreprise ? Y a-t-il compatibilité entre la stratégie et les principales politiques qui l'appuient ? Le niveau de risque est-il réaliste, acceptable sur les plans économique et personnel ? La stratégie répond-elle aux valeurs et aux aspirations des dirigeants clés ? La stratégie permet-elle à l'entreprise de contribuer comme elle le désire à la société ? Stimule-t-elle clairement l'effort et l'engagement des membres de l'entreprise ?

CHAPITRE 11

FIGURE 11.1
Le choix de la stratégie : influence des composantes du modèle stratégique

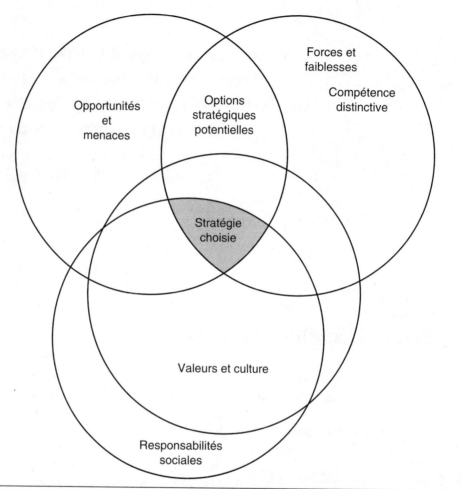

SOURCE : Inspiré d'Andrews, K.R., *The Concept of Corporate Strategy*, Homewood, Illinois, Irwin, 3e édition, 1987.

Existe-t-il des signes avant-coureurs de la réponse des marchés et des segments de marché à la stratégie ?

Les réponses à ces questions permettent de vérifier la justesse et le bien-fondé de certaines hypothèses à la lumière de la réalité externe et interne du moment reflétée, par exemple, par le volume du marché, le pourcentage de croissance, le taux d'inflation, le taux d'intérêt, l'intensité de la concurrence, le taux de productivité, le seuil de rentabilité.

Néanmoins, les réponses ne fourniront pas toujours l'explication d'un mauvais résultat ou d'un comportement particulier des concurrents. Elles n'indiqueront pas tout le temps si les écarts entre les prévisions et les résultats (positifs ou négatifs) ou si un problème survenu parmi les employés trouvent leur origine dans la stratégie. La réalité économique, humaine et organisationnelle se révèle trop complexe pour qu'on la réduise à des équations quantitatives, si complexes soient-elles.

Il ne faut pas abandonner un tel exercice d'évaluation en dépit du fait que les critères d'évaluation proposés demeurent imprécis, vagues et incomplets. Ces critères permettent aux dirigeants, selon Andrews (1987), de s'interroger sur la clarté de leur mission et de leurs intentions, de même que sur le degré d'engagement des principaux partenaires de l'entreprise. Selon toute probabilité, une entreprise qui s'adonne à un exercice d'évaluation devrait obtenir de meilleurs résultats sur les plans financier et social qu'une autre qui se laisse guider par la chance et l'à-peu-près. La recherche de l'équilibre entre les possibilités de croissance externes et les forces internes de l'entreprise situe l'action du dirigeant dans un processus continuel de prise de décision stratégique, ce qui lui permet de ramener constamment à la surface les problèmes et les questions les plus importants (Andrews, 1987). Cette manière de gérer s'avère plus naturelle chez certains dirigeants, mais elle s'améliore, à l'instar de la performance du marathonien se préparant à la course, avec la pratique régulière de la gestion stratégique.

En théorie, la stratégie formulée doit refléter les possibilités de croissance, la compétence distinctive, les attentes des dirigeants et leur responsabilité sociale. Il arrive toutefois que l'une ou l'autre de ces quatre composantes conduise à l'échec parce qu'elle est mal utilisée. En effet, soulignent Jauch et Glueck (1990) et Andrews (1987), une entreprise peut échouer pour l'une ou l'autre des raisons suivantes. Les stratèges avides de pouvoir choisissent des stratégies trop ambitieuses et imprudentes qui ignorent les signaux négatifs de l'environnement et les changements trop brusques et ils refusent de modifier leurs stratégies malgré les avis éclairés de leurs collaborateurs. D'autres dirigeants ne se dotent pas de stratégies et de plans d'action parce qu'ils se laissent mener par les événements ou parce qu'ils considèrent trop leurs valeurs au détriment des possibilités de croissance qui s'offrent à eux. Certains élaborent parfois des stratégies trop complexes qui ne tiennent pas compte de la qualité et de la quantité des ressources disponibles et qui ne leur permettent pas de récompenser convenablement les actionnaires de l'entreprise. Enfin, d'autres stratèges principaux se dotent de stratégies qui ne respectent pas les vœux et les désirs des collaborateurs chargés de mettre en œuvre ces stratégies, ou ne se dotent pas des moyens, des mécanismes et des systèmes de gestion nécessaires à la mise en œuvre et au contrôle des stratégies choisies.

L'équilibre entre les sept clés de l'organisation

En étudiant les conditions de réussite de certaines entreprises, Peters et Waterman (1983) ont retenu sept variables interdépendantes développées par eux et Pascale et Athos (1981) et contenues dans la figure 11.2. Elles servent à comprendre non seulement «l'ossature», c'est-à-dire la stratégie et la structure, mais également de quoi est constituée «la moelle» de l'organisation, à savoir le style, les systèmes, le personnel, le savoir-faire et les valeurs partagées.

FIGURE 11.2
Les sept clés pour l'organisation

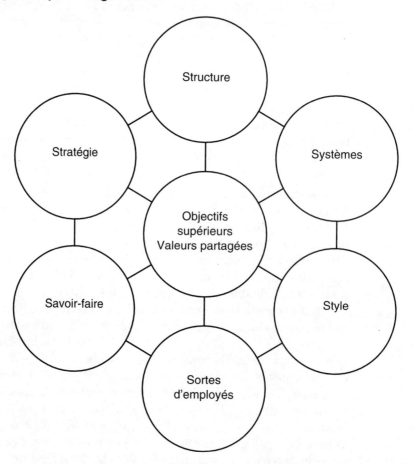

SOURCE : Waterman Jr., R.H., Peters, T.J. et Phillips, N.J.R., « Structure Is Not Organization », *Business Horizons*, vol. 23, n° 3, juin 1980.

TABLEAU 11.1
Les variables sérieuses et les variables souples

LES « S »	Variables « sérieuses »
STRATÉGIE :	plan d'action qui permet une allocation des ressources rares de l'entreprise, au fil du temps, afin d'atteindre les objectifs déterminés
STRUCTURE :	caractéristiques de l'organigramme par fonction, produit, client, territoire
SYSTÈMES :	processus, méthodes, procédures adoptés pour gérer l'entreprise
	Variables « souples »
SAVOIR-FAIRE :	habiletés particulières, caractéristiques des employés clés et de la compagnie
SORTES D'EMPLOYÉS : (personnel)	caractéristiques sociales des groupes d'employés dans la compagnie
SUPER-OBJECTIFS : (valeurs partagées)	visions, valeurs, objectifs globaux que l'entreprise veut faire partager
STYLE :	mode de fonctionnement des dirigeants clés et culture dominant la gestion de l'entreprise

Ces sept variables classées en « sérieuses » et « souples » sont présentées et définies dans le tableau 11.1.

Ainsi, la recherche de l'équilibre stratégique, pour ces auteurs, passe par l'intégration de « l'ossature » et de « la moelle » en considérant autant les variables « sérieuses » (stratégie, structure et systèmes) que les variables « souples » (savoir-faire, sortes d'employés, super-objectifs, style). Un aussi grand nombre de variables rend difficile le maintien de l'équilibre stratégique qui peut être rompu à tout moment par un changement survenant dans l'une ou l'autre des variables « sérieuses » ou « souples ». Par exemple, l'adoption d'une nouvelle stratégie, la création d'une nouvelle division ou d'un nouveau service, l'amélioration des systèmes de gestion, l'arrivée ou le départ de personnel clé, l'acquisition de nouveaux savoirs sont autant de changements qui se produisent fréquemment au sein d'une entreprise et qui modifient l'équilibre stratégique momentané qu'elle a atteint.

La recherche d'un équilibre entre les niveaux stratégiques de l'entreprise

Même si elle exige habituellement la contribution de plusieurs membres d'une entreprise, la formulation de la stratégie dans la petite entreprise pose peu de problèmes de coordination, puisque la plupart des décisions à prendre et des problèmes à résoudre sont le fait d'un acteur principal, à savoir le président (souvent l'actionnaire majoritaire dans une PME). C'est généralement lui qui définit la mission de l'entreprise et la stratégie aux divers niveaux hiérarchiques de l'entreprise.

Le président d'une petite entreprise trouve plus facilement que son collègue de la grande entreprise un équilibre entre la mission, la stratégie directrice, la stratégie d'affaires et les stratégies fonctionnelles. Lorsque survient un changement susceptible de modifier la stratégie à l'un ou l'autre de ces niveaux hiérarchiques et de menacer cet équilibre, le stratège est capable d'évaluer l'impact de ce changement et d'apporter les ajustements requis pour conserver ou retrouver l'équilibre nécessaire.

La formulation de la stratégie à des niveaux hiérarchiques différents au sein d'une grande entreprise (activités multiples plus ou moins reliées) nécessite la participation de dirigeants de plusieurs statuts hiérarchiques. Comme nous l'avons souligné antérieurement, chacun d'eux se préoccupe de répondre à des questions différentes.

Le sommet hiérarchique est responsable de préciser l'identité de l'entreprise, sa raison d'être, sa mission, le choix de la culture organisationnelle et les valeurs à partager par les membres de l'entreprise. Il s'agit en quelque sorte d'édicter le credo organisationnel qui servira de toile de fond à l'action.

L'équipe de direction du siège social définit la *stratégie directrice* en clarifiant l'orientation des buts à long terme de l'entreprise, élabore le contenu du portefeuille d'activités qui maximisera les occasions de croissance et optimisera l'utilisation des ressources financières, détermine les forces compétitives communes à l'ensemble des activités, décide de la marge de manœuvre à accorder aux gestionnaires des CAS, définit les critères à utiliser pour partager les ressources disponibles entre les activités de l'entreprise et choisit les dirigeants des unités stratégiques.

Les gestionnaires des CAS établissent les objectifs de leur unité et les font approuver par le bureau de direction, formulent la *stratégie d'affaires* en définissant comment ils vont concurrencer dans leur domaine d'activité en capitalisant sur les possibilités de croissance dans l'environnement et sur leurs compétences distinctives. Ils disposent d'un pouvoir de décision plus ou moins grand selon le degré d'autonomie qui leur est alloué par les dirigeants du niveau corporatif.

Les gestionnaires fonctionnels définissent les *stratégies fonctionnelles* qui spécifient comment chacun d'eux va se doter des compétences distinctives désirées, comment il va les exploiter et comment il va coordonner et conjuguer ses efforts aux autres fonctions pour atteindre les objectifs communs et la stratégie globale recherchés.

Comme on peut le supposer, la recherche de l'équilibre entre les composantes de ces niveaux hiérarchiques constitue une activité tellement complexe qu'un tel équilibre, s'il peut être atteint dans l'un ou l'autre des CAS de l'entreprise, ou entre les stratégies fonctionnelles d'un même centre d'activité, se révèle difficile à obtenir et à maintenir dans une grande entreprise sans que des efforts considérables y soient consacrés par toute l'équipe de direction. Celle-ci doit analyser constamment le portefeuille d'activités et le réviser si nécessaire pour équilibrer les besoins de croissance des activités avec les sources d'investissements afin de garder un niveau de développement et de rendement acceptable.

FIGURE 11.3
La stratégie : outil d'équilibre

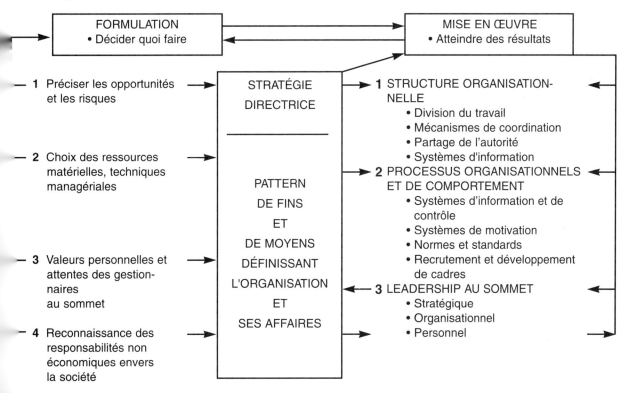

SOURCE: Andrews, K.R., *The Concept of Corporate Strategy*, Homewood, Illinois, Irwin, 3e édition, 1987.

Cependant, l'équilibre stratégique est plus facile à atteindre lorsqu'il existe une cohérence entre la mission, les objectifs, la stratégie et les politiques de l'entreprise, lorsqu'il y a un bon ajustement entre les possibilités de croissance de l'environnement et l'avantage compétitif généré et maintenu, lorsque l'entreprise regroupe les gens autour de projets communs et soulève leur enthousiasme, lorsque la stratégie peut être mise en œuvre et qu'elle permet d'atteindre des résultats visés. La figure 11.3 (voir p. 139) présente donc la stratégie comme outil d'équilibre et décrit les composantes de la formulation et de la mise en œuvre.

CHAPITRE 12

Gérer stratégiquement, c'est établir pour chaque niveau stratégique des plans interdépendants de mise en œuvre

Les trois types de plans

Nadeau (1973) soutient que la direction d'une entreprise doit définir trois types fondamentaux de plans.

- Que faire avec les ressources de l'entreprise («faire la bonne chose»)?
- Comment agencer les ressources de l'entreprise («faire faire la bonne chose»)?
- Comment utiliser les ressources de l'entreprise («bien faire la bonne chose»)?

Comme l'illustre le tableau 12.1 (voir p. 142), le premier niveau (quoi faire, où voulons-nous aller? dans quel secteur d'activité allons-nous œuvrer?) correspond à la phase de formulation de la stratégie; le second niveau (faire faire, comment aller où nous voulons aller?) correspond à la phase d'implantation de la stratégie; le troisième niveau (comment faire, comment aller où nous voulons aller?) correspond aux plans et programmes d'action opérationnels qui rendent possible la mise en œuvre de la stratégie.

Ces trois types de plans hiérarchisés sont en interaction continue. L'entreprise doit prévoir une union adéquate entre ces trois catégories de plans si elle désire que le choix et la mise en œuvre de la stratégie soient efficaces et efficients. De plus, elle peut concevoir que la formulation et la mise en œuvre de la stratégie directrice, de la stratégie d'affaires et des stratégies fonctionnelles se font de manière séquentielle (Hamermesh, 1986).

- **Les plans stratégiques** Faire la bonne chose (où allons-nous?), mission, objectifs, stratégie, politiques générales.
- **Les plans structurels** Faire faire la bonne chose (comment aller où nous voulons aller?), structure organisationnelle, systèmes d'information, systèmes de planification et de contrôle, systèmes d'incitation, systèmes de récompenses

TABLEAU 12.1
Les trois types de plans dans l'entreprise

Trois problèmes fondamentaux à résoudre dans la gestion d'une entreprise	Types de plans	Variables en cause	Objectifs poursuivis
Problème stratégique (déterminer quoi faire avec les ressources de l'entreprise)	Plan stratégique	Grands objectifs et principales politiques de l'entreprise = stratégie de l'entreprise	« Faire la bonne chose »
Problème structurel (agencer les ressources)	Plan structurel	Structure d'organisation Système d'information et de contrôle Système d'évaluation et de motivation du comportement Style de leadership	« Faire faire la bonne chose »
Problème opérationnel (utiliser les ressources)	Plan opérationnel	Allocation des ressources Objectifs opérationnels Politiques et procédures	« Bien faire la bonne chose »

SOURCE : Nadeau, B., « L'administrateur et le planning », dans Laurin, P. (dir.), *Le management, textes et cas,* Montréal, McGraw-Hill, 1973.

et de punitions, systèmes de sélection et de développement des cadres, style de gestion.

– **Les plans opérationnels**   Bien faire la bonne chose (quand et par qui faire faire ce que nous voulons?), plans et programmes d'action, budgets d'exploitation, politiques et procédures des opérations, normes et standards de rendement, dotation et affectation du personnel.

La mise en œuvre de la stratégie : le vrai test

Comme nous l'avons souligné précédemment, la stratégie jugée la meilleure la plus souhaitable par tous les partenaires d'une entreprise ne donnera l résultats escomptés qu'une fois mise en œuvre dans l'ensemble des CAS de l'entreprise. Bien qu'il soit facile d'enseigner que la formulation de la stratégie a lieu avant sa mise en œuvre, la réalité nous apprend que le processus de décision stratégique n'est pas forcément linéaire, en ce sens que les solutions précèdent souvent les problèmes et que les objectifs se définissent parfois après l'action. Comme le font remarquer Berry (1991 : 20-21), Grundy et King (1992 : 106), si la phase d'analyse et de mise par écrit d'une stratégie s'avère difficile, le choix final d'une stratégie est encore plus difficile. C'est surtout son application qui pose le plus d'exigences, tant sur le plan de la communication formelle des plans stratégiques et des options retenues au personnel de l'entreprise et du choix des plans et modes d'implantation par les gens responsables de sa mise en œuvre que sur le plan de la motivation des gestionnaires. En effet, la structure de l'entreprise et les systèmes de gestion existent généralement depuis longtemps lorsque débute l'étape de la formulation de la stratégie, et ils ne peuvent être ignorés à aucun moment du processus de gestion stratégique. L'étape de mise en œuvre de la stratégie pose donc un défi de taille, puisque le stratège, dans bien des cas, ne découvre que plusieurs mois après le choix final de la stratégie si ce choix s'est révélé le plus satisfaisant pour tous les partenaires de l'entreprise et le plus pertinent à un moment donné. Au cours de l'action, la stratégie choisie est modifiée, révisée et même abandonnée à la suite d'une décision des dirigeants ou de pressions exercées par les gestionnaires refusant de suivre cette stratégie.

Ainsi, le succès d'une stratégie repose généralement sur la volonté des gens de s'engager à en faire un succès. Et cette volonté, souligne Robert (1991 : 585), est accrue par la capacité de la direction d'une entreprise d'éliminer ou de minimiser l'impact des situations qui peuvent nuire à l'implantation de cette stratégie, tels son incompréhension par les gens de l'interne, le manque d'engagement des dirigeants dans son élaboration, le manque d'une vue d'ensemble par les subordonnés, conséquence de leur peu de participation à la planification stratégique, un trop fort leadership exercé par des consultants internes ou externes dans le choix des stratégies retenues. Plus grand est le nombre de personnes qui participent à une décision, la partagent et veulent sa réussite, plus grandes sont les chances que cette décision soit implantée avec succès. L'engagement s'appuie donc sur des discussions, des consultations et sur un degré acceptable de participation des membres de l'entreprise aux étapes de la formulation de la stratégie. Ainsi, le partage d'une vision claire de la mission de l'entreprise et de ses objectifs principaux, ainsi que l'utilisation maximale de ressources internes, et particulièrement des ressources concernées par l'exercice, sont autant de moyens favorisant une mise en œuvre réussie, soutient Kazemek (1990). De plus, nous voulons souligner l'importance de nommer des « porteurs de ballon » perçus comme des « champions » parmi l'équipe de dirigeants et de cadres qui sont touchés par les stratégies choisies. Enfin, il faut s'assurer que des moyens de mise en œuvre de la stratégie donnent la chance aux employés d'exprimer leur engagement dans leurs activités quotidiennes, que ce soit par le biais de structures, de systèmes de gestion ou de styles de gestion leur permettant de contribuer comme ils le souhaitent à l'implantation de la stratégie.

Hamermesh (1982) souligne que la tâche principale de l'implantation d'une stratégie consiste à créer un lien entre les buts stratégiques d'une entreprise et ses autres activités. Cette tâche requiert généralement un double ajustement : d'une part entre la stratégie et les politiques fonctionnelles et, d'autre part, entre la stratégie et la structure, les processus et les systèmes de gestion : la structure organisationnelle, les systèmes d'information, les systèmes d'incitation, les systèmes de contrôle, les systèmes de planification stratégique, les processus d'organisation, la sélection et la formation des cadres, la culture de l'entreprise et les styles de direction.

Les plans de mise en œuvre

L'examen des ajustements requis fait ressortir les points chauds et les zones de difficultés susceptibles de provoquer des problèmes d'implantation. La direction doit déceler les deux ou trois points chauds à maîtriser pour faciliter la mise en œuvre de la stratégie et pour élaborer des plans détaillés d'exécution, incluant des solutions de remplacement au cas où les plans initiaux ne fonctionneraient pas. Même s'il n'existe pas une manière uniforme et unique de concevoir les plans de mise en œuvre, ces derniers doivent couvrir plusieurs variables et répondre à un certain nombre de questions touchant notamment les ressources humaines, la structure, le système de récompenses et le système de planification et de contrôle.

Hafsi (1985) propose trois outils principaux afin de coordonner et simplifier le travail des gens et de stimuler leur volonté de coopération : *l'outil structure* fournit les règles, les procédures, les traditions nécessaires à l'attribution des tâches, à l'allocation de l'autorité et des ressources, au contrôle et à la mesure des rendements ; *l'outil de stimulation matérielle* est nécessaire pour motiver et inciter les gens à aller dans la direction choisie ; *l'outil de stimulation idéologique* permet de satisfaire des besoins moins tangibles tels que la possibilité d'appartenance à un groupe, la poursuite d'un idéal et le partage de valeurs communes.

Nous soumettons les questions suivantes sur les idées et les intentions des individus et des groupes membres de l'entreprise afin d'aider ces personnes à explorer les moyens privilégiés de mise en œuvre, c'est-à-dire la structure organisationnelle et les systèmes de récompenses et de gestion.

– **Le souci des personnes qui mettront en œuvre la stratégie**   Ces personnes connaissent-elles et comprennent-elles la stratégie ? Ont-elles participé selon leur degré de compétence et de responsabilité à sa formulation? A-t-on trop abandonné le leadership de la démarche et du processus stratégique entre les mains de consultants internes ou externes qui, ignorant parfois tout de la «petite histoire interne», risquent de proposer des solutions irréalisables à court terme ou incompatibles avec la réalité interne et externe de l'entreprise? Sont-elles motivées à la mettre en œuvre? Possèdent-elles les ressources nécessaires pour exécuter la mise en œuvre?

— **La contribution des groupes fonctionnels principaux de l'entreprise** Ces groupes fonctionnels démontrent-ils les habiletés et le sens de l'orientation voulus pour poursuivre la stratégie? Sinon, peut-on développer chez eux les habiletés requises ou les acquérir par recrutement? Existe-t-il des barrières à la mise en œuvre de la stratégie au sein de ces groupes? Ces barrières constituent-elles des contraintes insurmontables et hors de contrôle?

— **La structure organisationnelle** Divise-t-elle bien le travail entre les gens, les groupes? Localise-t-elle bien le pouvoir de décision de ceux qui possèdent l'information et les connaissances sur l'environnement? Sert-elle les communications? A-t-on bien intégré les changements apportés en matière de division du travail, de mécanismes de coordination et de communication au cours de la dernière année?

— **Le système de récompenses et de punitions en vigueur** Reflète-t-il les objectifs de l'entreprise? Les récompenses liées à leur atteinte sont-elles connues? Les comportements qui émergent de l'action et les résultats obtenus sont-ils compatibles avec la stratégie visée et la stratégie réalisée? Quelle stratégie sera récompensée?

— **Les systèmes de planification et de contrôle sont-ils cohérents avec les plans d'action de l'entreprise?** Les systèmes de planification créent-ils des liens entre les principaux types de plans (stratégique, structurel et opérationnel)? Les systèmes d'enregistrement et de contrôle mesurent-ils les progrès réalisés en vue d'atteindre les objectifs stratégiques? Les méthodes de planification permettent-elles de prendre connaissance rapidement des changements qui surviennent dans l'environnement, dans les ressources de l'entreprise? L'enregistrement et le contrôle des activités de chaque fonction et de chaque groupe d'employés permettent-ils de mesurer la contribution que chacun apporte à la réalisation de la stratégie?

Les étapes de réalisation de la stratégie

Tout comme on formule la stratégie en suivant un certain nombre d'étapes (analyse et diagnostic de l'environnement et des ressources de l'entreprise, confrontation des options avec les valeurs des dirigeants, etc.), de la même manière on la met en œuvre en respectant des étapes qui conduisent à des décisions de nature administrative portant sur : l'élaboration d'une structure organisationnelle pertinente, le choix de mécanismes simples de coordination des activités, la conception de systèmes d'information, de planification et de contrôle simples, la définition de systèmes de récompenses et de punitions simples, la fixation des normes de comportement requis au sein de l'entreprise, la détermination du type de leadership à adopter par les dirigeants (Andrews, 1987). Ce dernier soumet la liste suivante d'activités pour implanter la stratégie (Andrews, 1987) : établir les tâches à exécuter et les décisions à prendre pour exécuter la stratégie ; diviser le travail entre les unités et les individus ; définir des mécanismes de coordination pour intégrer les efforts de tous ; choisir des systèmes d'information adéquats pour faire circuler l'information de haut en bas et de bas en haut ; préparer des plans et des horaires de travail ; comparer les résultats atteints aux budgets et aux niveaux de rendement escomptés ; recruter les gestionnaires requis et leur assigner les tâches en fonction de leurs habiletés ; évaluer le rendement des individus quantitativement et qualitativement ; offrir des stimulations et des incitatifs monétaires et non monétaires ; mettre en place un système de contraintes, de contrôle et de punitions ; prévoir l'amélioration permanente des habiletés techniques et de gestion sur les lieux du travail ; exercer sous plusieurs formes un leadership personnel énergique qui concorde avec la stratégie visée.

Le respect de la mission et des objectifs de l'entreprise

Une idée n'est pas entièrement bien comprise et définitive tant qu'elle n'est pas traduite en action. Ainsi, une stratégie directrice ne représente que de la rhétorique tant qu'elle ne se reflète pas dans les activités qui sont guidées par la stratégie et qui, en même temps, la remodèleront, prétend Andrews (1987). Et ces activités, soutient-il, constituent la phase d'implantation du processus stratégique qui se subdivise en quatre sous-activités principales :

– la poursuite et le soutien de l'engagement à l'égard de la mission ;

– l'atteinte d'une manière organisée des résultats escomptés en s'appuyant sur les composantes d'une structure organisationnelle (division des tâches, coordination des activités et systèmes d'information) ;

– la recherche d'un équilibre entre les besoins individuels et organisationnels par l'évaluation de la performance, les systèmes d'incitation et de récompense, l'établissement de contrôles et de contraintes ainsi que le recrutement et la formation des gestionnaires ;

– l'actualisation du rôle de leadership à exercer à tous les niveaux hiérarchiques de l'entreprise.

CHAPITRE 13

Gérer stratégiquement,
c'est doter l'entreprise
de la structure organisationnelle appropriée

Existe-t-il une meilleure façon de structurer les activités et les fonctions d'une entreprise? Est-il préférable de regrouper les activités par produit ou par région géographique? Vaut-il mieux centraliser telle décision? Comment devrait-on coordonner les actions de plusieurs unités opérationnelles? Quel rôle faut-il confier au directeur d'un CAS par rapport à celui d'un dirigeant du siège social? On ne peut pas donner des réponses absolues à ces questions, car il est difficile de conclure qu'une structure est bonne ou mauvaise puisqu'elle constitue un moyen et non une fin en soi. L'évaluation de sa pertinence à l'égard de la mission, des objectifs et des stratégies visés ainsi que l'appréciation de sa cohérence avec les comportements requis de la part des dirigeants et des gestionnaires permettront de juger davantage de la qualité de la structure.

Ainsi, comme la stratégie ne représente que l'expression d'une intention de la part des dirigeants, l'entreprise doit être capable de préciser les contributions réelles de chaque membre à la réalisation de cette intention. La structure constitue donc «l'ensemble des fonctions et des relations qui déterminent formellement les missions que chaque unité de l'organisation doit accomplir et les modes de collaboration entre ces unités» (Strategor, 1988). Formulée autrement, nous pouvons dire que la structuration des activités d'une entreprise consiste à diviser le travail à faire entre les unités et les groupes de l'entreprise et, au sein d'un groupe, entre ses membres, à choisir des mécanismes de coordination des activités et à partager le pouvoir de décision entre les individus d'une même unité de travail et entre les divers niveaux hiérarchiques de l'entreprise.

Décrivons sommairement le contenu de ces trois composantes de la structure avant d'aborder la question du lien entre la stratégie et la structure. L'entreprise divise ou regroupe ses activités en s'appuyant sur quelques critères de structuration ou de départementalisation, à savoir les habiletés et les connaissances (structure par expertise), les fonctions de base (structure par fonction), l'extrant (structure par produit), le client desservi (structure par client), le marché géographique (structure par région), le temps (quart de travail), le processus de travail, etc. (Mintzberg, 1973).

Les sources d'influence d'une structure

On peut considérer deux approches pour établir la configuration d'une structure : l'approche déterministe et l'approche volontariste. Pour les tenants de l'approche déterministe, la structure est touchée par des déterminants exogènes, c'est-à-dire la taille de l'entreprise, la technologie utilisée et le degré de stabilité et de dynamisme de l'environnement qui influencent la fréquence et l'ampleur des changements qui se produisent à l'intérieur de l'entreprise (principales recherches résumées dans Strategor, 1988).

Ceux qui favorisent l'approche volontariste croient que la stratégie précède la structure (Chandler, 1962), que les jeux de pouvoir et les autres variables internes modèlent la structure (Crozier, 1977), et que la culture nationale et la culture organisationnelle, par leurs dimensions économiques (libéralisme ou dirigisme), politiques (démocratie ou autocratie), administratives (fédéralisme ou autonomie locale) et scolaires, exercent une influence sur la structure (Strategor, 1988). On parle alors de gestion à la japonaise, à l'américaine...

Les mécanismes de coordination

La coordination des activités entre les unités opérationnelles d'une entreprise peut se faire de plusieurs façons. Mintzberg (1982) propose cinq mécanismes de coordination :

- l'ajustement mutuel entre deux personnes se rapportant au même supérieur hiérarchique ;

- la supervision directe exercée par le supérieur hiérarchique sur ses subordonnés ;

- la standardisation des intrants, des habiletés, des connaissances et du savoir faire, par exemple par un concours ou un examen uniforme d'entrée dans une profession ou dans un emploi ;

- la standardisation des méthodes de travail, du processus de transformation et du cheminement des activités. Cette forme de standardisation est pratiquée, par exemple, dans les restaurants McDonald's où la préparation d'un hamburger se fait selon un plan de travail bien défini que l'on retrouve d'un restaurant à l'autre et que l'employé doit suivre à la lettre ;

– la standardisation des extrants, des résultats attendus : par exemple le rendement escompté de chaque projet.

À ces cinq mécanismes, Galbraith et Nathanson (1979) ajoutent une liste allongée de mécanismes de coordination tels que la hiérarchie, les règles, la fixation de buts, les contacts directs, les rôles de liaison entre les services, les groupes de travail temporaires, les équipes de travail permanentes, les rôles d'intégrateur, les services d'intégration.

Combien d'efforts faut-il consacrer à la coordination des activités d'une entreprise ? La base de structuration ou de « départementalisation » choisie a-t-elle un impact sur la quantité d'efforts de coordination à fournir ?

Le type de structure adopté détermine en quelque sorte les besoins de coordination à satisfaire. En effet, comme Lawrence et Lorsch (1967) l'ont démontré, la structure fait naître des besoins d'intégration et de différenciation particuliers selon la base de structuration ou de « départementalisation » choisie. Une structure par fonction, par rapport à une structure par produit, par client ou par région, n'entretient pas les mêmes relations avec l'environnement, ne met pas l'accent sur les mêmes objectifs (l'objectif d'un directeur de fonction est plus étroit que celui d'un directeur de produit), a un horizon temporel et un besoin de formalisme différents et exige des membres de l'entreprise des comportements différents (le chef fonctionnel se comporte comme un spécialiste alors que le chef de produit adopte le point de vue d'un généraliste). C'est ce que Lawrence et Lorsch (1967) qualifient de « différenciation ». Par ce terme, ils désignent les différences d'orientation cognitive et émotive entre les dirigeants de divers services ainsi que les différences dans la structure formelle de ces unités.

La différenciation accroît les barrières entre les gens et entre les unités à vocation distincte, engendre souvent des conflits et fait perdre de vue l'objectif général et la vue d'ensemble. L'entreprise doit alors mettre en place des mécanismes de résolution des conflits. Lawrence et Lorsch (1967) utilisent le terme « intégration » pour indiquer la qualité de la coopération requise pour répondre aux exigences de l'environnement des diverses unités de service.

En structurant ses activités, une entreprise cherche à répondre aux exigences de son environnement en ce qui a trait à la différenciation de ses activités et de ses groupes opérationnels et à leur intégration suffisante afin que tous poursuivent des buts communs. Ces deux pôles nécessitent un ajustement continu. Par exemple, l'entreprise qui se structure par fonction valorise beaucoup la différenciation de ses catégories d'employés et de leurs activités. Elle devra, en conséquence, se doter de mécanismes d'intégration qui assureront la convergence des efforts des spécialistes vers l'atteinte d'un but commun. Si, en cours de route, l'entreprise choisit d'ajouter des activités et des produits nouveaux, elle pourra éventuellement adopter la structure par produit afin de favoriser la différenciation de ses produits et d'encourager l'intégration de ses experts par groupe de produits. Les mécanismes d'intégration de l'ensemble des activités de l'entreprise se révéleront différents de ceux qu'elle utilisait lorsqu'elle avait une structure par fonction, puisque l'arbitrage des conflits se fera davantage dans le groupe de produits que parmi les individus spécialistes. Plus l'entreprise atteindra un degré élevé d'intégration des actions des individus et des groupes, plus elle sera rentable.

L'autorité et le pouvoir

La structure comprend aussi le partage de l'autorité et du pouvoir de décision entre les individus (conseiller – responsable hiérarchique), entre les services (services de soutien – service en charge de l'exécution), et entre les niveaux hiérarchiques (direction générale, direction des CAS, direction des fonctions). Par autorité, nous entendons ici le pouvoir légitime de décision accordé formellement à un individu. Le pouvoir, par contre, renvoie à la capacité que possède un individu A d'influencer le comportement d'un autre individu B qui accepte d'être influencé (French et Raven, 1959). Les bases du pouvoir sont nombreuses :

- le *pouvoir légitime* tire sa source de lois, de règles et de coutumes ;

- le *pouvoir de compétence* repose sur les connaissances et l'expertise d'un individu ;

- le *pouvoir de référence* provient du charisme dégagé par une personne ;

- le *pouvoir de coercition* s'explique par la position de force permettant à un individu d'en dominer un autre.

On peut déterminer le degré d'autorité accordé au responsable d'un CAS ou d'un service par l'appellation donnée au centre d'activité :

- le responsable du *centre d'opérations* exécute les ordres et les directives qui lui sont transmis par le siège social ;

- le responsable du *centre de coûts* décide des coûts directs de production. Il bénéficie d'incitatifs basés sur le niveau réel des frais d'exploitation par rapport à des standards préétablis ;

- le responsable du *centre de profit* garde le contrôle des revenus et des coûts. Il peut être récompensé en fonction de l'atteinte d'un certain seuil de rentabilité ;

- le responsable du *centre d'investissement* réinvestit la totalité ou une portion des profits réalisés dans le cadre des politiques générales d'investissement définies par le siège social.

Les bases de structuration (« départementalisation »)

La figure 13.1 (voir p. 152) présente les principales bases de structuration utilisées pour préparer l'organigramme d'une entreprise : la structuration ou « départementalisation » par fonction, par produit (extrant), par marché (client), par processus de travail, et selon le temps.

Les structures fondamentales

Les figures 13.2 et 13.3 (voir p. 153 et 154) présentent l'organigramme plus détaillé d'une entreprise de grande taille qui offre plusieurs produits et qui gère des affaires dans plusieurs pays, selon la structure par fonction et par produit de même que selon la structure par région et par division. La figure 13.4 (voir p. 155) illustre la structure matricielle.

Les structures établies selon la taille et les choix de développement de l'entreprise

Les figures 13.5 à 13.11 présentent les organigrammes de deux types d'entreprises selon leur taille et leurs choix de développement, à savoir la structure simple d'une petite entreprise, les structures d'une entreprise de grande taille de la forme M, de la forme L, de la forme G et de la forme « constellation » ou « toile d'araignée ».

Comme on peut le constater à la figure 13.5 (voir p. 156), la structure d'une PME se réduit à un président fondateur assisté de quelques contremaîtres qui supervisent l'exécution des opérations.

La structure d'une grande entreprise selon la forme adoptée regroupe au siège social et dans ses diverses unités opérationnelles des personnes principalement chargées de concevoir les politiques de gestion, de coordonner et de contrôler les activités des unités opérationnelles et d'autres directement engagées dans les opérations courantes au sein des divisions et des unités opérationnelles. Cependant, comme Allaire et Firsirotu (1987) l'ont précisé en examinant les 200 acquisitions les plus importantes effectuées aux États-Unis en 1986, la structure d'une grande entreprise reflète les choix de développement faits par ses dirigeants, par exemple la croissance par le développement interne de ses activités principales ou, à l'opposé, par l'acquisition d'activités reliées ou d'activités non reliées. Allaire et Firsirotu (1987) proposent trois formes différentes de structure : 1) la forme multidivisionnelle autonome (la forme M) ; 2) la forme multidivisionnelle avec des liens organiques entre les divisions (la forme L) ; 3) la forme par groupes pour la diversification non reliée (la forme G).

FIGURE 13.1
Les bases de structuration ou de départementalisation

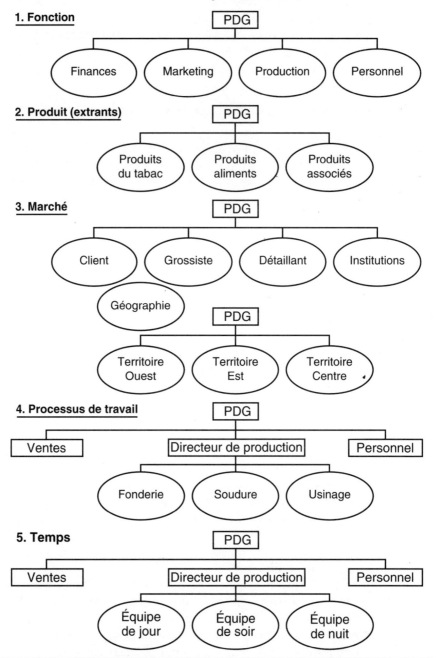

SOURCE : Adapté de Mintzberg, H., *Structure et dynamique des organisations*, Paris, Éditions d'Organisation, Montréal, Agence d'Arc, 1982.

FIGURE 13.2
L'organigramme d'une entreprise de grande taille –
la structure par fonction et par produit

STRUCTURE PAR FONCTION

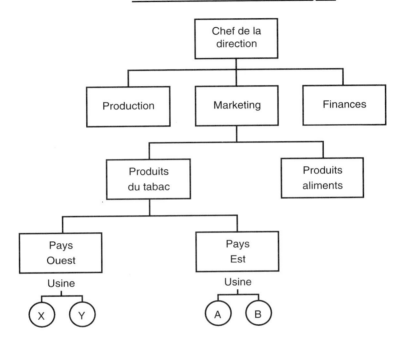

STRUCTURE PAR PRODUIT

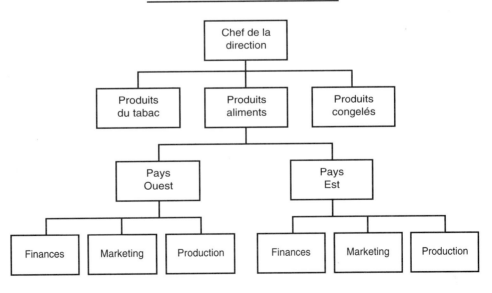

FIGURE 13.3
**L'organigramme d'une entreprise de grande taille –
la structure par région et par division**

STRUCTURE PAR RÉGION

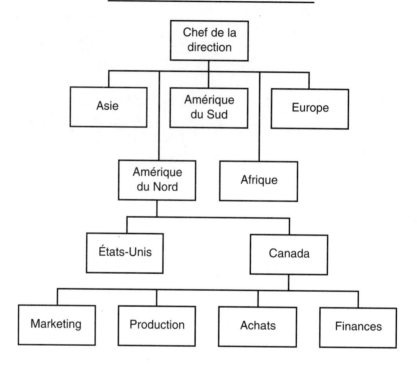

STRUCTURE PAR DIVISION

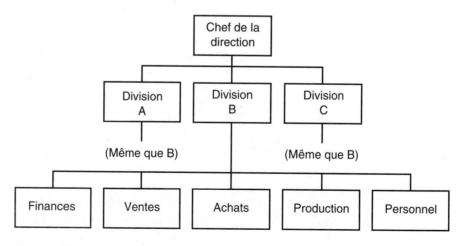

FIGURE 13.4
L'organigramme d'une entreprise de grande taille – la structure matricielle

STRUCTURE MATRICIELLE

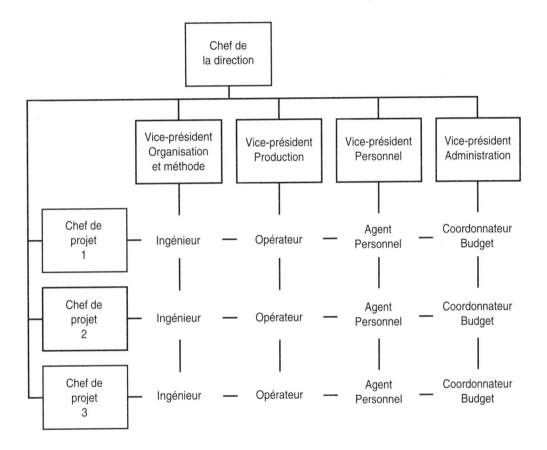

La forme multidivisionnelle autonome (la forme M), représentée aux figures 13.6 et 13.7 (voir p. 157 et 158), divise l'entreprise en plusieurs unités ou divisions responsables d'un couple produit-marché. Chaque unité ou division est autonome et a comme tâche de produire et de distribuer un produit ou une gamme de produits reliés dans un marché donné. Elle constitue généralement un centre de profit et le siège social assume la responsabilité des fonctions de soutien de l'entreprise, tels la planification, la recherche et développement, les nouveaux produits et les finances qui sont au service des divisions.

FIGURE 13.5
La structure d'une entreprise selon la taille

a) Structure d'une PME

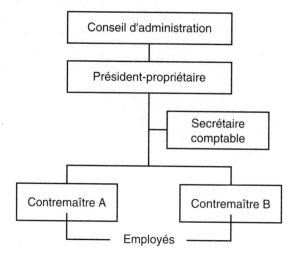

b) Structure d'un conglomérat

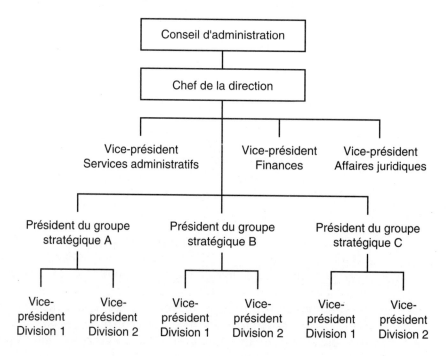

FIGURE 13.6
La structure en forme multidivisionnelle autonome (forme M)

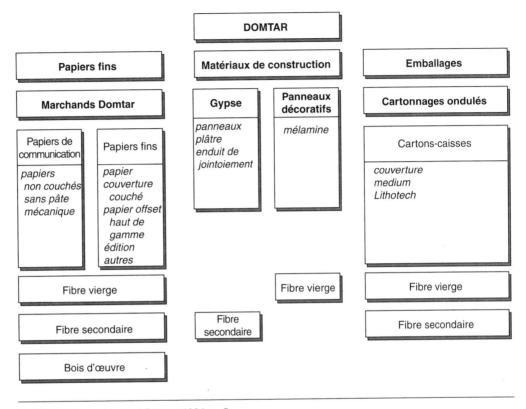

SOURCE : Rapport annuel Domtar 1994, p. 5.

La structure multidivisionnelle avec des liens organiques entre les divisions (la forme L), représentée aux figures 13.8 et 13.9 (voir p. 159 et 160), permet à l'entreprise de bénéficier des avantages économiques et autres qui découlent d'un réservoir de ressources commun aux couples produit-marché. Ces avantages peuvent découler de ressources technologiques (par exemple 3M, Sony), de ressources de réseau de distribution (par exemple Black & Decker), de la spécialisation de certaines divisions qui développent et fabriquent un nombre limité de produits ou de composantes pour l'ensemble de l'entreprise (par exemple Ford, IBM).

La forme par groupes découlant de la diversification non reliée (la forme G), représentée aux figures 13.10 et 13.11 (voir p. 161 et 162), reflète le choix de l'entreprise de se limiter à un certain nombre de secteurs industriels non reliés. Chaque groupe d'entreprises est sous l'autorité d'un président expérimenté qui a la charge

FIGURE 13.7
La forme multidivisionnelle autonome (forme M) et ses corollaires

Principes d'opération	Caractéristiques d'opération	Pratiques stratégiques
• Diviser l'entreprise en unités responsables d'un tandem produit-marché. • Les divisions sont autonomes dans leurs opérations courantes. • Chaque division s'adresse à un marché (interne ou externe) et constitue un centre de profit. • La division contrôle les activités nécessaires à la production et à la distribution d'un produit dans un marché donné. • Le quartier général de l'entreprise assume la responsabilité des fonctions d'ensemble : planification à long terme, recherche et développement, nouveaux produits, etc. • Les relations entre divisions sont peu fréquentes et se limitent, s'il y a lieu, à la négociation de prix de transfert pour ventes de produits ou services entre divisions.	• L'entreprise est bâtie autour de valeurs et d'habiletés qui sont centrales au fonctionnement de toutes les divisions. • La direction supérieure de l'entreprise incarne ces valeurs et maîtrise ces habiletés. • Le développement et la diversification de l'entreprise restent près de son centre de gravité défini par les habiletés et les valeurs dominantes de l'entreprise. • Le style et les systèmes de gestion de l'entreprise sont bien adaptés pour favoriser sa réussite dans son environnement spécifique.	• Intégration verticale pour des raisons économiques et stratégiques. • Intégration horizontale. • Pénétration et domination des marchés (dans son ensemble et dans chaque segment). • Diversification reliée pour fins d'envergure de marché (intégration horizontale, nouveaux segments, nouveaux marchés géographiques). • Équilibre à maintenir entre intégration de fonctions pour fins économiques et le plein statut de centre de profit pour chaque division.

SOURCE: Allaire, Y. et Firsirotu, M., *Gestion*, vol. 12, n° 3, septembre, 1987, p. 78.

d'orienter le développement des entreprises sous sa juridiction. Le siège social quant à lui est responsable de la gestion du portefeuille d'activités de l'ensemble et de la gestion des liens à tisser avec les principaux meneurs d'enjeux, en particulier avec les gouvernements, avec les actionnaires et avec les marchés financiers.

FIGURE 13.8
La forme multidivisionnelle liée (la forme L)

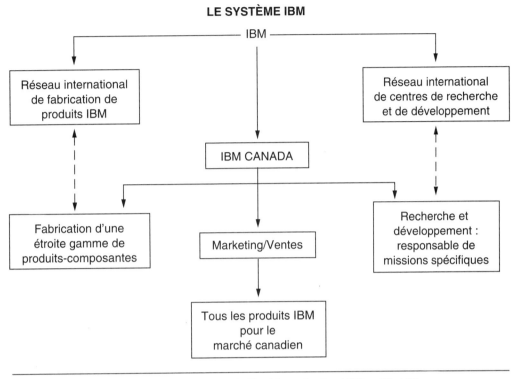

SOURCE : Allaire, Y. et Firsirotu, M., *Gestion*, vol. 12, n° 3, septembre 1987, p. 79 et 81.

L'influence de la fonction
et du produit dans la prise de décision

Tel que l'illustre la figure 13.12 (voir p. 163), la base de structuration choisie permet d'établir l'importance relative accordée à la fonction ou au produit dans la décision. Ainsi, la structure par fonction accorde le pouvoir de décision au chef de fonction plutôt qu'au chef de produit pour la solution des problèmes de gestion. L'inverse est vrai pour la structure par produit. La structure matricielle permet de mieux partager le pouvoir de décision entre le chef de fonction et le chef de produit.

La figure 13.13 (voir p. 164) décrit plus en détail le fonctionnement de l'entreprise lorsqu'elle crée des groupes de travail et qu'elle demande à ses gestionnaires de rédiger des rapports. Cette figure souligne que la structure par fonction favorise des groupes de travail composés de spécialistes (fonction), chacun ayant une

FIGURE 13.9
La forme multidivisionnelle avec liens organiques entre divisions (la forme L)

Principes d'opération	Caractéristiques d'opération	Pratiques stratégiques
• Structurer l'entreprise de façon à la faire bénéficier de tout avantage économique et stratégique découlant de ressources-habiletés et d'actifs qui sont communs à des tandems produit-marché différents. • Trois cas fréquents: 1. Développer, fabriquer et mettre en marché tout produit basé sur les ressources technologiques de l'entreprise (Honda, 3M, Seiko, Dow-Corning, Boeing, Sony). 2. Acquérir ou développer des produits destinés aux mêmes réseaux (P&G, Black & Decker, Johnson and Johnson, Sears Financial). 3. Bâtir un système pour des relations entre les divisions nationales par lequel chaque division est responsable de la vente de tous les produits de la firme dans son marché géographique et développe et fabrique un nombre limité de produits et de composantes pour l'ensemble du système (IBM, Xérox, Ford). • Les mécanismes efficaces de coordination et d'intégration sont critiques. • La notion de centre de profit doit être élargie et adaptée à ce contexte.	• Regroupement de divisions-activités interreliées sous une même autorité. • Recherche de liens à établir entre activités qui peuvent augmenter l'efficience et la performance de l'ensemble. • Appartenance des membres à un tout plus grand que la division, provenant des valeurs inculquées ou des systèmes de récompenses et de motivation. • Préférence pour le développement interne de nouveaux produits ou l'acquisition de petites entreprises pouvant être intégrées facilement aux opérations existantes. • Coordination et intégration de fonctions entre divisions seulement lorsque des avantages stratégiques importants et indéniables en découlent. • Recherche de mécanismes souples et non bureaucratiques pour la coordination interdivisionnelle.	• Stratégie d'envergure de produits. • Créer un système stratégique économiquement et stratégiquement supérieur à cause des liens tissés entre les activités-ressources ou opérations de l'entreprise. • Activités de diversification pour ajouter des produits et services ayant des liens importants avec les produits existants. • Acquisitions ou développements internes selon les opportunités.

SOURCE: Allaire, Y. et Firsirotu, M., *Gestion*, vol. 12, n° 3, septembre 1987, p. 79 et 81.

FIGURE 13.10
La forme par groupes pour diversification non reliée (la forme G)

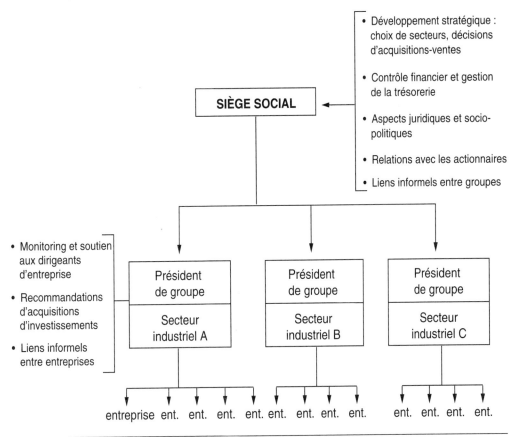

SOURCE : Adapté d'Allaire, Y. et Firsirotu, M., *Gestion*, vol. 12, n° 3, septembre 1987, p. 83-84.

vision très parcellaire du problème à résoudre. À l'opposé, la structure par produit regroupe des responsables de produits qui perçoivent de façon très générale le problème à résoudre et qui ont besoin du concours de spécialistes pour leur permettre d'analyser davantage les causes de ce problème. Les rapports d'activité soumis au sein d'une structure par fonction refléteront les points de vue de spécialistes et le responsable hiérarchique devra en faire une synthèse. Quant aux rapports d'activité soumis au sein d'une structure par produit, ils résumeront bien les problèmes généraux mais devront être complétés par des études spécialisées.

FIGURE 13.11

La forme par groupes pour diversification non reliée (la forme G)

Principes d'opération	Caractéristiques d'opération	Pratiques stratégiques
• L'entreprise choisit et se limite à trois ou quatre secteurs industriels non reliés. • Chaque groupe d'entreprises dans un secteur donné est sous l'autorité d'un président de groupe, un officier corporatif expérimenté dans ce secteur. • Le siège social fonctionne comme un mini-marché financier allouant les fonds selon les expectatives de risque et de rendement dans chaque secteur. • Le siège social est responsable: – de l'ajout ou du retrait d'un secteur industriel – de l'acquisition ou de la vente d'entreprises dans un groupe donné sur recommandation du président du groupe; – de la gestion de trésorerie; – des affaires juridiques et publiques; – du contrôle financier et du monitoring stratégique.	• Chaque groupe est composé de filiales à part entière dans un même secteur. • Toutes les filiales gardent leur autonomie et leur valeur marchande; peu d'intégration fonctionnelle qui pourrait rendre une filiale difficile à vendre comme entité autonome (quoique de forts arguments économiques pourraient mener à des formes hybrides). • Chaque filiale doit avoir le potentiel de procurer 30% à 40% des ventes totales de l'entreprise. • Pas d'actionnaires minoritaires, dans toute la mesure du possible. • Gestion des «cash flows» et non seulement des dividendes. • Le coût total du siège social doit être un très faible pourcentage des revenus totaux de la filiale puisque chaque entreprise garde sa valeur marchande. • En échange de ce coût, l'investisseur détient un portefeuille diversifié avec un système d'information et un contrôle supérieurs (par le biais des présidents de groupes, etc.) à ce qu'il obtiendrait en diversifiant lui-même son portefeuille.	• Diversification non reliée dans des secteurs choisis pour leurs perspectives de croissance et de rendement. • Diversification par un processus d'acquisitions et de désinvestissements rigoureux, organique et non sentimental. • Gestion serrée et compétente des flux monétaires qui contribue au rendement sur l'avoir des actionnaires.

SOURCE: Allaire, Y. et Firsirotu, M., *Gestion*, vol. 12, n° 3, septembre 1987, p. 83-84.

FIGURE 13.12
L'influence relative de la fonction et du produit dans la décision selon le type de structure

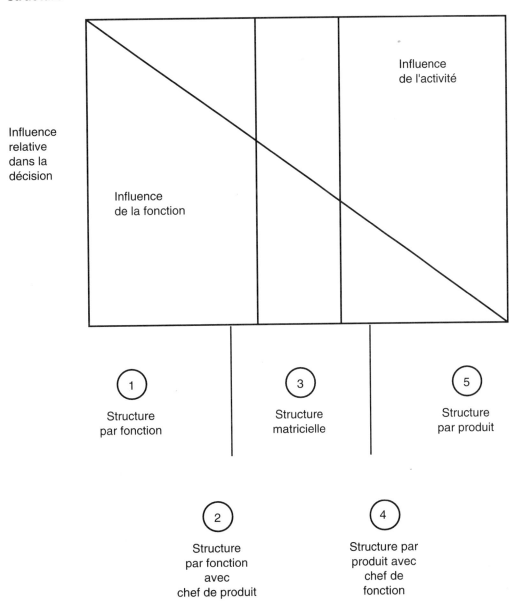

SOURCE: Galbraith, J.R., « Matrix Organization Designs », *Business Horizons*, février 1971.

FIGURE 13.13
Les mécanismes utilisés, selon le type de structure,
pour la répartition de l'influence des membres de l'entreprise

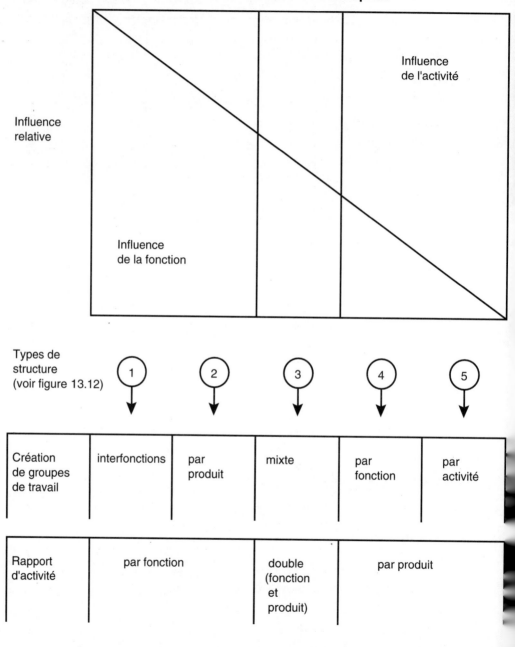

SOURCE: Adapté de Galbraith, J.R., « Matrix Organization Designs », *Business Horizons*, février 1971.

*par
Jacques
Lauriol*

Le réseau comme nouvelle forme organisationnelle*

«*It is widely recognized that we are in the midst of an organization revolution*» (Miles et Snow, 1992). Cette révolution se concrétise aujourd'hui sous une forme organisationnelle qu'on nomme réseau (*network*), structure constituée d'un regroupement d'entreprises ou d'unités spécialisées et coordonnées par des mécanismes de marché plutôt que par une chaîne hiérarchique classique.

Le réseau constitue une rupture conceptuelle et pratique par rapport aux approches traditionnelles de l'organisation (les configurations fonctionnelles, divisionnelles et matricielles).

À une préférence marquée pour l'intégration des activités et des actifs nécessaires à la production d'un bien (attitude qui caractérisait un grand nombre d'entreprises jusqu'au début des années 1980), le réseau substitue l'utilisation d'actifs collectifs apportés par un ensemble d'entreprises dans une double optique : celle de la complémentarité, chaque entreprise étant située sur un élément de la chaîne de valeur, ou celle d'une perspective additive, pour atteindre une masse critique par la mise en commun d'actifs (Quinn et Paquette, 1990).

Le réseau fonctionne sur la base des principes de management des flux qui s'apparentent à des mécanismes de marché plutôt qu'à des procédures administratives. Cela implique donc une certaine conception de l'autonomie des unités, du management de la coordination et des interdépendances qui nécessitent la mise en œuvre de systèmes d'information adaptés et le développement d'attitudes de coopération véritables. Le réseau n'est pas une forme sophistiquée de sous-traitance parce qu'il implique de la part de ses membres des attitudes proactives et des comportements volontaristes centrés sur le développement, qui vont bien au-delà de la simple obligation contractuelle (Snow, Miles et Coleman, 1992). Au lieu d'utiliser des procédures de planification, de budgétisation et de prix de transfert pour organiser et coordonner les unités, il propose un ensemble de supports pour l'échange et la mise en commun (*exchange agreements*) selon le type de structure en réseau retenu.

Gerlach (1992) propose une typologie selon deux figures principales (voir figure 13.14, p. 166).

Le type M s'apparente aux *Keiretsu* japonais. Pour les firmes occidentales, ce type correspond aux structures mises en place dans le cas par exemple de stratégies d'alliance (Dussauge et Garette, 1991). Il implique le développement de

---

* Le texte de cette section traitant du réseau comme nouvelle forme organisationnelle a été reproduit avec la permission de Jacques Lauriol (1994).

FIGURE 13.14
Les types de structure en réseau

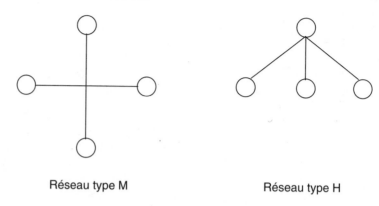

Réseau type M   Réseau type H

SOURCE : Gerlach, M.L., « The Japanese Corporate Network », *Administrative Science Quarterly*, n° 37, 1992.

mécanismes de décision et de coordination pour gérer les interdépendances verticales et horizontales, qui sont aujourd'hui encore mal connus.

Le type H, ou réseau interne, est caractéristique des évolutions structurelles que connaît la grande entreprise (Charan, 1991). Il est organisé autour de trois instances (voir figure 13.15) :

– l'agence stratégique qui centralise la décision stratégique, l'ensemble des mécanismes financiers de coordination et la maîtrise de la configuration et du management des systèmes d'information qui permettent de contrôler les flux ;

– les pôles opératoires, en général constitués d'unités de production spécialisées par produit, par stade de production ou par pays. L'effet recherché est celui des économies d'échelle qui peuvent être obtenues par la spécialisation de ces unités ;

– le niveau III, composé d'entreprises qui ont pour mission de réaliser l'assemblage ou la commercialisation des produits, en général par pays, afin de gérer la dimension locale des marchés tout en assurant à l'ensemble du réseau des conditions optimales en matière de flexibilité.

Ce réseau fonctionne sur le principe de l'affiliation par les contrats établis entre l'agence stratégique et les autres composantes, sans qu'il y ait nécessairement un contrôle majoritaire exercé par le capital. Ces contrats s'inscrivent dans un horizon à moyen terme qui permet de réduire l'incertitude ainsi que les coûts de transaction. Le niveau d'intégration qu'il autorise permet la mise en place de flux tendus tout en minimisant, par pôle opératoire et entreprise, les coûts de variété. Enfin, le problème du transfert et de l'irrigation de l'ensemble

FIGURE 13.15
Le réseau interne

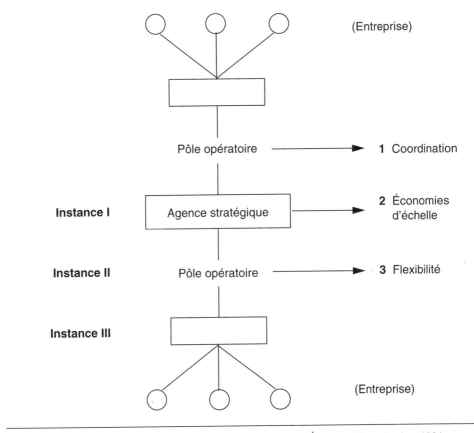

SOURCE : Butera, F., *La métamorphose de l'organisation*, Paris, Éditions d'Organisation, 1991.

de la structure par des compétences développées dans une de ses unités, se trouve en partie réglé par la mise en place de pôles de compétences à partir de l'agence stratégique.

Le fonctionnement optimal d'une organisation de ce type suppose une forte capacité de coordination globale à partir de l'agence stratégique. Elle ne peut être obtenue que par une parfaite maîtrise du système d'information général et des capacités organisationnelles, telles que les définit le modèle de portefeuille BCG, permettant de maîtriser cette nouvelle complexité. Le réseau apparaît donc comme une forme organisationnelle adaptée aux stratégies basées sur les ressources. Par sa capacité d'évolution et d'ouverture, il permet de développer un ensemble de modalités autorisant les entreprises à réunir les ressources qui leur sont nécessaires (alliances, partenariat...). Il limite l'engagement en actifs par la mise en commun, facilitant ainsi le développement de stratégies de globalisation. Il autorise l'acquisition de compétences et d'expertises stratégiques pour chacun des composants par la spécialisation, l'agence stratégique ayant pour mission de gérer ce cœur de compétences et de le valoriser.

De plus, l'organisation en réseau semble cumuler les avantages des configurations organisationnelles classiques : l'efficacité de l'organisation fonctionnelle par la spécialisation, un certain niveau d'autonomie opérationnelle qui caractérise l'organisation divisionnelle ainsi que les capacités de transfert recherchées dans l'organisation matricielle (Miles et Snow, 1992).

La mise en œuvre d'une organisation en réseau suppose une modification profonde des modèles mentaux et des pratiques managériales développés jusqu'à présent. Du point de vue de la représentation de l'organisation (voir tableau 13.1), la rupture est importante ; pour qu'elle devienne réalité quotidienne, de nouvelles pratiques managériales doivent se substituer aux anciennes.

Ce qui semble fondamental ici, au-delà des dimensions liées à la configuration du réseau lui-même, c'est la nature des relations qui vont s'établir entre les acteurs autour des différents modes de coordination de l'activité, c'est-à-dire des modes de coordination stratégique et opérationnelle pour l'essentiel (Baile et Lauriol, 1994).

Ce processus de coordination s'articule autour de quatre dimensions en interaction (voir figure 13.16) :

– la vision stratégique qui soutient le développement du réseau. Elle doit être appréciée par chacun des membres du réseau, afin d'évaluer la compatibilité qu'elle présente avec des objectifs personnalisés ;

– l'identité, ou la culture du réseau, qui ne peut être réglée que par l'apprentissage de la relation dans le temps. C'est cet apprentissage qui permet à l'entreprise de se rapprocher des normes ou des valeurs qui caractérisent le réseau et de développer ainsi un sentiment de confiance permettant de contrer toute tentative d'opportunisme individuel (Quinn, 1992) ;

TABLEAU 13.1
La comparaison des modèles traditionnel et émergent (Bahrami, 1992)

Modèle traditionnel	Modèle émergent (réseau)
Unités indépendantes	Unités interdépendantes
Savoirs cloisonnés	Expertises multiples
Intégration verticale	Partenariats
Uniformité des structures et des procédures	*Exchange agreements*
« Mentalité de clocher »	Cosmopolite
Accent mis sur l'efficacité	Accent mis sur la flexibilité

FIGURE 13.16
Le processus de coordination

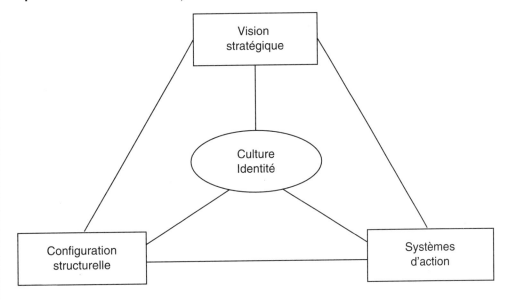

- la configuration structurelle qui soutient l'activité du réseau. Cette configuration précise le mode de relation entre les différents niveaux de structure du réseau. Par exemple, doit-on choisir une répartition des activités selon le principe du maillage (chaque partenaire prenant en charge un maillon de la chaîne globale) ou, au contraire, doit-on s'organiser par pôles spécialisés (la coordination étant assurée par une agence stratégique globale);

- les systèmes d'action qui précisent la position et les contributions de chacun aux différents systèmes de décision, stratégique et opérationnel (Limerick et Cunnington, 1993).

Cette organisation, très fluide et faiblement couplée par rapport aux formes traditionnelles d'organisation, ne peut fonctionner de manière satisfaisante que si elle dispose d'un système d'information interorganisationnel puissant. L'architecture d'un tel système supporte l'échange d'informations et permet au réseau de se coordonner efficacement par rapport à ses objectifs de performance.

Configurer un système d'organisation en réseau ne suffit donc pas à en assurer le fonctionnement. Encore faut-il vérifier que les pratiques qui le font vivre sont en adéquation avec sa finalité.

L'entreprise intelligente ou apprenante, organisée en réseau, a besoin d'une vision, d'un certain type de relations sociales qui nécessitent un renouvellement de la pensée et des pratiques en matière de management et de culture.

L'organisation en « constellation » ou en « fédération »

Quinn (1994 : 177-178) parle d'entreprises en « constellation », « fédérales », en « grappe » ou en « toile d'araignée » qui « éclatent et liquident en permanence des fonctions, celles-ci étant semblables à des étoiles filantes qui se détachent des compétences clés de leur noyau central » (Peters, 1991). La figure 13.17 présente la structure organisationnelle de ce type d'entreprise.

Aussi, au lieu d'éteindre ces étincelles d'innovation sous le poids continuel de bureaucraties internes, des sociétés comme Cypress Semiconductor, Ray Chem et Phermo Electron créent-elles de toutes pièces de nouvelles entreprises : celles-ci appartiennent en partie à la maison mère mais sont libres de croître autant qu'elles le désirent, par l'injection de capitaux extérieurs [...] Combien de temps un tel jaillissement peut-il continuer ? Aussi longtemps que l'entreprise concernée cultive sa compétence en profondeur et que son siège a la capacité et la volonté d'attirer les entrepreneurs qui se lancent dans la création de nouvelles lignes de produits à partir de technologies de base, de leur faire confiance tout en les contrôlant.

FIGURE 13.17
L'organisation en « constellation »

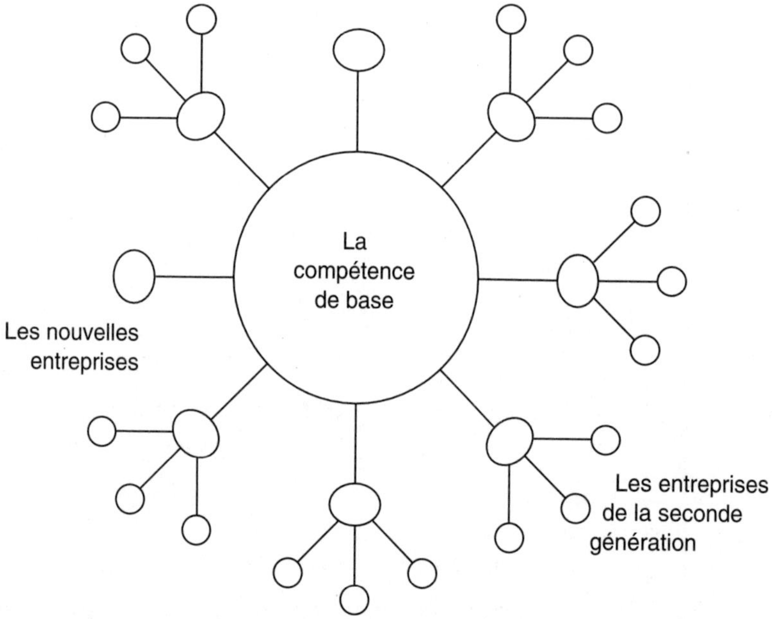

SOURCE : Quinn, J.B., *L'entreprise intelligente*, Paris, Dunod, 1994, p. 178.

Les liens entre la stratégie et la structure

Il existe des liens directs entre la stratégie et la structure, selon les études de Chandler (1962), de Cannon (1972) et de Rumelt (1974).

Pour Chandler (1962), une entreprise ne peut atteindre un niveau de rendement acceptable et durable si la stratégie et la structure ne sont pas compatibles. L'étude du développement de grandes entreprises américaines par Chandler (1962) a clarifié les liens et les relations dynamiques entre la stratégie et la structure. Ainsi, la stratégie au temps T1, formulée à l'aide de l'environnement T1 et des ressources T1, permet d'élaborer la structure T1. En dépit des liens évidents entre tous ces éléments du processus stratégique, la stratégie T2 va tout de même influencer la structure T2, comme l'illustre la figure 13.18.

Un consultant de McKinsey & Co. souligne également que les deux «ne peuvent être déterminées indépendamment l'une de l'autre et que la stratégie peut rarement réussir sans une structure appropriée [...] [car] une bonne structure est inséparable de la stratégie [...]» (Cannon, 1968). Chandler a analysé l'évolution des stratégies et des structures de la multinationale Dupont de Nemours. Cette évolution est présentée dans la figure 13.19 (voir p. 172). On y voit que plus l'entreprise grandit, plus sa structure devient complexe.

FIGURE 13.18
Les liens dynamiques entre la stratégie et la structure

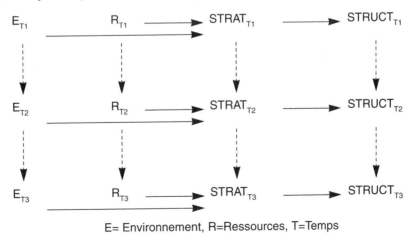

E= Environnement, R=Ressources, T=Temps

SOURCE : Inspiré de Chandler, A. Jr., *Strategy and Structure : Chapters in the History of the American Industrial Enterprise*, Cambridge, Mass., The MIT Press, 1962, p. 383-386.

FIGURE 13.19
L'évolution des liens entre la stratégie et la structure chez Dupont de Nemours

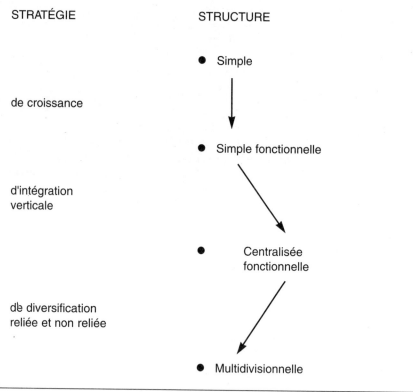

STRATÉGIE   STRUCTURE

● Simple

de croissance

● Simple fonctionnelle

d'intégration
verticale

● Centralisée
  fonctionnelle

de diversification
reliée et non reliée

● Multidivisionnelle

SOURCE : Chandler, A. Jr., *Strategy and Structure : Chapters in the History of the American Industrial Enterprise*, Cambridge, Mass., Harvard University Press, 1962, p. 52-104.

Les relations entre la stratégie,
la structure et le développement de l'entreprise

Scott (1973) a montré que plus l'entreprise s'éloigne de son champ principal d'activité (30 % et plus de ses ventes se font en dehors de son champ principal) en optant pour une diversification non reliée, plus elle va adopter une structure multidivisionnaire. Au début de leur existence, les entreprises n'offrant qu'un seul produit sont organisées sur une base fonctionnelle. Lorsqu'elles se diversifient dans des champs d'activité reliés et non reliés, elles adoptent en grande majorité la structure multidivisionnaire. Rumelt (1974), raffinant davantage les types de stratégies de diversification (neuf stratégies différentes subdivisées en quatre classes : entreprise à CAS unique ; entreprise à CAS dominant ; entreprise aux CAS diversifiés reliés ; entreprise aux CAS diversifiés non reliés), a soutenu la thèse de Chandler par la démonstration que la stratégie de l'activité unique et celle de l'activité dominante se mettent en œuvre à travers une structure fonctionnelle. Plus l'entreprise choisit la stratégie de diversification, plus la structure devient multidivisionnaire.

Galbraith et Nathanson (1979) ont examiné de façon exhaustive les recherches effectuées sur la relation stratégie-structure. Ils suggèrent fortement de dépasser cette relation simple selon laquelle la structure suit la stratégie, car «il y a des moments où elle la suit, mais d'autres où elle ne la suit pas», soulignent-ils. D'après ces deux chercheurs, l'entreprise doit observer également les liens stratégie-structure-rendement, stratégie-structure-concurrence, structure-concurrence-rendement, ainsi que les divers phénomènes, outre la structure, qui forment les organisations, entre autres le processus d'allocation des ressources, les systèmes de récompenses et punitions, le système de carrière et les styles de leadership et de contrôle.

Afin de bien décrire les liens qui existent entre la stratégie, la structure et le niveau de rendement à divers moments dans l'évolution d'une entreprise, Galbraith et Nathanson (1979) ont repris les trois types de configuration d'entreprise proposés par Scott (1971): l'entreprise du *stade 1* (l'entreprise simple de Galbraith et Nathanson); l'entreprise du *stade 2* (l'entreprise fonctionnelle de Galbraith et Nathanson); l'entreprise du *stade 3* (l'entreprise multidivisionnaire de Galbraith et Nathanson). Ils ont aussi ajouté deux autres configurations, soit le *conglomérat* (ou la société de gestion) et l'*entreprise mondiale*.

Galbraith et Nathanson ont ensuite décrit les caractéristiques propres de chaque configuration sur les plans de la stratégie, des relations entre les unités et le marché, de la structure, de la recherche et du développement, de la mesure du rendement, du système de récompenses, des choix de carrière au sein de l'entreprise, du style de leadership et de contrôle et des choix stratégiques. Nous présentons au tableau 13.2 (voir p. 174), pour chacune de ces cinq configurations d'entreprise, leurs caractéristiques sur les plans de la stratégie, de la structure, des mesures de rendement adoptées et des choix stratégiques.

L'ajout de ces variables organisationnelles aide à mieux comprendre la complexité du lien stratégie-structure. Plusieurs autres facteurs, tels le degré de concurrence au sein de l'industrie, la distribution du pouvoir de décision au sein de l'entreprise, les systèmes d'incitation et de récompenses, les choix de carrière, les mesures de rendement utilisées, etc., constituent autant de sources d'influence pouvant modifier ce lien. Comme le souligne Miner (1979), une stratégie peut être mise en œuvre avec des structures différentes, et chacune des combinaisons aura un degré d'efficacité semblable, si bien qu'on peut soutenir que trois liens possibles existent entre la stratégie et la structure: la stratégie peut influencer la structure, la structure peut influencer la stratégie ou encore une troisième variable peut influencer la stratégie et la structure.

TABLEAU 13.2
Les cinq configurations organisationnelles – leurs caractéristiques

Caractéris-tiques	Simple S (stade 1 de Scott)	Fonctionnelle F (stade 2 de Scott)	Conglomérat C	Multidivisionnaire MD (stade 3 de Scott)	Mondiale M
Stratégie Structure	Produit unique Simple, fonctionnelle	Produit unique et intégration verticale Centralisée, fonctionnelle	Croissance par acquisitions et diversification non reliée • Décentralisée • Centre de profit par division • Petit état-major	• Produits multiples reliés • Croissance interne • Quelques acquisitions • Décentralisée par produit • Centres de profit par secteurs d'activité	Produits multiples dans plusieurs pays Centres de produit décentralisés selon la région ou le secteur d'activité
Mesures de rendement	• Par contact personnel • Subjectivité	• De plus en plus impersonnelles – mesures des coûts et de la productivité • Subjectivité	• Impersonnelles • Mesures RSI et profitabilité	• Impersonnelles • Mesures RSI • Profitabilité et contribution à l'ensemble	• Impersonnelles • Mesures RSI • Profit par produit, par pays
Choix stratégiques	Besoins du propriétaire par opposition aux besoins de l'entreprise	• Degré d'intégration • Part du marché • Étendue de la gamme de produits	• Degré de diversification • Types d'activité • Entrée et sortie des activités • Acquisitions potentielles	• Allocation des ressources par activité • Entrée et sortie des activités • Taux de croissance	• Allocation des ressources par activité et par entrée et sortie des activités des pays • Pourcentage de contrôle des actifs utilisés par pays • Engagement dans les pays

SOURCE : Adapté de Galbraith, J.R. et Nathanson, D.A., dans Schendel, D.E. et Hofer, C.W., *Strategic Management, a New View of Business Policy and Planning*, Boston, Little, Brown and Company, 1979, p. 281.

La structure : une influence sur la stratégie

Hall et Saias (1979) démontrent l'hypothèse selon laquelle la structure conditionne la stratégie, car la structure « n'est pas seulement un réseau ordonné de rôles, de fonctions, de moyens et d'activités [...] mais [elle] est aussi faite d'idées, de croyances et de valeurs qui dynamisent le système, résultat de l'histoire autant que du fonctionnement actuel ». D'après eux, « la structure peut conditionner l'introduction et le développement de la planification stratégique dans une organisation [...] Elle affecte la perception des stimuli internes et externes [...] Elle influence la nature, l'intensité et la rapidité des choix stratégiques ». En effet, un degré élevé de décentralisation peut laisser tellement d'autonomie aux plans stratégiques de chaque division que le plan stratégique global ne représente que « l'agrégat plus ou moins cohérent de stratégies partielles ». À l'opposé, un excès de centralisation risque de donner des plans globaux remplis d'erreurs, puisque les responsables des CAS qui connaissent l'environnement et qui possèdent l'information pertinente se trouvent écartés du choix stratégique.

La structure : un filtre

La structure et ses composantes agissent comme des filtres qui influencent les perceptions des membres de l'entreprise, en particulier leur façon d'envisager leur environnement et de le mettre en application (Weick, 1969 ; Miles, Snow et Pfeiffer, 1974 ; Miles, Snow, Meyer et Coleman, 1978 ; Hall et Saias, 1979). Par exemple, les structures décentralisées permettent aux entreprises de mieux saisir leur environnement par le biais des responsables de CAS, alors que les structures bureaucratiques limitent la circulation des informations et la capacité d'ajustement de l'organisation à des événements. Les dirigeants en viennent à percevoir l'environnement selon leur désir et non tel qu'il est (Meyer et Rowan, 1977), et à se créer une vision caractéristique du monde qui dicte à l'organisation « les phénomènes qu'elle s'efforcera de percevoir et ceux qu'elle ignorera (Starbuck et Hedberg, 1977). Dans le même ordre d'idées, Miles et Snow (1978) ont montré que les valeurs et les attitudes des dirigeants les amenant à saisir leur environnement de façon différente (le prospecteur le voit turbulent alors que le défenseur le voit stable) influencent leurs décisions stratégiques. En effet, le défenseur essaie de localiser et de maintenir un créneau sûr dans un domaine relativement stable ; il met l'accent sur la qualité plutôt que sur l'innovation et privilégie les produits qui ont fait sa réputation (expertise et fiabilité) plutôt que les produits innovateurs et récents. À l'opposé, le prospecteur vise un domaine vaste et étendu et répond rapidement à de nouvelles occasions d'affaires. Il aime être le premier à ouvrir un nouveau marché et préfère l'innovation à un niveau d'expertise élevé. Comme il opte pour la croissance et non pour la rentabilité à court terme, le prospecteur s'assure de la présence de l'entreprise dans de nombreux secteurs d'activité afin qu'elle ne soit pas limitée à des marchés stables et bien contrôlés.

Ces deux types de dirigeants perçoivent très différemment les opportunités et les menaces présentes dans l'environnement, et leurs réactions ont également des répercussions sur ce qui va se produire dans l'industrie où ils œuvrent selon qu'ils provoquent leurs concurrents ou les ignorent.

Il peut se développer au sein de l'entreprise un «impératif institutionnel» qui bloque le processus rationnel de prise de décision, souligne le président du conseil d'administration d'une grosse société d'investissement américaine (Mooney, 1990). Cet impératif s'exprime sous les quatre formes suivantes :

— une institution résiste à tout changement qui la fera dévier de sa direction actuelle ;

— de la même manière que le travail prend tout le temps disponible, les acquisitions ou les projets corporatifs absorbent tout l'argent disponible ;

— n'importe quel penchant du dirigeant, que ce penchant soit stupide ou non, sera appuyé rapidement par des études stratégiques de rendement préparées par les troupes de ce dirigeant ;

— le comportement des entreprises du même secteur, qu'elles prennent de l'expansion, qu'elles réalisent des acquisitions, etc., sera aveuglément imité.

Le choix de la base de structuration influence aussi la stratégie. Par exemple, une structure par fonction repose sur la spécialisation, la formalisation et le développement des ressources par les pairs ; elle maximise la différenciation des individus et des activités et valorise leurs objectifs personnels au détriment des objectifs corporatifs. De plus, la structure par fonction exige la mise en place de plusieurs mécanismes de coordination. Les dirigeants au sommet doivent agir beaucoup plus comme conciliateurs, arbitres et gardiens des intérêts généraux que comme chefs d'orchestre, leaders de l'organisation et «promoteurs de la vision à long terme de l'entreprise». Ils en viennent donc à gérer davantage en fonction des ressources internes de l'entreprise, de l'équilibre interne et du respect de l'ordre établi qu'en fonction des exigences de l'environnement. Enfin, les gestionnaires fonctionnels détiennent l'information requise pour adapter le couple produit-marché aux changements de l'environnement. Ces gestionnaires sélectionnent et interprètent plus l'information à la lumière de leurs objectifs particuliers qu'à la lumière des objectifs de l'entreprise basés sur le couple produit-marché. Les diagnostics externe et interne que posent ainsi les dirigeants en s'appuyant sur cette information requièrent d'eux des capacités de synthèse extraordinaires et des efforts surhumains afin de définir leur stratégie d'après une lecture aussi parcellaire de l'environnement.

Une structure par fonction risque donc de développer un momentum bureaucratique (Mintzberg, 1976 ; Miller et Friesen, 1980) qui bloque le processus rationnel de prise de décision, rendant ainsi plus difficile l'adaptation de la structure à la stratégie en raison des forces stabilisatrices générées telles que les pratiques antérieures, les tendances et les stratégies passées, les contrôles bureaucratiques en place et la centralisation de l'autorité. La culture qui s'y implante risque d'être défavorable à l'éclosion et au développement de stratégies de croissance et d'innovation.

La structure : un moyen efficace de mise en œuvre

Andrews (1987)) souligne que la structure, sur le plan conceptuel, doit être envisagée de façon à conserver l'attention de tous les membres d'une entreprise centrée sur les choix stratégiques. C'est pourquoi la structure doit suivre la stratégie. Toutefois, lorsque la structure se trouve bien en place, elle influence le comportement des gens, leur perception, le partage du pouvoir, si bien que les décisions vont faire en sorte que la stratégie suive également la structure. Une situation semblable présente certes des risques puisqu'elle peut engendrer le statu quo, le rejet d'occasions de croissance uniques sur le marché, la perte de compétitivité et l'adoption de comportements bureaucratiques qui empêchent l'entreprise de s'adapter et qui orientent les énergies créatrices vers la recherche de l'équilibre interne des forces plutôt que vers la recherche de la meilleure base de compétitivité de l'entreprise dans son environnement.

L'étude du lien stratégie-culture permet finalement d'examiner les axes de croissance de l'entreprise et les modes d'organisation souhaités. Par exemple, si une entreprise veut croître en créant de nouveaux marchés et de nouveaux produits, elle devra se doter d'une structure qui rapproche les stratèges de leurs marchés et de leurs clients afin que les stratèges puissent rapidement évaluer le degré de satisfaction des clients par rapport aux produits actuels de l'entreprise, et découvrir à quel moment tel produit ou tel marché signifie une occasion de croissance. Le choix de la structure devra également refléter les objectifs visés par l'entreprise ainsi que le profil des gestionnaires à sélectionner. L'entreprise qui veut croître plus vite que ses concurrentes devra sans doute prendre des risques plus élevés et se doter d'une structure qui décentralise davantage le pouvoir de décision et laisse une marge de manœuvre plus grande à ses gestionnaires, ceux-ci ayant le profil d'entrepreneurs plutôt que de technocrates ou de bureaucrates.

CHAPITRE **14**

Gérer stratégiquement, c'est mettre en œuvre un processus organisationnel qui permet de doter l'entreprise de systèmes de gestion appropriés à la stratégie

Un peu à la façon des veines qui apportent le sang nécessaire au corps humain, la structure d'une entreprise est animée par l'ensemble des systèmes qui, en donnant naissance aux réseaux d'information, de planification, de contrôle et d'incitation, facilitent la solution des problèmes auxquels sont confrontés les dirigeants et les gestionnaires de l'entreprise. Ces divers systèmes de gestion garantissent les liens entre les catégories de décisions (stratégiques, administratives et opérationnelles) et les niveaux stratégiques (mission, stratégie directrice, stratégie d'affaires et stratégie fonctionnelle).

La stratégie et les plans fonctionnels

Les systèmes de planification, par exemple, simplifient le choix de la stratégie en formalisant, comme nous l'avons vu précédemment, le processus de décision stratégique. Ils permettent également d'élaborer les programmes et les plans d'action à moyen terme et de les traduire en budgets d'exploitation. Ce processus continuel de planification entraîne donc, d'une part, l'intégration des prévisions et des plans qui proviennent des diverses fonctions et des différents niveaux hiérarchiques et, d'autre part, la communication et l'échange des informations pertinentes sur l'environnement, sur la concurrence ainsi que sur les ressources et les activités de l'entreprise. Ces plans fonctionnels varieront beaucoup en fonction de la stratégie retenue. L'entreprise devra alors s'assurer de leur cohérence avec la stratégie choisie et les ajuster au besoin. Jauch et Glueck (1990) retiennent trois choix stratégiques : le retrait, la stabilité et l'expansion. Ils proposent des plans de marketing, de fabrication, de ressources humaines et de finance ainsi qu'un calendrier d'exécution pour chacune des trois options retenues. Le tableau 14.1 (voir p. 180) décrit le contenu de ces plans.

**TABLEAU 14.1
Les options stratégiques et les plans fonctionnels**

Stratégie	Plans de marketing – gammes de produits	Plans de fabrication	Plans de ressources humaines	Plans financiers	Échéancier
Retrait	Détermination des gammes de produits à abandonner (celles ayant des ventes et des marges faibles)	Détermination des usines à fermer sur la base de l'utilisation de la capacité	Réduction du personnel sur la base des compétences requises ultérieurement et de l'ancienneté	Élimination ou réduction des dividendes et gestion des liquidités	Vente des usines et réduction du personnel dans un an; élimination des dividendes maintenant
Stabilité	Fabrication des produits à marge élevée	Report des investissements en immobilisations et en équipements de plus de 200 000 $	Investissement dans les programmes de formation pour améliorer les aptitudes administratives	Établissement de bonnes relations avec la banque; maintien des dividendes réguliers et consolidation du bilan	Maintien de cette allure pendant trois ans, à moins que des tendances ne manifestent une possibilité majeure de croissance
Expansion	Élargissement et amélioration des gammes de produits; volume plus important que les marges	Augmentation de la capacité des usines de soutenir de nouveaux produits	Recrutement de personnel supplémentaire des ventes, de recherche et de développement, de production et de direction	Augmentation du ratio d'endettement du tiers; évaluation de l'effet de la politique de dividendes sur les besoins de liquidités	Évaluation de la part de marché relative et des conditions financières dans deux ans

SOURCE: Jauch, L.R. et Glueck W.F., *Management and Business Policy*, Toronto, McGraw-Hill, 1988.

Le cycle de vie d'un produit et les plans fonctionnels

Fox (1973) prétend que le cycle de vie d'un produit doit se refléter dans le contenu des plans fonctionnels élaborés pour mettre en place la stratégie. Le tableau 14.2 (voir p. 182 et 183) décrit le contenu de ces plans pour chacune des phases du cycle de vie : précommercialisation, lancement, croissance, maturité et déclin.

La stratégie et les systèmes d'incitation et de rémunération

Il est possible, en combinant les systèmes d'information, de contrôle et de mesure des résultats obtenus, d'élaborer des systèmes d'incitation et de rémunération qui reflètent les choix stratégiques. En effet, des stratégies qui mettent l'accent sur la croissance et le développement des affaires, par rapport à des stratégies qui visent des rendements financiers supérieurs, commandent des systèmes de rémunération différents et appropriés aux plans d'action ainsi qu'à la personnalité des gens choisis pour exécuter ces plans.

Les critères de rémunération

Voici une liste non exhaustive de critères de rémunération sous la forme de questions qui peuvent servir à choisir les systèmes d'incitation et de rémunération répondant le mieux aux objectifs à long terme de l'entreprise.

– Que veut-on payer : les responsabilités assumées par le titulaire d'un poste ou son rendement ?

– Pour quoi veut-on payer : veut-on payer selon la croissance, le stade de développement, le seuil de rentabilité obtenu, la marge brute du secteur selon la correction des forces et faiblesses de l'entreprise ?

– Qui veut-on payer : ceux qui contribuent aux facteurs clés de succès et aux résultats d'exploitation actuels, futurs et passés de l'entreprise ?

– Quel horizon temporel vise-t-on : le profit immédiat ou à moyen terme, la croissance et le développement immédiat ou à moyen terme de l'entreprise ?

– Combien veut-on payer : quel niveau de salaire et quelle échelle de salaire faut-il fixer par rapport au marché du travail ; quelles différences conserver entre les niveaux hiérarchiques ; quelle importance faut-il accorder à la conjoncture économique ?

– Quels individus veut-on avoir : cherche-t-on des personnes qui veulent la sécurité ou qui désirent partager la plus-value de l'entreprise ?

TABLEAU 14.2

Les relations entre le cycle de vie d'un produit et l'implantation des plans fonctionnels

	Accent fonctionnel	Recherche et développement	Production	Marketing
Développement précommercialisation	Coordination entre la recherche et les autres fonctions	Test de fiabilité Sortie des plans	Mise au point de la production et planification : formation d'un réseau de fournisseurs et de sous-traitants	Test de marché Plan détaillé de marketing
Lancement	Suppression des problèmes techniques dans la production et l'environnement	Corrections techniques	Sous-traitance à une usine-pilote Test de divers processus Définition de nouveaux standards	Encouragement à l'essai ; satisfaction complète des réseaux de distribution des agents ou des vendeurs à commission Publicité
Croissance	Production	Démarrage d'un produit appelé à succéder à un autre	Centralisation de la production Fin de la sous-traitance Pression sur les fournisseurs	Canaux de distribution Accent sur la marque de commerce Force de vente salariée Réduction des prix, si nécessaire
Maturité	Marketing et logistique	Mise au point des variations mineures Réduction des coûts grâce à l'analyse Mise au point des adaptations majeures pour lancer un nouveau cycle	Plusieurs brèves séquences Importation de composantes, création de modèles peu coûteux, mécanisation, réduction des coûts	Promotions à court terme Représentants salariés Publicité en coopération Intégration en aval Recherche de marchés grâce à des comités et des vérifications
Déclin	Finance	Retrait de toute recherche sur la version du produit original	Retour à la sous-traitance ; simplification de la ligne de production Contrôle minutieux de l'inventaire ; rachat de biens à l'étranger ou aux concurrents ; approvisionnement en pièces de remplacement	Retour à une base sur commission ; retrait de la majorité du soutien de promotion Augmentation des prix Distribution sélective Retrait prudent en tenant compte de l'ensemble du réseau

TABLEAU 14.2 (suite)
Les relations entre le cycle de vie d'un produit et l'implantation des plans fonctionnels

Distribution physique	Personnel	Finance	Comptabilité
Planification des calendriers de livraison, changements, location de l'espace pour l'entreposage des camions	Recrutement pour combler de nouveaux postes Négociation des changements opérationnels avec les syndicats	Prévision des rentrées et des sorties de fonds, des profits, des investissements pour la durée du cycle de vie	Planification du rendement sur investissement des coûts totaux par rapport aux revenus ; fixation de la durée optimale des phases du cycle de vie à l'aide de la méthode de la valeur actuelle
Planification d'un système de logistique	Recrutement et formation des dirigeants de niveau intermédiaire Offre d'options d'actions aux dirigeants	Exploitation déficitaire Prévision au maximum de sorties nettes de fonds Autorisation de construire de grosses usines	Aide à la mise au point des standards de production et de distribution Mise au point d'une assistance pour la vente
Accélération des livraisons Changement des intallations et des moyens en propriété	Ajout du personnel pour les usines Beaucoup de griefs déposés et d'heures supplémentaires travaillées	Profits très importants Sortie nette de liquidités encore à la hausse Vente d'actions	Analyse à court terme de la rentabilité des ressources rares
Réduction des coûts et augmentation du niveau de service à la clientèle Contrôle des stocks des produits finis	Transferts, promotions ; incitatifs pour l'efficience, la sécurité, etc. Système de suggestions mis en place	Taux de profits en déclin mais liquidités nettes en croissance	Analyse des différences de coûts et de revenus Campagne de réduction de coûts, d'analyse de la valeur et d'efficience
Réduction des stocks et des services	Recyclage ou retraite accélérée	Gestion du système jusqu'au retrait Vente des équipements non nécessaires Exportation de la machinerie	Analyse des coûts à éliminer Détermination des dépenses incompressibles

SOURCE : Adapté de Jauch, L.R. et Glueck, W.F., *Management stratégique et politique générale*, Montréal, McGraw-Hill, 1990, p. 390-391.

– Quel mode de fonctionnement veut-on avoir au sein de l'entreprise : veut-on établir un climat de compétition ou de collaboration ?

Les réponses à ces interrogations vont permettre à l'entreprise de se doter d'un bon outil de stimulation matérielle doublé d'un outil de stimulation idéologique, comme le propose Hafsi (1985).

Le système de rémunération

Beaucoup de dirigeants sont déçus de constater que leurs collaborateurs ne semblent jamais satisfaits des récompenses financières qui leur sont accordées. Ces dirigeants oublient de vérifier si les types de rémunération qu'ils offrent (salaire, incitatifs à court et à long terme, primes, accumulation de capital, etc.) correspondent aux options stratégiques choisies. Ils pourraient ainsi se rendre compte qu'une stratégie de croissance par l'extension de marché (pénétration et ouverture de nouveaux marchés) se met en œuvre avec le concours de fonceurs et de gens préoccupés par le court terme. Ces derniers sont intéressés par un système de rémunération qui contient des incitatifs à court terme et récompensent le rendement immédiat mesuré par le volume des ventes. Au contraire, une stratégie qui favorise la croissance par la mise au point de nouveaux produits ou par l'acquisition de petites entreprises existantes met l'accent sur la recherche et le développement et sur des plans de développement à plus long terme. Une stratégie de croissance se met en place à l'aide de gens qui acceptent d'innover et d'investir dans le long terme. Ils voudront une rémunération en fonction des résultats à moyen terme, et des efforts particuliers s'imposent afin de conserver les dirigeants des entreprises acquises.

Les stades de développement et la rémunération

Les types de rémunération offerts aux dirigeants seront différents à chacun des stades de développement de l'entreprise. Comme l'indique le tableau 14.3, la rémunération offerte aux dirigeants au stade du lancement de l'entreprise reflétera le caractère entrepreneurial des dirigeants, d'une part en les associant à l'accumulation du capital par des incitatifs à long terme et, d'autre part, en minimisant les dépenses salariales au moment où les activités se révèlent déficitaires À l'opposé, en phase de déclin, le dirigeant voudra maximiser ses gains immédiats en exigeant un salaire élevé et en se montrant peu intéressé par des incitatifs.

TABLEAU 14.3
Les types de rémunération offerts aux dirigeants
et les stades de développement de l'entreprise

	Types de rémunération		
Stades de développement	Salaire de base	Primes et incitatifs à court terme	Accumulation de capital et incitatifs à long terme
Lancement	Faible	Modéré	Élevé
Croissance	Concurrentiel	Élevé	Modéré-Élevé
Maturité	Élevé	Modéré	Faible-Modéré
Déclin	Très concurrentiel	Faible-Modéré	Faible
Regénérescence	Concurrentiel	Modéré	Modéré-Élevé

CHAPITRE **15**

Gérer stratégiquement, c'est tenir compte du contexte de la planification effectuée dans divers types d'organisations afin de faciliter l'allocation des ressources et l'intégration des personnes au processus de décision stratégique

La planification stratégique se fait-elle de la même façon dans une entreprise privée, publique, ou coopérative, dans une entreprise de petite ou de très grande taille, dans une entreprise jeune ou vieille, dans une entreprise de production ou de services? Notre réponse est non car plusieurs facteurs influent sur la façon de planifier une stratégie, tels, entre autres, le nombre de personnes engagées dans la définition d'une stratégie, le nombre de niveaux hiérarchiques et de centres d'activité stratégique à considérer dans le choix des stratégies, le processus utilisé pour définir une stratégie. Les pages qui suivent décrivent la manière de planifier une stratégie dans une PME, une coopérative, des ministères canadiens et québécois, un hôpital, une municipalité, des bureaucraties mécanique et professionnelle, une entreprise divisionnaire et une entreprise « adhocratique ».

par Louis-Jacques Filion et Jean-Marie Toulouse

La planification stratégique dans une PME

La stratégie entrepreneuriale et de PME (péemmiste)

Plus l'environnement économique devient compétitif, plus on tend à se tourner vers l'entrepreneur et le dirigeant de PME. On peut alors se demander quelles leçons utiles à la stratégie ils peuvent nous enseigner. C'est ce que nous abordons dans les pages qui suivent. Examinons d'abord quelques caractéristiques de l'entrepreneur et de la PME et par la suite les effets de ces caractéristiques sur la stratégie.

L'entrepreneur

L'origine de la pratique d'activités entrepreneuriales remonte aussi loin que l'existence de l'homme lui-même. Les premiers hommes qui ont fabriqué des armes pour chasser, qui ont confectionné des vêtements à partir de leurs prises de chasse et les ont échangés contre d'autres biens agissaient en entrepreneurs. L'histoire de l'humanité abonde d'exemples entrepreneuriaux allant des commerçants d'Orient en passant par Crésus dans l'Antiquité (Kevers-Pascalis, 1986) et Jacques Cœur au Moyen Âge (Poulain, 1982). Cependant, la notion d'entrepreneur a intégré la littérature de gestion au cours des 50 dernières années, essentiellement à partir des écrits de Schumpeter. Celui-ci associe l'entrepreneur à l'innovation et définit l'innovation comme l'apport de quelque chose de nouveau :

- l'introduction d'un nouveau produit ;
- l'introduction d'une nouvelle méthode de production ;
- l'ouverture d'un nouveau marché ;
- l'utilisation d'une nouvelle source d'approvisionnement ;
- la mise en place de nouvelles formes organisationnelles (Schumpeter, 1934 : 66).

Ainsi, l'entrepreneur est une personne qui peut prendre des initiatives en osant faire des choses nouvelles ou différentes ou, à tout le moins, faire des choses qui existent déjà mais de façon différente.

Drucker (1985 : 62) reprend les notions suggérées par Schumpeter et propose sept sources à l'innovation dont les quatre premières sont internes à l'entreprise et les trois suivantes externes :

- l'*imprévu* : la réussite, l'échec, l'événement extérieur inattendu ;
- la *contradiction* entre la réalité telle qu'elle est et telle qu'elle « devrait être » ou telle qu'on l'imagine ;
- l'innovation qui se fonde sur les *besoins structurels* ;
- le *changement* qui bouleverse la structure de l'industrie ou du marché et prend tout le monde au dépourvu ;
- les *changements démographiques* ;
- les *changements de perception, d'état d'esprit et de signification* ;
- les *nouvelles connaissances*, scientifiques ou non.

Drucker note qu'il peut arriver que ces sources d'innovation se chevauchent

On remarque l'omniprésence de la notion d'innovation lorsque les spécialistes se réfèrent à l'entrepreneur. Plusieurs autres caractéristiques de l'agir entrepreneurial sont apparues dans la littérature de gestion au cours des dernières décennies, dont deux ont retenu ici notre attention : d'abord la notion d'identifi cation d'occasions d'affaires, puis celle de vision. En réalité, ces deux notions présentent des extrapolations du fait que l'entrepreneur est associé à l'innovation. Ainsi, puisque pour être entrepreneur une personne doit innover, cela peut impliquer qu'elle soit en mesure, entre autres, de déceler des occasions d'affaires. Smith (1967) et bien d'autres après lui feront cependant la distinction entre l'entrepreneur opportuniste et l'entrepreneur artisan. Ce dernier construit son entreprise autour de l'expertise acquise dans son métier tandis que le premier le fait autour d'une activité d'affaires reliée à un besoin non satisfait décelé dans le marché. Quant à la notion de vision, elle renvoie surtout au créneau découvert par l'entrepreneur dans le marché et qu'il veut occuper d'une façon qui lui est particulière (Westley et Mintzberg, 1989 ; Filion, 1991). Elle sert de fil conducteur à l'ensemble de ses activités. Elle implique cependant, tout comme la notion d'identification d'occasions d'affaires, que l'entrepreneur puisse innover, faire quelque chose de nouveau.

Le fait que l'entrepreneur à succès organise son système d'activité autour d'une vision lui permet de concevoir son entreprise en fonction d'un espace qu'il veut occuper dans le marché. L'élément dominant de ce système d'activité ne reflète plus son expertise dans un domaine donné, mais sa capacité de créer et de développer une entreprise qui puisse satisfaire un besoin décelé dans le marché. Il reste à l'entrepreneur à acquérir les expertises pertinentes en fonction du besoin à satisfaire ou à les compléter par l'embauche de personnes qui possèdent ces expertises. Cela implique un changement dans la définition de la notion d'entreprise à l'intérieur de laquelle cette dernière n'est plus définie comme un ensemble organisé pour fournir des biens ou des services, mais comme un système qui cherche à satisfaire les clients. Le point d'ancrage du système devient la perception qu'entretient l'entrepreneur des besoins du marché à satisfaire. Le système, l'entreprise mise en place devient l'instrument requis pour satisfaire ce besoin. On obtient ainsi un système tourné vers son environnement. Tant qu'il le demeurera, il aura plus de chances de continuer à s'adapter. Dès qu'il cessera de le faire, il risque de se replier sur lui-même et de perdre sa performance car ce qu'il fera risque de s'éloigner de la satisfaction d'un besoin.

Qu'on le qualifie d'opportuniste ou de visionnaire, l'entrepreneur demeure quelqu'un de très fortement associé à ce qui est innovateur, à quelqu'un de créatif qui peut réaliser des choses de façon différente, souvent de façon plus économique. Il est une personne axée sur des actions imaginatives et intuitives. Voyons maintenant quelques caractéristiques du système d'activité du dirigeant de PME.

Le dirigeant de PME

La première question à poser ici est la suivante : Quelles sont les différences dans la façon d'agir de l'entrepreneur et du dirigeant de PME ? Précisons d'abord qu'il existe plusieurs formes d'activités entrepreneuriales autres que celle de diriger une PME : agir en intrapreneur dans une organisation, être travailleur autonome, créer ou développer une entreprise acquise. Ainsi, ce ne sont pas tous les entrepreneurs qui sont dirigeants de PME et ce ne sont pas tous les dirigeants de PME qui sont entrepreneurs. Par exemple, il existe plusieurs dirigeants de PME qui ont acquis leur entreprise et qui continuent leur activité sans jamais y avoir apporté quoi que ce soit d'innovateur ou de substantiellement nouveau.

Aux fins de la discussion sur la stratégie, ce qui nous intéresse ici dans le concept de PME et de dirigeant de PME peut être ramené à deux éléments : au positionnement d'une PME dans le marché et à son mode de gestion. Le positionnement de la PME dans le marché consiste à occuper un espace vacant, un créneau, que l'entrepreneur qui crée une entreprise a su déceler. Il a créé son entreprise pour combler un besoin découvert mais non encore satisfait. Il existe beaucoup de ces espaces vacants dans le marché, mais c'est le propre de l'entrepreneur de savoir les déceler et de les exploiter. Il s'agit là d'une notion extrêmement intéressante pour la formulation de la stratégie.

Le deuxième élément péemmiste qui retient notre intérêt est celui de la gestion personnalisée. En effet, on définit souvent la PME comme une entreprise dont la gestion reflète la personnalité de son propriétaire-dirigeant (Gasse et Carrier, 1992). Cette gestion tient souvent compte de chacun des membres de l'entreprise, comme on le fait dans une famille. Une dimension à souligner ici est celle du temps. À l'époque où nous vivons, la rapidité avec laquelle certains dirigeants peuvent prendre des décisions et passer à l'action est devenue un élément majeur du succès ou de l'échec de plus d'un projet d'affaires. Le propriétaire-dirigeant de PME prend ses décisions plus rapidement que le dirigeant de grande entreprise, car c'est son argent qu'il risque et il n'a souvent que peu de personnes à consulter. Puisque le temps, c'est de l'argent, cela lui permet d'agir plus économiquement tout en conservant un haut degré de motivation de la part de son entourage. En effet, les choses avancent et, dans bien des cas, très vite, ce qui crée une dynamique qui se communique aux gens de l'entreprise et qui se traduit par une efficience accrue.

Plusieurs autres dimensions de la gestion personnalisée concernent la stratégie. Par exemple, à l'ère de l'entreprise « apprenante » et de la « qualité totale », il est certain qu'il est plus facile pour un dirigeant de petite entreprise de partager sa culture d'apprentissage, de perfectionnisme, de responsabilisation et de qualité qu'il ne l'est pour un dirigeant de grande firme. Bien que ce dernier communique régulièrement avec un nombre plus élevé de personnes de son entreprise qu'un dirigeant de PME, la communication demeure limitée considérant les dimensions parfois gigantesques de certaines grandes entreprises. Mentionnons aussi que les façons de s'y prendre, simples et directes, d'un propriétaire dirigeant, qui ne craint pas les représailles puisqu'il est propriétaire de son entreprise, font l'envie de plus d'un dirigeant de grande firme.

Il faut toutefois demeurer prudent en ce qui concerne les transferts de façons de faire entre petite et grande entreprise, car on agit dans l'un et l'autre cas dans des systèmes où les niveaux et les degrés de complexité ne se situent pas nécessairement aux mêmes endroits et ne s'expriment pas à partir des mêmes dimensions. Les modes de transfert peuvent donc être plus complexes qu'il ne le semble sans compter que la petite et la grande entreprise possèdent des éléments de logique propres qui ne sont pas toujours transférables. C'est à partir de cette mise en garde que nous aborderons les implications pour la stratégie des caractéristiques entrepreneuriales et péemmistes que nous venons de présenter.

Les implications pour la stratégie de ces caractéristiques entrepreneuriales et péemmistes

La stratégie offre un cadre à l'entreprise pour mieux évoluer dans son environnement. De quelle façon les caractéristiques entrepreneuriales et péemmistes vues précédemment peuvent-elles être utiles ? Quels sont les avantages de faire appel à ce qui est entrepreneurial et péemmiste pour dynamiser le processus stratégique, en particulier dans les grandes organisations ? Voilà quelques-unes des questions auxquelles nous allons maintenant tenter de répondre.

En réalité, l'expérience nous a appris qu'on avait davantage tendance à recourir à ce qui est entrepreneurial dans les situations difficiles, c'est-à-dire lorsqu'on évolue dans un contexte où il semble exister peu ou pas de choix de solutions possible, dans un contexte où on ne peut avancer qu'en ayant recours aux modes analytiques de la gestion. On semble surtout rechercher dans ce qui est entrepreneurial les dimensions innovatrices qui reflètent des comportements créatifs et imaginatifs. Toutefois, comment susciter cet esprit entrepreneurial et espérer par la suite une pratique entrepreneuriale, en particulier dans une grande entreprise où il est si facile d'établir des normes et une réglementation qui conduisent tout droit à des fonctionnements bureaucratiques.

La notion d'entrepreneur reliée au concept de l'homme libéral

En fait, la pratique entrepreneuriale contemporaine a été fortement influencée par le concept de l'homme libéral selon lequel l'homme est un être qui se réalise en corrélation avec l'expression de ses forces créatives. Pour y arriver, il a besoin de liberté, d'espace et qu'on lui fasse confiance.

Cette conception de l'homme implique que l'individu est responsable de ce qui lui arrive, de ce qui arrive. Il ne doit pas être pris en charge, car ce serait brimer sa liberté et réduire les pleines possibilités de réalisation de soi que la société, comme la famille, doit lui permettre. C'est cette conception de l'homme libéral qui a engendré l'entrepreneur. À défaut de s'y référer, on perd la logique, le sens qui explique ce type de comportement. Si le nombre des entrepreneurs s'est multiplié à chaque décennie au cours des derniers siècles, il est intéressant de s'interroger sur les façons d'encourager le même type de comportement chez les dirigeants, les cadres et les employés des organisations.

L'innovation

Les comportements, les façons de faire de l'entrepreneur sont particulièrement attrayants pour le dirigeant qui évolue dans un contexte de stratégie. Reprenons les caractéristiques de l'innovation telles que présentées par Schumpeter et voyons ce que nous pouvons en tirer pour la stratégie. L'introduction de nouveaux produits peut sans doute être considérée comme une préoccupation permanente du dirigeant, surtout à une époque où la durée de vie des produits est de plus en plus courte. La modification de produits existants de même que de nouveaux usages à donner à ces produits auront souvent avantage à être envisagés, même si ces nouveaux usages nécessitent des modifications aux produits existants. McGinnis (1984) a souligné qu'on évolue vers une segmentation croissante des marchés. Plus le marché se fragmente, plus on peut penser multiplier les produits en leur ajoutant chaque fois des caractéristiques mineures pour satisfaire des segments de plus en plus restreints du marché. L'introduction de nouvelles méthodes de production, la considération de la sous-traitance et de l'impartition, la mise en place de la qualité procurent une meilleure rentabilité, un meilleur positionnement stratégique. À l'ère de la mondialisation, l'ouverture de nouveaux marchés, même pour les PME, peut s'avérer une condition nécessaire pour demeurer compétitif. Saporta (1986) insiste sur ce qu'il appelle les stratégies de redéploiement pour les PME. Les deux principales qu'il suggère sont la diversification et l'internationalisation. L'identification et l'utilisation de nouvelles sources, de nouvelles formes d'approvisionnement, l'accent mis sur la R&D pour trouver des façons d'économiser et de rendre plus performant le produit-service sont aussi des éléments qui vont améliorer le positionnement stratégique. Quant aux formes organisationnelles, la gestion personnalisée observée dans la PME peut impliquer la mise en place de formes plus organiques que mécaniques. À l'ère où la compétition est forte, on a besoin d'organisations «minces» dans lesquelles chaque individu est responsable et dans lesquelles le personnel de supervision peut être réduit au minimum. Comme plusieurs auteurs qui ont étudié les approches entrepreneuriales en gestion, Bhide (1994) insiste sur le fait que l'économie des ressources et le temps de réponse beaucoup plus rapide sont ce qui distingue le plus l'approche entrepreneuriale de l'approche corporative en stratégie. Albert V. Bruno et Tyzoon T. Tyebjee (1985) ont relié cette rapidité d'action au seuil de tolérance plus élevé à l'ambiguïté que cultiveraient les entrepreneurs, ce qui leur permettrait de prendre des décisions plus rapidement à partir de moins d'information.

En ce qui concerne l'innovation et la stratégie, on ne peut passer sous silence les recherches sur l'entrepreneuriat technologique. Blais et Toulouse (1992

359-378) ont étudié le phénomène et ils en ont dégagé quatre grands types de stratégies :

— la stratégie scientifique ;

— la stratégie de supériorité technologique ;

— la stratégie dite de commercialisation ;

— la stratégie double : approche « technologie-marché » et « science-marché ».

Ils observent que ces stratégies sont toutes des stratégies de créneau. Il est intéressant de noter que la stratégie scientifique se manifeste par une « stratégie de percée technologique », laquelle est plus risquée mais « extrêmement efficace pour générer des retombées à long terme » (Blais et Toulouse, 1992 : 362). Nous avons là un élément susceptible d'inspirer plus d'une entreprise, même celles qui n'ont rien à voir avec les technologies, soit la concentration sur un produit qui peut devenir un produit leader et locomotive autour duquel se crée l'image de marque. C'est efficace en technologie, mais le principe s'applique aussi ailleurs. Par exemple, McDonald aurait-il pu devenir ce qu'il est sans le Big Mac comme produit leader et locomotive ?

En réalité, les stratégies de créneau sont celles que recherchent les entrepreneurs. Parfois, ils vont occuper autant de créneaux qu'ils ont de produits, parfois ils vont réussir à prospérer en élargissant graduellement l'espace qu'ils ont occupé dans le créneau initial. C'est ce qu'a fait Jean Coutu lorsqu'il a occupé le créneau de l'escompte en pharmacie. Il a prospéré en élargissant graduellement une gamme de produits à escompte.

Les occasions d'affaires

Examinons maintenant les conséquences sur la stratégie de deux autres caractéristiques du système d'activité de l'entrepreneur, dont nous avons parlé dans la première partie de ce chapitre : les occasions d'affaires et la mise en place d'une vision.

Le dirigeant vraiment concerné par les occasions d'affaires donne au marketing la première place des activités de gestion. Non seulement ce dirigeant s'intéresse-t-il à l'analyse de données de toutes natures sur le marché, à l'évolution de la démographie, des habitudes de consommation et de positionnement de produits mais il se préoccupe aussi de se rapprocher de son client, de l'utilisateur et de l'acheteur du produit. Il définit sa mission à partir des achats de son client. Combien de dirigeants ont pris l'habitude de consacrer une journée par semaine à rencontrer des clients, à les questionner, à essayer de mieux comprendre leurs besoins et, par là, découvrir des interstices, des créneaux, des occasions d'affaires ? L'utilisation périodique du remue-méninges et d'autres méthodes créatives avec le personnel de l'entreprise pour déceler des besoins non satisfaits puis concevoir des façons de les satisfaire est tout à fait de mise ici et reflète une dynamique entrepreneuriale.

Des spécialistes qui ont étudié le comportement stratégique des PME observent que les dirigeants de PME doivent demeurer à l'écoute de leur marché et s'ajuster graduellement en conséquence. Julien et Marchesnay (1992) parlent de stratégies circonstancielles des dirigeants de PME alors que d'Amboise (1989 : 55) écrit à propos de la stratégie des PME : « La gestion stratégique suppose un état d'esprit d'ouverture et de vigilance de la part de ceux qui en sont chargés. »

On comprend que la vigilance à l'égard des changements de l'environnement doit demeurer active et le flair aux aguets. Comment déceler des occasions d'affaires autrement ? Sur quoi se baser, construire ses balises pour s'ajuster autrement ? Aussi simple que cela puisse paraître, c'est pourtant cette attention à l'évolution du marché qui a permis à plusieurs PME de devenir de grandes entreprises pour autant qu'elles se soient donné un minimum de méthode de travail.

La vision

L'aspect visionnaire associé aux entrepreneurs à succès n'est pas aussi facilement transposable au dirigeant de grande entreprise que les autres caractéristiques de l'action entrepreneuriale. Cela s'explique par le fait que les entrepreneurs à succès créent leur entreprise, organisent eux-mêmes leur système de ressources humaines en considérant leur vision comme critère de sélection. Ainsi, l'entrepreneur se construit un groupe de travail où les rôles et les responsabilités sont définis en fonction des visions complémentaires dont la mise en application est déléguée aux personnes qui ont été recrutées en fonction des exigences requises pour réaliser un mandat prédéfini. Par la suite, il s'instaure une dynamique interactive entre l'entrepreneur et la personne recrutée, où on évolue à partir du système visionnaire initial (Filion, 1991).

La situation se présente de façon différente pour le dirigeant qui arrive dans une entreprise déjà établie où on évolue souvent autour de jeux de pouvoir plutôt que vers une direction donnée. Alors qu'il a fallu parfois des années à un entrepreneur pour bien connaître et comprendre son secteur d'activité, le dirigeant devra souvent mettre les bouchées doubles et accomplir ce travail en l'espace de quelques mois. Il lui faudra d'abord se pencher sur le marché de l'entreprise qu'il dirige afin d'en bien comprendre le positionnement global ainsi que celui particulier à chaque produit puis, comme le fait l'entrepreneur, concevoir une vision d'ensemble de l'espace qu'il veut voir occuper par ses produits et services sur le marché. Graduellement, il fera comme l'entrepreneur et organisera son système de ressources humaines en fonction de la vision élaborée.

Il faut souligner que la stratégie de l'entrepreneur reflète son propre niveau d'évolution. Elle n'est pas le fruit de décisions prises par des comités de gestion à partir d'analyses sectorielles complexes. Comme la gestion de la PME reflète la personnalité de son dirigeant, la gestion stratégique de l'entrepreneur — même lorsque son entreprise aura dépassé le stade de PME — s'oriente en fonction de ce qu'il comprend de l'évolution de son secteur. L'entrepreneur est un être concret orienté vers l'action. Il aime le mouvement et il aime progresser à son rythme. Le plus souvent, d'ailleurs, on observe qu'il évolue «pas à pas»: il ne recherche pas nécessairement les grands coups, mais il progresse constamment. Une autre des caractéristiques de l'entrepreneur est que, lorsqu'il pense stratégie, il a une vision globale. Il pense à l'ensemble du processus, et en particulier à la mise en œuvre. C'est certes là un des éléments distinctifs de l'entrepreneur dont pourra s'inspirer le gestionnaire.

Pour l'entrepreneur, la vision émerge essentiellement de ses contacts avec le marché, lequel appelle des transformations organisationnelles graduelles. Pour le dirigeant, plusieurs scénarios sont possibles. Dans le cas de changements d'orientation majeurs rapides, il devra se familiariser avec son marché, mais il ne lui sera pas toujours possible de modifier les ressources humaines nécessaires pour réaliser ce qu'il veut faire. Il devra apprendre à vendre sa vision mais aussi à la négocier. Dans bien des cas, il devra faire des compromis et se contenter de ne réaliser que des parties de cette vision, selon le contexte ou la façon dont il s'y sera pris pour la faire accepter ou selon sa position relative de force ou de faiblesse dans le système organisationnel dans lequel il évolue. Il semble que plusieurs dirigeants ont de la difficulté à bien comprendre la dynamique d'évolution de leur secteur d'activité et à concevoir clairement l'espace qu'ils désirent occuper dans le marché. Tant que cela n'est pas clair, ces dirigeants risquent de passer plus de temps à arbitrer des conflits internes qu'à donner des orientations à leur entreprise et à occuper leur rôle véritable de chefs de file stratégiques.

On peut aussi voir des implications stratégiques des caractéristiques entrepreneuriales et péemmistes à partir d'une perspective de l'organisation à deux paliers: la haute direction et ailleurs dans l'organisation. Selon l'un ou l'autre cas, on obtiendra une stratégie-tire (attraction) ou une statégie-pousse (pression).

La stratégie-tire

La stratégie-tire est celle où un chef de file ambitieux établit pour l'organisation une stratégie ambitieuse. Au lieu d'axer son action sur les contrôles, il privilégie la course en avant appuyée sur la reconnaissance de créneaux et d'occasions d'affaires qui conduisent à formuler des stratégies où on retrouve des innovations. On veut occuper des espaces vacants dans le marché, offrir des produits et des services différenciés. Le chef de file conçoit une vision de la place de son organisation dans le marché et la vend à ses collaborateurs. Il adopte ainsi le comportement d'un entrepreneur. Ce type de dirigeant tient ainsi compte de la dimension du temps, car pour demeurer compétitif il doit accélérer la vitesse de croisière de l'organisation. Les membres de l'organisation doivent travailler vite, fort et avec compétence pour suivre le rythme imposé. Plus ce dirigeant a de pouvoir, plus il peut concevoir des stratégies innovatrices, opportunistes, visionnaires et de différenciation, et plus sa gestion sera personnalisée.

La stratégie-pousse

La stratégie-pousse consiste à créer une dynamique organisationnelle forte caractérisée par des comportements entrepreneuriaux à tous les niveaux, qui poussent l'organisation à croître et à augmenter sa vitesse de croisière. On accepte ainsi que l'organisation puisse se développer à des rythmes variés et dans des secteurs différents. En fait, il revient à chaque membre de l'organisation d'établir ses règles du jeu pour susciter et soutenir dans l'entreprise des comportements entrepreneuriaux. La multinationale 3M est un bon exemple de ce type d'entreprise. Tout employé peut y soumettre une idée de produit. Si elle est retenue, on fera une étude de marché puis de faisabilité et, si elle s'avère positive, on lancera le produit en offrant le plus souvent à son instigateur le choix de devenir gérant de produit ou responsable de la nouvelle division créée.

Parmi les auteurs qui ont fait des recherches sur les comportements intrapreneuriaux, Camille Carrier (1994) a comparé ces comportements dans la grande et dans la petite entreprise (1991). Une de ses conclusions est que la PME offre un contexte où, la gestion étant plus personnalisée et flexible, il y est plus facile d'agir en intrapreneur. À la lecture de ses recherches sur le sujet, une des suggestions consiste à créer et à mettre en place des éléments formels à cet effet, si on veut obtenir des comportements intrapreneuriaux dans les grandes entreprises. Rosabeth Kanter (1985) suggère d'engager du capital disponible à moyen ou à long terme et de l'affecter aux projets jugés les plus prometteurs. Les clubs d'entrepreneurs chez Bell ont pour but de valoriser les employés qui proposent des améliorations et des innovations. Les groupes Thomson, Saint-Gobain et Lesieur, en France, sont allés plus loin en mettant en place des programmes d'essaimage. En invitant leurs employés à monter des projets d'affaires que l'entreprise soutiendra, ils visent non seulement à abaisser leurs coûts en achetant en sous-traitance un produit-service de meilleure qualité mais aussi à stimuler une dynamique de créativité dans l'entreprise.

Conclusion

C'est par la mise en place de stratégies-tire ou pousse, ou les deux à la fois, qu'on peut voir à l'œuvre une interface synergique entre l'entreprenariat et la stratégie. Il faut éviter que la stratégie devienne un processus statique d'analyse de positionnement. Pour jouer son rôle, la stratégie a besoin d'être soutenue par une dynamique créative et imaginative qui offre des avenues où on peut passer avec succès à l'action. Là, l'entrepreneur et la PME peuvent inspirer et dynamiser l'activité stratégique.

Les notions d'innovation, d'occasions d'affaires, de vision, d'interstices de marché, de créneaux, de différenciation, de gestion personnalisée et responsabilisée élaborées par l'entrepreneur et le dirigeant de PME présentent des perspectives créatives qui amènent le stratège à dynamiser son processus stratégique. Cela rappelle que les membres d'une organisation ne sont pas des pions mais des êtres créatifs, pensants, apprenants. Agir de façon entrepreneuriale dans la formulation et la mise en œuvre de la stratégie, c'est être en mesure d'utiliser au maximum les opportunités, tant internes qu'externes à l'organisation. Les opportunités internes découlent des intérêts, des compétences et des expertises personnelles. Il peut arriver qu'on décide, hors de toute logique, d'orienter son action vers un secteur à cause de la passion et de l'expertise d'un membre de l'organisation pour ce secteur. On y réussira en autant qu'on aura su créer le climat et la culture propices à soutenir les démarches entrepreneuriales souhaitées.

Au moment de sélectionner un dirigeant, pourquoi ne pas accorder une attention particulière à son profil entrepreneurial ? Car l'instauration et la mise en œuvre de projets, c'est ce qui donne de l'énergie à une organisation.

par Daniel Côté

La planification stratégique dans une coopérative*

Le modèle d'analyse stratégique des coopératives

Cet article vise à présenter un modèle d'analyse stratégique des coopératives. La formulation d'un tel modèle oblige à tenir compte du mouvement social et de l'association coopérative, du contexte d'émergence de la coopérative, de la nature distincte et des règles de la coopérative, de l'entreprise coopérative, de ses ressources, son environnement, etc. Le modèle proposé vise une meilleure compréhension de l'équilibre coopératif, résultat d'un arbitrage entre les différents agents engagés dans la gestion stratégique de la coopérative. Cet équilibre coopératif correspond au « fit » stratégique de l'entreprise privée, c'est-à-dire une adéquation entre la volonté des dirigeants, les capacités de la firme et les possibilités qu'offre l'environnement. Finalement, il est essentiel de tenir compte des raisons de la stratégie coopérative et de pouvoir réfléchir sur les critères d'évaluation de celle-ci.

---

* Reproduit avec la permission de la revue *Coopératives et Développement*, vol. 24, n° 1, 1992-1993, p. 18-39.

La nécessité de modélisation de la gestion stratégique de l'entreprise coopérative relève de sa nature distincte (de l'entreprise privée de type capitaliste, ou publique-parapublique) comme entreprise économique au service de l'association de personnes qui en sont à la fois propriétaires et usagers. La spécificité de la coopérative est d'être un type particulier d'entreprise caractérisée par un regroupement de personnes et d'une entreprise, c'est-à-dire une combinaison association-entreprise (Vienney, 1980).

Le rôle spécifique joué par la coopérative dans une économie de marché est fondamentalement relié à sa capacité de médiatiser les rapports de pouvoir entre divers groupes de la société. Cette forme d'organisation ne préside pas à la naissance d'un nouveau type de société, non plus qu'elle semble capable de se généraliser à l'ensemble économique dans lequel elle évolue. La spécificité de la coopérative réside dans sa capacité de s'adapter à l'ensemble social, mais aussi dans celle de modeler, de réguler une partie de l'environnement.

L'utilité d'un modèle de gestion stratégique de la coopérative est d'autant plus évidente que les divers mouvements coopératifs, autant au Québec qu'ailleurs au Canada et en Occident, sont aujourd'hui confrontés à des pressions multiples qui obligent leurs dirigeants à se poser cette question fondamentale de leur transformation et de leur mutation éventuelle. Selon les secteurs coopératifs, le problème se présente différemment, mais tous y font face. La question de la transformation et de la mutation coopérative est fondamentale maintenant et le sera d'ici la fin de la décennie. Cet article présente en première partie les déterminants de la gestion stratégique coopérative. L'établissement des déterminants à prendre en considération est un exercice nécessaire pour guider l'analyse de la gestion stratégique de la coopérative. Ces déterminants trouvent leur origine dans les volets association et entreprise tout en cherchant à intégrer la spécificité coopérative et le rôle que cette dernière joue dans le système économique. La deuxième partie traite de l'arbitrage coopératif alors que la troisième porte sur la pertinence de la stratégie de la coopérative. Suit la conclusion. Le modèle de base présenté à la figure 15.1 sert de toile de fond à l'ensemble de l'article. Y sont introduits les principaux déterminants à prendre en considération pour analyser la gestion stratégique coopérative ainsi que les éléments porteurs d'une logique d'action propre à la coopérative. Le texte qui suit ainsi que les schémas subséquents visent à exposer les différentes dimensions implicites et explicites de la figure 15.1. Le modèle classique de gestion stratégique de l'entreprise privée, tel que développé par Andrews, répertorie la volonté des dirigeants, le diagnostic interne, soit les capacités de l'entreprise, le diagnostic externe et la recherche des occasions comme les éléments de base. Le modèle proposé dans cet article s'inspire du modèle d'Andrews ainsi que de celui de Vienney ; il présente les caractéristiques fondamentales de l'entreprise coopérative.

FIGURE 15.1
Le processus de gestion stratégique de la coopérative

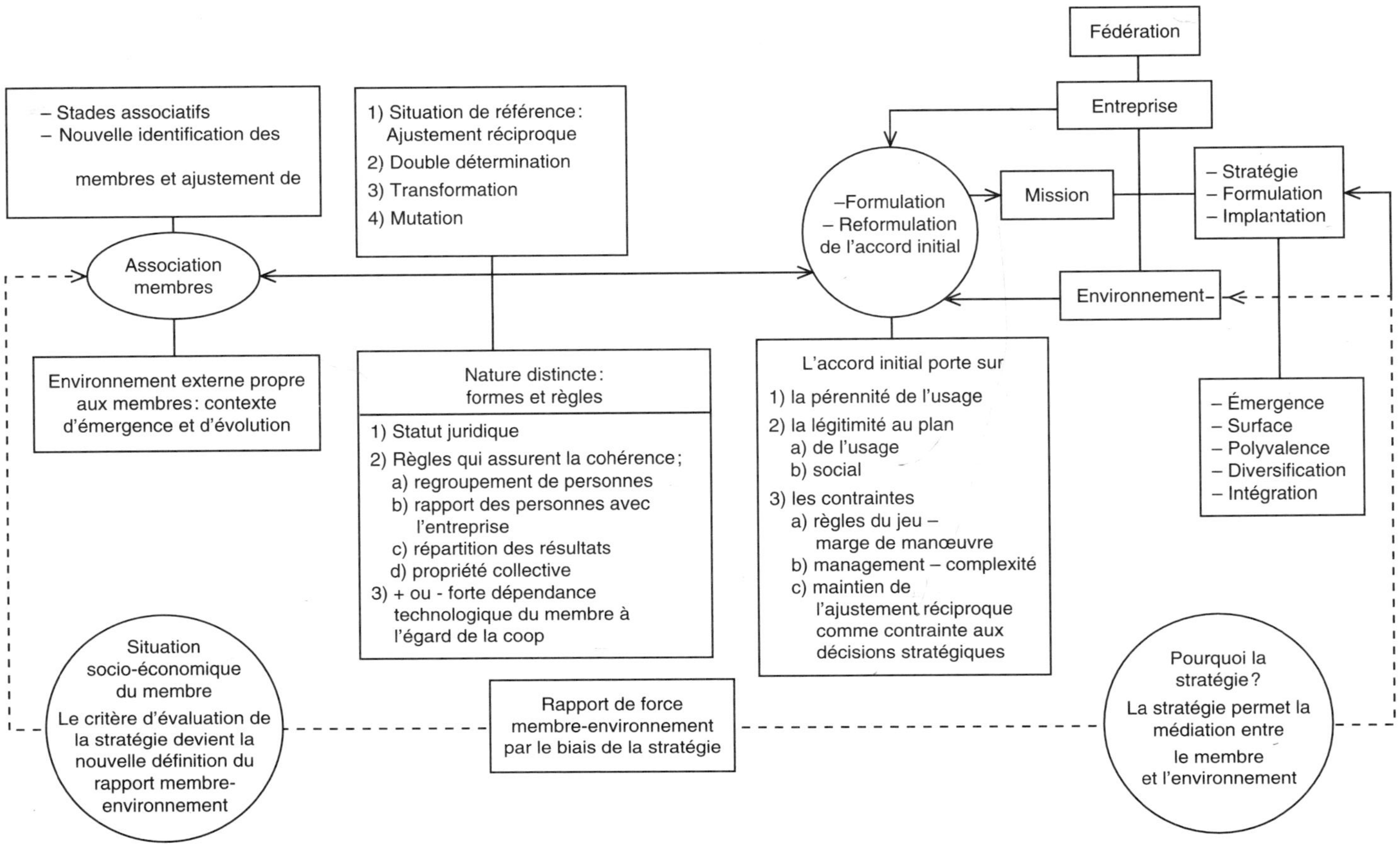

Les déterminants de la gestion stratégique de la coopérative

La gestion stratégique de la coopérative requiert l'utilisation de concepts, dont certains sont aussi utilisés par l'entreprise privée. Pour mieux cerner ce qui appartient en propre à la coopérative et ce qu'elle partage avec l'entreprise privée, nous distinguerons les déterminants « associatifs » des déterminants « entreprise ».

À la figure 15.1, les principaux déterminants de la gestion stratégique de la coopérative sont intégrés. Les éléments clés de la spécificité coopérative y sont aussi présentés.

La gestion stratégique et les stades de développement

L'association coopérative à l'origine de la création de l'entreprise coopérative résulte de l'émergence d'un mouvement social. Le développement d'un mouvement social suit plusieurs étapes : d'abord l'apparition et la généralisation d'un malaise social, puis les tentatives individuelles pour résoudre le problème. Cela conduit graduellement à un troisième stade caractérisé par une distorsion culturelle où les taux de déviance s'accroissent et la solidarité de groupe apparaît. Les objectifs deviennent plus clairs et un animateur-meneur est reconnu. Enfin, une nouvelle phase émerge où l'on essaie de remédier au problème. C'est la phase cruciale, celle où l'action collective devient spécifique.

Trois phases caractérisent l'évolution du mouvement coopératif : l'émergence, l'institutionnalisation et le rééquilibrage. À la phase *initiale* (émergence) de la coopérative, l'aspect associatif prédomine. La pénétration des coopératives se fait dans les secteurs laissés vacants par le capitalisme. Dans ce contexte, l'entreprise est mue par un mouvement social. L'entreprise coopérative sert à limiter les effets négatifs propres aux perturbations reliées aux transformations du système économique. Selon F.-A. Angers (1974), la coopérative s'identifie donc toujours au départ et dans son développement historique, pendant des années, avec la petite épicerie du coin, l'entrepôt ou la beurrerie ou la fromagerie modeste d'un petit centre agricole, le petit comptoir d'épargne, etc. Elle est quelque chose de petit, de faible, de portée limitée… La première étape, c'est donc l'unité de base, tout au ras du besoin à couvrir[1].

La deuxième étape du développement de la coopération en est une d'*institutionnalisation*. À ce stade, les coopératives de base poussent au regroupement des unités locales en une fédération. Cette étape du développement de la coopérative a comme résultat d'accélérer le processus du développement

---

1. François-Albert Angers (1974), *La coopération : de la réalité à la théorie économique*, Montréal Fides, p. 59.

coopératif. La création de la fédération permet en retour de s'appuyer sur cette dernière pour favoriser la création de nouvelles unités de base. Lorsque plusieurs fédérations existent, nous assistons habituellement à la création d'une confédération. Conséquemment, selon F.-A. Angers (1974), le processus général de développement d'un système coopératif suit la logique suivante : l'unité coopérative locale, limitée au service d'un petit groupe de coopérateurs, la multiplication des unités et leur fédération, puis l'efflorescence autour de l'unité de base et de la fédération de toutes les activités productives nécessaires pour répondre aux objectifs ou aux besoins de l'unité de base[2].

Au cours de l'évolution et du développement de la coopérative, à partir d'une prédominance de l'association, nous assistons graduellement à un glissement vers une prédominance de l'entreprise. Ce *revirement* graduel est lié à la réussite économique de la coopérative et au fait que cette dernière doit se plier aux lois dominantes. Ce revirement conduit aussi à un changement de finalité où la réussite économique de l'entreprise devient une finalité en soi. Poussé à l'extrême, ce revirement conduit à une *mutation*[3] de la coopérative qui perd sa spécificité et devient, ce faisant, une entreprise « ordinaire »[4].

Le rôle de la coopérative est important lors des périodes de transformation du système économique[5], au moment de l'émergence, bien sûr, mais aussi lorsque la coopérative a atteint un niveau de maturité suffisant. L'évolution de la coopérative ne peut être strictement linéaire. Nous devons donc envisager la possibilité d'un *double revirement* où la prédominance de l'entreprise serait réévaluée. Ce double revirement pourra se réaliser à la suite d'éléments[6] perturbateurs qui forceront la coopérative à un nouvel « équilibrage coopératif[7] ».

La gestion stratégique et l'association coopérative

Les caractéristiques de l'association proviennent de la nature distincte de la coopérative qui passe par l'identification des *personnes* (composition sociale) qui ont *besoin* d'une *combinaison juridique* (formes et règles spécifiques) pour

---

2. *Ibid.*
3. La mutation de la coopérative s'exprime par une autonomisation complète par rapport à l'association et conduit généralement à la modification des statuts coopératifs vers ceux d'une compagnie à capital-actions.
4. À la suite des travaux de C. Vienney, cette idée de revirement est reprise par plusieurs chercheurs dont Thériault (1980).
5. L'industrie laitière offre un exemple de transformation à trois reprises au cours du dernier siècle. Chaque fois les règles du jeu de l'industrie furent modifiées substantiellement. Chaque fois les coopératives laitières ont joué un rôle prépondérant.
6. Les éléments perturbateurs peuvent apparaître lors des transformations du système. Encore ici, le cas des coopératives laitières est significatif (voir Côté et Vézina, 1991-1992).
7. Ce concept d'équilibrage coopératif sera expliqué plus loin dans le texte.

réorganiser des *activités* (champ d'activité). Pour bien saisir la nature de l'association, il importe donc de revenir sur ces éléments[8].

L'association coopérative est souvent sujette à des pressions «associatives» d'une autre nature compte tenu du fait que les membres de l'association coopérative sont aussi membres d'une deuxième association qui vient se juxtaposer à la première[9]. Cette double association est représentée à la figure 15.2 par le triangle qui se superpose à l'association coopérative. Il importe de mentionner cependant que toute coopérative n'est pas nécessairement sujette à cette situation de double association.

Le lien entre le membre et sa coopérative s'exprime par le double statut de propriétaire-usager. Ce lien de propriétaire-usager est caractérisé par une intensité variable. Ce sont les caractéristiques des acteurs, de leurs activités et des règles associatives (incluant celle de la double association) qui déterminent l'intensité de la relation.

Les acteurs et les activités[10]

De façon à pouvoir analyser les caractéristiques de l'association, les acteurs peuvent être décrits en termes de profil socio-économique, de degré de spécialisation et de taille afin de faire ressortir les besoins des membres, les attentes de ces derniers, les raisons de leur appartenance à la coopérative et la plus ou moins grande hétérogénéité du «membership».

---

8. Claude Vienney (1980), *Spécificité de l'entreprise et de la gestion des coopératives*, Montréal, École des Hautes Études Commerciales, Centre de gestion des coopératives, Cahier T-80-13.

9. Un exemple classique de cette situation est celui des coopératives laitières dont les membres sont aussi membres du syndicat agricole responsable de la gestion des offices de commercialisation (Côté et Vézina, 1991-1992). La situation des coopératives de travail, où les membres sont aussi syndiqués, relève aussi de cette situation (Simard, 1982-1983). Le cas des coopératives d'habitation offre une situation un peu différente avec l'existence du FRAPRU (le Front d'action populaire en réaménagement urbain), regroupement d'associations de locataires, de comités de citoyens, de fédérations de coopératives d'habitation, pour la défense des conditions des locataires et de l'habitat en milieu populaire.

10. Selon Vienney, la personnalité des acteurs s'est à la fois diversifiée, complexifiée et appauvrie au cours des dernières décennies. Elle s'est diversifiée parce que sont apparus divers acteurs nouveaux tels les commerçants, les artisans, divers types de professionnels, etc. L'accroissement de la complexité est reliée aux types d'activités de ces nouveaux acteurs. La complexité des activités d'acteurs tels les agriculteurs, les pêcheurs, les commerçants, se reflète sur la complexité de la relation association-entreprise. Cette relation acteurs-entreprise s'est cependant appauvrie parce qu'elle s'appuie sur les caractéristiques technico-économiques relativement à d'autres aspects de leur personnalité sociale (Vienney, 1991 : 16).

Les caractéristiques de l'activité «coopérativisée» du membre sont liées, entre autres, à l'importance de celle-ci dans l'activité globale de ce dernier, aux caractéristiques de la technologie supportant celle-ci, aux liens que le membre doit entretenir avec le marché (par l'entremise de la coopérative ou non) et à l'importance de l'investissement.

Les règles

L'association coopérative est animée par des règles spécifiques à la coopération, basées sur les principes coopératifs. Ces règles sont au nombre de quatre : la règle du regroupement de personnes (un membre, un vote), la règle qui met en rapport les personnes avec l'entreprise (rapport d'activité), la règle relative à la répartition des résultats et la règle de la propriété collective des résultats réinvestis (Vienney, 1980).

Aux règles spécifiquement coopératives qui caractérisent l'association, il nous faut ajouter les règles propres à l'action collective. Cette dernière a comme caractéristique de produire un bien public, c'est-à-dire de corriger plus ou moins convenablement un malaise social ressenti par un groupe suffisamment large de personnes. La solution du problème se fera au bénéfice de tous, qu'ils aient participé à l'effort collectif ou non. Une telle situation conduit à des comportements de resquilleurs, c'est-à-dire que le membre de la coopérative sera tenté de laisser «l'autre» assumer le travail (de gestion de la coopérative, par exemple)[11]. Un tel comportement influence à la baisse la quantité de ressources destinées à la coopérative.

La double structure associative[12]

Au-delà des règles coopératives et de l'action collective, la coopérative est souvent soumise à des règles associatives d'une tout autre nature. Par exemple, les membres des coopératives laitières sont aussi membres d'un syndicat agricole qui se juxtaposera à l'association coopérative en regroupant ces derniers. Elle va concurrencer, entre autres, l'association coopérative sur le plan de sa légitimité associative et certaines dimensions de la finalité coopérative. Une situation

---

11. L'usage que fait le membre de la coopérative est un bien privé. Cependant, la propriété collective de l'outil coopératif requiert un investissement du propriétaire et non seulement de l'usager. C'est dans son statut de propriétaire que le membre pourra adopter un comportement de resquilleur en n'assumant pas sa part de la gestion de l'association et de l'entreprise.
12. L'expression «double structure associative» n'exclut pas la possibilité de voir ces deux associations se livrer une concurrence, entre autres en ce qui touche leur légitimité respective auprès des membres qu'ils ont en commun. Cette concurrence peut aussi s'exprimer par des représentations contradictoires et conflictuelles auprès de divers paliers de gouvernements.

FIGURE 15.2
L'association coopérative

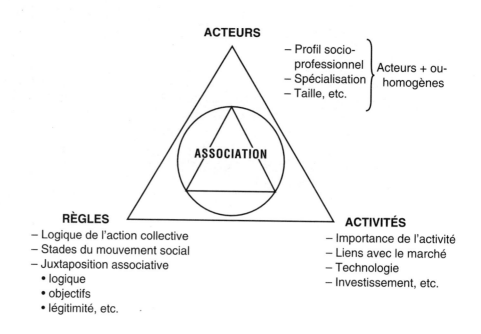

similaire peut se produire lorsque les membres d'une coopérative de travail sont syndiqués.

La nature de cette deuxième association peut être plus large et elle peut rejoindre davantage les caractéristiques des groupes de pression. Les Associations coopératives d'économie familiale (ACEF) et les coopératives de consommateurs, le FRAPRU et les coopératives d'habitation[13] en sont des exemples.

La figure 15.2 illustre cette situation. Les membres-usagers de la coopérative sont regroupés à l'intérieur du cercle alors que le triangle regroupe les membres de la deuxième association. Cette dernière peut englober tous les membres de l'association coopérative ou seulement une partie de ceux-ci.

Le lien entre ces deux associations sera plus ou moins important selon le cas. Les coopératives laitières sont soumises à des règles par le syndicat des producteurs de lait, ce qui a pour effet de rendre caduques certaines règles coopératives. Par exemple, la convention de mise en marché signée entre le syndicat agricole

---

13. Voir note 9.

et les coopératives contient des règles d'approvisionnement des usines qui ne respectent pas le lien d'usage entre le membre et sa coopérative.

Un deuxième exemple est fourni par le cas de Tricofil, coopérative de travail. Le syndicat joua un rôle important dans la mise en branle du projet. Des tensions croissantes se sont développées entre les représentants syndicaux et le conseil d'administration, et chez les travailleurs divisés entre leur statut de travailleur et d'actionnaire. Évidemment, chaque situation est particulière et doit être analysée comme telle. L'impact de cette appartenance du membre à deux associations peut être significatif. Il modifie certainement la dynamique associative et forcément le lien entre l'association et l'entreprise.

L'intensité du lien d'usage

C'est la combinaison des caractéristiques des acteurs, de leurs activités et des règles reliant la double association à l'entreprise qui permet d'apprécier l'intensité du lien entre le membre et sa coopérative.

Le cas des producteurs de sirop d'érable est présenté. L'intensité du lien d'usage du membre avec sa coopérative s'est accrue vers la fin des années 1970. À cette époque, une nouvelle technologie s'est graduellement imposée dans le secteur primaire. Cette technologie a eu comme impact d'intensifier l'activité du membre comme acériculteur, donc d'intensifier son activité « coopérativisée ». Le producteur a dû consentir des investissements importants, ce qui a accru sa production de sirop d'érable. La dépendance du producteur à l'égard des marchés, et donc de la coopérative, s'est amplifiée.

À partir de 1990, ce même lien d'usage s'est atténué à cause d'une modification des règles associatives. Les producteurs ont voté la mise en place d'un plan conjoint qui vient se juxtaposer à l'association coopérative. Le plan conjoint établit les règles d'approvisionnement des usines de conditionnement du sirop d'érable sans égard au lien d'usage du membre et de sa coopérative. Une telle modification des règles réduit la dépendance des producteurs à l'égard de leur coopérative pour la mise en marché de leur sirop.

La gestion stratégique et l'entreprise coopérative

L'accord initial

Lorsque se pose la question du positionnement stratégique initial pour l'entreprise capitaliste, le choix des produits et des marchés relève d'une recherche du profit maximum. Dans ce contexte, la formulation de la stratégie s'articule en trois étapes :

– *l'analyse sectorielle*, de façon à souligner l'attrait du secteur relativement à la profitabilité intrinsèque et aux facteurs de succès (Porter, 1980) ;

– le choix du *domaine d'activité stratégique*, qui s'appuie sur les sources d'avantages concurrentiels de la firme et sur l'analyse de secteur ;

– la détermination d'un *vecteur de croissance* qui indique la direction dans laquelle la firme compte effectuer son développement en fonction de sa position stratégique actuelle (Ansoff, 1965).

Cette même question pour l'entreprise coopérative requiert une approche différente :

1. Le positionnement initial nous amène à nous questionner sur le rôle de la coopérative, souvent associée à diverses situations «d'échecs de marché», d'absence de marché, de monopole, etc. L'organisation coopérative n'est pas neutre soit face aux acteurs qui en ont besoin, soit pour réorganiser certaines de ses activités à partir de règles spécifiques (Vienney, 1980).

2. Ces éléments nous fournissent le cadre de référence pour comprendre le positionnement initial de la coopérative, c'est-à-dire les utilisateurs-usagers de l'entreprise, le choix du secteur d'activité et le domaine d'activité stratégique. Ces éléments clés viennent des membres de l'association, souvent perturbés par des transformations socio-économiques qui menacent la pérennité de leur activité (agriculture, pêche, habitation, etc.). La coopérative émerge pour absorber en partie les chocs provoqués par ces transformations et comme réponse à différentes situations «d'échecs de marché». La recherche du profit maximum est substituée à celle de besoins de base associés à un groupe spécifique d'individus. Le choix du domaine d'activité stratégique est directement relié à l'activité «à coopérativiser».

3. Le positionnement initial devient l'accord initial, l'équilibre coopératif. Cet équilibre traduit les décisions relatives à la mission de base, les objectifs et la stratégie poursuivis par la coopérative. Cet accord initial et sa reformulation arbitrent entre les contraintes imposées par les règles du jeu propres au domaine d'activité stratégique de l'entreprise coopérative, les besoins exprimés par les membres et le maintien de la combinaison coopérative par l'ajustement réciproque association-entreprise comme contraintes aux décisions stratégiques.

Le diagnostic organisationnel

L'objet de la stratégie est de développer dans l'entreprise des avantages concurrentiels par rapport à ses concurrents. Elle vise à assurer la survie de l'entreprise à long terme. La pérennité de l'entreprise sera assurée en autant que celle-ci saura créer de la valeur : mettre en marché un produit ou un service que les clients apprécieront proportionnellement à la dépense qu'ils auront engagée. Une telle création de valeur passe par l'articulation des avantages concurrentiels relativement aux ressources dont l'entreprise dispose. La stratégie de l'entreprise répond de ces avantages concurrentiels et donne à celle-ci une direction, une cohérence et une concentration des efforts essentiels à son développement et à sa survie (Mintzberg, 1987). L'analyse de l'avantage concurrentiel de l'entreprise requiert une compréhension de la chaîne de valeur de cette dernière (Porter, 1986).

La coopérative et le réseau coopératif représentent une situation d'intégration verticale[14]. Par exemple, le producteur de lait est propriétaire de l'usine de transformation, le pêcheur est propriétaire de l'usine de transformation du poisson, etc. L'utilisation du concept de chaîne de valeur est utile lorsqu'il est appliqué dans un tel contexte. Un système de valeurs regroupe la chaîne de valeur des fournisseurs, des transformateurs et des distributeurs. Un tel système de valeurs développe une vision stratégique de la filière[15]. Une telle vision permet de tenir compte de la chaîne de valeur de chacun des acteurs de la filière, des liaisons verticales entre les acteurs et du cadre contextuel qui facilite ou entrave les relations contractuelles entre ces derniers.

Le diagnostic de l'organisation coopérative requiert les étapes suivantes :

– le diagnostic des forces et faiblesses de l'entreprise, et de son avantage concurrentiel, par le biais de l'analyse de sa chaîne de valeur ;

– le diagnostic du système de valeurs : des forces et faiblesses des fournisseurs (ex.: les agriculteurs membres), des distributeurs, et de l'examen de leur contribution à la création de valeur ;

– le diagnostic des forces et faiblesses de la fédération, des ressources qu'elle met à la disposition de ses coopératives membres ;

– le diagnostic des liaisons verticales entre les acteurs du « milieu coopératif » le long de la filière.

L'analyse de l'environnement

Au-delà du diagnostic interne des forces et faiblesses, la gestion stratégique s'appuie sur une compréhension « intime » de l'environnement externe de l'entreprise. Cet environnement est économique, politique, institutionnel et technologique. L'objectif d'une telle analyse est de bien déterminer les composantes structurelles de l'environnement et les forces concurrentielles, les règles du jeu, les facteurs de succès et les menaces et opportunités auxquels l'entreprise est confrontée.

L'environnement et la coopérative

La coopérative sera plus sensible à certaines dimensions de son environnement, même si dans l'ensemble elle doit en tenir compte au même titre que l'entreprise

---

14. Sauf pour les coopératives de travail.
15. Cette dernière est définie comme l'enchaînement des activités de la production primaire au consommateur final.

privée. Par ailleurs, elle sera d'autant plus sensible à la totalité de son environnement que la contrainte du lien d'usage et de l'ajustement réciproque réduit considérablement sa mobilité. La coopérative cherche à rééquilibrer, à reformuler la relation entre le membre et l'environnement externe, principalement économique. L'objectif de sa stratégie sera de reformuler ce rapport de façon plus avantageuse pour le membre.

La technologie est une variable clé pour le membre et elle modifie souvent la nature de son activité. Le membre verra sa position socio-économique souvent modifiée par le biais d'un changement technologique, par exemple, les travailleurs d'Harpell (coopérative dans le secteur de l'imprimerie) et l'arrivée de la composition froide, les producteurs de lait et la réfrigération à la ferme au cours des années 1960, les pêcheurs côtiers et l'arrivée des chalutiers en 1950, les acériculteurs et les tubulures à la fin des années 1970, le guichet automatique et la caisse populaire, etc. L'intensité du lien du membre avec sa coopérative sera d'autant plus affectée que la nature de l'activité sera modifiée ainsi que les caractéristiques de l'acteur.

Finalement, l'environnement politique est souvent crucial, pour ne pas dire déterminant, pour la coopérative. Les coopératives sont souvent exploitées dans des secteurs lourdement réglementés. Cela ne devrait pas nous surprendre puisque la coopérative émerge là où l'entreprise capitaliste ne trouve pas son profit, où il existe une situation d'abus et d'échec de marché (*market failure*), raisons qui incitent l'État à réglementer. Quelques exemples suffiront à illustrer notre propos : les coopératives d'habitation et les programmes de la Société canadienne d'hypothèques et de logement (SCHL), les coopératives laitières et la politique laitière nationale, les coopératives de pêche et les nombreux programmes d'adaptation de la main-d'œuvre, la concentration des actifs du secteur secondaire, etc. La coopérative est donc baignée dans un environnement hautement politisé qu'elle doit maîtriser pour espérer bien jouer son rôle de médiation. L'environnement politique est d'autant plus important pour la coopérative que la double allégeance associative du membre mentionnée à la section précédente peut tirer sa force de décisions politiques. Non seulement la coopérative doit évoluer dans un environnement fortement réglementé mais sa relation avec ses membres est aussi conditionnée par des décisions gouvernementales qui vont la contraindre à certaines règles. Encore une fois, le meilleur exemple nous est donné par les coopératives laitières. Ces dernières voient leurs relations avec leurs membres sensiblement affectées par l'intervention gouvernementale qui donne au syndicalisme agricole des pouvoirs de mise en marché. C'est de ce pouvoir que le syndicalisme agricole se sert pour juxtaposer à l'association coopérative une logique d'action fort différente.

L'importance à accorder à l'environnement s'est accrue pour la coopérative au cours des dernières décennies. Initialement, la coopérative émergeait dans un environnement négligé par l'entreprise privée faute de rentabilité. Ce rôle de complémentarité entre la coopérative et l'entreprise privée s'est graduellement transformé en relation de concurrence (Vienney, 1991). Dans de nombreux cas, l'évolution de la structure du secteur vers une situation de rentabilité a attiré l'entreprise privée, la mettant en concurrence avec la coopérative. Par ailleurs, le développement de la coopérative l'a souvent conduite à investir des secteurs traditionnellement occupés par l'entreprise privée. La concurrence a donc largement remplacé la complémentarité, obligeant la coopérative à une analyse plus fine de son environnement. La relation de la coopérative avec le gouvernement s'est aussi modifiée au cours de cette période (Vienney, 1991). À l'origine, les rapports de la coopérative avec l'État relevaient de diverses formes d'aide. Maintenant, ce dernier pousse de plus en plus la coopérative vers une situation de concurrence.

Les stratégies en amont et en aval : les stratégies génériques

Autant dans l'unité de base que dans la fédération, le développement de la coopérative, après la phase émergente, peut suivre plusieurs voies : un développement en surface, un développement de type polyvalent, un développement vers une diversification ou un développement par le biais d'une intégration verticale en amont ou en aval (Desforges, 1980).

Un développement en surface consiste à augmenter le nombre de membres desservis par la coopérative relativement à son activité de base. Un développement vers la polyvalence correspond à une diversification des activités de la coopérative de façon à pouvoir satisfaire davantage les besoins de ses membres. Ce type de diversification des activités de la coopérative en fonction des besoins du membre diffère du second type de diversification basé sur la recherche de synergies entre les activités de la coopérative et une ou des activités économiques indépendantes de celles du membre. Finalement, un développement basé sur l'intégration verticale correspond à la recherche d'un contrôle des activités directement reliées à celles de la coopérative, et donc du membre, mais en aval ou en amont de celles-ci.

Les groupes stratégiques en amont et en aval

Le comportement stratégique différencié de la coopérative doit être apprécié autant dans ses stratégies vers l'aval (ex.: le consommateur pour les coopératives laitières) que vers l'amont (ex.: le producteur pour une coopérative de mise en marché du sirop d'érable). Il est tout à fait plausible de voir une coopérative agricole adopter un comportement stratégique similaire à celui de l'entreprise privée en aval, tout en s'en différenciant en amont[16]. Faire ressortir les stratégies en amont

---

16. Une coopérative de consommateurs peut être caractérisée par la situation inverse.

est d'autant plus important que le rôle de la coopérative est justement de modifier le lien entre le membre et son environnement externe. C'est souvent parce qu'il subit un rapport de force jugé inéquitable de la part des agents économiques du secteur secondaire que le pêcheur devient coopérateur.

De façon à mieux représenter les différents comportements stratégiques observés à l'intérieur du domaine stratégique dans lequel évolue la coopérative, nous croyons utile d'utiliser le concept de carte de l'industrie de façon à bien cerner les groupes stratégiques.

Le groupe stratégique repère les firmes qui ont des comportements stratégiques voisins à l'égard des dimensions retenues (Porter, 1980). Si l'on est en mesure de caractériser les stratégies suivies par les concurrents importants, il devient possible de dessiner la carte de l'industrie autour des principaux groupes stratégiques. Un exemple de groupes stratégiques, tant en aval qu'en amont, est présenté à la figure 15.3. Nous y illustrons la carte de l'industrie du sirop d'érable. Les comportements stratégiques de la coopérative sont comparés à ceux de ses principaux concurrents, Borden et Heinz en l'occurrence. En aval, la coopérative a développé une stratégie fort comparable à celle de Borden. En amont, cependant, cette dernière fait bande à part. Elle a développé une stratégie différente en plusieurs points. Elle a une relation contractuelle avec les producteurs et elle consigne tout le sirop produit par ces derniers. Les « privés » achètent des producteurs seulement ce dont ils ont besoin. Elle cherche à payer le prix le plus élevé pour le sirop. Elle a financé le développement d'un instrument de mesure de la qualité du sirop, ce qui permet aux producteurs de « négocier » en connaissance de cause avec les entreprises qui transforment le sirop en produits de toutes sortes. Finalement, la coopérative a une stratégie de représentation des intérêts des producteurs auprès des gouvernements tout en formant ses membres à une meilleure gestion de l'érablière.

La gestion stratégique et l'arbitrage coopératif

L'arbitrage coopératif

L'arbitrage coopératif représente la contrepartie du *fit* stratégique propre à l'entreprise privée capitaliste, c'est-à-dire l'adéquation entre les capacités de l'entreprise et les opportunités de l'environnement (Andrews, 1973). Cet arbitrage se veut cependant différent et plus complexe, compte tenu de la particularité de la logique d'action propre à la coopérative : ses statuts, ses règles, sa finalité, le maintien du lien d'usage et le processus décisionnel. C'est donc une notion d'équilibre qui vise à assurer la pérennité de la coopérative à long terme, comme coopérative. L'arbitrage coopératif doit tenir compte de la spécificité de cette dernière. Cette spécificité pourra s'exprimer par les usagers, les administrateurs, les cadres et les employés. D'autres acteurs pourront jouer un rôle, soit les membres de la double structure associative juxtaposée à la première. Les membres

FIGURE 15.3
Les comportements stratégiques dans l'industrie du sirop d'érable

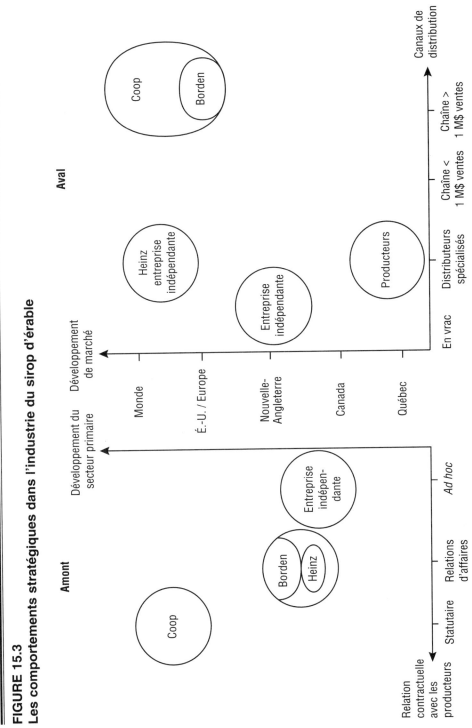

FIGURE 15.4
L'arbitrage coopératif

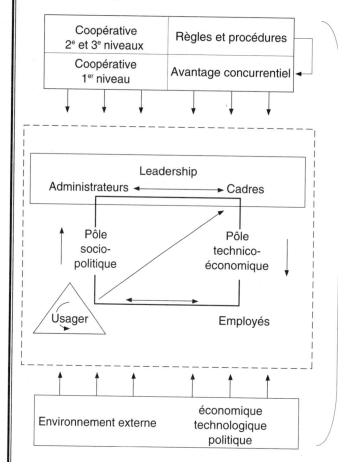

| Coopérative 2e et 3e niveaux | Règles et procédures |
| Coopérative 1er niveau | Avantage concurrentiel |

Leadership

Administrateurs ◄──► Cadres

Pôle socio-politique

Pôle technico-économique

Usager

Employés

Environnement externe

économique
technologique
politique

Importance relative de la marge de manœuvre de la coopérative

Marge de manœuvre : contraintes

1. Économiques – Règles du jeu vs ressources
2. Politiques – Réglementation, relation avec l'État
3. Associatives – Intensité du lien d'usage $\Rightarrow$ + ou -
4. Idéologiques – Vision initiale de l'entreprise
   – Autonomie de l'entreprise
5. Bureaucratiques – Pression de la fédération
6. Technologiques

de ces deux associations seront partiellement ou totalement les mêmes ; la logique d'action sera cependant différente. Qui plus est, les leaders associatifs seront fort probablement différents. À la figure 15.4, nous retrouvons ces principaux acteurs entourant le quadrilatère central. Le triangle juxtaposé à l'acteur « usager » représente cette deuxième association. Le rapport de pouvoir entre ces différentes catégories d'acteurs sera influencé par diverses variables, soit les stades d'évolution de l'association, les stades d'évolution de la coopérative, le leadership « socio-politique » devant le leadership « technico-administratif », la position relative des employés au sein de l'organisation, la base de pouvoir dévolue à la deuxième association, souvent par le gouvernement, etc.

La coopérative devra intégrer deux pôles fondamentaux, le pôle technico-économique et le pôle sociopolitique[17]. Le pôle technico-économique relève davantage de la gestion de l'entreprise, de la recherche de l'efficacité économique et s'appuie sur une rationalité de nature organisationnelle et économique exprimée par des experts. Le pôle sociopolitique reflète davantage la réalité associative à travers une rationalité plus souvent locale (par opposition à globale). Il fait valoir l'impact des décisions sur l'usager, mais aussi sur le cadre local de l'usager, souvent éloigné du centre et alimenté par une information incomplète et mal comprise.

De plus, l'arbitrage devra s'effectuer à l'intérieur de la marge de manœuvre de la coopérative. Cette marge de manœuvre est contrainte de multiples façons. Un premier ordre de contrainte est de nature économique. Tout comme l'entreprise privée, la coopérative doit tenir compte des règles du jeu propres à son secteur. Ces règles du jeu dictent le type d'avantages concurrentiels requis pour garantir la survie de l'entreprise, coopérative ou privée. La marge de manœuvre coopérative sera aussi contrainte sur le plan politique. L'intervention gouvernementale dans un secteur donné peut se faire indirectement par le biais de la coopérative. Qui plus est, cette double association juxtaposée à l'association politique intervient comme acteur souvent à la suite d'une réglementation gouvernementale. Le gouvernement viendra alors contraindre la marge décisionnelle de la coopérative.

La coopérative devra aussi prendre en considération des contraintes de nature idéologique. Les intentions exprimées par les membres de l'association traduisent la vision que ces derniers ont de l'entreprise. Ces intentions et cette vision vont contraindre les choix stratégiques en rejetant d'emblée certaines opportunités. Par exemple, les producteurs de lait ont toujours refusé d'engager des ressources de leurs coopératives pour la production et la distribution de margarine. Il importe de noter que toute modification de la vision collective de l'organisation est un exercice plus complexe qu'il ne l'est pour un seul individu. Finalement, la marge de manœuvre de la coopérative pourra être contrainte par des considérations bureaucratiques. Les normes bureaucratiques peuvent lui être imposées par la fédération et forcer certains choix ou en empêcher d'autres. Tous les secteurs coopératifs vivent ce type de contrainte, par exemple la Fédération des caisses populaires et la Confédération qui imposent des normes de capitalisation et de gestion du portefeuille aux caisses de base.

Les contraintes technologiques touchent l'entreprise coopérative différemment lorsqu'il est question de la fonction « coopérativisée », par exemple une coopérative

---

17. Peter Normark mentionne l'existence de ces deux pôles en relation avec une étude de cas de fusion de plusieurs coopératives agricoles. (cf. *Strategic Change Processus in Co-operative Companies*, Paper presented at the Egos Colloquium in Berlin, July 1989.)

de travail qui se trouve devant une nouvelle technologie qui affecte l'emploi et la qualification. Il est aussi possible d'assister à une modification du lien d'usage entre le membre et sa coopérative à la suite d'un changement technologique affectant l'activité de ce dernier.

L'équilibre coopératif, résultant de l'arbitrage, va se traduire en décisions de nature stratégique. Cet équilibre sera stable dans la mesure où il garantira un minimum d'efficacité économique ainsi que le maintien du lien d'usage. Dans une perspective diachronique, c'est la pertinence de la coopérative qui est en jeu, donc la pertinence de la stratégie. Cette idée de pertinence sera traitée dans la prochaine partie.

Les éléments déclencheurs : les besoins associatifs, l'environnement externe

L'équilibre coopératif décrit à la section précédente sera régulièrement remis en cause par des changements de natures diverses, des éléments déclencheurs. Ces changements peuvent provenir tant du côté associatif que du côté entreprise et obliger la coopérative à réévaluer ses orientations stratégiques de façon à garantir sa pérennité tout en maintenant sa pertinence. Une réévaluation de ses orientations stratégiques conduira la coopérative vers une nouvelle situation d'équilibre. Ce nouvel équilibre amène une reformulation de l'accord initial. Voici quelques exemples d'éléments déclencheurs du côté associatif.

La coopérative de travail Harpel

Cette coopérative de travailleurs dans le secteur de l'imprimerie subit les contre-coups des changements technologiques de la composition à chaud pour la composition à froid. Cette nouvelle technologie requiert une main-d'œuvre beaucoup moins qualifiée, moins payée que les travailleurs membres qui sont des travailleurs de métiers professionnels (typographes, linotypistes, monotypistes, correcteurs d'épreuves, etc.). On assiste donc à la marginalisation de ces travailleurs en ce qui concerne leur salaire, leur emploi et aussi leur métier.

Les Pêcheurs unis du Québec

L'arrivée au Québec de la pêche au chalut en 1952 a eu pour résultat une profonde transformation des modes de pêche demeurés jusque-là artisanaux. À partir de 1952, l'évolution rapide des techniques et des moyens de capture exige une adaptation de la transformation. La petite usine artisanale locale fait graduellement place à l'usine régionale mécanisée. C'est le début de l'industrialisation qui, avec ses exigences techniques, amène la fédération à s'engager directement dans l'usinage des produits et à prendre la place des coopératives dans ce domaine. Parallèlement, le travail du pêcheur subit une mutation profonde : la pêche devient une occupation professionnelle où la spécialisation des tâches est de plus en plus marquée.

La Coopérative agricole du Bas-Saint-Laurent

Vers la fin des années 1960, le producteur de lait a dû s'adapter aux changements qui se sont produits dans son environnement. Par exemple, des normes strictes sur la qualité du lait, l'interdiction de la production de porc dans les étables, une modification du mode de paiement du lait (qualité, pourcentage de matières grasses, production d'hiver, refroidissement en vrac) sont quelques-uns des changements imposés par le gouvernement.

Les trois cas présentés illustrent des éléments déclencheurs touchant l'association. La source est de nature technologique (composition à froid, technique de pêche) et politique (normes de production de lait). Dans les trois cas, tant les acteurs (de l'association) que leurs besoins et la nature de leurs activités furent modifiés. La coopérative dut reformuler l'accord initial, donc son comportement stratégique.

Les éléments déclencheurs peuvent provenir de sources proches de l'entreprise coopérative, par exemple la déréglementation du secteur financier, la signature de l'Accord de libre-échange avec les États-Unis, les négociations actuelles dans le cadre de l'Accord général sur les tarifs douaniers et le commerce (GATT), etc. Ces éléments déclencheurs obligent la coopérative à réagir, car son environnement externe se modifie. Elle doit revoir ses orientations stratégiques de façon à maintenir le double équilibre technico-économique et sociopolitique nécessaire à sa pérennité.

La pertinence de la gestion stratégique de la coopérative

La pertinence de la stratégie coopérative doit être évaluée à la lumière du rôle de la coopérative. Comme il a été mentionné précédemment, la coopérative émerge pour minimiser les sources de tensions créées par les transformations du système économique. Présentée différemment, la coopérative vient médiatiser le rapport de force entre le membre et différents acteurs de l'environnement. Elle doit, pour ce faire, établir un équilibre entre les pôles technico-économique et sociopolitique. Les critères d'appréciation de la stratégie coopérative doivent tenir compte de ces éléments.

La pertinence sur le plan entreprise

Sur le plan entreprise, la coopérative doit être rentable. Le but de la stratégie est d'assurer à l'entreprise une position au sein de son environnement de façon à garantir sa survie à long terme. Cependant, contrairement à l'entreprise privée, la coopérative ne vise pas la maximisation du profit. Les ratios financiers traditionnels ne peuvent donc pas lui rendre justice, même si elle doit en tenir compte. Comment concilier l'objectif de verser aux producteurs le prix maximum (comme dans le cas des coopératives de producteurs) avec l'objectif de maximisation du profit, les deux étant contradictoires ?

Dans les faits, l'efficacité économique de l'entreprise sera affectée par le pôle sociopolitique de façon à rejoindre les intentions exprimées par les membres, d'où la nécessité de l'arbitrage coopératif. Les multiples décisions d'allocation des ressources entre les membres et l'entreprise relèvent de la gestion interne.

Au-delà des critères quantitatifs, il nous faut aborder cette question par le biais d'une analyse plus qualitative. La pertinence de la stratégie coopérative fait suite au diagnostic organisationnel et à l'analyse de l'environnement. L'adéquation entre les capacités et les opportunités doit être faite, tout en se rappelant que la pertinence des opportunités sera aussi fonction des besoins exprimés par l'association. Il nous semble cependant utile de dégager des critères en fonction des stratégies en *amont* et en *aval*. Les arbitrages coopératifs ne seront pas faits de la même manière dans les deux cas, les enjeux n'étant pas les mêmes.

La pertinence sur le plan association

Sur le plan association, puisque l'objectif du membre est d'améliorer sa condition socio-économique, des indicateurs appropriés devraient être utilisés.

Le membre vise aussi à réorganiser sa relation de négociation avec les différents acteurs de son environnement externe. La relation de pouvoir du membre est évaluée avec ou sans la présence de la coopérative. À titre d'exemple, l'appréciation du pouvoir des acheteurs sera faite en considérant : 1) la concentration des achats relativement à la concentration des fournisseurs, 2) l'importance du coût d'acquisition du produit pour l'acheteur, 3) la différenciation ou la standardisation du produit du point de vue de l'acheteur, 4) l'importance des coûts de transfert d'un fournisseur à l'autre, 5) la menace crédible d'intégration verticale par l'acheteur de l'activité du fournisseur, etc. De façon qualitative, il sera donc possible d'apprécier la position de négociation du fournisseur (ex.: un producteur de sirop d'érable) vis-à-vis l'acheteur (ex.: les conditionneurs du sirop).

Le rôle de la coopérative est de modifier le rapport de pouvoir dans la négociation. Si elle joue ce rôle efficacement, sous contrainte de sa marge de manœuvre, la situation socio-économique du membre devrait s'améliorer. Il a été mentionné précédemment que la coopérative pouvait avoir un impact sur des non-membres dans une situation comparable pour les membres, par exemple des producteurs de sirop d'érable qui ne seraient pas membres de la coopérative. Il y a fort à parier qu'après avoir atteint un certain seuil de part de marché dans une industrie les effets bénéfiques de l'impact de la coopérative seront partagés par un ensemble plus large d'individus. L'évaluation de la pertinence de la stratégie coopérative doit incorporer cette possibilité.

Conclusion

La gestion stratégique de la coopérative est un exercice complexe. Elle est soumise à de nombreuses influences, les **déterminants** de la gestion stratégique de la coopérative.

Le modèle présenté ci-haut visait essentiellement à préciser ces sources d'influence, à les relier les unes aux autres et à en discuter la teneur. La particularité de la gestion stratégique coopérative est prise en considération. Les concepts propres à ce type d'organisation comparativement à l'entreprise privée sont déterminés.

par
Mohamed
Charih
et Michel
Paquin

La planification stratégique dans les ministères*

Les plans stratégiques et les politiques gouvernementales

À l'instar de leurs homologues du secteur privé, les gestionnaires publics en Amérique et au Canada ont abordé, au cours des années 1980, la planification stratégique. Ils ont élaboré des plans stratégiques ministériels à Ottawa et à Québec. Toutefois, plusieurs auteurs admettent que la planification stratégique ne peut s'appliquer dans le secteur public de la même façon que dans le secteur privé en raison de la dimension publique (*publicness*). L'absence de mécanisme de marché en ce qui a trait aux ressources, les pouvoirs limités des stratèges publics, les limites à l'action imposées par les lois et les règlements, les influences politiques, la responsabilité vis-à-vis d'un large public et l'ambiguïté des objectifs des organisations publiques sont, entre autres, ce qui distingue fondamentalement le secteur public du secteur privé (Backoff et Nutt, 1993 ; Paquin, 1992 ; Bryson, 1988 ; Halachmi, 1986 ; Ring et Perry, 1985). Afin de jeter un premier éclairage sur les expériences de planification stratégique, nous avons amorcé, en 1990, une étude sur la planification stratégique dans le secteur gouvernemental. La première phase de notre recherche, financée par le Centre canadien de gestion, nous a permis d'étudier le processus de planification stratégique dans

---

* Le texte qui suit est un extrait d'une étude réalisée par Mohamed Charih et Michel Paquin [1994], publiée dans Charih, M. et Paquin, M. (dir.), *Les organisations publiques à la recherche de l'efficacité*, École nationale d'administration publique, Université du Québec, 1994, p. 78-89.

six ministères fédéraux et six ministères québécois. Cette recherche de nature exploratoire visait à cerner les objectifs poursuivis par la planification stratégique, à dégager la nature de ce processus, les résultats obtenus et les conditions de succès.

La planification opposée à la planification stratégique des ministères

Nous avons constaté que si la planification stratégique vise d'abord à préciser les enjeux stratégiques et à déterminer les orientations d'actions d'un ministère elle vise aussi, dans plusieurs cas, à introduire un changement culturel, à mieux intégrer ou coordonner les diverses parties ou secteurs de l'organisation, à améliorer l'efficacité et la productivité, à accroître la satisfaction et la qualité de vie au travail, à améliorer la qualité des services à la clientèle ainsi que les communications internes et externes. Nous avons noté que la planification stratégique est en mesure d'atteindre de tels résultats lorsque l'étape de mise en œuvre peut être franchie.

Il est aussi ressorti que la planification stratégique se distingue des processus de planification antérieurs. Elle contient de nombreux éléments nouveaux empruntés principalement au concept de gestion novatrice : définir la mission de l'organisation, préciser et faire partager la culture organisationnelle, mobiliser et responsabiliser les ressources humaines, améliorer la capacité d'adaptation au changement et gérer la qualité (Charih et Paquin, 1993a, 1993b et 1993c Paquin, 1994).

La seconde phase nous a permis, grâce à une subvention du Conseil de recherche en sciences humaines du Canada, d'élargir notre recherche à l'ensemble des ministères fédéraux et québécois. Onze ministères fédéraux et douze ministères québécois ont accepté de collaborer au projet de recherche. Tout en maintenant l'objectif de mieux comprendre la nature du processus de planification stratégique, notre recherche vise à analyser le contenu des recommandations des plans stratégiques, à dégager des types de stratégies ainsi qu'à déterminer le degré d'intégration des stratégies. Nous allons présenter la partie de la recherche reliée à l'analyse du contenu des recommandations, et ce, pour les ministères québécois seulement. La recherche sur les ministères fédéraux est en voie d'être complétée tandis que l'étude des types de stratégies et de leur degré d'intégration reste à faire.

Le plan stratégique opposé à la politique gouvernementale

Un plan stratégique est généralement un document assez bref (de quelques pages à tout au plus une cinquantaine de pages) comprenant un certain nombre de recommandations d'action. Un plan stratégique comprend aussi, dans la plupart de cas, un énoncé de la mission du ministère, une liste de principes d'action ou de valeurs guidant les actions du ministère, une présentation de la problématique du secteur et des enjeux ou défis stratégiques auxquels est confronté le ministère ainsi que des objectifs poursuivis auxquels correspondent les orientations d'action.

Des douze ministères québécois étudiés, huit avaient produit un plan stratégique. Les quatre autres ministères ont plutôt produit un document de politiques gouvernementales (ces ministères définissaient toutefois le processus de formulation de politiques comme un processus de planification stratégique). Les documents de politiques gouvernementales se distinguent des plans stratégiques sous plusieurs aspects.

Premièrement, les politiques gouvernementales sont publiées dans des documents largement diffusés et elles font l'objet d'une lettre de présentation du premier ministre et du ministre responsable. Les plans stratégiques font beaucoup moins souvent l'objet d'une diffusion à l'extérieur et ils sont présentés habituellement par le sous-ministre.

Deuxièmement, les politiques gouvernementales font l'objet d'un document beaucoup plus important (d'une centaine à plus de deux cents pages). Ce document ne traite pas des valeurs de gestion du ministère mais il aborde longuement l'état de la situation du secteur et les défis auxquels le Québec (et non le ministère) fait face, il définit les objectifs poursuivis par le gouvernement et il présente les orientations et les actions envisagées. Les actions prévues sont beaucoup plus nombreuses. En effet, on note que les plans stratégiques comptent de 22 à 45 recommandations d'action, pour une moyenne de 33, tandis que les politiques gouvernementales comptent entre 36 et 130 recommandations d'action, pour une moyenne de 65. Alors que les recommandations des plans stratégiques ne touchent que le ministère concerné, celles des politiques touchent, en plus du ministère responsable, d'autres ministères. Nous avons relevé que, selon les cas, entre 10 % et 35 % des recommandations concernaient d'autres ministères ou organismes.

Troisièmement, le processus d'élaboration est différent. Dans le cas des politiques gouvernementales, on ne fait pas ou on fait peu d'analyse interne du ministère (ses forces et ses faiblesses) et on se concentre sur l'analyse de l'environnement. Les plans stratégiques, eux, font appel à des analyses à la fois internes et externes.

Les instances d'élaboration de la stratégie sont aussi différentes. Dans le cas des plans stratégiques, la stratégie est élaborée par la haute direction du ministère ou par un comité *ad hoc*, et le ministre joue un rôle effacé. Dans le cas des politiques gouvernementales, plusieurs ministères et organismes peuvent être représentés dans des groupes de travail. Le ministre joue un rôle important, notamment lors des discussions du projet de politique en commission parlementaire.

La politique gouvernementale est donc le fruit d'un large débat public, une caractéristique souvent absente dans le cas des plans stratégiques.

En dépit des différences que nous venons de souligner, il n'en reste pas moins qu'un document de politique gouvernementale correspond, pour le ministère principalement concerné, à un plan stratégique. Compte tenu des différences constatées, il apparaissait toutefois intéressant de comparer, d'une part, les plans stratégiques avec, d'autre part, les politiques gouvernementales.

L'analyse de contenu

L'analyse de contenu des recommandations des plans stratégiques et des politiques gouvernementales s'est faite selon plusieurs facettes. En premier lieu, nous avons étudié le domaine de chacune des recommandations. La recommandation est-elle reliée aux programmes du ministère, aux relations du ministère avec son environnement ou à sa gestion interne et sur quoi porte-t-elle (type de programme, type de relation avec l'environnement et objet de la gestion interne)? Pour les recommandations reliées aux programmes, nous avons cherché à déterminer la phase d'évolution du programme (conception, implantation, poursuite, amélioration, évaluation) ainsi que l'effet de la recommandation sur le volume d'activités (expansion, réduction ou maintien du volume d'activités). L'emplase de chacune des recommandations a aussi été examinée en distinguant l'efficacité l'efficience et la qualité, tant sur le plan interne que sur le plan externe. Enfin nous avons déterminé le degré de précision de chacune des recommandations.

Les orientations d'action reliées aux programmes concernent la production de biens ou de services par le ministère (incluant les activités de recherche, d'information, de contrôle et d'aide financière). Les recommandations concernant les relations avec l'environnement visent à faire la promotion du ministère, à défendre les intérêts du secteur ou à développer la concertation avec d'autres ministères, avec d'autres paliers de gouvernement ou avec les partenaires socio économiques. Les recommandations reliées à la gestion interne comprennent les activités, les mesures et les systèmes recommandés en vue d'améliorer la gestion du ministère.

La figure 15.5 nous donne la répartition des recommandations selon les domaines (afin de donner un poids égal à chaque ministère, les calculs ont été effectués en utilisant les pourcentages plutôt que les chiffres absolus, et les données présentées ici constituent les moyennes de ces pourcentages). On remarquera qu'en ce qui concerne les plans stratégiques la moitié des recommandations (48 %) ont trait à la gestion interne du ministère, 35 % aux programmes et 17 % aux relations avec l'environnement. Pour ce qui est des politiques gouvernementales, les proportions sont radicalement différentes. Les deux tiers des recommandations concernent les programmes, le quart les relations avec l'environnement, tandis que la gestion interne ne concerne que 9 % de

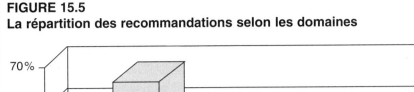

FIGURE 15.5
La répartition des recommandations selon les domaines

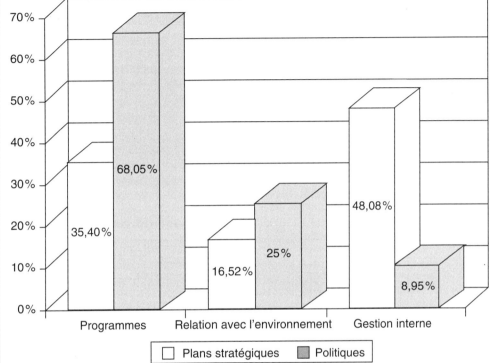

recommandations. Ces données illustrent bien une différence fondamentale entre la planification stratégique et la formulation de politiques gouvernementales. La planification stratégique vise autant, sinon plus, à corriger les faiblesses internes de l'organisation qu'à redéfinir son action, tandis que la politique gouvernementale vise d'abord à définir des orientations quant à l'action de l'État dans un secteur donné.

La figure 15.6 (voir p. 222) nous donne la répartition des recommandations selon la phase d'évolution du programme et selon le type de programme. On ne constate pas de différences majeures entre plans stratégiques et politiques gouvernementales pour ce qui est des phases.

La figure 15.7 (voir p. 223) donne la répartition des recommandations selon l'emphase. Pour cette facette, on s'est posé la question si la recommandation

FIGURE 15.6
La répartition des recommandations selon la phase du programme

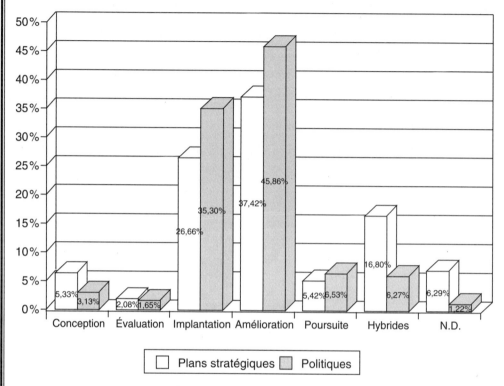

mettait l'accent sur l'efficacité, l'efficience ou la qualité. L'efficacité est associée aux recommandations dont la volonté est d'accroître l'atteinte d'un ou de plusieurs objectifs.

L'efficience est associée aux recommandations dont le but est d'améliorer l'utilisation des ressources. Les recommandations visant la qualité sont associées à une volonté de fournir des services en mesure de mieux satisfaire les besoins des clients. Pour ces trois aspects, on a distingué la dimension interne de la dimension externe selon que la recommandation visait le ministère lui-même ou un agent socio-économique.

On remarquera la place importante que prend l'efficacité, tant interne qu'externe, à la fois dans les plans stratégiques et dans les politiques gouvernementales. L'efficience est absente des politiques gouvernementales et elle est peu

FIGURE 15.7
La répartition des recommandations selon l'emphase

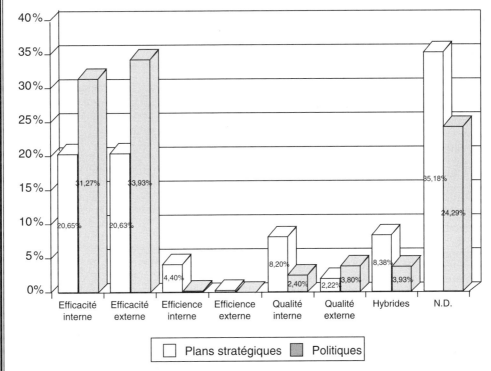

présente dans les plans stratégiques. Enfin, la qualité interne est présente dans une proportion non négligeable (8,2 %) des recommandations des plans stratégiques, ce qui va dans le sens du discours de la gestion novatrice.

La figure 15.8 (voir p. 224) fait état du degré de précision des recommandations. La note zéro a été accordée aux recommandations n'ayant aucune précision. Ces recommandations sont exprimées en termes d'objectifs généraux et il n'y a aucune indication sur le genre d'action à mener. La note 0,25 a été donnée aux recommandations ayant une faible précision. Ces recommandations ne font qu'exprimer vaguement les actions qui devront être entreprises. La note 0,5 a été accordée aux recommandations de précision moyenne. Ces recommandations sont relativement précises, mais elles ont besoin d'être complétées et précisées davantage. La note 0,75 a été accordée aux recommandations d'un degré de précision élevée. Pour ces recommandations, les actions sont précises et il n'y a pas de latitude concernant le type d'action à entreprendre. Cependant, l'ampleur ou les modalités de l'action restent à déterminer. La note 1 a été accordée aux

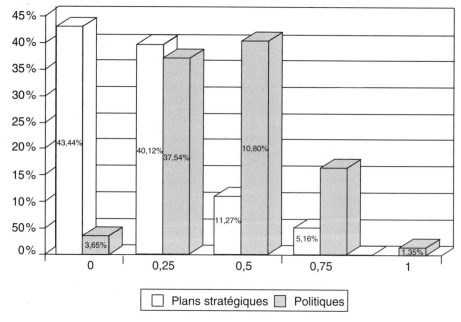

FIGURE 15.8
La précision des recommandations

Plans stratégiques | Politiques

recommandations d'un degré de précision très élevé. On sait exactement ce qui doit être fait, et le volume ou les modalités du programme ou de la mesure sont déterminés.

On remarquera le degré de précision beaucoup plus grand des politiques gouvernementales. Les plans stratégiques ne comptent que 16 % de leurs recommandations indiquées comme étant de précision moyenne ou plus, alors que les politiques gouvernementales comptent 60 % de leurs recommandations dans ces catégories. La moyenne générale du score de précision s'établit, dans le cas des plans stratégiques, à 0,195, tandis que la moyenne de chaque plan varie entre 0,03 et 0,29. Dans le cas des politiques gouvernementales, la moyenne générale est de 0,435 et la moyenne varie, selon les cas, entre 0,31 et 0,52.

Plusieurs hypothèses peuvent être avancées pour expliquer le degré plus grand de précision des politiques gouvernementales. Premièrement, on pourrait penser qu'il y a une relation entre le degré de précision et le nombre de recommandations. Deuxièmement, il se peut que les groupes d'intérêt exigent des engagements fermes pour des actions précises de la part du gouvernement dans le cas d'une politique gouvernementale. Le processus de formulation d'une politique gouvernementale permet justement à ces groupes de s'exprimer davantage

Troisièmement, il est possible que les recommandations d'un plan stratégique restent délibérément vagues, se contentant de fournir des orientations générales, parce que le processus de gestion du ministère prévoit l'actualisation du plan dans le cadre de plans d'action annuels. C'est lors de cet exercice annuel que les recommandations sont précisées. Quatrièmement, il se peut que les recommandations des plans stratégiques restent vagues afin d'éviter les conflits internes que susciterait la mise en évidence d'intérêts divergents. Voilà des hypothèses qu'il serait intéressant de tester ultérieurement.

Conclusion

Dans le cadre de cet exposé, nous avons comparé le processus d'élaboration et le contenu des politiques gouvernementales à celui des plans stratégiques de douze ministères québécois. Cette comparaison a permis de constater un ensemble de différences importantes. Les politiques gouvernementales sont élaborées grâce à un processus caractérisé par la présence de représentants de différents ministères, par des analyses surtout de l'environnement externe, par une large diffusion de la politique à l'extérieur du ministère et par un leadership du ministre, qui défend la politique devant les comités parlementaires et l'assemblée législative.

En revanche, les plans stratégiques sont surtout élaborés par les hautes instances du ministère. Ce faisant, ils mettent l'accent sur la définition de la mission et des valeurs de gestion, sur les analyses de l'environnement interne et externe et sur la gestion globale du ministère. Contrairement aux politiques gouvernementales, le ministre joue un rôle secondaire dans l'élaboration des plans stratégiques.

Sur le plan du contenu des recommandations, les politiques gouvernementales semblent privilégier les programmes des ministères, puis les relations avec l'environnement. Les plans stratégiques accordent la priorité à la gestion interne, les programmes venant au deuxième rang. Les politiques gouvernementales et les plans stratégiques impliquent une augmentation du volume des activités du ministère. Malgré le débat sur la réduction de la taille de l'État et les compressions budgétaires, le retrait des programmes existants est absent dans les deux cas. Il est toutefois possible que les nouveaux programmes cachent en réalité des coupures ou des réductions de services. Enfin, les recommandations des politiques gouvernementales sont plus précises que celles des plans stratégiques. Le fait que le degré de précision des politiques gouvernementales soit plus élevé que celui des plans stratégiques est une observation intéressante. Sur ce plan, il reste à examiner pourquoi les politiques gouvernementales sont plus précises que les plans stratégiques.

par
Robert J.
Gravel

La planification stratégique dans les centres hospitaliers et les municipalités*

Au point de vue pratique, l'objectif de la présente recherche est de cerner les difficultés apparues lors de la mise en œuvre et le suivi d'un exercice de planification stratégique au cours des dix dernières années au sein des centres hospitaliers et des municipalités. La méthodologie a consisté à recueillir des informations et des documents de base dans une quinzaine d'hôpitaux et une dizaine de municipalités du Québec, c'est-à-dire aux endroits désignés comme ayant vécu une expérience des plus significatives, une expérience se rapprochant de la définition et appliquant les concepts de la planification stratégique. Par la suite, des entretiens ont été effectués auprès des personnes responsables de la mise en œuvre et du suivi de la planification stratégique.

Nous présentons ici les résultats de cette étude sur les principales difficultés associées à l'implantation d'un exercice de planification stratégique et nous osons croire que la description des difficultés vécues sera un outil précieux pour les gestionnaires voulant expérimenter la planification stratégique chez eux.

L'évolution de la planification stratégique

Dans le domaine public, l'apparition de la planification stratégique s'est manifestée une dizaine d'années plus tard que dans le secteur privé, soit au début des années 80 à la suite des essais des budgets à base zéro (BBZ). Les besoins de son utilisation étaient commandés par les difficultés rencontrées en gestion ou encore par la rareté des ressources qui commençait à se faire sentir.

Kovach et Mandell (1990) soulignent que les différences entre les secteurs privé et public sont de trois ordres : le processus de prise de décision, les contraintes structurelles et le processus financier. Une grande partie des différences provient de forces externes très présentes dans la prise de décision du secteur public. Par conséquent, les auteurs notent une différence notable en ce qui a trait au processus de planification dans les deux milieux. Dans le cas de la planification stratégique, il faut imaginer le processus selon un modèle linéaire pour le secteur privé et selon un modèle itératif pour le secteur public.

Cependant, notre expérience permet d'affirmer que l'exercice de planification stratégique, qu'il soit effectué dans le domaine privé ou public, demeure

---

* Le texte qui suit est un résumé d'une étude réalisée par Robert J. Gravel (1994), publié dans Charih, M. et Paquin, M. (dir.), *Les organisations publiques à la recherche de l'efficacité*, École nationale d'administration publique, Université du Québec, 1994, p. 91-106.

essentiellement le même. Il véhicule les mêmes principes et utilise la même démarche.

Finalement, Bushnell et Halus (1992) mentionnent que les administrateurs du secteur privé ont beaucoup plus de liberté dans leurs décisions que ceux du secteur public, plus influencés par leur environnement. En conséquence, il apparaît beaucoup plus difficile d'effectuer de la planification stratégique dans le domaine public.

La planification stratégique dans les centres hospitaliers

Les centres hospitaliers sont les organisations publiques, au Québec, ayant le plus utilisé le processus de la planification stratégique. Cependant, la plupart des écrits sur le sujet traitent le plus souvent de la préparation de l'exercice ou encore présentent des études de cas ; assez peu d'auteurs traitent de la phase de mise en œuvre et du suivi.

Une étude de cas, produite par Hyland (1992) et qui avait comme objectif de cerner les différentes approches employées par les hôpitaux de quatre États américains, a noté deux difficultés ressortant souvent lors de l'implantation d'un exercice de planification stratégique. La première concerne la difficulté de modifier les objectifs en cours de route où il faut prévoir des stratégies de sortie afin de s'ajuster si des problèmes importants surgissent. Une deuxième difficulté majeure est le manque de ressources monétaires, car les sources de financement sont limitées et des mauvaises allocations sont fréquentes (axer les dépenses au début de l'exercice au détriment de la mise en œuvre et du suivi).

McManis (1991) souligne que les questions soulevées sur le processus de la planification stratégique ont rarement trait au développement du plan mais plutôt à son implantation. À la suite d'un bon diagnostic de l'organisation, il faut penser à l'implantation où les ressources humaines seront directement concernées. Les ressources humaines seront alors appelées à collaborer au leadership, à être persévérantes et à s'ajuster constamment.

Langley *et al.* (1988) démontrent que la participation élargie au sein d'un centre hospitalier comporte certains désavantages, par exemple un processus qui peut conduire à l'impatience et à l'ennui après que les attentes suscitées ont été établies. Évidemment, on peut rajouter les difficultés qui se rapportent aux résistances et aux conflits internes. Enfin, l'observation par Langley de la mise en œuvre et du suivi dans onze hôpitaux du Québec fait ressortir que l'administration ne contrôle pas toujours tous les leviers nécessaires à leur implantation. Les embûches créées par le corps médical apparaissent dans plusieurs hôpitaux ; l'administration se doit donc d'avoir l'adhésion ainsi que l'appui de cette catégorie de personnel.

Bender *et al.* (1990) soutiennent qu'il est impossible de réussir l'implantation d'un exercice de planification stratégique si le processus comporte des vices de forme et ils énumèrent cinq facteurs essentiels : la stratégie doit être en accord avec les valeurs, on doit y retrouver suffisamment de gens engagés à tous les niveaux organisationnels, la mission doit être clairement établie, le processus doit être axé sur ce que l'organisation peut contrôler, et finalement, on se doit de focaliser sur les priorités. D'autre part, quatre aspects se rattachent plus particulièrement aux facteurs humains : la résistance aux changements, le défaut de motivation, le manque de bonne volonté et la carence en qualification.

L'étude de la documentation produite par les centres hospitaliers du Québec reflète bien l'ampleur et le sérieux des exercices de planification stratégique dans ce milieu. La quinzaine de dossiers examinés se situe entre 1980 et 1992 et certains centres hospitaliers étaient déjà à leur deuxième ou troisième exercice triennal. En voulant faire ressortir les difficultés de mise en œuvre et de suivi, cela nous a conduit à faire la distinction entre une planification destinée à l'externe et une planification destinée à l'interne.

Ainsi, pour une planification destinée à l'externe, c'est-à-dire au ministère de la Santé et des Services sociaux, les besoins en personnel, en équipement et en ressources financières sont établis de façon à permettre le bon fonctionnement du centre hospitalier. Cependant, l'implantation d'un exercice de planification stratégique et le suivi sont très effacés puisqu'il n'existe aucun moyen de mise en œuvre et aucun échéancier réel. Par exemple, une planification destinée à l'externe peut être produite pour réaffirmer la vocation en tant que centre hospitalier universitaire.

À l'opposé, plusieurs centres hospitaliers utilisent la planification stratégique pour la réalisation d'objectifs à la gestion interne.

Si les documents de travail comptent des centaines et même des milliers de pages, le document principal, qui présente une synthèse de l'exercice de planification, contient en moyenne entre 40 et 60 pages, lesquelles détaillent les orientations spécifiques de chaque secteur d'activité. Souvent, en vue de l'implantation, les centres hospitaliers résument le tout dans un dossier synthèse d'au plus 25 pages qui donne un aperçu global des éléments constitutifs.

Les centres hospitaliers répertoriés ont tous fait appel, à un moment ou à un autre du processus, à une firme de consultants externes pour effectuer le travail d'encadrement de base, ou encore pour bénéficier de certains conseils. Ce comportement explique la similitude des plans d'un centre hospitalier à un autre. Cette similitude se reflète dans le contenu où on retrouve un historique très élaboré qui présente les origines de l'institution, sa vocation, les orientations qui l'ont marqué, le nombre de lits et de patients traités, son évolution dans le temps incluant les mises en service des différents départements au cours des années. Cette présentation permet de bien décrire la situation et d'exposer les besoins de la clientèle régulière du centre hospitalier et d'y adapter les services et les équipements. Évidemment, lors d'un deuxième ou d'un troisième exercice, l'ampleur de cette étape est largement diminuée.

Dans un deuxième temps, le dossier fait le portrait de la clientèle (son âge, son origine régionale, ses demandes de services), décrit l'environnement externe, l'environnement interne ainsi que les services et les activités associées. De plus, on y souligne les comparaisons avec d'autres centres hospitaliers situés dans le même secteur, la complémentarité ou la compétition pouvant exister avec d'autres centres hospitaliers du territoire avoisinant. Par la suite, les établissements présentent leur mission qui reflétera les opportunités et les choix à effectuer. La mission sera mise en œuvre par des orientations générales et des orientations spécifiques traduites souvent en termes d'objectifs opérationnels.

Les principales difficultés vécues lors de l'implantation d'un exercice de planification stratégique

1. **La façon de travailler avec les firmes de consultants**   La plupart du temps, le démarrage du premier exercice se fait avec l'aide de consultants. Ces conseillers externes facilitent les réunions de départ, la cueillette de données et la conduite des analyses de base. Par la suite, souvent par mesure d'économie, le personnel des centres hospitaliers prend la relève. Cette façon de procéder engendre de nombreux problèmes en raison des carences du suivi entre l'élaboration et l'implantation du dossier.

2. **Le choix d'un responsable de la mise en œuvre**   Un deuxième groupe de difficultés surgit lorsqu'il s'agit de nommer le responsable de la mise en œuvre. La personne qui doit tout prendre en charge doit-elle être celle engagée spécialement pour assurer le suivi ou doit-elle être le directeur général ? Cette deuxième situation est beaucoup plus problématique, car les directeurs généraux affirment manquer de temps lorsqu'ils s'occupent directement de la planification stratégique. Les conseils d'administration des centres hospitaliers ont avantage à engager une personne-ressource responsable de l'élaboration, de la mise en œuvre et du suivi de la planification stratégique qui doit se rapporter au plus haut niveau hiérarchique de l'organisation.

   Tous les centres hospitaliers ont fait appel, à un moment ou à un autre, à des firmes de consultants, surtout à l'étape d'élaboration de la planification stratégique, alors qu'il ressort clairement que les principales difficultés font surface lors de son implantation, une étape où les dirigeants croient pouvoir réaliser la mise en œuvre et le suivi avec leurs propres ressources internes.

3. **L'équilibre des débours relatifs à la planification stratégique**   Une autre difficulté consiste à mieux répartir les sommes dépensées en consultation externe entre la phase d'élaboration et celles de mise en œuvre et de suivi. Il faut se rappeler que le consultant guide le processus ; ce n'est pas à

lui que revient la tâche de développer le plan pour l'organisation. Une solution de rechange consiste à engager une personne en charge de l'exercice du début jusqu'à la fin afin d'éviter le vide créé lors du départ du consultant à un moment ou l'autre du processus.

4. **La mise sur pied d'un comité de suivi** Pour neutraliser les répercussions négatives de transition, plusieurs hôpitaux ont créé un comité permanent pour la mise en œuvre et le suivi des opérations. Souvent, les membres de ce comité permanent sont constitués de cadres.

5. **Le manque de communication** Le manque de communication à l'intérieur du centre hospitalier représente une difficulté majeure à plusieurs moments de l'implantation de la planification stratégique, ce qui entraîne trois types de problèmes : les rumeurs, le manque de vision d'ensemble et l'ignorance vis-à-vis de l'exercice en cours. Ainsi, on risque que les employés perçoivent l'exercice comme une menace et non comme un progrès. Afin de permettre une meilleure communication et, conséquemment, une meilleure coordination, plusieurs centres hospitaliers ont organisé des rencontres afin d'exposer davantage le processus d'implantation de la planification stratégique et ses implications.

6. **Les délais** L'élaboration du dossier et l'enclenchement de la mise en œuvre doivent s'effectuer sans délai afin de ne pas perdre l'intérêt et la confiance des personnes qui participent à l'exercice.

La planification stratégique dans les municipalités

Dans les municipalités, l'utilisation de la planification stratégique est beaucoup plus récente. Bien qu'elles semblent n'avoir aucune préoccupation à long terme, les municipalités produisent de nombreux documents qui servent à étayer leur préoccupation de l'avenir. Il existe par exemple, le schéma d'urbanisme composé du plan de zonage, du plan directeur des réseaux d'aqueduc et d'égouts ainsi que du plan du réseau routier, du plan directeur des loisirs, du plan des mesures d'urgences, du plan triennal des immobilisations, etc. Il existe donc plusieurs dossiers de planification dans les municipalités. Cependant, on trouve peu d'exercices de planification stratégique comme tel. On pourrait dire qu'il s'agit plutôt de plans stratégiques sectoriels qui ont toujours su répondre aux préoccupations et aux besoins du milieu municipal.

Malgré l'existence de ces dossiers fragmentaires de planification, et devant les nouvelles situations de contraintes financières et de capacité des citoyens de payer des taxes, certaines municipalités ont révisé leur fonctionnement et leur planification en ajoutant un outil supplémentaire qui leur permet d'envisager l'avenir sous un angle différent et de prolonger jusqu'à trois ou cinq ans leur vision surtout au point de vue de la gestion.

Déjà, Kemp et Kemp (1992) avait souligné que l'apparition de la planification stratégique dans le domaine municipal s'expliquait par les ressources de plus en plus limitées depuis une dizaine d'années. Il souligne que la planification stratégique est un processus axé sur les résultats plutôt que sur les buts et que son implantation est une responsabilité partagée entre les élus, les permanents et les personnes reliées aux enjeux.

Pour Sorkin *et al.* (1985) la planification stratégique dans les municipalités est plus que de la simple planification ; elle doit être orientée vers l'action. Quant à Denhardt (1985), il se demande si la planification stratégique vaut tous les efforts qui devront y être investis et si ses objectifs devraient être de réduire les coûts d'opérations ou d'augmenter la productivité à long terme. Qu'est-ce qui pourrait être perdu par l'organisation en l'absence d'une planification à long terme comme la planification stratégique ?

Gargan (1985) constate que, dans toutes les municipalités, les conditions futures résultent des actions présentes. Il est donc important d'étayer ces actions par les énoncés de mission et une approche stratégique qui exigent des décideurs de répondre aux questions : Que voulons-nous comme amélioration ? Quelles sont les politiques et les actions à être entreprises pour atteindre ces objectifs ? Comment développer ces politiques et ces actions ? De plus, Gargan note qu'un exercice de planification stratégique engendre des coûts et que les ressources sont souvent rares dans la plupart des municipalités.

L'utilisation de la planification stratégique pour les municipalités du Québec n'a pas la même signification que pour les centres hospitaliers. Ainsi, comme il existe déjà plusieurs dossiers stratégiques et à long terme tel le plan d'urbanisme, on peut recenser des documents très complets sur la mission d'une municipalité ainsi que sur les moyens qu'elle se donne pour y parvenir.

On trouve également des dossiers plus ponctuels touchant des objectifs particuliers. Dans ces cas, il s'agit, pour la municipalité, d'une planification stratégique « informelle » puisque ces documents ne présentent que les objectifs des administrateurs qui peuvent être, par exemple, de diminuer ou de plafonner le taux d'endettement, ou, pour une municipalité qui vise l'expansion et le développement, d'attirer de nouveaux résidents, donc de maintenir le taux de taxation le plus bas possible, tout en offrant un minimum de services municipaux.

Dans les municipalités de 20 000 habitants et plus, il existe des documents plus complets, structurés autour de cinq à dix orientations. Dans certains cas, on peut faire allusion à des thèmes tels que des services de qualité, la qualité du milieu, ou encore l'efficacité de l'organisation municipale. Comme le rôle des organisations municipales est d'abord d'offrir des services, il est tout à fait normal que les orientations ciblent les moyens d'action à entreprendre.

Dans les dossiers plus complets, on retrouve un échéancier indiquant les étapes d'implantation, de même qu'une présentation des forces et des faiblesses, de la mission et des orientations et les responsabilités des personnes en cause. La plupart du temps, les dossiers sont accompagnés de documents permettant de suivre la démarche dans chacun des secteurs concernés.

Le processus de planification stratégique est souvent amorcé à partir d'un programme d'objectifs élaboré par le conseil municipal et les membres du comité de gestion. Ces objectifs sont regroupés dans un plan triennal selon le secteur d'activité (résidentiel, loisirs, culture, fonction publique, etc.); leur priorité est établie pour chaque année.

Une variante de cette approche consiste, surtout dans les grandes municipalités, à fixer une mission sectorielle plutôt qu'une mission pour l'ensemble de la ville. Des secteurs tels l'environnement, les loisirs, le centre-ville, l'industrie, les transports, etc. se retrouvent à l'intérieur de plans qui leur sont propres. Cette approche offre l'avantage de permettre aux responsables de diriger leurs énergies dans ces secteurs précis et spécialisés où l'on retrouve moins de personnes engagées, ce qui permet de répondre aux attentes avec plus de flexibilité.

Sur le plan municipal, vouloir établir la mise en œuvre et le suivi de la planification stratégique est un défi de taille. Peu de municipalités parviennent à instaurer un exercice de planification stratégique pour plusieurs motifs dont, entre autres, les suivants :

- la confidentialité qui entoure la planification stratégique peut devenir un problème majeur ;
- certaines situations du stade de développement du territoire peuvent diminuer la nécessité de concevoir un exercice de planification stratégique ;
- la forte dépendance des administrations municipales vis-à-vis des fluctuations sociales et économiques sur lesquelles elles n'ont aucun pouvoir ;
- la faible volonté politique d'instaurer un exercice de planification stratégique, qui découle du peu d'intérêt des élus à se cloisonner dans un processus de prise de décisions trop bien structuré ;
- au moment de l'implantation de la planification stratégique, l'aversion envers un exercice qui risque d'imposer des cadres de fonctionnement trop rigides et, conséquemment, la crainte de perdre le peu de liberté à l'intérieur d'un processus de prise de décisions limité ;
- la réticence des cadres à accepter l'idée de réserver du temps pour une planification à long terme, ce qui modifierait radicalement leurs habitudes de travail axées sur le court terme ;
- le fait de confier à des firmes de consultants la démarche de l'exercice de planification stratégique éloigne la municipalité du centre du dossier. Une difficulté supplémentaire surgit sur le plan du suivi lorsqu'on tente d'implanter

la planification à l'interne à la suite d'un exercice réalisé par une firme de consultants. Ainsi, on mentionne souvent que les objectifs sont trop éloignés de la réalité et que, d'autre part, on est incapable d'atteindre les objectifs;

— la rapidité avec laquelle certains élus veulent réaliser le mandat demeure l'une des difficultés rencontrées lors de l'élaboration de l'exercice de planification stratégique;

— le fait de tenir compte de toutes les personnes concernées lors de l'implantation de sa planification stratégique et la compréhension des plans par tous les employés. Les difficultés surviennent lorsque certaines personnes ont des objectifs de développement sectoriels bien précis qui ne sont pas partagés par l'ensemble de l'organisation;

— le fait de négliger la phase d'élaboration qui peut exiger facilement jusqu'à 18 mois de travail, ce qui représente une période relativement longue pour les directeurs généraux qui craignent de perdre des élus en cours de route.

Conclusion

L'administration publique est par nature réactive. Son rôle est de réagir aux opportunités et aux débouchés qui se présentent sur la scène politique et de le faire d'une façon cohérente, autant que possible en conformité avec son idéologie. Traditionnellement, les administrations publiques n'établissent pas leur propre agenda mais essaient plutôt de capitaliser sur les opportunités lorsqu'elles surviennent. La gamme potentielle des actions en administration publique est virtuellement illimitée. Cependant, la limite des ressources disponibles met un frein à ces aspirations et c'est alors qu'un processus rationnel comme la planification stratégique peut jouer un rôle de premier plan.

Pour être appliqué au secteur public, le modèle de la planification stratégique exige donc certaines adaptations, étant donné que l'accord et la satisfaction de la population tiennent lieu de ce qu'est le profit dans l'entreprise privée. La position concurrentielle, si chère à l'entreprise privée, est désormais partie intégrante du raisonnement de l'administration publique. La planification stratégique dans le secteur public est donc qualitativement différente de la planification stratégique dans les entreprises privées, mais cette différenciation devient mineure pour ce qui est du processus.

En ce qui a trait à la mise en œuvre et au suivi, les communications, la participation du personnel et une gestion assidue du processus dans son entier, c'est-à-dire de l'élaboration à l'implantation, sont les caractéristiques recherchées.

La planification stratégique dans diverses formes fondamentales d'organisation

Résumons maintenant les propos de Mintzberg (1994 : 396-411) sur le déroulement de la planification stratégique au sein des cinq formes fondamentales d'organisation qu'il a proposées, soit l'organisation mécaniste, l'organisation professionnelle, l'adhocratie, l'organisation entrepreneuriale et l'organisation diversifiée (1982). Cet auteur a considéré les configurations variées de planification adoptées par chacune.

L'organisation mécaniste

L'organisation mécaniste est adaptée « au modèle classique de la planification. Elle a tendance à avoir des "technostructures" bien développées, c'est-à-dire des groupes fonctionnels incluant un complément important de planificateurs. Ces groupes sont chargés du développement des systèmes de planification et de contrôle formels qui structurent et coordonnent le travail de tous les membres de l'organisation. De plus, l'organisation mécaniste favorise le contrôle centralisé, avec un pouvoir formel situé au sommet de la hiérarchie, où des dirigeants sont supposés formuler les stratégies que tous les autres membres de l'organisation mettent en œuvre » (Mintzberg, 1994 : 398-399).

L'organisation professionnelle

L'organisation professionnelle a « une structure pilotée par un travail opérationnel qui est hautement complexe même s'il est plutôt stable dans son exécution. Comme résultat de cette unique différence essentielle, beaucoup des éléments de base de l'organisation mécaniste [...] s'effondrent, notamment ceux du contrôle de la base par le sommet et de l'élaboration centralisée de la stratégie [...] Le résultat est un processus d'élaboration de la stratégie qui est presque diamétralement opposé à celui de l'organisation mécaniste [...] un processus de formation plutôt fragmenté, dans lequel les stratégies de l'organisation sont typiquement l'agrégation de toutes les stratégies individuelles et collectives » (Mintzberg, 1994 : 405-406).

L'adhocratie

L'adhocratie a un processus de formation de sa stratégie « très complexe et très peu traditionnel, qui a l'allure du modèle jardinier [...] Il y a donc un grand besoin de faire en sorte que les participants le comprennent, ce qui accroît l'importance du rôle de catalyseur [...] Et parce que les stratégies des adhocraties ont tendance à être émergentes, le rôle qui consiste à trouver les stratégies devient également crucial [...] De plus, les conditions dans l'adhocratie peuvent être si complexes et peuvent changer si rapidement qu'il y existe une tendance au développement d'un appétit insatiable pour l'analyse stratégique, d'après Langley (1986)» (Mintzberg, 1994 : 409).

L'organisation entrepreneuriale

L'organisation entrepreneuriale permet au dirigeant un contrôle personnel sur les activités par supervision directe et ce dernier concentre l'information dans sa tête et a tendance à agir de façon opportuniste. Les dirigeants des organisations les plus entrepreneuriales n'apprécient pas se faire dire comment faire la stratégie. De toute façon, il y a peu de chance qu'une stratégie se développe en dehors de leur contrôle personnel (Mintzberg, 1994 : 410). Nous renvoyons également le lecteur à l'article de Filion et Toulouse, au début de ce chapitre, qui traite de la planification dans la PME.

L'organisation divisionnaire

L'organisation diversifiée voit le siège exercer un certain type de contrôle, surtout sur le financement et la performance, sur le choix des gestionnaires clés ainsi que sur le choix des structures organisationnelles, en particulier le choix des systèmes de planification, de contrôle et de rémunération... Les contrôles peuvent avoir pour effet d'encourager la programmation stratégique à l'intérieur des divisions... «Les planificateurs du siège peuvent avoir un petit rôle de catalyseur et transmettre leur savoir sur le processus stratégique, mais pour le reste il paraît logique de laisser les rôles à des planificateurs situés à l'intérieur des divisions elles-mêmes» (Mintzberg, 1994 : 412). Plus loin dans le chapitre 15, nous poursuivons notre réflexion sur la planification stratégique dans ce type d'organisation en traitant de la gestion stratégique dans des entreprises complexes ou du métamanagement. Voyons maintenant comment se font la planification et la gestion stratégique de l'entreprise «intelligente».

par
Jacques
Lauriol

Le management de l'entreprise intelligente : de la culture à l'apprentissage*

La question qui se pose ici est celle de l'organisation, de l'animation et de la conduite de l'action collective dans une entreprise qui doit tendre vers l'intelligence plutôt que vers l'excellence (Senge, 1990a).

---

* Le texte qui suit a été tiré de *Gestion, revue internationale de gestion*, décembre 1994.

Une nouvelle fois, il semble que ce soient les performances et «l'art du management» déployé par les entreprises japonaises qui aient servi de déclencheur à cette école de l'excellence et de la culture, caractéristique de la décennie 80 (Pascale et Athos, 1981).

Ouchi (1981) et Peters et Waterman (1983) peuvent en être considérés comme les précurseurs. Peters et Waterman proposent, à partir d'une approche en termes de management comparé, un modèle révélant les secrets des meilleures entreprises, modèle où les valeurs partagées occupent une place centrale. Des valeurs partagées, on passe ainsi à la culture, ou *corporate culture*, ensemble de concepts directeurs et de valeurs partagées, ou encore le ciment, la *glue* (Saffold, 1988) permettant d'assurer la cohésion des valeurs, des mythes et des symboles caractérisant l'entreprise (Deal et Kennedy, 1982).

Ce modèle s'inscrit dans une perspective qui considère que l'entreprise «a» une culture, qui lui est spécifique, alors que d'autres pensent qu'elle «est» une culture (Smircich, 1983). En d'autres termes, la culture est-elle une variable isolable parmi d'autres ou constitue-t-elle, comme le considère l'anthropologie, un véritable système structurant de la vie sociale, dans la société en général et non pas uniquement dans l'entreprise? L'organisation est un système ouvert activé par un ensemble de régulations culturelles externes et internes, qui définit la culture «comme un lieu d'articulation, d'échanges ou de compromis entre normes et valeurs divergentes» qui n'autorise pas à la considérer «comme un système clos» (Sainsaulieu, 1990: 613).

Le modèle de la *corporate culture* considère pourtant la culture comme une variable, un instrument sur lequel les dirigeants peuvent agir, en créant les valeurs, mythes, signes et symboles, projets et slogans susceptibles de faire émerger un sentiment collectif d'appartenance et d'identification à l'entreprise et à ses objectifs (Aktouf, 1990). Malgré l'audience de cette approche auprès d'un certain nombre d'entreprises et de consultants, la mise en œuvre du modèle s'est très vite heurtée à de sérieux problèmes.

Ceci tient probablement aux limites même du modèle. Si les composantes de la culture sont connues, les logiques de fonctionnement et des interactions entre ces composantes ne le sont pas. Par ailleurs, les cas relatés établissent des constats *a posteriori* sans livrer de véritable analyse de la dynamique des systèmes en question. L'orientation apparaît très comportementaliste et fortement empreinte d'une idéologie consensuelle ou communautaire qui semble exprimer un désir des auteurs plutôt qu'une véritable réalité (Bosche, 1984).

Si l'entreprise peut être considérée comme un groupe humain, disposant d'un savoir local (une identité) permettant aux membres du groupe de s'intégrer à cette organisation, cela n'implique pas un quelconque partage de valeurs. «L'entreprise est un construit social, un système peuplé d'acteurs disposant de représentations et de modes d'action spécifiques. Ce système est caractérisé par le conflit et l'exercice de relations de pouvoir, ce qui contredit l'idée de l'entreprise communautaire, animée d'une croyance unique » (Reitter, 1991 : 28-29). Le problème consiste plutôt en la gestion ou le management d'identités collectives, en considérant que ces dernières ne sont jamais définitivement acquises.

Malgré ces divergences théoriques, l'approche par la culture s'est largement développée en France, selon une démarche dite du projet d'entreprise.

Un projet se définit à la fois comme un pôle d'identité permettant de formuler les valeurs clés de l'entreprise et leur cohérence avec ses activités, et comme un pôle de participation visant à obtenir l'engagement de chacun. Il intègre une dimension participative forte, la participation étant une condition impérative de l'engagement. Les désillusions, quelles que soient les expérimentations engagées, sont nombreuses. L'écart entre un discours lié au projet et à ses composantes (la qualité par exemple) et les pratiques concrètes développées (les cercles de qualité) révèlent la dimension rhétorique de la démarche. Le management participatif tient plus du problème que de la solution, cette dernière étant trop souvent conçue comme une démarche méthodologique. Ce problème est lié ici aussi à la conception que l'on retient pour l'organisation, soit une entité sociale capable de générer une culture spécifique (modèle de la *corporate culture*), soit un construit social, « une organisation, constituée de personnes, d'acteurs, qui a développé une conception de la personne, des droits et devoirs de la personne envers l'organisation »… et réciproquement (Thevenet, 1992 : 71).

C'est sur cette dimension de la nature des relations sociales qui caractérisent l'entreprise qu'une rupture semble s'opérer actuellement. L'émergence du paradigme des ressources place le savoir comme support essentiel du développement de la firme : « *The only meaningful resource today* » (Drucker, 1993). Ce savoir se rapporte aux personnes, ce qui implique la mise en place de systèmes de management permettant à ces personnes d'apprendre, d'échanger et de développer leurs savoirs avec l'ensemble de leurs partenaires. De ce fait, les compétences qu'elles possèdent deviennent un enjeu, la performance de l'entreprise en étant dépendante.

Il est donc fondamental de reconsidérer les relations sociales qui caractérisent le modèle de la *corporate culture* pour créer un nouvel environnement de travail intégrant plus largement qu'auparavant les besoins et attentes des personnes détentrices de ces savoirs. Senge (1990a) propose de construire une entreprise intelligente par la pratique de la « cinquième discipline ». Pour y accéder, il est nécessaire de procéder à de profonds changements dans les modèles mentaux qui gouvernent notre action.

La « cinquième discipline » s'appuie sur une pensée systémique, permettant à chacun de se voir comme partie intégrante d'un tout, pour accéder à une maîtrise personnelle centrée sur le développement de capacités individuelles d'apprentissage et de développement. Cette démarche passe par une remise en cause de notre conception du travail en équipe autour d'une véritable vision partagée, base du développement d'un apprentissage qui engendre un savoir créatif (et non pas seulement adaptatif). La mission essentielle du leader (plutôt que du manager) consiste en la création de cette vision partagée. Le leader doit entretenir une tension créatrice permettant de maintenir et de faire évoluer cette vision, cohérente avec l'intention stratégique. Il joue ainsi un rôle de concepteur d'une architecture sociale qui permet à chacun de trouver sa place dans l'organisation. Il est également enseignant ou éducateur, ce qui favorise l'accession de chacun à la maîtrise personnelle, et ainsi, l'orientation de l'activité dans le sens de la vision (Senge, 1990b).

L'entreprise intelligente, parce que capable d'engendrer du savoir, repose donc essentiellement sur l'exercice d'un leadership capable de créer une vision partagée (Quinn, 1992), ce qui ne va pas sans créer quelques difficultés. D'abord sur le plan sémantique, la confusion ou l'imprécision entre mission, vision et intention stratégique n'est pas résolue (Campbell et Yeung, 1991). Ensuite, dans la mise en œuvre, les problèmes de rhétorique, d'approche à court terme, de déficits de communication et de pratiques appropriées entravent la marche vers l'entreprise intelligente (Coulson-Thomas, 1992).

Afin d'aller au-delà de ces difficultés, Weber (1993) propose d'axer l'action managériale autour de la confiance. Elle ne peut émerger que par l'échange permanent entre les partenaires, à l'interne comme à l'externe. Cela suppose de reconnaître que l'opposition, le désaccord et le conflit constituent la nature même des relations sociales à l'intérieur de l'entreprise intelligente. Ces conflits peuvent être dépassés et résolus par l'échange, la conversation qui devient ainsi «*the way knowledge workers discover that they know, share it with their colleagues and the process to create new knowledge for the organization*» (Weber, 1993 : 28). L'organisation peut alors être représentée comme une carte des flux de conversation (plutôt qu'un organigramme), l'intensité de ces flux permettant d'identifier les personnes, et les savoirs qu'elles détiennent, qui se situent «*in the loop*».

On en vient ainsi à concevoir l'organisation apprenante comme un lieu, un espace de négociation et d'échange permanents qui configurent l'entreprise intelligente autour de processus d'apprentissage. L'objet du management consiste en la gestion de ces processus d'évolution et de leur dynamique ponctuée par des périodes ; certaines de ces périodes expriment la convergence de l'organisation sur quelques éléments clés, d'autres marquent la recherche d'un nouvel équilibre par l'identification des nécessaires nouvelles orientations qui permettent de faire évoluer l'organisation (Lant et Mezias, 1992).

Le management de l'entreprise intelligente vise donc à créer un environnement favorable à la création de savoirs, sources d'avantages compétitifs futures. Il s'appuie sur une nouvelle conception de l'entreprise, le savoir devenant un enjeu qui ne peut être capté sans contrepartie ; le rôle du leadership consiste alors en la finalisation des comportements et attitudes autour d'une vision partagée qui doit être actualisée en permanence.

L'entreprise intelligente est une organisation capable d'apprentissages qui sait, par la pratique de nouvelles relations sociales, dépasser les blocages inhérents à l'entreprise traditionnelle. Son accession à un véritable statut de modèle, qui peut être généralisé à l'ensemble des organisations, suppose une conceptualisation plus élaborée des différents mécanismes de coopération – et de leur management – qu'elle postule. Cela implique de nécessaires approfondissements, tant du point de vue des processus d'apprentissage et des dimensions cognitives qui les caractérisent, que de celui d'un nouveau concept ou nouveau paradigme pour l'entreprise (Piotet, 1992).

Le métamanagement ou la gestion stratégique dans des entreprises complexes

La taille croissante des entreprises modifie le rôle de leurs principaux stratèges, car au « management direct » se substitue progressivement le « management médiatisé », ce qui donne naissance au « métamanagement », soutient Hafsi (1985). Le « métamanagement » « joue à Dieu » en amenant d'autres personnes qui, choisissant de façon libre, réalisent des choses se révélant ultimement bonnes. En effet, le « métamanager » met en place des contraintes et des incitations qui vont guider l'action de ses collaborateurs, les responsables de CAS, qu'Hafsi nomme les « dirigeants stratégiques », puisque ce sont eux qui prennent les décisions à caractère stratégique et « sont en contact avec la réalité du marché, de la technologie et de la gestion des hommes » (Hafsi, 1985). Les dirigeants au sommet définissent ce que l'entreprise veut (résultats à atteindre, mission et objectifs) et précisent les contraintes et les règles dont les directeurs stratégiques devront tenir compte. La figure 15.9 (voir p. 240) présente la gestion stratégique dans les grandes entreprises et clarifie le rôle des deux groupes de gestionnaires. Ohmae (1991 : 124) précise la description de la gestion stratégique dans les grandes organisations, faite précédemment par Hafsi, en indiquant les rôles assumés par cinq niveaux hiérarchiques différents au sein d'une grande entreprise diversifiée. La figure 15.10 (voir p. 241) décrit la vocation de chaque unité hiérarchique.

Nous complétons cette description de la complexité de la gestion stratégique en reliant, dans la figure 15.11 (voir p. 242), les trois niveaux stratégiques présents dans une grande entreprise, c'est-à-dire le niveau de la stratégie directrice (dans quoi œuvrer), le niveau de la stratégie d'affaires (comment compétitionner) et le niveau de la stratégie fonctionnelle (avec quoi compétitionner). Nous voulons de nouveau souligner l'importance de la présence d'une vision connue et partagée, d'objectifs généraux, d'une démarche stratégique connue et respectée par l'ensemble des décideurs. Enfin, en montrant l'existence de liens entre

FIGURE 15.9
La gestion stratégique dans les grandes entreprises

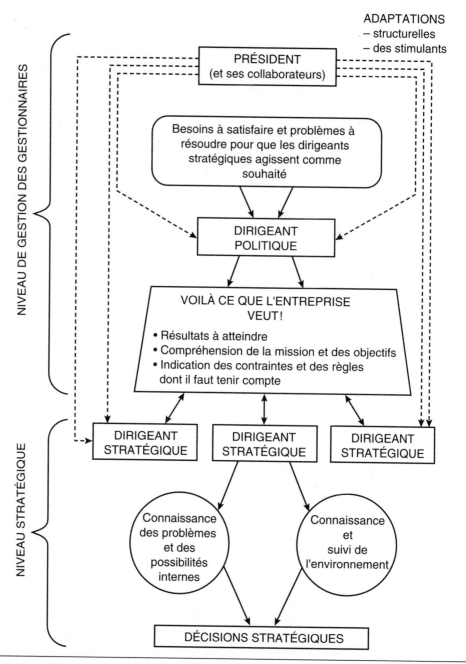

SOURCE: Hafsi, T., « Du management au métamanagement : les subtilités du concept de stratégie », *Gestion*, vol. 10, n° 1, février 1985.

FIGURE 15.10
Le concept d'une structure à cinq niveaux d'une entreprise diversifiée

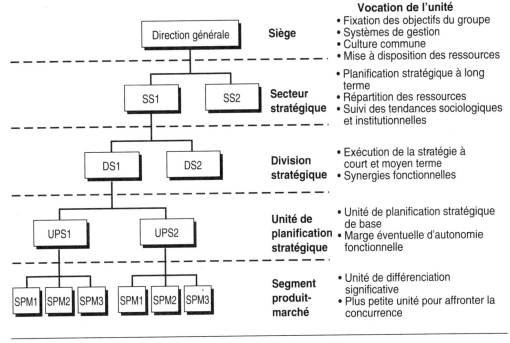

SOURCE: Ohmae, K., *Le génie du stratège*, Paris, Dunod, 1991, p. 124.

les niveaux hiérarchiques, l'équipe de dirigeants verra mieux sa contribution respective au succès de la planification stratégique.

Le mécanisme d'allocation des ressources

Plusieurs entreprises évoluent aujourd'hui dans des environnements et des secteurs industriels multiples. Elles possèdent des portefeuilles d'activités caractérisés par la diversité de produits et de marchés. Dans chacune de ces entreprises, on note l'existence de plusieurs niveaux de prise de décision stratégique et on observe que le processus de formation de leurs stratégies se décompose en plusieurs étapes en fonction des rôles joués par les divers groupes de décideurs. Bower (1970) a étudié la gestion du processus d'allocation des ressources au sein d'entreprises de grande taille. Il propose un modèle d'allocation des ressources formé de deux axes: celui des étapes du processus et celui des phases du processus.

L'axe des étapes se divise en trois: la *définition*, l'*impulsion* et la *création du contexte*. L'axe des phases se divise également en trois: la *direction* (institutionnel), l'*intégration* (intermédiaire), l'*initiation* (CAS). Chaque phase correspond à un

FIGURE 15.11
La contribution des niveaux hiérarchiques
d'une entreprise aux décisions stratégiques

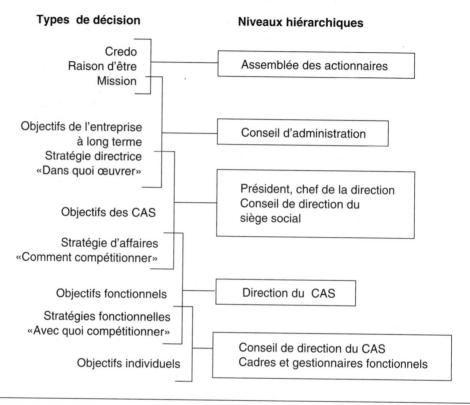

SOURCE: M. Côté © (1994).

niveau hiérarchique. La figure 15.12 (voir p. 243) fournit le contenu de chaque cellule formée par la combinaison de ces deux axes et décrit le cheminement du processus d'allocation. Comme elle l'indique, la définition d'un projet ou d'une idée s'inscrit dans la phase d'initiation 3 (niveau du CAS), c'est-à-dire des gestionnaires qui se trouvent en contact avec le marché, l'impulsion à donner au projet provient de la phase d'intégration 2 (niveau divisionnaire), la création du contexte est réservée à la phase de direction 1 (niveau de la direction). En d'autres mots, la responsabilité des dirigeants de CAS consiste à trouver les occasions d'investissement dans leur champ d'activité.

Les dirigeants des divisions de l'entreprise ont comme tâche de bien intégrer les volontés de la haute direction et celles des responsables des CAS.

FIGURE 15.12
Le processus de planification stratégique

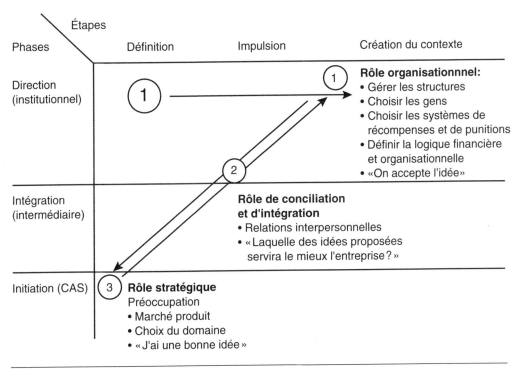

SOURCE : Adapté de Bower, J.L., *Managing the Resource Allocation Process : A study of Corporate Planning and Investment*, Division of Research, Graduate School of Business Administration, Boston, Harvard University Press, 1970.

Quant aux dirigeants du niveau de direction, ils doivent opter pour un type de structure organisationnelle (division des activités, pouvoir de décision, systèmes de gestion, système de récompenses et de punitions), sélectionner les dirigeants requis et choisir, parmi les projets présentés, ceux qui satisfont le mieux les besoins des actionnaires, des employés et des autres meneurs d'enjeux de l'entreprise. Comme l'illustre bien la figure 15.13 (voir p. 244), la formation des stratégies au sein d'une entreprise à activités multiples repose sur un processus de décision très interactif. En effet, la fixation des buts, la formulation de la stratégie et sa mise en œuvre requièrent la participation des gens à tous les niveaux de l'entreprise. Afin d'être utile, cette participation doit s'appuyer sur une information abondante, ce qui suppose des réseaux d'information capables d'acheminer l'information aux endroits appropriés et de permettre aux bonnes personnes de contribuer au bon moment à la bonne chose.

FIGURE 15.13
Le flot d'information et les niveaux hiérarchiques

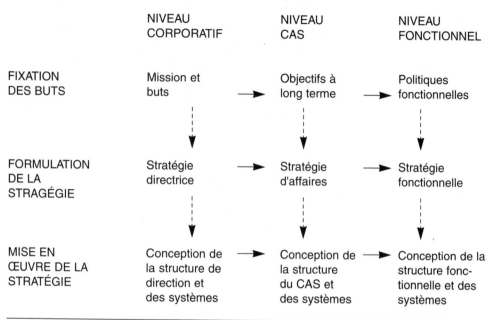

SOURCE: Hill, C.W. et Jones, G.R., *Strategic Management: An Integrated Approach*, Boston, Houghton Mifflin Co., 1981.

Le réseau de communication

La direction d'une entreprise doit mettre en place un réseau de communication qui fournira aux décideurs l'information nécessaire à leur décision. Dans l'entreprise de grande taille, on parle davantage de réseaux d'information que de systèmes, puisqu'il s'agit de relier plusieurs niveaux hiérarchiques.

La figure 15.13 décrit un flot d'information que l'on peut établir au sein d'une entreprise afin de s'assurer que chaque niveau décisionnel alimente le niveau suivant. Il souligne bien les liens à tisser entre les activités du processus de planification et la contribution de chaque personne ou groupe de personnes aux différents niveaux décisionnels de l'entreprise.

Cette figure aide à visualiser le cheminement du processus de décision stratégique, mais fait aussi ressortir les besoins de coordination et d'intégration des décisions, la nature des informations requises à chaque étape du processus de décision (définition, impulsion, création du contexte) ainsi que la contribution attendue de chaque personne ou de chaque groupe à différents niveaux de l'entreprise ou à diverses situations stratégiques.

Par exemple, l'entreprise doit bien intégrer les paires stratégie directrice-direction générale, stratégie affaires-CAS, stratégie fonctionnelle-niveau fonctionnel afin qu'elles se complètent et qu'elles s'appuient.

L'information doit circuler dans le sens des flèches pour permettre aux décideurs localisés au trois niveaux hiérarchiques de recueillir l'information requise pour prendre leurs décisions au moment opportun.

CHAPITRE 16

Gérer stratégiquement, c'est apprendre à gérer de façon convenable le changement radical afin de pouvoir mieux choisir la stratégie pertinente parmi un certain nombre d'options stratégiques génériques

L'entreprise qui œuvre dans un environnement stable et peu turbulent et qui dispose de ressources qui changent peu n'a pas à ajuster ses stratégies au même rythme que celle qui se trouve dans un environnement turbulent et dynamique et qui utilise beaucoup de ressources qui se renouvellent rapidement. Voilà pourquoi nous vous proposons de réfléchir, dans un premier temps, sur le changement et son impact sur la gestion stratégique avant de déterminer et de décrire les principales options stratégiques qui peuvent être choisies par la direction d'une entreprise afin de s'adapter pour survivre et se développer, pour mieux compétitionner.

par Christiane Demers et Taïeb Hafsi

La gestion du changement radical

Le comportement d'une organisation, sa stratégie, est le résultat d'un choix ou d'un ensemble de choix plus ou moins délibéré (Mintzberg, 1988), tendant à mettre en adéquation les exigences de l'environnement et les possibilités de l'entreprise. Les éléments critiques de la stratégie sont liés d'une part à l'équilibre entre l'organisation et son environnement et, d'autre part, à l'équilibre entre les composantes de l'organisation, ou encore à la cohérence interne des arrangements structurels, des systèmes et des processus (Andrews, 1980; Miller et Friesen, 1980).

La continuité et la cohérence des choix sont nécessaires à la compréhension par les membres de ce qu'il y a à faire, et donc à leur motivation et à la conjonction de leurs efforts vers les objectifs de l'organisation. En d'autres termes, la stabilité des objectifs est importante pour le fonctionnement et la survie de l'organisation. Cependant, d'une part l'environnement ne cesse jamais de changer et, d'autre part, les choix (ou décisions) qui sont faits par les membres de l'organisation modifient sans cesse l'équilibre interne. De ce fait, il y a des déséquilibres qui sont engendrés en permanence et auxquels il faut constamment prêter attention pour pouvoir apporter les ajustements qui s'imposent et maintenir ainsi la capacité de l'organisation à poursuivre ses objectifs.

Les questions de déséquilibres et d'ajustements nécessaires restent présentes quel que soit le niveau de complexité de l'organisation. Le dirigeant d'une organisation petite et simple est constamment sollicité pour gérer les équilibres et assurer un minimum de stabilité nécessaire à la survie (Andrews, 1980). Le dirigeant étant proche de la réalité, il a généralement une compréhension intime du fonctionnement de l'organisation, des marchés qu'elle sert, des technologies qu'elle utilise. Son principal défi sur le plan du changement est donc la formulation d'une nouvelle stratégie qui soit adéquate. Lorsque l'organisation grandit, se diversifie, étend géographiquement son domaine d'activité et utilise un personnel professionnel de plus en plus nombreux, le dirigeant est confronté à des limitations cognitives importantes. Souvent, il ne peut plus comprendre tous les secteurs d'activité de l'organisation.

Alors, lorsque ce dirigeant cherche à imprimer un changement majeur, il fait face à une véritable gageure. Plus le changement nécessaire est important, plus les difficultés à le formuler sont grandes, plus sa mise en œuvre est délicate, justement à cause de l'opacité des relations de cause à effet que provoque la complexité.

Lorsque l'organisation devient plus complexe, la capacité d'apprécier les changements de l'environnement diminue sensiblement pour plusieurs raisons. D'abord, l'environnement lui-même est généralement tellement vaste qu'aucun membre de l'organisation ne le perçoit totalement. Les perceptions divergentes, ou simplement différentes, se multiplient et se neutralisent. De plus, les changements sont souvent empreints d'une grande ambiguïté, ce qui facilite les interprétations conservatrices des signaux qui sont reçus. Par ailleurs, les enjeux internes sont très importants pour les membres clés de l'organisation et la surveillance de l'environnement n'est plus une priorité. Finalement, les exigences opérationnelles préoccupent tellement les dirigeants qu'ils n'ont plus le temps ni les dispositions d'esprit qui les amèneraient à se battre pour le développement d'un consensus sur ce qui se passe dans l'environnement. De ce fait, les changements de l'environnement sont sous-estimés ou simplement ignorés jusqu'à ce qu'ils mettent en cause la survie même de l'organisation.

À l'intérieur, aussi, on ne se préoccupe que très peu de la cohérence des arrangements structurels, des systèmes et des processus de gestion. On fait plus confiance à la négociation pour gérer les relations entre groupes ou parties de l'organisation qu'à l'ajustement des arrangements structurels ou des mécanismes de stimulation (Chanlat, Bolduc et Larouche, 1984). Les théories sur le comportement de la firme développées par l'école de Carnegie (March et Simon, 1958 ; Cyert et March, 1962) décrivent bien ce qui se passe ici. En particulier, les comportements seront dominés par : la quasi-résolution des conflits avec des décisions «acceptables» et une attention séquentielle aux objectifs ; l'évitement de l'incertitude, avec un accent sur les réactions à court terme à des rétroactions de court terme ; une recherche d'améliorations ou de solutions peu originale, «collée» sur les problèmes ; l'apprentissage avec adaptation à la marge des buts et des règles d'attention et de décision.

De ce fait, les organisations complexes ont généralement tendance à être biaisées contre le changement. En conséquence, lorsque le changement stratégique paraît nécessaire, il doit souvent se faire contre la volonté des membres de l'organisation. Il prend un caractère radical.

Le changement radical

Le changement stratégique apparaît donc comme la réponse à l'un ou l'autre des déséquilibres suivants : entre les exigences de l'environnement et les pratiques de l'organisation ou bien entre les composantes internes de l'organisation.

Hafsi et Demers (1989) proposent quatre composantes de base sur lesquelles peuvent intervenir les dirigeants pour changer l'organisation :

– Les croyances, l'ensemble des croyances partagées par les responsables clés sur l'environnement, sur les personnes et sur l'état de nos connaissances du monde (physique) qui nous entoure.

– Les valeurs, l'ensemble des valeurs partagées par les responsables clés de l'organisation. Ces valeurs couvrent les activités de l'organisation, comme son orientation technologique, la qualité de ses produits et services, l'importance de l'efficience, la définition du rôle et de la contribution des individus, y compris, par exemple, le degré de participation aux décisions, et finalement les valeurs concernant les relations de l'organisation avec la société en général.

– La stratégie comprend essentiellement la définition ou la modification du domaine d'activité. Le domaine peut être étendu en relation avec les activités et les produits actuels de l'organisation ; c'est notamment le cas des décisions d'internationalisation des activités. Il peut aussi être redéfini, sans relation avec les activités ou les produits de l'organisation ; c'est le cas d'une acquisition dans des domaines non reliées, par exemple.

– Les arrangements structurels définissent en particulier le mode de gouvernement choisi pour l'organisation et la distribution du pouvoir entre les différentes forces et acteurs de l'organisation. D'abord, le mode de gouvernement clarifie la structure du processus d'attribution des ressources. Ensuite, l'espace de décision disponible pour les membres clés de l'organisation, de même que les systèmes de contrôle et de récompenses, doivent être spécifiés.

La plupart des auteurs qui se sont intéressés au changement radical (Allaire et Firsirotu, 1985, 1989 ; Hafsi et Demers, 1989 ; Nadler et Tushman, 1989 ; Tushman et Romanelli, 1985) s'entendent pour dire qu'un changement d'une telle ampleur modifie toutes les grandes composantes de l'organisation telles que les croyances, les valeurs, la stratégie et les arrangements structurels.

Selon Hafsi et Demers (1989), en plus de modifier toutes les grandes composantes de l'organisation, un changement stratégique, pour être qualifié de radical, doit être perçu comme discontinu par les membres clés de l'organisation dans au moins l'une de ces composantes. Un changement discontinu implique une remise en cause fondamentale et non seulement un ajustement à la marge. C'est très souvent un changement de nature et pas seulement un changement de degré.

Une typologie du changement radical

Il existe plusieurs typologies du changement radical dans la littérature en stratégie (Allaire et Firsirotu, 1985 ; Anderson, 1986 ; Hafsi et Demers, 1989 ; Hofer, 1980 ; Tushman et Romanelli, 1985). La plupart de ces typologies ont tendance à privilégier une dimension particulière : le caractère proactif ou réactif du changement et le niveau de performance de l'organisation sont parmi les dimensions les plus utilisées.

Hafsi et Demers (1989) proposent une typologie du changement radical dans les organisations complexes qui se veut plus systématique. Cette typologie comprend quatre configurations qui se rapprochent de celles répertoriées par Allaire et Firsirotu (1985) : la transformation, la revitalisation, la réorientation et le redressement. Il s'agit là des changements radicaux sur lesquels la littérature semble converger (Anderson, 1986 ; Bibeault, 1982 ; Hofer, 1980 ; Kilman *et al.*, 1988 ; Laughlin, 1991).

En plus de tenir compte de dimensions telles que le caractère réactif ou proactif du changement et le niveau de performance de l'organisation, cette typologie met l'accent sur le contenu et le processus de changement, c'est-à-dire la reconnaissance des grandes composantes de l'organisation qui changent de manière discontinue et l'ordre dans lequel ces composantes sont affectées. De plus, des dimensions telles que le rythme du changement et le type de leadership qui les caractérisent sont discutées (voir tableau 16.1).

Le contenu du changement stratégique est défini en spécifiant les composantes qui changent de manière discontinue. L'hypothèse des auteurs est qu'il y a une sorte de hiérarchie dans les changements discontinus. Le changement discontinu dans la composante dont le contenu est le plus abstrait, le plus général, le plus

TABLEAU 16.1
Les quatre configurations de changement radical

Configuration	Transformer la façon de voir le monde	Revitaliser en changeant les pratiques	Réorienter en changeant le domaine d'activité ou le positionnement	Redresser pour la survie à court terme
Contenu	Axé sur les croyances	Axé sur les valeurs	Axé sur la stratégie	Axé sur la structure
Séquence	Croyances Valeurs Structure Stratégie	Valeurs Structure Stratégie	Stratégie Structure Croyances Valeurs	Structure Stratégie Croyances Valeurs
Rythme	Rapide, même brutal	Rapide	Plus modéré	Rapide
Contexte	Changement proactif Situation ambiguë Urgence	Changement proactif Situation ambiguë Pas d'urgence	Changement réactif Situation claire Pas d'urgence	Changement réactif Situation claire Crise
Leadership	- Nouveau - Prophète - Visionnaire	- Nouveau (de l'intérieur) - Missionnaire - Charismatique	- Actuel - Incrémentaliste logique	- Nouveau - Capitaine - Décisif
Risque	Très élevé	Élevé	Moyen	Faible/moyen

SOURCE : Hafsi, T. et Demers, C., *Le changement radical dans les organisations complexes. Le cas d'Hydro-Québec*, Boucherville, Gaëtan Morin Éditeur, 1989.

global, entraîne ou déclenche des changements discontinus dans des mécanismes plus concrets, plus pragmatiques, plus étroits. La séquence est la suivante :

— croyances ;

— valeurs ;

— stratégie ;

— arrangements structurels.

En d'autres termes, un changement de croyances discontinu entraînera des changements discontinus des valeurs, de la stratégie et de la structure. Par contre, un changement discontinu de structure n'entraîne pas nécessairement un changement discontinu en stratégie ou sur le plan des croyances et des valeurs. Par ailleurs, tout changement radical entraînant un changement (discontinu ou non) de toutes les composantes, les séquences possibles de changements sont les suivantes (voir figure 16.1):

— croyances-valeurs-stratégie-structure;

— valeurs-stratégie-structure;

— stratégie-structure-croyances-valeurs;

— structure-stratégie-croyances-valeurs.

La deuxième dimension est le rythme de modification (ou de transformation) de chacun des mécanismes. En particulier, le rythme de changement peut être brutal (une mutation ou une cassure) ou progressif (une adaptation). Lié au rythme de transformation des mécanismes de gestion, en bonne partie une de ses conséquences, l'apprentissage requis par le changement est aussi un facteur essentiel dans la réussite du changement stratégique. Crozier et Friedberg (1977) ont affirmé de manière convaincante que l'un des plus importants parmi les freins au changement vient du fait que les personnes sont obligées par le changement d'apprendre à jouer à l'intérieur de nouvelles règles. Elles doivent de ce fait abandonner des apprentissages (des investissements importants) qui ont été très coûteux et qui sont pour elles très fonctionnels, en échange de l'inconnu. Si le changement implique le remplacement du paradigme existant par un nouveau (Kuhn, 1970), l'apprentissage requis (et donc la résistance au changement) est alors considérable. S'il s'agit de développement à l'intérieur d'un cadre déjà existant, l'apprentissage (et donc la résistance au changement) est moins important.

La troisième dimension fondamentale est l'envergure du changement pour chacun des mécanismes. Par exemple, le changement concerne-t-il l'ensemble de l'organisation ou seulement une partie de celle-ci? Met-il en question l'ensemble du fonctionnement de l'organisation ou seulement certains aspects de celui-ci? Nous avons ici, bien entendu, un certain recoupement avec les dimensions précédentes. Le changement qui concerne l'ensemble de l'organisation est toujours plus difficile que celui qui n'affecte qu'une partie de celle-ci. Quand on procède à un changement global, la résistance et les risques sont considérables. Il faut souligner que l'aspect discontinu du changement est surtout une perception. Certains aspects ou caractéristiques importants des mécanismes peuvent changer de manière discontinue, mais pas nécessairement l'ensemble. Les autres aspects sont souvent changés de manière progressive, à mesure que le besoin en est révélé par l'action.

Les caractéristiques du leadership tout au long du changement sont la dernière dimension fondamentale du cadre proposé. D'abord, le style de leadership est-il autocratique ou démocratique? Lorsque le leader doit convaincre, il es

FIGURE 16.1
Les séquences de changement radical

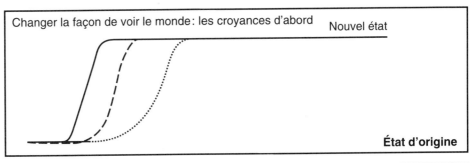

Changer la façon de voir le monde: les croyances d'abord   Nouvel état

État d'origine

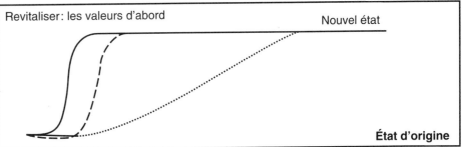

Revitaliser: les valeurs d'abord   Nouvel état

État d'origine

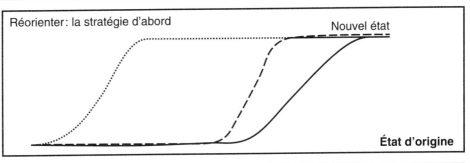

Réorienter: la stratégie d'abord   Nouvel état

État d'origine

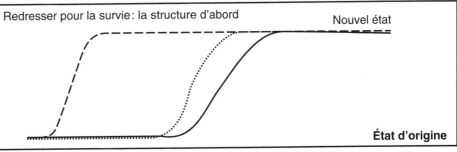

Redresser pour la survie: la structure d'abord   Nouvel état

État d'origine

———— Idéologie
.... Stratégie
– – – – – Structure

probable que le style plus démocratique est plus approprié. Lorsque seule l'action est importante, comme lorsque l'organisation lutte pour sa survie, le style plus autocratique est probablement plus approprié.

Ensuite, le groupe de direction est-il uni ou divisé? Les dirigeants en période de changement doivent faire preuve d'une grande cohérence pour susciter la coopération malgré les souffrances qu'amène le changement. Toute division peut facilement mettre en échec les efforts entrepris dans le cadre du changement.

Finalement, y a-t-il continuité du leadership? Le groupe de direction connaît-il l'organisation ou l'industrie de manière convenable ou est-il totalement nouveau? La connaissance de l'organisation, ou au moins des pratiques de l'industrie, est un avantage lorsque la légitimité du changement repose sur des données ambiguës ou incertaines et requiert un travail de motivation et de mobilisation des membres de l'organisation. Cette connaissance peut être un désavantage lorsque la légitimité du changement est claire et qu'une cassure, ou l'invention de pratiques nouvelles, est souhaitée.

Le changement radical est souvent mené par des dirigeants nouveaux. Une des raisons semble être le biais antichangement qu'engendrent les engagements antérieurs pris par les dirigeants en place (Hamermesh, 1977; Tushman et Romanelli, 1985). Ces engagements peuvent être de nature idéologique (affirmation de croyances et de valeurs déterminées), stratégique (engagement dans des produits-marchés donnés), structurelle (affirmation de relations entre les parties de l'organisation et de rapports de force difficiles à remettre en cause) et personnelle (le soutien particulier qui est donné à certains managers et les promesses qui leur sont faites).

La première configuration: changer la façon de voir le monde

Le changement ici est total. Les croyances, et souvent les valeurs aussi, doivent être fondamentalement modifiées. Ces changements de nature idéologique entraînent irrémédiablement des changements dans la nature du domaine d'activité (la stratégie) et dans les arrangements structurels. Tout cela se fait généralement en un temps relativement court, même si plusieurs années sont nécessaires pour la stabilisation. Dans ce cas, les dimensions se combinent alors comme suit.

Le changement de croyances ou de valeurs est généralement relativement brutal. Le changement du contexte organisationnel est très important. Changer la façon de voir le monde requiert souvent des changements organisationnels spectaculaires pour signaler qu'on a réellement l'intention de mener le changement à terme. Notamment, les responsables sont souvent changés de manière brutale, les traditions sont modifiées pour mettre l'accent sur des valeurs nouvelles, de nouveaux symboles apparaissent, des comportements nouveaux sont mis en exergue, etc.

Ce type de changement commence toujours par une période de prosélytisme au cours de laquelle on essaie de développer un consensus autour de la nécessité du changement et de la pertinence des nouvelles croyances ou valeurs. En effet, il s'agit généralement d'un changement proactif mené par des dirigeants qui anticipent des problèmes majeurs si l'on ne tient pas compte des modifications importantes de l'environnement.

Par définition, ce type de changement implique des changements dans toutes les pratiques et les idées qui ont cours dans l'organisation. C'est le type de changement le plus complet. L'apprentissage requis est très important, d'autant plus important que généralement les croyances et valeurs, le domaine d'activité et les règles de fonctionnement sont changés.

Pour mener à bien un changement aussi radical, il arrive fréquemment qu'un nouveau leadership soit nécessaire. Dans tous les cas, le style de leadership qui semble le plus adapté est un leadership démocratique, pour susciter le consensus, mais ferme et déterminé pour éviter les diversions.

La deuxième configuration : revitaliser en changeant les pratiques de l'organisation

La deuxième configuration consiste en une remise en cause du fonctionnement de l'organisation plutôt que de sa vision du monde. Il s'agit ici de découvrir des comportements plus fonctionnels, puis de reconstruire la relation que l'organisation a avec le reste du monde. À terme, en plus du changement de valeurs, il y a aussi souvent un changement fondamental du champ d'activité et des arrangements structurels. Dans ce cas, la configuration peut être spécifiée de la façon suivante.

Le rythme de modification des valeurs, par le biais des pratiques, est souvent très rapide pour ne pas permettre à la résistance de se liguer contre l'idée de la transformation. Les autres changements peuvent s'échelonner sur une longue période. Ce deuxième type de changement, même s'il a démarré rapidement, peut prendre beaucoup de temps pour devenir une réalité. Généralement, la performance de l'organisation n'est pas catastrophique, et donc le temps disponible pour aller vers des performances meilleures est assez long.

Comme le changement ne remet pas en cause, du moins au début, la relation de l'organisation à son environnement, il est moins englobant que le premier. C'est néanmoins un changement des pratiques qui touche l'ensemble de l'organisation et, de ce fait, il introduit des perturbations dont l'assimilation peut prendre plusieurs années.

L'apprentissage requis peut être considérable, mais il est généralement plus acceptable parce que les croyances ne sont pas remises en cause. Le but du changement est bien sûr de changer les relations à l'intérieur de l'organisation, et donc le fonctionnement actuel de celle-ci, mais il n'y a pas de remise en cause de la nature des relations avec l'environnement.

Ce type de changement n'entraîne pas toujours un changement de leadership. Très souvent, les mêmes dirigeants amorcent le changement. Le style est essentiellement charismatique et démocratique.

La troisième configuration : réorienter en changeant le domaine d'activité ou le positionnement

Dans cette configuration, les croyances ne sont pas en cause et le fonctionnement interne paraît satisfaisant. Par contre, le domaine d'activité paraît inadéquat, soit parce que les ressources de l'entreprise ne sont pas utilisées complètement, soit parce qu'elles pourraient être utilisées plus efficacement. Le changement implique donc une remise en cause de l'équilibre existant en modifiant ou en étendant le champ d'activité.

Parmi les caractéristiques de cette configuration, on peut d'abord mentionner la modification des croyances et des valeurs, qui est lente, progressive et reliée à l'évolution normale d'une entreprise dont le champ d'activité change.

Les changements organisationnels peuvent être très importants (Chandler, 1962) pour ajuster les arrangements structurels à la nouvelle stratégie. On dispose généralement de suffisamment de temps pour lancer l'action et pour procéder aux ajustements inévitables dans ces circonstances.

Le changement est souvent de grande envergure, mais comme la possibilité de le mener progressivement existe, il est moins effrayant. Toutefois, c'est souvent parce que la performance se met à décliner à la suite de la réorientation stratégique que les dirigeants réalisent qu'un changement structurel fondamental est nécessaire. L'apprentissage requis peut être important mais il est progressif. De ce fait, les résistances peuvent être sensiblement moins grandes que dans les cas précédents.

Il y a généralement continuité du leadership, mais il y a aussi de nombreux cas où le changement a été amorcé par de nouveaux dirigeants. Le style tend à être démocratique ou participatif.

La quatrième configuration : redresser pour la survie à court terme

La situation de l'organisation est généralement très difficile, voire désespérée. Les ressources sont insuffisantes pour assurer le fonctionnement normal. Il est nécessaire de procéder à des interventions d'urgence pour sauver l'organisation. On doit notamment réduire l'importance des activités, remettre de l'ordre et imposer une discipline sévère pour accroître l'efficacité et l'efficience. Dans ce cas, la configuration peut être précisée comme suit.

– Les arrangements structurels doivent être changés de manière spectaculaire et discontinue. La stratégie et l'idéologie ne sont pas au départ une préoccupation des dirigeants, leur changement n'est pas essentiel pour la survie. Elles doivent s'ajuster, mais cela peut prendre beaucoup de temps.

– Il n'y a pas de problème de rythme de modification des croyances ou des valeurs. Tout le monde est généralement convaincu de la nécessité de clarifier les croyances et les valeurs qui ont eu tendance à être diluées dans le passé récent. Mais les croyances et les valeurs passent au second plan devant l'urgence d'actions plus opérationnelles.

Le changement structurel doit se faire de toute urgence. Peu de temps peut être consacré à la discussion ou à la réflexion. Il est possible que le changement soit de grande envergure. Il implique non seulement une transformation du cadre d'action, mais cette transformation est appliquée à l'ensemble de l'organisation sans avertissement. Le bouleversement organisationnel est considérable, puisque toutes les règles doivent être redéfinies. Là encore, le changement, même s'il est considérable, apparaît comme légitime et ne suscite que peu de résistance motivée. L'apprentissage est souvent important, mais peu coûteux parce que souvent souhaité par le plus grand nombre. Il faut, malgré cela, noter que les risques les plus grands de division et de destruction de l'organisation dans son ensemble viennent généralement de la pertinence et de l'importance des bouleversements qui sont imposés.

Généralement, le leadership qui mène le redressement est nouveau, parce que les responsables en place ne peuvent effacer les stigmates de l'échec qui a mené à la nécessité du redressement. Le style est essentiellement autoritaire et orienté vers les résultats.

Les défis du changement radical

Le changement stratégique radical présente les plus grands défis de gestion auxquels on peut être confronté. Ces défis sont, à certains égards, bien plus importants que ceux de la création de l'organisation elle-même. Les croyances, les valeurs ou simplement les pratiques des personnes et des groupes sont tellement incrustées que le changement est perçu comme particulièrement douloureux, y compris par ceux qui le souhaitent.

C'est fondamentalement surtout à cause de son effet sur les personnes que le changement stratégique est si délicat à mener. Cet effet engendre plusieurs grands défis, qu'on pourrait regrouper en cinq catégories : un défi conceptuel, un défi organisationnel, un défi culturel, un défi humain et un défi de leadership.

Chacune de ces catégories est généralement présente dans tous les types de changement évoqués. Cependant, la combinaison est spécifique et différente pour chaque situation, ce qui doit être gardé à l'esprit dans la discussion qui suit.

Un changement radical, comme tout changement organisationnel d'envergure, requiert une certaine légitimité. Les leaders ne peuvent vraiment réaliser un changement radical que s'ils sont perçus comme ayant la légitimité pour le conduire.

En conséquence, le premier défi pour mener le changement va être de nature conceptuelle. Il faut en effet trouver les formulations les plus convaincantes pour expliquer et justifier le changement. Il faut pour cela proposer une conceptualisation du changement qui rende celui-ci évident, voire «naturel» pour tous les membres clés de l'organisation. Cela suppose, entre autres, l'énoncé d'une vision claire et imposante dans laquelle les membres de l'organisation vont reconnaître leurs aspirations.

Selon le type de changement, cette formulation peut venir au tout début (pour le changement de vision du monde) ou vers la fin du changement (pour le redressement). Toutefois, dans tous les cas, les changements stratégiques radicaux exigent que cette formulation soit entreprise et serve à la justification du changement imposé aux autres.

Le deuxième type de défi est de construire l'organisation de sorte qu'elle puisse prendre en charge le changement. Ce défi est relié aussi à la nature des personnes de l'organisation. Le système organisationnel doit encourager les comportements souhaités par le changement. Malheureusement, les relations de cause à effet en matière organisationnelle sont très mal connues. De plus, les phénomènes organisationnels sont très souvent spécifiques et localisés, alors que les dirigeants souhaitent souvent entreprendre des actions générales parce que plus économiques. Si on ajoute à tout cela l'effet d'assombrissement provoqué par la complexité, il est possible de dire qu'en la matière les dirigeants sont souvent comme des aveugles, ils naviguent au jugé (Hafsi, 1985).

Les actions sur le contexte organisationnel sont donc des actions qui sont souvent de nature expérimentale. L'expérience elle-même ne donne pas des résultats sans ambiguïté. En effet, beaucoup de facteurs ou de variables organisationnelles ne donnent que des effets à terme, et on ne sait pas quel est ce terme! C'est pour cela que le dirigeant est alors obligé de suivre avec attention les effets de ses actions sur les cadres clés de l'organisation et de se tenir prêt à faire les ajustements nécessaires. Ce défi est probablement l'un des plus grands qui se posent à la gestion de la complexité, parce que l'attirance de la standardisation ou de recettes est encore plus forte quand on ne comprend pas ce qui se passe.

En plus du défi organisationnel, il y a aussi le défi du changement de culture. La culture est une façon de voir le monde qui agit à un niveau très fondamental chez les personnes (Firsirotu, 1984). C'est elle qui guide nos comportements de base. Elle joue très souvent un rôle fonctionnel très important en nous permettant de réagir de manière automatique, et donc économique, aux exigences de notre environnement.

Changer de culture, ce qui est souvent requis (à plus ou moins brève échéance) dans les changements radicaux, c'est partir à l'aventure ! Les résistances les plus fortes se rencontrent sur ce plan. Le changement organisationnel peut ne pas engendrer les comportements souhaités, mais le changement culturel peut engendrer des comportements agressifs et opposés à l'idée même du changement. Le défi est donc de gérer le changement de culture de sorte que l'adaptation des personnes soit possible. Il faut noter que la culture qui influence les personnes de l'organisation se situe sur trois plans, soit l'organisation elle-même, l'industrie et l'environnement plus général – le pays ou la région (Jorgensen, 1989). Les changements de culture qui sont en opposition avec la culture de l'industrie ou de l'environnement en général sont très risqués et ne peuvent être maintenus sans un consensus très large à l'intérieur de l'organisation. Les changements de culture, même s'ils sont compatibles avec les cultures externes, restent néanmoins délicats. Ils sont plus faciles à réaliser lorsque la situation de l'organisation est précaire. C'est donc dans la situation du redressement que le changement culturel est le plus facile à mener. Il arrive aussi que des dirigeants «construisent une crise» pour justifier le changement de culture ou le précipiter.

Le quatrième défi, le défi humain, est celui auquel on fait face lorsqu'on est conscient des (et sensible aux) souffrances que le changement peut engendrer. L'acceptation de ces souffrances comme le prix à payer pour la bonne santé de l'organisation n'est pas facile pour tous. En effet, en particulier pour l'aspect redressement des changements radicaux, les dirigeants sont souvent perçus comme des bourreaux tant que l'entreprise ne s'est pas redressée et que des correctifs plus humains n'ont pas été apportés. Beaucoup de managers ont du mal à vivre avec cette situation.

Par ailleurs, la souffrance des personnes vient souvent du fait que nous avons tous un peu tendance à ne voir les solutions qu'en des termes extrêmes, ou tranchés. Le défi humain consiste aussi à trouver les solutions de changement qui peuvent réduire les traumatismes et, d'une certaine manière, préparer le futur. Ces solutions souvent très créatives requièrent beaucoup de temps, d'énergie et d'ingéniosité de la part des managers. Or c'est justement cela qui manque le plus dans les situations de changement radical.

Finalement, le défi de leadership consiste souvent à aller à contre-courant pour amorcer le changement. Nul ne prend la souffrance s'il peut la retarder, dans l'espoir qu'elle va peut-être s'en aller. Il faut toute la résolution et tout le courage de celui qui guide pour se battre parfois seul contre tous. Cela est particulièrement vrai pour les changements dans lesquels la situation de l'entreprise ou de l'organisation n'est pas catastrophique, c'est-à-dire la première configuration de changement et, à un degré moindre, les deuxième et troisième configurations.

Toutefois, le vrai défi de leadership consiste à donner l'exemple. Lorsque l'organisation est souffrante, il est important que tous partagent la souffrance. En particulier, le dirigeant doit montrer par son comportement qu'il prend en charge une partie du fardeau.

Les niveaux stratégiques

Nous avons souligné précédemment l'existence de trois niveaux stratégiques[1], à savoir celui de la stratégie directrice (dans quoi œuvrer), celui de la stratégie d'affaires (comment compétitionner dans notre domaine d'activité), celui de la stratégie fonctionnelle (avec quoi compétitionner dans notre domaine d'activité). Ces trois niveaux sont présents dans toutes les organisations, quelles que soient leur taille, la nature de leur activité ou leur forme juridique. En effet, le propriétaire d'une PME a tout intérêt à distinguer ces niveaux stratégiques, même si dans les faits c'est probablement lui seul qui définit les trois types de stratégie. Cette façon de faire l'aide à mieux préciser ce qu'il veut faire, ce qu'il ne veut pas faire et comment délimiter son territoire de bataille. Également, lorsque son entreprise grossit et qu'il manque de temps, il peut voir ce qu'il peut faire faire par d'autres, employés ou consultants externes, en ce qui a trait à ses stratégies fonctionnelles, se gardant plus de temps pour les autres niveaux stratégiques. Retenons ici qu'en général le processus suivi pour définir les diverses stratégies ainsi que le nombre de personnes qui participent à leur définition, à leur choix et à leur mise en œuvre varient beaucoup d'une entreprise à l'autre en fonction de sa nature juridique (privée, publique, coopérative), de sa taille et de sa structure organisationnelle, comme nous l'avons décrit dans le chapitre précédent. Nous allons maintenant présenter les principales options stratégiques que peut choisir un dirigeant d'entreprise sur le plan de sa stratégie directrice et de ses stratégies d'affaires. Nous n'aborderons pas en détail dans ce manuel le choix de stratégies fonctionnelles, mais nous tenterons plutôt de montrer comment celles-ci doivent venir appuyer les stratégies d'affaires comme moyens disponibles pour mieux affronter la concurrence dans un domaine d'activité stratégique.

---

1. Hamermesh (1986) parle de stratégie institutionnelle pour désigner la mission. Nous avons préféré voir la mission comme le point de départ de la chaîne fin-moyen dans la hiérarch des plans d'ensemble d'une entreprise.

Les grandes options stratégiques directrices et le choix d'une stratégie directrice

Qu'est-ce que l'entreprise compte faire au cours des prochains mois en termes de croissance de ses activités actuelles et de développement de nouvelles activités et de nouveaux marchés, et en termes d'équilibre de son portefeuille financier pour lui permettre de maintenir soit sa cote boursière, si elle est cotée en Bourse, soit sa marge de crédit auprès de ses créanciers et prêteurs privés mais surtout institutionnels, soit pour s'autofinancer, soit pour créer de nouveaux projets afin de retenir et d'employer de la meilleure manière ses cadres les plus prometteurs, etc.?

Même s'il existe plusieurs modèles stratégiques de base pour définir la stratégie directrice, on peut les reconnaître à l'aide d'un nombre limité de variables regroupées sous les cinq thèmes suivants :

— la volonté et les valeurs des dirigeants ;

— l'utilisation de la gamme de produits et du marché pour déterminer les options de développement d'une entreprise ;

— les ressources internes et externes à exploiter pour vaincre les faiblesses ou maximiser les forces de l'entreprise ;

— l'internationalisation des activités ;

— le développement de diverses formes de collaboration interentreprise.

Reprenons brièvement chacun de ces thèmes.

1. **La volonté et les valeurs des dirigeants** Certains dirigeants visent constamment la croissance et le développement alors que d'autres recherchent la stabilité ou sont obligés de désinvestir. On obtient trois grandes options stratégiques : *statu quo*-stabilité ; expansion-investissement ; désinvestissement. Ohmae, à l'aide de la figure 16.2 (voir p. 262), démontre bien comment, en poursuivant des objectifs de croissance (ce qui a été le cas d'un bon nombre d'entreprises de taille moyenne au cours de la dernière décennie), les dirigeants de ces entreprises ont troqué les préoccupations pour le métier, lesquelles se reflètent dans la connaissance et la maîtrise des principaux facteurs clés de succès dans les domaines où ils œuvrent, pour des considérations purement financières, tels l'équilibre financier du portefeuille, l'accroissement du fond de roulement, etc. L'entreprise qui compte plusieurs CAS se voit confrontée à des choix stratégiques qui modifient la composition de son portefeuille d'activités. Nous avons décrit au chapitre 10 les principaux modèles de portefeuille utilisés par la grande entreprise pour choisir sa stratégie directrice. Rappelons la logique de base de ces divers modèles.

FIGURE 16.2
L'intérêt pour le métier a cédé progressivement le pas aux préoccupations financières

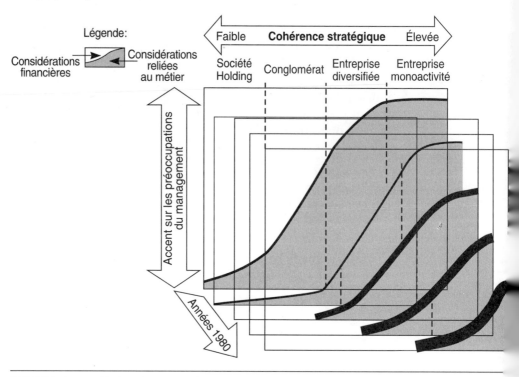

SOURCE : Ohmae, K., *Le génie du stratège*, Paris, Dunod, 1991, p. 120.

On peut ainsi dresser la liste des options stratégiques de base de l'entrepris à activités multiples en combinant les deux variables suivantes. La position concurrentielle relative de chaque activité et le taux de croissance de l'acti vité constituent les premières variables. Certains auteurs expriment la posi tion concurrentielle sous forme de part relative de marché par rapport a principal concurrent de l'entreprise (Hedley, 1977) ; d'autres parlent de poter tiel interne (Wissema *et al.*, 1980). Quant à l'autre variable, on la désign par plusieurs expressions similaires : taux de croissance de l'activit (Hedley, 1977), attrait de l'industrie (General Electric, 1978), stade du cyc de vie du produit (Hofer, 1977). La figure 16.3 indique les activités classée selon leur position relative (forte, moyenne, faible), leur taux de croissanc (élevé, moyen, faible) et les neuf principales stratégies directrices d'investi sement ou de désinvestissement lorsqu'on combine les deux variables. Ohm a repris la même matrice pour décrire en détail les actions stratégiques entreprendre pour chacune des neuf grandes options stratégiques. C

FIGURE 16.3
Les grandes stratégies d'investissement

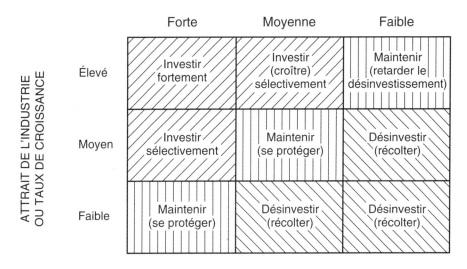

POSITION CONCURRENTIELLE

	Forte	Moyenne	Faible
Élevé	Investir fortement	Investir (croître) sélectivement	Maintenir (retarder le désinvestissement)
Moyen	Investir sélectivement	Maintenir (se protéger)	Désinvestir (récolter)
Faible	Maintenir (se protéger)	Désinvestir (récolter)	Désinvestir (récolter)

(Axe vertical : ATTRAIT DE L'INDUSTRIE OU TAUX DE CROISSANCE)

SOURCE : Adapté de Pearce II, J.A. et Robinson, R.D., *Formulation and Implementation of Competitive Strategy*, Homewood, Ill., Irwin, 1982, p. 301.

commentaires sont contenus dans les figures 16.4 et 16.5 (voir p. 264 et 265). Nous donnons les mêmes conseils de prudence et de discernement dans le traitement de tels modèles qui doivent être davantage utilisés pour engendrer des questions que pour prendre une décision finale.

2. **L'utilisation de la gamme de produits et du marché pour déterminer les options de développement d'une entreprise** Cette combinaison produit-marché donne les quatre grands choix présentés à la figure 16.6 (voir p. 266) : la pénétration du marché actuel avec ses produits actuels, l'extension de marché par l'ouverture de nouveaux marchés, le développement de la gamme de produits actuels, la diversification dans des combinaisons produits-marchés reliées ou non reliées à ses domaines actuels.

3. **Les ressources internes et externes à exploiter pour vaincre les faiblesses ou maximiser les forces de l'entreprise** La combinaison des ressources utilisées et des buts recherchés fournit une douzaine d'options stratégiques directrices regroupées autour des deux grands axes d'action suivants : vaincre ses faiblesses ou maximiser ses forces ; rediriger les ressources à l'intérieur de l'entreprise ou acquérir de nouvelles ressources à l'extérieur. Le tableau 16.2 (voir p. 267) présente ces options stratégiques.

FIGURE 16.4

Le positionnement et les stratégies directrices de base

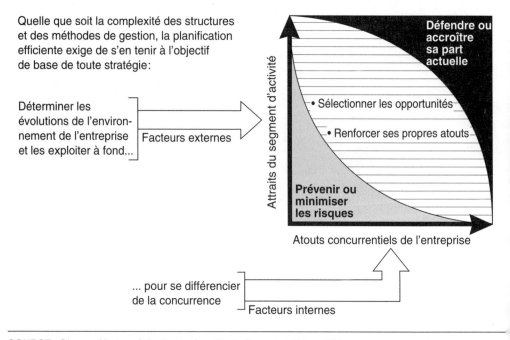

Quelle que soit la complexité des structures et des méthodes de gestion, la planification efficiente exige de s'en tenir à l'objectif de base de toute stratégie :

Déterminer les évolutions de l'environnement de l'entreprise et les exploiter à fond...

Facteurs externes

... pour se différencier de la concurrence

Facteurs internes

Attraits du segment d'activité

Atouts concurrentiels de l'entreprise

Défendre ou accroître sa part actuelle

• Sélectionner les opportunités

• Renforcer ses propres atouts

Prévenir ou minimiser les risques

SOURCE : Ohmae, K., *Le génie du stratège*, Paris, Dunod, 1991, p. 221.

4. **L'internationalisation des activités** La concurrence devenant de plus en plus mondiale, l'entreprise qui veut survivre et continuer à se développer doit envisager trois grands types stratégiques, rappelle Martinet (1983 : 212-219) : l'exportation, l'investissement direct industriel et les systèmes contractuels. Nous ajoutons à ces activités les alliances stratégiques qui peuvent prendre diverses formes et dont nous traiterons ci-après dans le tableau 16.8 (voir p. 268). Ce tableau, en combinant les modes de diffusion (vente ferme, investissement direct, concession à durée limitée) avec l'objet visé (le produit ou le service, la technologie ou le savoir-faire, le type de relation à entretenir), présente les diverses options d'actions à utiliser pour le développement international de l'entreprise.

5. **Le développement de diverses formes de collaboration interentreprise** Nous avons assisté, au cours de la dernière décennie, au « développement considérable de diverses formes de coopération interentreprise ; depuis la classique sous-traitance jusqu'aux accords plus modernes de franchise [...] et les différentes formes de la croissance externe (fusions, absorption...) comme des manœuvres stratégiques essentielles de lutte-coopération » (Martinet 1983 : 197).

FIGURE 16.5
Les neuf stratégies types directrices en fonction du positionnement relatif

SOURCE : Ohmae, K., *Le génie du stratège*, Paris, Dunod, 1991, p. 121.

Les stratégies d'impartition, selon Barreyre (1968, 1978, 1982), sont des manœuvres de coopération entre plusieurs partenaires qui ont des potentiels de complémentarité et qui veulent concrétiser des synergies potentielles.

Les formes de croissance interne et externe

La croissance interne

Martinet (1983 : 198) mentionne les formes les plus fréquentes de croissance interne interentreprise :

FIGURE 16.6
Les options stratégiques de base (développement)

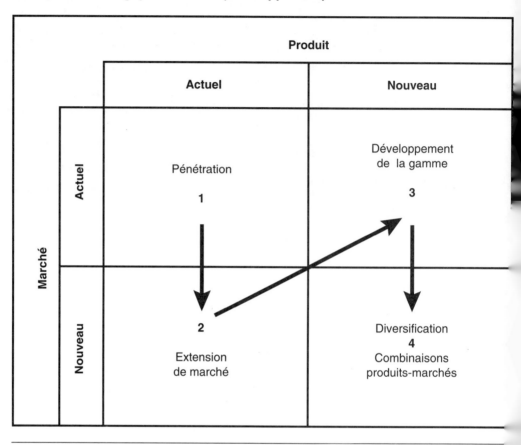

SOURCE : Ansoff, H., *Corporate Strategy*, New York, McGraw-Hill Book Co., 1965.

- la fourniture spéciale d'un produit fabriqué selon le cahier de charges du clien par un producteur qui conserve la propriété industrielle, la marque et la res ponsabilité de son produit ;
- la sous-traitance d'une opération ou d'un produit pour le compte d'un autre
- la cotraitance ou le partage de la réalisation d'une production entre plusieur partenaires :
- la commission qui confie à une firme une fonction complète appartenant une autre, comme le recouvrement de créances ; la concession de la distrib tion d'un produit, telle une marque d'automobile ;
- l'accord de licence qui permet de multiplier les applications d'un savoir-fair

TABLEAU 16.2
Les options stratégiques directrices centrées sur les ressources

	Réorienter ou acquérir	
Agir sur ses faiblesses et ses forces	**Réorienter ses ressources internes**	**Acquérir de nouvelles ressources externes**
Surmonter ses faiblesses	retrait désinvestissement liquidation	intégration verticale conglomérat
Maximiser ses forces	concentration développement du marché développement du produit innovation	intégration horizontale diversification reliée « joint venture »

SOURCE : Pearce II, J.A. et Robinson, R.D., *Formulation and Implementation of Competitive Strategy*, Homewood, Ill., Irwin, 1982, p. 205.

— le franchisage qui combine la concession et l'accord de licence.

Ces diverses formes d'impartition, même si elles présentent des risques, peuvent être choisies pour les motifs positifs suivants, rappellent Barreyre et Bouche (1982) : réduire les coûts, accroître la rentabilité des investissements, se donner une plus grande flexibilité d'action, réduire la complexité organisationnelle, s'ouvrir sur l'environnement, légitimer certaines opérations, concrétiser des effets de synergie sur les plans commercial, financier, technologique et scientifique. Cependant, elles présentent certains risques, tels une trop grande dépendance, la perte d'avantages potentiels et de compétences centrales au profit de firmes externes, l'abandon d'un facteur de succès important, l'utilisation de l'impartition comme un « cheval de Troie » par un des partenaires pour intégrer ou absorber l'autre.

La croissance externe

Martinet (1983 : 203-207) écrit :

> *Contrairement à la croissance interne qui procède de la création d'actifs mettant en jeu un seul acteur, la croissance externe implique plusieurs entreprises, aboutit à un transfert d'actifs existants d'un acteur vers un autre, et se traduit finalement par une acquisition/cession de droits de propriété [...] Ses modalités s'analysent selon deux dimensions : le caractère juridique de l'opération et la procédure financière utilisable.*

Les *modalités juridiques* couvrent la fusion de deux ou de plusieurs sociétés qui sont dissoutes au profit d'une nouvelle constituée par l'apport des anciennes, l'absorption d'une société par une autre qui disparaît, l'absorption par un des

TABLEAU 16.3
Les possibilités d'action pour le développement international de l'entreprise

Mode de diffusion	Objet Produits ou services	Technologie ou savoir-faire	Type de relation
Vente ferme	Exportation indirecte Exportation concertée Exportation directe	Cession de brevets Cession de Know-how Contrats clé en main Contrats produit en main Contrats marché en main Contrats profit en main	Fournisseur à client
Investissement direct	Filiale de distribution Filiale de production	Filiale de production Joint venture	Société mère à filiale
Concession à durée limitée	Leasing	Concession de licence Licence de marque Franchising Joint venture Contrat coopération industrielle	Partenaire à partenaire

SOURCE : Martinet, A.C., *Stratégie*, Paris, Vuibert, 1983, p. 212.

copropriétaires d'une filiale détenue en copropriété, la fusion-scission par la disparition d'une entreprise au profit de deux ou plusieurs sociétés existantes, l'apport partiel d'actifs d'une société à une autre en échange d'actions. Les procédures financières empruntent quatre voies : la négociation bi ou multilatérale, l'acquisition à la Bourse des actions convoitées, l'offre publique d'échange des actions (OPE).

par Georges Fernandez

Les alliances stratégiques : une réponse structurelle aux pressions exercées par la mondialisation sur l'environnement des entreprises

Au cours des dernières années, les alliances stratégiques ont suscité un grand intérêt, tant chez les chercheurs (ces trois dernières années, plus de quatre mille articles sur le sujet ont été publiés) que chez les gestionnaires qui semblent redécouvrir en quelque sorte une vieille formule sur laquelle on a apposé une étiquette moderne. Selon Harrigan (1986), les Égyptiens, les Babyloniens, les Assyriens et les Phéniciens utilisaient déjà dans l'Antiquité ce type de coopération dans le commerce et le transport maritime en Méditerranée. Même si le alliances existent depuis fort longtemps, elles sont aujourd'hui probablement utilisées de manière différente que dans le passé. Le contexte a changé et leur développement intense depuis quelques années indique vraisemblablement un comportement nouveau de la part des entreprises. L'explosion récente des accords de coopération dans tous les secteurs économiques, et tout particulièrement dans ceux dits de haute technologie, témoigne d'une nouvelle attitude de la part des entreprises : l'alliance stratégique est devenue un moyen de préserver et d'améliorer leur compétitivité sur la scène mondiale.

Le contexte de la mondialisation

L'analyse historique de la mondialisation menée par Chandler (1986) nous indique que la mondialisation est la suite de l'enchaînement marquant l'évolution des grandes firmes qui sont passées d'entreprises nationales à des multinationales intégrées puis diversifiées pour devenir aujourd'hui des entreprises mondiales. La mondialisation est le résultat de profonds bouleversements des marchés auxquels on assiste depuis 1950 et d'importants changements technologiques, notamment dans les domaines de l'information et des communications.

Les conséquences de la mondialisation

Une des conséquences importantes du phénomène de mondialisation est son effet sur l'environnement des firmes et son influence sur leur comportement. Une revue des récents écrits ayant traité de la mondialisation nous porte à penser que ce phénomène peut influencer une firme à quatre niveaux différents : son marché, ses coûts fixes, son temps disponible et l'incertitude de son environnement. Nous allons examiner tour à tour chacun de ces effets.

Le marché

La mondialisation induit une homogénéisation de la demande car, grâce aux progrès réalisés dans les domaines des communications et du transport, les consommateurs dans le monde entier ont de plus en plus les mêmes goûts et besoins (Ohmae, 1985). Par contre, cette uniformisation de certains grands marchés de masse, comme ceux des biens de consommation, est aussi accompagnée par le développement d'une tendance inverse, celle de l'hypersegmentation (Pickholz, 1988) que l'on retrouve particulièrement dans des marchés de biens plus sophistiqués. De plus, cette tendance semble se confirmer et se généraliser à de nombreux marchés avec une affirmation de plus en plus forte des goûts et des besoins individuels du consommateur dont le comportement instable rend ces segments extrêmement volatiles (Goldhar et Lei, 1991 ; Lewis, 1990 ; Baranson, 1990a).

Les coûts fixes

Les coûts fixes représentent généralement les dépenses qu'une entreprise engage non seulement en immobilisations, que ce soit en recherche et développement pour améliorer son outil de production ou ses produits, en formation de son personnel, en marketing pour développer son réseau de distribution mais aussi en efforts publicitaires pour, par exemple, promouvoir son image de marque sur les marchés.

La mondialisation est caractérisée par une course à l'innovation technologique où d'importants investissements sont réalisés dans des programmes de recherche et développement pour devancer la concurrence ou tout simplement pour demeurer dans la course (Ohmae, 1985). Les investissements en recherche et développement ne cessent de croître, notamment dans les secteurs caractérisés par une forte innovation technologique. Les montants vertigineux qu'ils atteignent deviennent souvent trop onéreux, même pour les plus grandes entreprises.

De plus, la mondialisation oblige les entreprises à constamment investir dans leur outil industriel. L'automatisation, la robotisation et les machines à contrôle numérique ont permis d'améliorer la productivité des procédés de fabrication. Ces investissements massifs dans l'outil de production sont devenus essentiels pour les firmes afin qu'elles puissent demeurer économiquement compétitives sur des marchés de plus en plus vastes et faciles d'accès ainsi que pour pouvoir y maintenir leurs avantages concurrentiels.

Finalement, une entreprise confrontée à la mondialisation doit établir sa présence sur de nombreux marchés si elle entend bénéficier comme ses concurrents de gros volumes donnant accès à des économies d'échelle. Pour des entreprises d'envergure mondiale, l'investissement dans la mise en place de réseaux de distribution à l'international et dans les nombreuses campagnes publicitaires qui les accompagnent peut représenter des montants considérables (Baranson, 1990a).

La contraction du temps

Notre ère moderne est caractérisée par une contraction du temps dont disposent les entreprises pour agir ou réagir sur leurs marchés. Pour un grand nombre d'entre elles, la variable temps est devenue une ressource des plus précieuses (Goldha et Lei, 1991). L'extrême volatilité des habitudes des consommateurs et leurs exigences en termes de qualité, de prix et de contenu technologique poussent les entreprises à mettre au point et à commercialiser des produits dans des délais de plus en plus serrés. De plus, cette tendance est nettement amplifiée par une diffusion de plus en plus rapide des innovations technologiques (Goldhar et Lei, 1991; Forrest, 1990). De ce phénomène il résulte une forte diminution de la durée des cycles de vie des produits, qui n'est plus que de deux ou trois ans dans des secteurs comme l'automation ou l'informatique (Ohmae, 1985; Harrigan 1988b; Datta, 1989; O'Brien et Tullis, 1990; Merrifield, 1992).

Une autre conséquence fondamentale de la course à l'innovation technologique et de la dissémination immédiate de ses résultats est la désuétude rapide de toute amélioration technologique, et ce, quelle que soit sa nature. La technologie devient alors un actif périssable et l'avantage technologique que peut posséder une firme à un moment donné n'est alors que de nature transitoire (Forrest, 1990).

Les incertitudes de l'environnement

L'environnement d'une firme est incertain lorsqu'il est complexe, turbulent et imprévisible (Denis et Séguin, 1992). Nous allons examiner trois types d'incertitudes : économique, technologique et politique.

D'un point de vue économique, la maturité de la plupart des secteurs industriels des grandes économies du monde (Amérique du Nord, Europe et Japon) a créé depuis quelques années un encombrement de leurs marchés qui sont devenus par le fait même complexes non seulement par le nombre de joueurs et de stratégies que l'on y rencontre mais aussi par le nombre de segments plus ou moins déterminés que l'on peut y trouver (Ohmae, 1985 ; Harrigan, 1988b). De plus, la grande volatilité de la demande dans chacun de ces segments leur confère une nature turbulente et imprévisible. Ainsi, dans un contexte de mondialisation, une entreprise peut rapidement être confrontée à de nombreux risques comme celui de voir un de ses marchés s'effondrer ou celui de découvrir soudainement de nouveaux concurrents. En plus de la précarité de leurs marchés, les entreprises font face à d'autres incertitudes comme celle des marchés financiers ou des devises qui, à la suite de la réévaluation brutale d'une monnaie, risquent de voir leurs avantages s'effondrer (Baranson, 1990a).

D'un point de vue technologique, les nombreuses innovations dont nous sommes témoins et leur dissémination rapide représentent en soi un risque majeur pour un grand nombre d'entreprises. De nos jours, un des principaux moteurs de la concurrence est l'innovation technologique, car elle permet de différencier des produits ou d'améliorer leur coût (Forrest, 1990). De plus, la convergence des technologies, leur complexité et leur interaction croissante avec différents secteurs rendent les marchés de plus en plus perméables à l'arrivée non seulement de nouveaux produits nés de récentes percées technologiques mais aussi de nouveaux concurrents issus d'autres secteurs (Forrest, 1990 ; Lei et Slocum, 1991 ; Gugler, 1992).

Finalement, d'un point de vue politique, comme la plupart des économies des pays industrialisés ont connu le marasme depuis le début des années 1980, même les reprises économiques de 1984 ou de 1994 n'ont pas empêché le maintien de taux de chômage élevés. Les innovations technologiques, avec notamment l'automatisation accrue des procédés de fabrication, ont accentué le problème de l'emploi. Pour contrer les pressions politiques engendrées par le chômage, les gouvernements sont poussés à prendre des mesures à court terme pour protéger les entreprises locales. Les remèdes employés consistent généralement à mettre en place des barrières douanières ainsi que d'autres mesures comme des quotas, des restrictions d'importation ou des obligations de réexportation (Ohmae, 1985). Sans vouloir pour autant juger du bien-fondé de telles mesures protectionnistes, il n'en reste pas moins que celles-ci ont pour effet d'obliger les entreprises étrangères à porter une attention particulière aux exigences des gouvernements des pays hôtes. Même si nous connaissons une période de libéralisme économique, il est fort peu probable que dans l'avenir l'intervention des gouvernements sur les marchés, par le biais de politiques industrielles, se relâche.

Dans ce contexte de marchés volatiles, d'accroissement des coûts fixes, de contraction du temps et d'intenses incertitudes, les besoins des entreprises ont évolué.

Les nouveaux besoins des firmes

Les différents besoins des entreprises, qui découlent de la mondialisation, peuvent être regroupés sous trois rubriques : l'obligation de partager ses coûts et ses risques, la recherche de flexibilité et de liberté de manœuvre et la nécessité d'acquérir de nouvelles compétences.

Le partage des coûts et des risques

Les coûts de développement d'une nouvelle génération de produits ont tendance à augmenter, et en particulier dans les secteurs industriels intensifs en technologie (Contractor et Lorange, 1988). Nous avons vu précédemment que les dépenses en recherche et développement atteignent aujourd'hui des montants vertigineux avec souvent très peu d'assurance quant à leur aboutissement. Les entreprises ont donc besoin de partager les coûts et les risques de tels investissements qu'elles ne peuvent plus assumer seules (Lei et Slocum, 1991 ; Teece, 1992). De plus, dans le cas d'un éventuel succès de ses efforts de développement, l'entreprise sera alors confrontée à une deuxième problématique : celle de pouvoir amortir ses frais dans un laps de temps très court en raison de la faible durée des cycles de vie des produits (Harrigan, 1988a ; Clarke et Brennan, 1988 ; Hull et Slowinski, 1990 ; Lorange et Roos, 1991 ; Roberts, 1992 ; Merrifield, 1992) et de faire en sorte que son nouveau produit soit accepté comme le standard de l'industrie (Harrigan, 1988b ; Clarke et Brennan, 1992). Elle devra donc disposer non seulement d'installations de production performantes mais aussi d'un réseau de distribution lui permettant d'avoir accès instantanément à un marché mondial. Là encore, elle cherchera à partager ses coûts de production et de distribution si ses capacités en la matière ne peuvent répondre adéquatement à une demande mondiale (Harrigan, 1988b ; Contractor et Lorange, 1988 ; Gross et Neuman, 1989 ; Baranson, 1990 ; Kohr, 1990 ; Lewis, 1990).

La recherche de flexibilité et de liberté de manœuvre

Dans un contexte de mondialisation, les entreprises ont besoin plus que jamais de flexibilité pour demeurer concurrentielles sur les marchés (Gugler, 1992; Goldhar et Lei, 1991). C'est, en quelque sorte, leur seule façon de minimiser les nombreuses incertitudes économiques, politiques et technologiques qui pèsent sur leur environnement. Pour cela, elles cherchent à se protéger contre tous les facteurs susceptibles d'influencer l'évolution de leur secteur en se dotant de moyens qui leur donneront continuellement accès à de nouveaux avantages concurrentiels ou à de nouveaux marchés.

Une des principales préoccupations de ces entreprises est de maintenir et d'accroître leurs parts de marché qu'elles doivent constamment protéger vis-à-vis de leurs concurrents mondiaux, car seuls des volumes de ventes importants peuvent amortir les capitaux investis dans l'outil industriel, les réseaux de distribution et la recherche et développement.

De plus, ces entreprises tentent aussi par leur présence de couvrir dans la mesure du possible tout développement technologique qui risque d'affecter de près ou de loin leurs activités. Elles essaient systématiquement d'écarter toute barrière à leur mobilité (Harrigan, 1984). Pour cela, elles s'efforcent d'abaisser les barrières à la sortie des secteurs dans lesquels elles sont présentes, notamment si ces derniers sont en perte de vitesse ou en voie de rationalisation (Harrigan, 1988a; Contractor et Lorange, 1988), et de surmonter ou de contourner les barrières à l'entrée de secteurs prometteurs qui ne leur sont pas encore accessibles. Somme toute, les entreprises s'évertuent à trouver par tous les moyens un maximum de flexibilité et de liberté de manœuvre souvent essentiel à leur survie et à leur croissance.

L'acquisition de nouvelles compétences

Une des implications de la mondialisation est de donner un caractère éphémère à de nombreux actifs que l'on a cru pendant longtemps durables, comme des installations de production spécialisées ou des brevets. Ces actifs, qui ont longtemps servi de base aux entreprises pour développer un avantage concurrentiel, ont à présent de moins en moins cette faculté. Les firmes commencent à réaliser que n'importe où dans le monde peuvent surgir des concurrents ayant accès à des ressources économiques ou technologiques équivalentes aux leurs. La seule façon de s'en démarquer réside beaucoup plus dans la manière dont ces ressources sont utilisées que dans leur accessibilité (Goldhar et Lei, 1991). Cette évolution rapide de l'environnement concurrentiel pousse aujourd'hui les entreprises à bâtir leurs avantages compétitifs sur des compétences internes plus difficiles à reproduire, et donc plus durables. Les firmes cherchent ainsi non seulement à développer et à protéger leurs propres compétences mais aussi à en acquérir de nouvelles qui, une fois intégrées, pourront être utilisées sur de nouveaux produits ou marchés et peut-être même dans de nouvelles activités (Hamel, 1991 ; Quinn, 1992).

L'alliance comme élément de solution à la mondialisation

Dans un contexte de mondialisation, caractérisé par une grande volatilité des marchés, de rapides changements technologiques et des besoins massifs de fonds, les entreprises font appel de plus en plus à des alliances pour pallier leurs manques de moyens et de ressources. Un examen des écrits sur le sujet nous indique clairement que l'alliance répond adéquatement aux besoins engendrés par la mondialisation. En effet, l'alliance en soi est un acte de coopération entre plusieurs entreprises, qui permet un partage de coûts[2] et de risques[3], et ce, grâce à une mise en commun et un déploiement plus efficient de leurs ressources[4]. De plus, l'alliance offre à ces entreprises de la flexibilité et de la liberté de manœuvre[5] tout en leur permettant d'acquérir de nouvelles compétences[6]. Ainsi, les alliances présentent, pour des entreprises en contexte de mondialisation, certaines caractéristiques intéressantes qui leur permettent de répondre adéquatement aux pressions économiques et politiques de leur environnement.

À notre avis, ce phénomène de développement intense des alliances auquel nous assistons s'inscrit dans la suite des événements qui ont marqué l'évolution des firmes. En effet, les travaux de Chandler (1962) attirent notre attention sur la façon dont les organisations s'adaptent à leur environnement, comme le font aujourd'hui les entreprises qui, confrontées à la mondialisation, mettent en place des alliances. Ainsi, devant les pressions de l'environnement, les entreprises adoptent de nouvelles stratégies qui à leur tour exigent des modifications de leur structure organisationnelle. Cette relation environnement, stratégie et structure peut être transposée aux alliances : les pressions engendrées par la mondialisation (volatilité des marchés, augmentation des coûts fixes, contraction du temps

---

2. Harrigan (1988a) ; Nueno et Oosterveld (1988) ; Olleros et Macdonald (1988) ; Svatko (1988) ; Hamel, Doz et Prahalad (1989) ; Datta (1989) ; Gross et Neuman (1989) ; Kohn (1990) ; Hull et Slowinski (1990) ; Lei et Slocum (1991) ; Lewis (1990 et 1991) ; Jarillo et Stevenson (1991) ; Gugler (1992).

3. Contractor et Lorange (1988) ; Olleros et Macdonald (1988) ; Svatko (1988) ; Datta (1989) ; Gross et Neuman (1989) ; Baranson (1990) ; Hull et Slowinski (1990) ; Lewis (1990) ; Lei et Slocum (1991) ; Gugler (1992).

4. Olleros et Macdonald (1988) ; Clarke et Brennan (1988) ; Ohmae (1989) ; Hull et Slowinski (1990) ; Lewis (1990) ; Niederkofler (1991) ; Roberts (1992).

5. Harrigan (1984 et 1988) ; Borys et Jemison (1989) ; Lynch (1990) ; Lorange et Roos (1991) ; Jarillo et Stevenson (1991).

6. Doz (1988) ; Contractor et Lorange (1988) ; Harrigan (1988a) ; Nueno et Oosterweld (1988) ; Olleros et Macdonald (1988) ; Hamel, Doz et Prahalad (1989) ; Baranson (1990) ; Forrest (1990) ; Hull et Slowinski (1990) ; Lewis (1990) ; Lei et Slocum (1991) ; Hamel (1991).

et incertitudes économiques, technologiques ou politiques) les obligent à adopter des stratégies qui mettent l'accent sur la recherche de rapidité de réaction, de mobilité, de flexibilité et d'agilité. La mise en œuvre d'une telle stratégie exige à son tour certains ajustements organisationnels comme le recours à la coopération interentreprise. L'alliance n'est donc pas en soi une stratégie mais plutôt une réponse structurelle aux pressions que la mondialisation exerce sur l'environnement des firmes.

C'est une prise de conscience des limites inhérentes à leur organisation devant les pressions de l'environnement qui amène les gestionnaires à conclure de manière systématique et parfois excessive des alliances avec d'autres entreprises comme des concurrents, des fournisseurs ou des clients, et même à l'occasion avec des firmes d'autres secteurs.

La profusion des alliances dans tous les secteurs économiques, et tout particulièrement dans ceux dits de haute technologie (micro-électronique, robotique, communications, aéronautique et biotechnologie), indique clairement que cette forme organisationnelle, largement adoptée par les entreprises, représente en soi un élément de réponse à la mondialisation. L'alliance est devenue dorénavant une option que les gestionnaires ne peuvent plus ignorer, car elle est aujourd'hui pour les entreprises un nouveau moyen de se diversifier, d'entrer dans de nouveaux marchés, d'introduire de nouveaux produits, d'acquérir de la technologie, d'augmenter leurs capacités ou d'améliorer leurs compétences.

Le phénomène des alliances stratégiques

Les études empiriques

Les alliances stratégiques ont fait l'objet de nombreuses études. Parmi les plus connues, nous retrouvons les suivantes.

- Ghemawat, Porter et Rawlinson (1986) ont étudié 1 144 alliances internationales formées par des entreprises américaines entre 1970 et 1982.

- Morris et Hergert (1987) ont réalisé une recherche en Europe sur 839 alliances internationales formées entre 1975 et 1986. Leurs conclusions nous indiquent qu'en grande majorité ces alliances sont conclues entre des entreprises concurrentes (71 %) et que parmi les différentes activités couvertes par ces alliances plus de la moitié concernent le développement conjoint (57 %).

- Harrigan (1988) a étudié 895 alliances (entreprises conjointes) faisant intervenir des firmes américaines, et dont les plus récentes remontent à 1985. Les résultats de cette étude nous indiquent que :

  - leur durée de vie moyenne est de trois ans et demi (avec un écart type de 5,8 années);

- 45 % de ces alliances sont considérées comme une réussite par l'ensemble des partenaires impliqués ;
- les alliances conclues entre des firmes de taille (actif total), de culture et d'expérience similaires ont une espérance de vie plus longue ;
- le succès d'une alliance semble plus probable lorsque les activités d'origine des partenaires sont au départ reliées horizontalement plutôt que verticalement.

- Kogut (1988), à partir d'un échantillon de 475 alliances formées aux États-Unis, a lui aussi été intéressé par leur espérance de vie. Les résultats de son étude indiquent que :
  - leur instabilité (abandon ou rachat par l'un des partenaires) est maximale cinq à six années après leur création ;
  - leur taux de mortalité est moindre lorsque l'activité de l'alliance est la production ou porte sur le développement de nouveaux produits, et il est plus fort lorsqu'elle implique une activité de marketing ou de service après-vente ;
  - ce même taux de mortalité est plus fort dans le secteur des services.

- Merrifield (1989) a montré que le nombre de coopérations interentreprises dans les secteurs reliés à l'électronique (semi-conducteurs, automatisation, informatique et télécommunications) avait une croissance exponentielle.

- Hagedoorn et Schakenraad (1989) ont étudié 2 279 alliances dans les domaines de l'information et de la biotechnologie. Leurs conclusions indiquent ceci :
  - une augmentation très forte de leur nombre dans les années quatre-vingt ;
  - leur domaine couvre surtout la recherche et développement ;
  - elles consistent surtout en signature d'accords d'échange de technologie (47 %) ou en formation d'entreprises conjointes (27 %) ;
  - pour chacun des secteurs étudiés, on note l'émergence de réseaux complexes d'ententes de collaboration qui nous indiquent la nouvelle importance que les entreprises donnent à ces accords de coopération ;
  - les mêmes entreprises s'engagent dans plusieurs réseaux de coopération et d'alliances avec des partenaires différents, au bout du compte tous reliés entre eux autour de véritables « grappes » de technologies, de produits et de marchés plus ou moins définissables.

Les définitions de l'alliance

Nous avons jusqu'à présent abordé l'alliance dans sa forme la plus générale, celle d'un accord de coopération interentreprise, en évitant soigneusement de préciser ce que nous entendons exactement par une alliance stratégique. En fait, si ce terme est courant dans les publications récentes, les différentes définitions proposées par les auteurs sont très variées et parfois même contradictoires. Il existe non seulement plusieurs définitions du terme « alliance stratégique », mais on lui attribue aussi de nombreux sens et interprétations. Il est donc essentiel que nous puissions établir notre propre définition de ce terme abondamment employé dans la littérature.

Tout d'abord, une « alliance » est un accord de coopération qui lie deux ou plusieurs entreprises et qui implique une mise en commun de ressources. Cette première définition exclut non seulement le cas d'une prise de contrôle immédiate par l'un des partenaires de l'ensemble des activités, et qui équivaudrait à une acquisition, mais aussi celui d'une mise en commun de l'ensemble des ressources dont disposent les partenaires et dont le résultat serait, en fait, une fusion de ces entreprises.

Quant aux particularités de l'alliance, sa structure juridique ou contractuelle peut prendre diverses formes allant de la mise en place d'un simple accord parfois même informel (de mise en marché, de production, de standardisation de produits, de service ou de développement technologique) à la formation d'une entreprise conjointe à l'intérieur de laquelle les partenaires jouent un rôle actif dans les décisions stratégiques et opérationnelles. Elle peut donc selon le cas impliquer ou non une participation des partenaires à son capital (« *equity vs non equity alliances* »). De plus, elle peut être verticale si ses activités sont en amont ou en aval de celles de ses propriétaires, ou horizontale lorsque ses activités sont similaires à celles de ses propriétaires, ou diversifiée si ses activités ne sont pas du tout reliées à celles de ses propriétaires. Finalement, elle peut, selon les pays d'origine des partenaires, être locale ou internationale.

Toutefois, notre définition demeure si large qu'elle nous amène à penser qu'une alliance n'est pas obligatoirement stratégique. La question qui se pose alors est de pouvoir définir des critères qui puissent nous permettre de déterminer si une alliance est stratégique. L'examen des diverses définitions que les auteurs nous proposent nous amène à penser qu'une alliance est stratégique lorsque les ressources mises en commun et les objectifs visés par cette entente de collaboration touchent à des secteurs clés (marchés, produits, technologies) ou à des fonctions vitales (distribution, production, recherche et développement) des alliés, en d'autres mots, quand l'activité commune touche au noyau stratégique de ces entreprises. Une alliance est également stratégique lorsque cette entente de collaboration se concrétise par un engagement réciproque des partenaires de déployer dans le temps certaines de leurs ressources dans le but de leur procurer, grâce à un effet de synergie, un avantage compétitif ou de nouvelles compétences.

L'interprétation des alliances

Afin de mieux discerner les différences entre les alliances stratégiques et de faciliter leur analyse ainsi que leur compréhension, il faut établir des catégories sous lesquelles les différents accords de coopération pourront être classés. Le choix de ces critères a été fait en fonction de leur pouvoir explicatif.

L'intention stratégique des alliés

Nous avons choisi comme première dimension les raisons profondes qui, au départ, motivent les partenaires à conclure une alliance stratégique. À cet effet, il y a lieu de distinguer les entreprises qui suivront une logique d'efficience ; elles auront comme priorité la minimisation de leurs coûts explicites ou encore la maximisation de leurs profits pour avoir accès à un avantage concurrentiel alors que d'autres suivront une logique d'efficacité et accorderont la priorité au développement de leurs compétences. Ces deux approches nous ramènent aux notions d'efficacité, faire la bonne chose, et d'efficience, bien faire les choses. En fait, ce premier critère nous est indiqué par la position qu'occupe l'alliance par rapport aux chaînes de valeur des entreprises qui s'associent. L'alliance peut être verticale si la nouvelle activité se situe en aval ou en amont de celles déjà présentes chez ces alliés, horizontale lorsque la nouvelle activité est similaire. Les concepts d'alliance stratégique verticale ou horizontale peuvent être illustrés grâce à la figure 16.7.

Une alliance stratégique de type 1 ou 2 sera verticale et complémentaire alors que celle de type 3 sera horizontale et supplémentaire. Ce premier critère de position relative de la chaîne de valeur de l'alliance stratégique avec celle des alliés est important car il est porteur d'informations sur l'intention stratégique des partenaires. Les alliances verticales ou complémentaires indiquent une recherche d'expansion des activités des alliés en renforçant leurs activités principales sans pour autant modifier substantiellement leurs couples produit-marché existants. L'alliance stratégique est alors considérée comme un moyen d'élargir le champ concurrentiel de la firme en agrandissant l'étendue de sa chaîne de valeur. Cette extension se fait généralement de façon verticale selon une logique de quasi-intégration. Dans le cas d'alliances horizontales ou supplémentaires, les alliés

FIGURE 16.7
Les différents types d'alliance stratégique

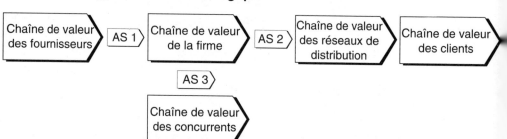

sont à la recherche d'un élargissement de leurs couples produit-marché. L'alliance est alors considérée comme un véhicule pour améliorer les compétences de la firme ou pour en acquérir de nouvelles, qui, par la suite, pourront être appliquées sur de nouveaux produits, de nouveaux marchés ou dans de nouvelles activités (Hamel, 1991). Ainsi, nous retrouvons à un extrême l'alliance stratégique complémentaire (verticale) qui cherche à renforcer certaines des activités principales de la chaîne de valeur des alliés, comme celle d'IBM avec Motorola en vue de la miniaturisation de microprocesseurs. À l'autre extrême, l'alliance supplémentaire (horizontale) aura comme objectif l'augmentation de l'envergure des alliés, comme les alliances d'Air Canada avec United Airlines, Continental et Air France.

Le type d'allié choisi

Ce deuxième critère de classification des alliances tient compte des particularités des alliés, et plus particulièrement de la présence ou de l'absence de similarités chez les entreprises qui s'associent. Ce critère permet, ce faisant, d'opposer les alliances symétriques aux alliances dissymétriques.

Les premières unissent généralement des partenaires de même origine culturelle, à position concurrentielle similaire et dont la taille des actifs est comparable. Ces éléments dans leur ensemble révèlent une symétrie entre les alliés, comme c'est le cas de l'alliance entre Apple et IBM dans le domaine de l'ordinateur personnel (PC).

En revanche, à l'autre extrême nous retrouvons les alliances dissymétriques qui sont le plus souvent complémentaires, leur objet étant la plupart du temps limité à une activité, soit la commercialisation, la production ou la recherche et développement. Les positions concurrentielles des alliés sont en général déséquilibrées, leur origine est différente et parfois même la taille de leurs actifs est disproportionnée (Harrigan, 1988c ; Dussauge et Garette, 1990).

L'engagement des alliés

Un des éléments centraux de notre définition de l'alliance stratégique est l'engagement des alliés, ce qui justifie le choix de ce critère comme troisième dimension critique de l'alliance. Cet engagement dépendra des valeurs des dirigeants. Certains gestionnaires prônant une forte centralisation de la gestion chercheront à contrôler les activités de leur entreprise, et donc de l'alliance, alors que d'autres mettront la priorité sur l'indépendance de leur firme et auront tendance à éviter un engagement fort vis-à-vis de leur allié. L'engagement est, en fait, un critère difficilement appréciable ou quantifiable. Il peut par contre être évalué plus simplement en observant la forme organisationnelle de l'alliance. En effet, la structure juridique et le type d'organisation mis en place à l'intérieur de l'alliance traduisent dans un certain sens le degré d'engagement des partenaires et indirectement leurs désirs de contrôle ou d'indépendance. À un extrême nous retrouvons les partenariats complexes avec une filiale commune, qui impliquent un engagement important de la part des alliés ainsi qu'un contrôle étroit de l'activité commune, comme l'alliance Airbus Industrie qui regroupe l'Aérospatiale, MMB, British Aerospace et Casa, à l'autre extrême le simple accord parfois sans même un contrat, qui indique un engagement beaucoup plus faible au travers duquel chacun des alliés conserve son indépendance.

Le modèle général des alliances stratégiques

À partir des variables que nous venons de définir, nous pouvons à présent proposer un modèle d'analyse des alliances. La représentation de ce modèle dans un repère en trois dimensions, dont chacune représente un des trois critères retenus (l'intention stratégique, le type d'allié choisi et l'engagement), nous permet de dégager les principales caractéristiques des alliances stratégiques (voir figure 16.8).

Le positionnement d'une alliance stratégique par rapport à ces trois axes du modèle général permet de mieux visualiser ses dimensions les plus critiques ainsi que de faciliter son interprétation et sa compréhension.

FIGURE 16.8
Le modèle général d'interprétation des alliances

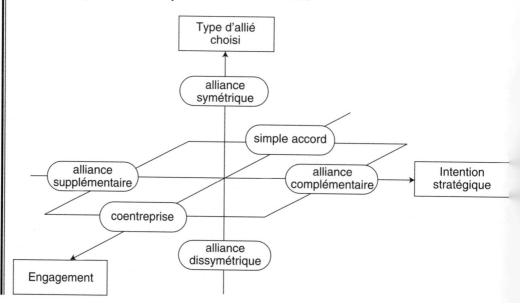

La gestion des alliances et leur évolution

La gestion de l'alliance

Les alliances sont caractérisées, comme l'illustre la figure 16.9, par deux types d'interactions, d'une part celle qui unit les partenaires et, d'autre part, celle qui lie chacun d'entre eux à l'alliance stratégique.

La première de ces relations est pour le moins équivoque car elle exige une coopération entre des firmes autonomes ayant chacune ses objectifs, son style de gestion, ses attentes et cherchant toujours à protéger ses propres intérêts. La deuxième de ces relations ajoute un autre élément de complexité à l'alliance stratégique, celui de la présence de plusieurs centres de décision qui ne sont pas toujours cohérents, notamment lorsque les partenaires ont des intérêts divergents et difficilement réconciliables. En fait, la complexité de l'alliance stratégique est induite à son sommet, car sa gestion devra tenir compte non seulement des éléments que l'on retrouve normalement dans toute organisation (marché, concurrents, production, etc.) mais aussi des objectifs et des interventions parfois contradictoires de ses propriétaires. En fait, un des principaux problèmes posés par les alliances demeure leur faible taux de réussite (45 %) avec une durée de vie moyenne de trois ans et demi (Harrigan, 1988a). Pourtant, l'alliance stratégique présente certains avantages (Harrigan, 1986; Datta, 1989; Olleros et Macdonald, 1988; Nueno et Oosterweld, 1988):

—   le partage des coûts et des risques;

FIGURE 16.9
Le schéma d'analyse de l'alliance stratégique

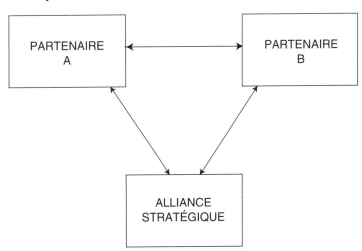

- l'accès à de l'expertise ;
- l'entrée rapide sur les marchés et l'accès à la technologie ;
- l'accès à de nouvelles méthodes de gestion ;
- la fertilisation croisée d'expertise complémentaire ;
- les bénéfices d'économies d'échelle en production, ventes et marketing ou recherche et développement ;
- l'atteinte d'un seuil critique de rentabilité ou de réussite ;
- l'accès à des renseignements sur de nouveaux marchés et de nouvelles technologies ;
- la protection contre le risque politique à l'étranger et l'accès à des ressources et à des marchés locaux protégés pour des firmes multinationales.

De plus, l'alliance présente souvent de nombreux avantages stratégiques :

- pouvoir entrer dans des marchés stratégiques lorsqu'une pénétration rapide est essentielle en raison du raccourcissement des cycles de vie des produits (Mowery, 1989) ;
- défendre la posture stratégique d'une entreprise contre des forces auxquelles elle ne pourrait résister seule (Harrigan, 1986) ;
- avoir accès à des ressources qu'elle ne pourrait acquérir autrement (Harrigan, 1984) ;
- avoir accès à des technologies permettant de faire le lien entre la mise au point rapide de nouveaux produits et la recherche et développement dont les résultats ne seront disponibles qu'à long ou moyen terme.

Bien que l'alliance stratégique ait aussi le mérite de préserver une certaine indépendance négociée de chacun de ses membres, elle présente par contre aussi certains inconvénients. Ses principales faiblesses résident dans sa mise en place et dans son bon fonctionnement. En effet, l'identification et le choix des bons partenaires (Porter et Fuller, 1986), leur éventuelle contribution et leur type de structure organisationnelle peuvent entraîner quelques complications (Bell, 1988). De plus, son bon fonctionnement dépend de la capacité des alliés à surmonter certaines difficultés (Porter et Fuller, 1986 ; Lorange et Probst, 1986 ; Datta, 1988 ; Borys et Jemison, 1989 ; Main, 1990 ; Olson, 1990). Mentionnons, parmi ces difficultés :

- l'importance des coûts de coordination ;
- la compatibilité dans le temps des objectifs des alliés ;
- l'établissement et le respect des frontières établies entre les intervenants ;
- l'établissement d'un rapport de confiance entre les partenaires ;
- la création de valeurs à l'intérieur de l'alliance ;

- le maintien de la stabilité de l'alliance ;
- la complexité du contexte comme les différences de culture ou le style de gestion des alliés ;
- le partage équitable des bénéfices et des résultats ;
- les obstacles judiriques (loi anti-trust) et fiscaux.

Même si ce genre de problèmes a souvent mené à l'abandon et à la disparition précoce de nombreuses alliances, il n'en reste pas moins que celles-ci peuvent présenter aussi certaines menaces stratégiques beaucoup plus graves (Porter et Fuller, 1986 ; Dussauge et Garette, 1990 ; Jarillo et Stevenson, 1991) :

- la perte de son avantage compétitif et de compétences au profit d'un concurrent ;
- la diffusion de ses actifs stratégiques, comme une technologie clé ou un procédé clé, au profit d'autres organisations ;
- le danger, à terme, de développer un concurrent sérieux à partir d'une entreprise alliée de moindre importance ;
- la perte, à terme, de compétences pour l'ensemble des partenaires d'une alliance anticompétitive, et ce, relativement à l'efficacité et à l'avantage technologique du produit.

Il n'en reste pas moins que de nombreuses alliances réussissent à très bien fonctionner lorsque ces difficultés peuvent être surmontées.

L'évolution de l'alliance

Les alliances stratégiques peuvent évoluer de plusieurs façons (Dussauge, 1990). Elles peuvent prendre les formes suivantes :

- un *rapprochement définitif* : la coopération entre les alliés se poursuit sur des programmes successifs de plus en plus étendus pour mener progressivement à un rapprochement pouvant prendre la forme d'une participation croisée et même parfois aller jusqu'à une véritable fusion des alliés ;
- un *rapprochement durable mais non irréversible* : la coopération peut aussi se prolonger sur des projets successifs au-delà du mandat initialement prévu, sans pour autant mener à une fusion des alliés. Chaque partenaire conserve alors son entière autonomie et peut, s'il le désire, se retirer et mettre fin à l'entente de collaboration ;
- une *autonomie de l'alliance par rapport aux partenaires* : la structure mise en place à l'intérieur de l'alliance peut, grâce à son succès, gagner de l'autonomie vis-à-vis des partenaires. Elle se développe alors comme une organisation distincte avec ses propres ressources, objectifs et intérêts qui, à la limite, peuvent même parfois être divergents de ceux des partenaires ;

– un *transfert d'activité* : cette évolution correspond à une cession de l'activité de l'alliance au profit d'un des partenaires et à un désengagement des autres. Ce transfert est généralement voulu (dans le cas contraire, l'alliance serait rapidement dissoute par le partenaire se sentant menacé d'exclusion du projet) et parfois même programmé. Cela peut se produire, par exemple, dans le cas d'une alliance dissymétrique associant une grande entreprise intéressée par un développement technologique à une PME innovatrice désirant capitaliser rapidement sur le potentiel de ses recherches : l'activité visée par l'alliance échoit au partenaire ayant la capacité d'exploiter et de diffuser à grande échelle les résultats du projet. En fait, l'alliance n'est alors qu'une étape de transition pour la cession d'une activité ;

– un *échec* : ce dernier type d'évolution est, hélas, fréquent. Il peut être le résultat d'une incompatibilité des objectifs des alliés, d'une perte de confiance envers les autres partenaires, d'un renoncement par crainte de perdre des avantages concurrentiels et des compétences, ou tout simplement du fait qu'un des alliés n'est plus intéressé. Ce genre de situation peut mener rapidement à un retrait des alliés et à une dissolution de l'accord de coopération avant même son échéance.

Les alliances stratégiques suivent généralement une évolution conforme à ce que nous venons de voir. Ce classement permet de mettre en valeur les implications incontournables de l'alliance stratégique que devront considérer les entreprises désireuses de nouer un accord de coopération.

Conclusion

L'alliance est, en soi, un type d'organisation très particulier. La complexité des alliances, et notamment le fait qu'elles peuvent associer des entreprises différentes et parfois même concurrentes dans une même activité, rend leur compréhension ainsi que leur gestion particulièrement difficiles. Il ressort de notre analyse qu'elle est et sera dans l'avenir de plus en plus fréquente, le phénomène de la mondialisation l'alimentant continuellement, tout comme la course à l'innovation technologique. Dans de telles circonstances, la coopération interentreprise est devenue une option que les gestionnaires ne peuvent plus ignorer, car la création d'alliances stratégiques est devenue un moyen puissant pour améliorer la performance d'une firme en lui permettant de se diversifier, d'entrer dans de nouveaux marchés, d'introduire de nouveaux produits, d'acquérir de la technologie, d'augmenter ses capacités ou d'améliorer ses compétences. Il n'en reste pas moins que, dans certains cas, des alliances stratégiques sont conclues par imitation en réponse à une action d'un concurrent et en oubliant que l'alliance n'est pas en soi une stratégie mais seulement un véhicule pour sa mise en œuvre.

Les autres stratégies interindustries

Martinet suggère que l'entreprise qui veut continuer à croître peut encore choisir les autres stratégies interindustries suivantes, soit la stratégie d'intégration verticale, la stratégie de filières, ou encore la stratégie de diversification (Martinet, 1983 : 179-195). En intégrant verticalement sa chaîne d'activités primaires, l'entreprise prend position en amont ou en aval de son activité d'origine, ce qui peut, dans certains cas, ne pas lui faire déborder le cadre de son industrie d'origine mais souvent la fait entrer dans une autre industrie, constituant ainsi une diversification. Nous traiterons plus loin de l'intégration verticale comme option de diversification. La stratégie de filières, selon Lorenzi et Truel (1980-1981 : 98), consiste à gérer un ensemble d'activités interdépendantes sur les plans commercial, financier, scientifique et technologique en utilisant systématiquement des compétences communes ainsi que le plus grand nombre de synergies possible. Enfin, la stratégie de diversification permet à une entreprise, selon Véry (1991 : 25), « d'entrer dans un (ou plusieurs) nouveau(x) domaine(s) d'activité stratégique », ou encore, selon Pit et Hopkins (1982), « dans un univers concurrentiel ayant des règles du jeu ou des facteurs clés de succès différents ». Plus ces règles du jeu sont différentes des caractéristiques concurrentielles régissant l'activité de base de l'entreprise, plus le management du nouvel ensemble d'activités risque d'être complexe. C'est pourquoi bon nombre de dirigeants cherchent à entrer dans des activités peu éloignées de leurs domaines d'activité de base. Ces diversifications de proximité s'effectuent souvent autour des trois axes retenus dans le processus de segmentation stratégique (tel qu'illustré dans la figure 16.10, p. 286) : diversification par la technologie, par les clients servis ou par les applications, souligne Véry (1991 : 26-27).

La stratégie de filières, le concept de synergie et le portefeuille de compétences centrales

La stratégie de filières, non seulement laisse entendre l'adoption d'une stratégie d'intégration verticale, mentionne Martinet (1983 : 182), mais elle s'inscrit dans une option de croissance pour une entreprise ou un groupe industriel qui la choisit et elle permet d'utiliser au mieux leur portefeuille de compétences centrales. En effet, du point de vue stratégique, la filière s'intéresse aux deux questions suivantes : Partant d'un stade donné, une entreprise a-t-elle intérêt et peut-elle arriver à monter ou à descendre la filière (on a alors affaire à des stratégies d'intégration verticale) ? Le stade où se situe une entreprise ou sur lequel elle pourrait prendre position lui ouvre-t-il de nouvelles perspectives de développement de produit, de marché, de technologie (on est alors sur le terrain des stratégies de diversification fondées sur des synergies technologiques et commerciales) ?

FIGURE 16.10
La diversification de proximité

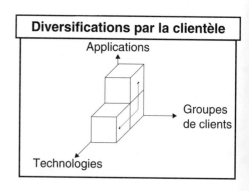

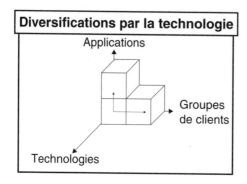

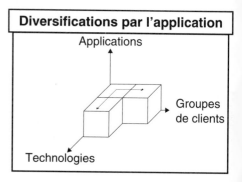

SOURCE : Véry, P., *Stratégies de diversification*, Paris, Éditions Liaisons, 1991, p. 27.

La synergie entre deux activités et entre deux options stratégiques

Le concept de synergie, emprunté à la physique, signifie que le tout est plus grand que la somme des parties, c'est-à-dire que 2 + 2 égalent plus que 4. Une entreprise doit choisir de nouvelles activités qui exploitent les forces de ses activités existantes et qui en créent même de nouvelles en ce qui a trait à ses marchés, à ses produits ou à l'une ou l'autre de ses ressources (technologiques, humaines, financières, recherche et développement, etc.). Par exemple, la synergie dans les ventes se manifeste lorsque la même équipe de ventes, les mêmes canaux de distribution, la même publicité servent à un nouveau produit. La synergie se crée dans les opérations lorsqu'on utilise la même matière première, le même équipement et le même personnel de production pour fabriquer un produit différent. Dans la gestion et la direction, la synergie existe lorsqu'on peut compter sur les mêmes systèmes de gestion et la même équipe de dirigeants pour résoudre les problèmes de gestion d'une nouvelle unité.

L'entreprise ne doit pas croire qu'il suffit d'ajouter de nouvelles activités pour bénéficier de la synergie. Beaucoup de dirigeants découvrent après des insuccès et des pertes financières considérables que la synergie se révèle souvent négative dans le cas d'une diversification non reliée. En effet, l'ajout de nouvelles unités très différentes exige parfois la création de nouveaux systèmes de gestion, l'ajout de ressources nouvelles et requiert une attention proportionnellement trop grande de la part des dirigeants de l'entreprise.

La stratégie de diversification

La diversification constitue l'option stratégique qui nécessite le plus de ressources et d'efforts et présente les plus grands risques. En effet, plus l'entreprise choisit des activités non reliées à son domaine d'activité et à son champ de compétence, plus elle a besoin, d'une part, de déterminer et de maîtriser rapidement des facteurs clés de succès. Comme l'entreprise doit intégrer de nouveaux gestionnaires à son équipe de direction, il faut compter un certain temps avant que ces derniers comprennent les nouvelles règles du jeu, découvrent la volonté et les désirs des acquéreurs et s'adaptent à un nouveau mode de fonctionnement.

Ansoff (1965, 1984), utilisant ces trois dimensions, a conçu la typologie suivante des choix de diversification :

— la diversification horizontale qui s'effectue dans les domaines d'activité de l'entreprise, ce qui lui permet d'utiliser souvent les mêmes canaux de distribution pour vendre ses nouveaux produits ;

— la diversification verticale qui résulte du choix de l'entreprise d'effectuer elle-même (ou de contrôler directement) de nouvelles activités, situées en amont ou en aval, dans sa chaîne d'activités ;

— la diversification concentrique qui découle du choix de produits et de clients nouveaux pouvant utiliser une technologie connexe ou des canaux de distribution similaires à ceux de l'entreprise ;

— la diversification conglomérat caractérisée par l'absence totale de liens entre la ou les nouvelles activités et les produits, les technologies et les marchés actuels de l'entreprise.

Rumelt (1974) classe les entreprises diversifiées en trois grands groupes : celles avec un CAS dominant, celles avec des CAS reliés et celles avec des CAS non reliés. Noël (1987) divise ces trois groupes de la façon suivante :

— les entreprises à CAS unique ;

— les entreprises à CAS complémentaires avec domination ;

– les entreprises à CAS reliés complémentaires, c'est-à-dire qui permettent l'intégration verticale des opérations fonctionnelles ;

– les entreprises à CAS reliés supplémentaires, c'est-à-dire qui permettent l'intégration horizontale des produits et des marchés ;

– les entreprises à CAS non reliés ou conglomérats purs.

Salter (1970) combine le positionnement relatif de l'entreprise avec l'attrait de l'environnement pour obtenir trois grands choix stratégiques de diversification, illustrés au tableau 16.4 : ne pas se diversifier, se diversifier d'une façon complémentaire, se diversifier d'une façon supplémentaire.

L'objectif de la diversification

Le recours à la diversification naît de motivations très diverses, telles, d'une part, la recherche d'une plus grande valeur économique ou d'une plus grande cohérence des ressources de l'entreprise et, d'autre part, le choix de la manœuvre adoptée pour se diversifier – offensive ou défensive. Ces diverses motivations sont à la base d'objectifs de diversification très variés d'une entreprise à l'autre, souligne Véry (1991 : 35) : saisir une opportunité sans avoir d'objectif très réfléchi, réduire le risque relié à une trop grande dépendance vis-à-vis d'un secteur industriel, acquérir un savoir-faire ou une nouvelle technologie, utiliser ses surcapacités dans de nouveaux domaines d'activité stratégique tout en exploitant ses synergies, croître en détenant un portefeuille d'activités qui ont des cycles de vie

TABLEAU 16.4
La sélection d'une stratégie optimale de diversification

Attrait de l'environnement	Positionnement relatif		
	Fort	**Moyen**	**Faible**
Fort	Pas de diversification	Diversification complémentaire	Diversification reliée complémentaire
Moyen	Diversification supplémentaire	Pas de diversification	Diversification complémentaire
Faible	Diversification supplémentaire	Diversification supplémentaire	Pas de diversification

SOURCE : Noël, A., « Les modèles de décision et leur application à la diversification par acquisitions ou fusions », *Gestion*, vol. 12, n° 3, septembre 1987.

très différents, augmenter sa rentabilité par une meilleure gestion de son portefeuille d'activités, se protéger contre le déclin dans ses activités de base, effectuer un placement dans «un trésor de guerre». La combinaison de l'objectif recherché et du choix de la manœuvre utilisée permet d'obtenir les quatre grandes logiques de diversification proposées par Calori et Harvatopoulos (1988 : 50) et présentées à la figure 16.11 :

— la *diversification-extension* : exploiter ses ressources pour bien se positionner dans un nouveau domaine d'activité ;

— la *diversification-déploiement* : décider d'entrer dans un nouveau domaine d'activité pour sa valeur économique ;

— la *diversification-relais* : s'appuyer sur ses ressources pour entrer dans un domaine nouveau qui pourra soit compenser le déclin de son activité de base, soit diminuer une trop forte dépendance sectorielle ;

— la *diversification-redéploiement* : entrer dans un nouveau domaine d'activité à forte valeur économique afin de compenser le déclin de son activité de base, ou encore de diminuer sa trop grande dépendance sectorielle.

FIGURE 16.11
Les logiques de diversification

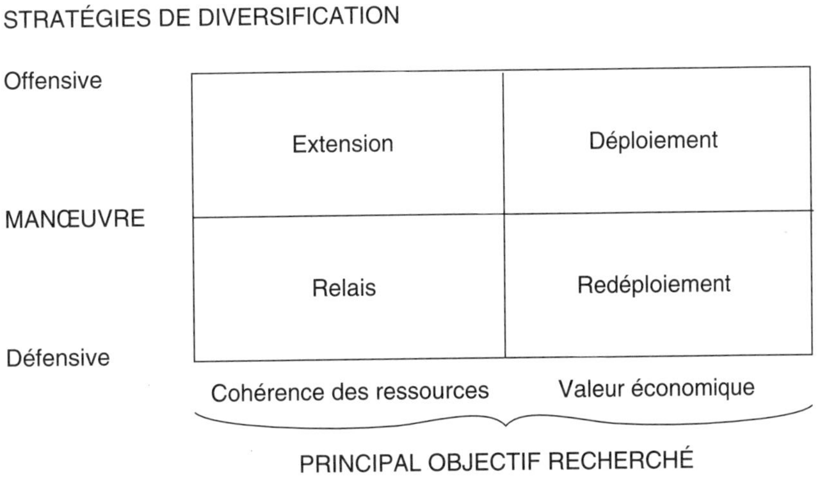

SOURCE : Calori, R. et Harvatopoulos, Y., « *Diversification – les règles de conduite* », *Harvard-L'Expansion*, 1988, n° 48, p. 50.

Les problèmes et exigences posés par les principales stratégies directrices

Énumérons brièvement les principales exigences de ces différentes options stratégiques directrices et mentionnons leurs liens avec les objectifs visés ainsi que leur impact sur les ressources et la rentabilité de l'entreprise.

Comme nous l'avons souligné antérieurement, la volonté et les valeurs des dirigeants privilégient certaines options stratégiques.

La stabilité ne correspond pas beaucoup aux valeurs véhiculées par l'environnement entrepreneurial nord-américain et par la majorité des dirigeants d'entreprise des pays dits développés. Les dirigeants qui choisissent cette option ne font pas souvent la manchette des journaux financiers et économiques, même si les marges bénéficiaires et les rendements sur leur capital dépassent souvent de beaucoup ceux obtenus par les entreprises qui croissent rapidement. Pourquoi choisir le statu quo ? Pour plusieurs raisons, soulignent Jauch et Glueck (1990) : tout va bien depuis longtemps, même si on ne sait pas précisément pourquoi, alors « un tiens vaut mieux que deux tu l'auras » ; le statu quo présente moins de risques à court terme ; il est inutile d'envisager d'autres options tant que tout va bien ; l'environnement est perçu comme stable ; une trop grande expansion peut conduire à l'inefficience.

La décision de croître et de développer ses activités correspond bien à l'esprit entrepreneurial nord-américain et au dicton populaire que « le succès réussit aux adacieux ». Ainsi, les choix de développement possibles, à savoir la pénétration de son marché actuel avec ses produits actuels, le développement de nouveaux marchés et de nouveaux produits et la diversification, n'engendrent pas les mêmes rendements et les mêmes risques, et ils requièrent des ressources bien différentes, comme nous allons le voir un peu plus loin.

La décision de se retirer ou de désinvestir ne se révèle pas très populaire et n'apparaît pas en premier dans le curriculum vitæ des dirigeants, car elle est souvent signe d'échec, de mauvais jugement et d'occasions de croissance mal exploitées. Le retrait ou le désinvestissement reflètent plutôt une facette de la réalité de la gestion stratégique, c'est-à-dire l'incertitude, l'information imparfaite, le contrôle incomplet des facteurs clés de succès d'un secteur d'activité et les réactions imprévisibles des concurrents de l'entreprise.

Le désinvestissement conduit généralement à un repli temporaire afin de consolider ses forces et de mieux les redéployer. Il constitue aussi le signe précurseur d'une liquidation ou d'un abandon total d'un secteur d'activité qui n'attire plus l'entreprise à cause de menaces réelles ou perçues dans l'environnement, d'une rentabilité trop faible, du non-respect du code d'éthique de l'entreprise et de nouvelles possibilités de croissance qui exploitent mieux les compétences de l'entreprise.

Les dirigeants choisissent d'investir ou de désinvestir, de s'intégrer en aval ou en amont, de pénétrer de nouveaux marchés, de lancer des produits nouveaux, de se diversifier dans des activités liées ou non liées. Ils cherchent ultimement à corriger les faiblesses et à mieux exploiter les forces de leurs ressources.

Les options stratégiques de croissance et de développement et les risques possibles

La pénétration du marché actuel avec ses produits actuels représente la moins risquée des quatre options stratégiques, puisque l'entreprise se trouve en terrain connu. Cette option se concrétise facilement lorsque le marché n'est pas encore saturé. Par contre, dans un marché saturé, on peut la réaliser par l'achat ou l'élimination des concurrents. Généralement, cette formule s'avère coûteuse dans un marché en pleine maturité, puisque les concurrents y sont peu nombreux et de grande taille. De plus, les guerres de prix pratiquées dans un tel marché s'exercent souvent au détriment du niveau de rentabilité générale du secteur sans produire d'augmentation considérable du volume des ventes.

L'extension du marché avec ses produits actuels exige des investissements et des ressources en marketing. L'entreprise met les nouveaux marchés en valeur avec ses ressources actuelles et élargies ou avec des intermédiaires qui s'occupent de la commercialisation des produits de l'entreprise dans des marchés que celle-ci ne connaît pas. Cette option présente certes des risques, tels que des produits mal adaptés, l'ignorance des besoins et des mobiles d'achat des nouveaux clients, ainsi que l'état de la concurrence dans ces nouveaux marchés. L'extension du marché peut néanmoins se mettre en œuvre sans exiger de trop grands investissements, puisque l'exploitation des nouveaux marchés se fait progressivement et peut être arrêtée rapidement selon l'état des résultats obtenus.

Le développement de la gamme de produits signifie généralement une période d'implantation plus longue. Si les nouveaux produits proviennent des laboratoires de l'entreprise, celle-ci doit alors compter sur l'apport du groupe de recherche et développement et sur celui des opérations. Elle peut aussi obtenir ces produits par l'achat de brevets ou de licences et par l'acquisition d'une entreprise qui les fabrique. La mise en œuvre de cette option stratégique requiert souvent des investissements nouveaux (équipement, personnel, immeubles) qui ne se revendent pas toujours rapidement en cas d'échec. L'ajout de produits nouveaux, en plus d'être coûteux, accapare parfois une part disproportionnée des ressources consacrées aux produits actuels, ce qui risque d'affaiblir la position concurrentielle de l'entreprise dans ses marchés actuels.

Les modèles d'analyse stratégique et les choix de diversification

Plusieurs modèles d'analyse stratégique facilitent le processus décisionnel relié à la diversification. Les trois principaux sont : le modèle stratégique, le modèle financier et le modèle de portefeuille. Ils aident tous à examiner la décision de diversifier sous des angles différents et à chercher des réponses aux questions suivantes, proposées par Noël (1987) au tableau 16.5 :

TABLEAU 16.5
Trois modèles, trois séries de questions

Modèle stratégique

- Quelles opportunités et quels risques présente l'entreprise que nous désirons acquérir ?
- Quelles sont les règles du jeu, les bases de concurrence, les facteurs clés de succès dans l'industrie de l'entreprise désirée ? Quelles compétences doit-elle avoir pour réussir ?
- Pouvons-nous renforcer l'entreprise en question grâce à nos ressources ou à nos compétences ? Y a-t-il suffisamment de compatibilité entre les deux pour produire une synergie positive ?
- Comprenons-nous suffisamment bien la logique stratégique de l'entreprise acquise pour allouer de façon optimale les ressources à notre disposition et prendre pour elle les bonnes décisions stratégiques ?
- L'entreprise acquise vient-elle renforcer ce que nous sommes, nous aide-t-elle à obtenir un meilleur rendement dans les affaires où nous sommes ?

Modèle financier

- Quels sont les risques de marché et le taux de rendement de la candidate sur son marché ?
- Le prix demandé pour l'acquisition est-il cohérent avec les flux monétaires anticipés et actualisés en fonction du taux de rendement de la candidate ?
- Si l'on acquiert la candidate, quel effet cela aura-t-il sur les flux monétaires et le risque de marché de l'acquéreur ?
- Finalement, quel sera l'effet net de l'acquisition sur la valeur au marché de l'entreprise qui acquiert ?

Modèle de portefeuille

- Comment ces flux monétaires fluctueront-ils à l'avenir, compte tenu de l'évolution de la situation concurrentielle dans ce secteur ?
- Quels investissements pouvons-nous y injecter pour permettre à ce CAS de connaître le succès ?
- Le pattern de flux monétaires résultant se révèle-t-il compatible avec notre portefeuille actuel de CAS ?

SOURCE : Noël, A., « Les modèles de décision et leur application à la diversification par acquisitions ou fusions », *Gestion*, septembre 1987.

La diversification et le rendement obtenu

Rumelt (1974) a étudié le rendement de 250 entreprises américaines de grande taille au cours de la période 1949 à 1969. Il a trouvé que les entreprises qui réussissaient le mieux exploitaient des activités reliées, c'est-à-dire que moins de 70 % de leurs ventes étaient réalisés avec un produit et elles avaient choisi une diversification concentrique dans des produits reliés. Les entreprises qui réussissaient le moins bien faisaient de 70 % à 94 % de leurs ventes avec un produit (intégration verticale) ou avaient des activités non reliées à leur groupe primaire, c'est-à-dire que moins de 70 % de leurs ventes provenaient d'un seul produit.

Par contre, les résultats de recherche obtenus par Beamish et Newfeld (1984) et résumés dans le tableau 16.6 suggèrent des niveaux de rendement semblables pour les entreprises qui poursuivent une stratégie de diversification reliée ou non reliée. En effet, les entreprises avec diversification reliée ont obtenu un rendement supérieur dans deux des quatre échantillons étudiés, alors que celles avec une stratégie de diversification non reliée ont des rendements supérieurs dans les deux autres. Il faut néanmoins souligner que les entreprises étudiées ne sont pas des novices dans la poursuite d'une stratégie de diversification non reliée.

Le journal *Les Affaires* (8 septembre 1990) rapporte que 44 entreprises québécoises ont perdu un minimum de 1,6 milliard de dollars en diversification de toutes sortes depuis 1985, soit 71 diversifications ratées. Au moins 14 de ces 44 entreprises ont connu de grandes difficultés financières ou ont fait faillite à la suite de diversifications ratées. Plusieurs autres, après des diversifications douteuses, n'ont pas encore rayé ces activités de leur bilan.

TABLEAU 16.6
**La stratégie de diversification et sa rentabilité
(rendement sur l'avoir des actionnaires)**

	183 grosses entreprises américaines 1950-1970	700 grosses entreprises canadiennes 1960-1975	500 plus grandes entreprises européennes 1970-1979	50 plus grandes multinationales américaines 1970-1979
Produit unique	13,2 %	10,5 %	—	—
Intégration verticale	10,1 %	7,1 %	9,5 %	12,5 %
Produit relié	13,2 %	8,1 %	8,1 %	12,0 %
Produit non relié	11,9 %	7,1 %	8,6 %	14,5 %

SOURCE : Beamish, P. et Newfeld, C., « Diversification Strategy and Multinational Enterprise », compte rendu de la conférence ASAC, vol. 5, partie 6, 1984, p. 1-9.

La stratégie d'affaires, les stades de développement de l'industrie et la position concurrentielle de l'entreprise

Les stratégies d'affaires ou stratégies intra-industries (selon Martinet, 1983 : 159) qu'une entreprise va sélectionner pour se battre contre ses concurrents sont en partie déterminées par les caractéristiques du secteur industriel dans lequel elle évolue ainsi que par la position concurrentielle qu'elle y occupe.

Les stades de développement de l'industrie et le choix des stratégies d'affaires

En effet, ses choix stratégiques d'affaires seront différents selon le stade de développement de l'industrie, à savoir un domaine d'activité nouveau et en croissance, en maturité ou en déclin, souligne Thiétart (1984 : 141-148). Ainsi, *une industrie nouvelle a les caractéristiques suivantes* : une grande incertitude technique sur le plan des produits et des procédés de fabrication, une incertitude stratégique provenant d'une multiplicité d'options stratégiques en présence en raison des règles du jeu peu claires, un nombre important de petites entreprises, la réalisation rapide de gains de productivité et une diminution rapide des coûts de production, l'absence d'une clientèle informée, une vision à courte vue des différents acteurs de l'industrie, l'absence de normes et de standards techniques, d'où une qualité irrégulière des produits, l'absence d'une infrastructure technique et commerciale, une difficulté d'approvisionnement, une désuétude souvent rapide du produit provoquée par l'arrivée de nouveaux concurrents. L'éventail de choix stratégiques d'affaires est alors varié :

- l'entreprise peut tenter d'imposer ses propres règles du jeu en matière de produit, de prix et de distribution pour avoir la position la plus forte possible ;
- elle peut tenter d'organiser l'industrie afin d'en donner une image cohérente et rassurante aux fournisseurs, aux clients, aux investisseurs, aux pouvoirs publics ;
- elle peut tirer parti d'une évolution favorable dans l'attitude des fournisseurs et des distributeurs en obtenant d'eux de meilleures conditions ;
- elle doit décider à quel moment entrer dans l'industrie compte tenu des risques à assumer par les pionniers et des efforts à déployer parfois inutilement.

Une industrie en maturité est caractérisée par les éléments suivants : un ralentissement du marché accompagné par une concurrence accrue entre les entreprises présentes, un pouvoir grandissant des clients, une surcapacité de production, un accroissement de la concurrence internationale, l'adoption de nouvelles méthodes et politiques de gestion.

Les stratégies d'affaires possibles sont les suivantes : rechercher les coûts les plus faibles par le biais de procédés de fabrication productifs, d'une conception rationnelle des produits et la mise sur pied de réseaux de distribution efficaces ; sélectionner les meilleurs clients possible ; étendre son marché à l'échelle internationale ; pratiquer une certaine forme de différenciation afin de tirer parti le mieux possible de ses expertises propres ; mettre en place des systèmes de gestion qui mettent maintenant l'accent sur les coûts et les contrôles, la coordination des efforts, le service à la clientèle, le choix sélectif de clients plutôt que sur la flexibilité et la créativité de la phase antérieure.

Une industrie en déclin possède les attributs suivants : une abondance des produits de substitution qui déplacent les produits actuels, une évolution des besoins des consommateurs d'où l'instabilité et l'incertitude, une évolution démographique entraînant la baisse de la demande.

Les options stratégiques potentielles varient en fonction de l'importance des capacités concurrentielles d'une entreprise ; quand ces dernières sont importantes, elle peut opter soit pour une stratégie de domination ou de créneau si le déclin lui est favorable, soit pour une stratégie de créneau ou d'écrémage si le déclin lui est défavorable ; quand les capacités concurrentielles sont faibles, elle peut soit choisir une stratégie d'écrémage ou de liquidation quand le déclin lui est favorable, soit une stratégie de liquidation quand le déclin lui est défavorable.

La position concurrentielle de l'entreprise et le choix des stratégies

Les stratégies d'affaires pourront également varier en fonction de la position qu'occupe l'entreprise sur son marché, à savoir, une position de domination, marginale ou critique.

L'entreprise en position dominante est bien placée pour, soit tenter d'améliorer encore davantage sa position d'origine en devenant le modèle à suivre grâce à des efforts soutenus pour améliorer ses innovations, sa productivité, sa performance en marketing, soit maintenir ses avantages concurrentiels en qualité, marketing, productivité, soit adopter une attitude plus défensive mais agressive en réagissant à toutes les tentatives de ses concurrents pour la devancer, par exemple en coupant les prix, en accroissant son budget de publicité ou la couverture de ses services.

L'entreprise marginale et à faible part de marché peut bien survivre et même prospérer si elle refuse de se battre au corps à corps avec les plus gros en adoptant une stratégie de différenciation, soit en sélectionnant un créneau trop petit pour intéresser les plus gros, soit en se spécialisant sur un type de marché ou de produit, soit en mettant l'accent sur la qualité ou le service personnalisé, soit encore en suivant les entreprises dominantes sans faire de bruit afin d'éviter les représailles, soit enfin en visant à éliminer des concurrents de petite taille afin de prendre leur part de marché.

L'entreprise en position critique doit soit tenter de redresser la situation qui se dégrade lorsque l'activité visée a un bon potentiel, par exemple en changeant la stratégie actuelle, en remplaçant l'équipe de direction, en augmentant le numérateur (relancer les ventes, augmenter la marge brute...), en accroissant la productivité et en diminuant les coûts, en vendant certains actifs non nécessaires au soutien de la nouvelle stratégie, soit écrémer pour obtenir des profits à court terme lorsque l'activité est en déclin, soit désinvestir partiellement ou liquider totalement lorsque l'hémorragie ne peut plus être arrêtée.

Les objectifs visés et les options stratégiques d'affaires (de concurrence)

Comment l'entreprise veut-elle faire face à la concurrence dans chacun de ses couples produit-marché ou chacun de ses domaines d'activité stratégique? Quelle cible stratégique vise-t-elle: l'ensemble du marché ou seulement une portion par la recherche de créneaux?

Quelle position concurrentielle veut-elle avoir: les coûts les plus faibles; la différenciation fondée sur la perception de l'unicité du produit par le client et la concentration sur un ou des segments de marché? Le tableau 16.7 indique les trois grandes options stratégiques génériques obtenues par la combinaison de la cible stratégique et de la position concurrentielle.

TABLEAU 16.7
Les options stratégiques génériques: position concurrentielle et cible stratégique

		Coûts de production et de distribution peu élevés	Perception de la spécificité du produit par l'acheteur
Cible stratégique	Marché total	Leadership de coûts: coût total minimal	Différenciation
	Portion de marché	Concentration (ou créneau)	

SOURCE: Porter, M., *Competitive Strategy*, New York, Free Press, 1980, p. 39.

Porter (1980) propose trois grandes stratégies génériques : le leadership de coûts, la différenciation et la concentration. Martinet (1983) en propose une quatrième, soit la stratégie de dégagement. Décrivons brièvement chacune de ces stratégies et mentionnons les avantages, les exigences ainsi que le mode d'organisation requis par chacune.

Le leadership de coûts

Le leadership de coûts consiste à bâtir une organisation de façon à minimiser les coûts en trouvant la taille optimale efficace (effet d'expérience), en contrôlant étroitement les frais variables et fixes et en restreignant les frais administratifs.

On achète les produits de cette entreprise parce qu'ils coûtent moins cher que les produits équivalents des concurrents.

- Les *avantages* : une marge supérieure à celle des concurrents, la protection contre les rivaux, les grandes parts de marché.
- Les *exigences* : le capital accessible, la capacité d'ingénierie de la production, les systèmes de rémunération et de contrôle de la main-d'œuvre basés sur des critères quantitatifs, la conception d'un design des produits qui facilite leur production, le système de distribution peu coûteux.
- Le *mode d'organisation requis* : le contrôle serré des coûts, les incitations fondées sur l'atteinte d'objectifs quantitatifs, l'organisation bien structurée des responsabilités.

La différenciation

La différenciation consiste à donner un caractère unique au produit par l'image, la marque, la technologie, le service ou le réseau de distribution.

On achète les produits de cette entreprise parce qu'on considère que l'unicité du produit compense le prix à payer pour ce produit. Ainsi, tant que le client perçoit que la valeur ajoutée est plus grande que la différence de prix, la stratégie de différenciation rapporte des dividendes.

- L'*avantage* : la protection contre les concurrents (la fidélité permet de demander un prix plus élevé).
- Les *exigences* : la créativité et l'intuition, les capacités en marketing et en recherche fondamentale, la facilité à recruter des employés qualifiés et créatifs, les systèmes de rémunération et de contrôle de la main-d'œuvre basés sur des critères qualitatifs, la longue tradition dans le secteur, la réputation de l'entreprise en matière de qualité et d'avance technologique.

- Le *mode d'organisation requis* : la coordination des fonctions de recherche et développement ainsi que de commercialisation, les incitations subjectives plutôt que quantifiées.

La concentration

Cette stratégie consiste à se concentrer sur un segment de marché ou sur une région géographique, avec une approche basée sur les coûts ou la différenciation.

- Les *avantages* : la possibilité de sélection des clients.
- Les *exigences* : la combinaison des exigences des autres stratégies.

La combinaison des trois stratégies précédentes : s'asseoir entre deux chaises

Cette stratégie consiste vraiment à s'asseoir entre deux chaises. L'entreprise qui ne dispose pas des ressources suffisantes pour implanter l'une ou l'autre des trois stratégies précédentes se retrouve, avec cette option, vouée à l'échec, puisqu'elle ne saura consacrer les ressources nécessaires à la différenciation sous le prétexte qu'elle veut avoir les meilleurs coûts.

Le dégagement

Cette stratégie consiste à se dégager d'une industrie dont le potentiel de développement semble insuffisant ou d'une entreprise qui a une position stratégique faible. Il peut s'agir généralement de domaines d'activité stratégique à la phase 4 du stade de développement de l'industrie, du type « canard boiteux » (dog) dans la matrice du BCG. Néanmoins, une stratégie de désengagement peut être choisie à n'importe lequel des autres stades de développement d'un domaine pour les raisons suivantes, indiquent Barreyre et Bouche (1977 : 9-22) : l'incapacité du vendeur d'assurer les investissements requis à la fin de la phase 1 et le désir de l'acheteur de s'introduire sur un marché en début de la phase 2 ; une part de marché insuffisante du vendeur au début de la phase 3 et le désir de l'acheteur d'améliorer sa part de marché et sa position concurrentielle ; à la fin de la phase 3, la taille insuffisante du vendeur par rapport aux leaders et le désir d'un des leaders de se détacher des autres.

- L'*avantage* : la possibilité, pour le vendeur, de récupérer totalement ou partiellement ses mises de fonds pour les investir dans ses activités actuelles plus jeunes ou plus dominantes ou pour se lancer dans de nouvelles activités.

– Les *exigences* : la connaissance du stade de développement du domaine d'activité à dégager ainsi que la position relative de l'entreprise sur son marché ; la capacité d'évaluer à sa juste valeur le domaine d'activité à dégager afin d'en tirer le maximum lors de la vente ; la connaissance de la place occupée par l'activité à vendre dans le portefeuille de compétences de l'entreprise, dans sa structure organisationnelle, dans la contribution à ses frais généraux afin d'évaluer la perte possible de compétences et de ressources clés, la diminution de synergie et les charges fixes additionnelles que les autres activités devront assumer à la suite de l'abandon de cette activité.

Barreyre et Bouche (1977 : 17-20) font les recommandations suivantes pour une meilleure pratique du dégagement lors de l'étude de projets d'investissements : examiner les désinvestissements éventuels à l'aide de facteurs quantitatifs et qualitatifs ; remettre en cause périodiquement les activités actuelles ; se doter de systèmes d'information et de contrôle permettant de détecter les problèmes reliés au développement et à la gestion des activités de l'entreprise ; explorer les possibilités de cession ; évaluer les répercussions sociales et communautaires de projets de cession ; élaborer les plans de mise en œuvre d'un projet de dégagement.

Les stratégies fonctionnelles

Une fois qu'ils ont choisi leurs stratégies d'affaires (*comment affronter la concurrence* dans chacun des domaines d'activité de l'entreprise) et qu'ils les ont communiquées à leur principaux collaborateurs, les dirigeants doivent inciter ces derniers à définir les stratégies fonctionnelles (*avec quoi se battre*) qu'ils utiliseront pour combattre leurs concurrents. Une fois définies, ces stratégies seront approuvées et intégrées dans le plan stratégique global afin d'assurer leur cohérence avec le reste des plans. On retrouvera donc des stratégies fonctionnelles en gestion des approvisionnements, de la production, des ressources humaines, des ressources financières, du marketing, de la recherche et développement, etc. À titre d'illustration du lien entre les stratégies d'affaires et fonctionnelles, le tableau 16.8 (voir p. 300) énumère les caractéristiques des principales stratégies d'affaires (domination, créneau, écrémage et liquidation) et les principales actions à entreprendre en ce qui a trait aux fonctions de l'entreprise.

Le cycle de vie et les stratégies fonctionnelles

Quant aux liens qui peuvent exister entre les diverses phases du cycle de vie d'un produit et les actions stratégiques à entreprendre sur le plan des fonctions d'une entreprise, Fox (1973 : 10-11) énumère les fonctions prioritaires ainsi que la contribution de la recherche et développement, de la production, du marketing, de la distribution physique, du personnel, de la finance, de la comptabilité et du contrôle. Le tableau 16.9 présente les diverses stratégies fonctionnelles à adopter à chacun des quatre stades de développement d'un produit : introduction, croissance, maturité, déclin.

TABLEAU 16.8
Les caractéristiques des options stratégiques et la contribution des fonctions

Domination	Créneau	Écrémage	Liquidation
Actions commerciales agressives (prix, promotion, etc.)	Choix d'un segment à demande stable et générant de forts profits	Augmentation ou maintien des prix	Vente (si possible) ou mise au rebut des équipements
Achat de gammes de produits de la concurrence	Mise en œuvre des actions de domination (voir ci-contre)	Arrêt des investissements	Réaffectation ou licenciement du personnel
Achat des capacités de fabrication des concurrents	Aide au départ des concurrents de l'industrie	Compression des coûts commerciaux, du service, de la fabrication et de la recherche	Définition nouvelle de l'image de l'entreprise
Aide au départ des concurrents	Passage à une stratégie d'écrémage et, ultérieurement, de liquidation	Suppression des clients marginaux	Choix d'un nouveau portefeuille d'activités
Politique d'innovation rendant désuets les produits concurrents			
Affirmation claire de son intention de demeurer dans l'industrie			

SOURCE : Adapté de Porter, M.E., *Choix stratégiques et concurrence*, Paris, Economica, 1990, p. 291-298

TABLEAU 16.9
Les actions stratégiques et la phase de cycle de vie des produits

PHASES ACTIONS	INTRODUCTION	CROISSANCE	MATURITÉ	DÉCLIN
Priorité fonctionnelle	Technique (développement du produit)	Production	Marketing et distribution	Finance
Recherche et développement	Amélioration technique	Démarrage du produit suivant	Développement des variantes mineures Réduction des coûts Introduction de changements majeurs	Arrêt de toute recherche et développement pour le produit initial
Production	Sous-traitance et mise au point de différents procédés Développement de standards	Centralisation de la production Suppression de la sous-traitance Fabrication de longues séries	Réduction des coûts Fabrication de petites séries Décentralisation Mise au point de procédures de routine	Sous-traitance Simplification de la production Contrôle précis des stocks Stockage des pièces de rechange
Marketing	Publicité Vendeurs à la commission Incitation à l'essai des produits	Accent sur la marque Force de vente salariée Réduction des prix	Vendeurs salariés Promotion agressive Étude de marché standardisée	Vendeurs à la commission Suppression des promotions Augmentation des prix Distribution sélective Retrait progressif
Distribution physique	Mise au point d'une logistique appropriée	Intégration du système de livraison	Réduction des coûts Amélioration du service à la clientèle Contrôle du stock des produits finis	Réduction des stocks de produits finis Réduction du service à la clientèle
Personnel	Formation de l'encadrement Intéressement des cadres supérieurs	Amélioration de l'encadrement de production Importance des heures supplémentaires	Amélioration de la productivité Mise au point d'un système d'incitation pour l'efficacité	Transfert de personnel Incitation à une retraite anticipée
Finance	Perte importante Financement de grands investissements	Profit important Financement de la croissance	Profit en baisse Réallocation des ressources financières	Liquidation des équipements inutiles
Comptabilité et contrôle	Mise au point de standards de production et de vente	Analyse à court terme de l'utilisation des ressources rares	Analyse de la valeur Analyse fondée sur les coûts et avantages	Analyse des coûts superflus

SOURCE: Fox, H., « A Framework for Functional Coordination », *Atlanta Economic Review*, novembre-décembre 1973, p. 10-11, traduit dans Thiétart, R.A., *La stratégie d'entreprise*, Paris, Édiscience International, 1990, p. 128-129.

CHAPITRE 17

Gérer stratégiquement, c'est choisir les personnes avec le bon profil d'aptitudes et de comportement

L'entreprise doit évaluer régulièrement les liens existant entre l'organisation, sa stratégie et le comportement des dirigeants afin de déterminer la nature des problèmes à résoudre. En effet, cette évaluation permet de mesurer la santé de l'organisation, la qualité de son rendement et de clarifier le comportement requis de la part des dirigeants et des cadres pour mettre en œuvre la stratégie. À l'issue d'une telle évaluation, l'entreprise établit les écarts réels entre le comportement requis et le comportement émergent des dirigeants et des cadres, détermine les changements à apporter en matière de comportement (pour corriger les écarts ou pour s'adapter aux nouvelles exigences imposées par la stratégie) et prépare les plans d'action et leur mise en œuvre, soulignent Fry et Killing (1989).

L'analyse de l'organisation doit aider l'entreprise à tracer le profil d'habiletés et d'aptitudes de ses gestionnaires. Cela constitue sans doute une des responsabilités de l'équipe de direction, puisqu'il faut toujours se rappeler que le choix final de la stratégie et sa mise en œuvre sont effectués par un ensemble d'individus plus ou moins différents.

Comme le mentionne Strategor (1988):

L'action collective passe par le cerveau humain et subit le filtre de ses capacités cognitives et celui de ses affects. Pour compliquer les choses, l'action passe aussi par une structure, avec le jeu d'influences, de mimétismes, de coalitions, de manœuvres que cela implique. L'organisation est composée d'êtres humains, qui ont une certaine présence, et l'action collective dans une entreprise donnée s'en trouve généralement marquée par une logique cohérente, qui la distingue de toute autre.

Ainsi, pour mieux comprendre le fonctionnement et le rendement des entreprises, on doit connaître qui sont les personnes au sommet, nous dit Hambrick (1989). Cette connaissance nous amène à étudier les critères servant à sélectionner les dirigeants ainsi que leur style de gestion. Comme la direction générale soutient la stratégie, bâtit la culture de l'entreprise par son exemple et prend des décisions à partir de facteurs personnels, le choix des membres de l'équipe de direction et des gestionnaires est de première importance. Les obsessions, la vision des choses, les valeurs ainsi que la personnalité des dirigeants se répercutent sur leur décision de choisir telle stratégie parmi les options disponibles et mettent en place les conditions environnementales et organisationnelles de la formation de la stratégie.

Les obsessions des dirigeants agissent aussi comme un filtre perceptuel pour eux en ce qui a trait à leur évaluation des possibilités de croissance présentes dans l'environnement et des compétences distinctives de l'entreprise; elles influencent de cette façon la formation de la stratégie et sa mise en œuvre. Cette dernière se concrétise à partir de leurs intentions et est actualisée à travers leurs activités quotidiennes (Noël, 1989).

Govindarajan (1989) a démontré que le choix d'un directeur général de CAS, avec les qualités et la personnalité requises pour l'emploi, donne de meilleurs résultats dans le cas de telle option stratégique plutôt que de telle autre. Par exemple, le directeur général d'un CAS qui possède une bonne expérience en recherche et développement et dont le «locus de contrôle» est interne (il croit que les événements sont dus à son comportement) se révèle plus apte à poursuivre une stratégie de différenciation et moins une stratégie de coûts faibles. Au contraire, celui qui connaît bien la production et qui est de type «feeling» (il fonde plus ses jugements sur des valeurs personnelles que sur la logique et une analyse impersonnelle) est plus apte à mettre en œuvre une stratégie de coûts faibles et pas du tout une stratégie de différenciation. Lorsque l'entreprise constate des écarts trop grands entre les comportements requis et les comportements émergents, elle peut considérer plusieurs actions complémentaires telles que le déplacement et la réaffectation des cadres actuels, la nomination de nouveaux cadres (promotion interne ou recrutement), la formation et le perfectionnement des cadres en place, l'attribution de nouvelles tâches et la création de nouveaux arrangements structurels.

Les types de dirigeants et la direction stratégique

Hofer et Davoust (1974) et Wissema *et al.* (1980) proposent divers types de personnalité selon les directions stratégiques envisagées. En combinant la position concurrentielle de l'entreprise avec l'attrait du marché, Hofer et Davoust reconnaissent neuf positions stratégiques, chacune faisant appel à un type particulier de gestionnaire. Le tableau 17.1 présente ces neuf paires stratégie-type de gestionnaire. Ainsi, lorsque l'entreprise se trouve dans un marché à croissance forte, il faut confier les rênes à un type «entrepreneur», les caractéristiques de chacun variant selon la position concurrentielle de l'entreprise. Cette position détermine le type de gestionnaire dans un marché à croissance faible. On fera appel au gestionnaire professionnel lorsqu'il faut maximiser les profits, à u

TABLEAU 17.1
Les options stratégiques et les types de gestionnaire

		Attrait de l'industrie (potentiel externe du marché)		
		FORT	MOYEN	FAIBLE
Position relative de l'entreprise dans le marché (potentiel externe)	FORTE	**Croître fortement** Entrepreneur «mature»	**Croître sélectivement** Planificateur sophistiqué	**Se protéger** Gestionnaire «professionnel»
	MOYENNE	**Croître sélectivement** Entrepreneur «planificateur»	**Se protéger** Planificateur de «profit»	**Désinvestir** Expert en réduction des coûts
	FAIBLE	**Désinvestir** Entrepreneur en «redressement»	**Désinvestir** Expert en «redressement»	**Liquider** Professionnel de la liquidation
		GÉRER SA CROISSANCE	GÉRER SES CHOIX	GÉRER SA SORTIE

SOURCE : Adapté de Hofer et Davoust (1977).

«coupeur de coûts» quand il s'agit de désinvestir progressivement et à un professionnel de la liquidation quand l'entreprise doit abandonner l'activité.

Wissema *et al.* (1980), en combinant le potentiel externe du marché (cycle de vie du produit) avec le potentiel interne (position relative de l'entreprise dans le marché ou compétence distinctive), suggèrent les trois grandes options stratégiques suivantes :

– une stratégie de déploiement des ressources qui peut se traduire en une forte croissance ou en une contraction ;

– une stratégie de gestion de l'environnement qui peut donner lieu à une expansion ou à un repli ;

– une stratégie d'exploitation de l'environnement qui peut se traduire en une croissance soutenue ou en une consolidation.

Ils proposent, pour chacune de ces six directions stratégiques, un type particulier de gestionnaires : le pionnier, le conquérant, le modérateur, le technocrate, le bureaucrate et le diplomate. La figure 17.1 présente ces dix paires

FIGURE 17.1

Le profil de dirigeants et les choix stratégiques (combinaison produit-marché)

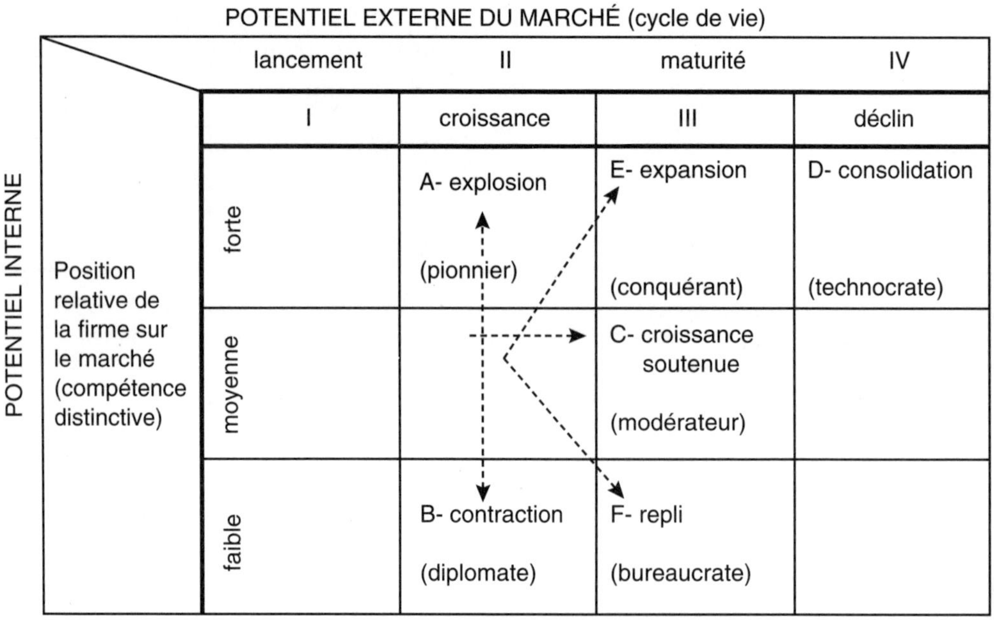

POTENTIEL EXTERNE DU MARCHÉ (cycle de vie)

		lancement	II croissance	maturité	IV déclin
		I	croissance	III	déclin
POTENTIEL INTERNE / Position relative de la firme sur le marché (compétence distinctive)	forte		A- explosion (pionnier)	E- expansion (conquérant)	D- consolidation (technocrate)
	moyenne			C- croissance soutenue (modérateur)	
	faible		B- contraction (diplomate)	F- repli (bureaucrate)	

SOURCE: Wissema, J.G. *et al.*, *Strategic Management Journal*, vol. 1, n° 1, 1980.

stratégie-type de gestionnaire et le tableau 17.2 résume les caractéristiques de chacun des six types de gestionnaire.

Le comportement de gestion, les caractéristiques organisationnelles et le cycle de vie du produit

Le vieillissement d'un produit ou d'une activité nécessite de la part de l'entreprise et de ses dirigeants une modification de la stratégie et des moyens utilisés pour la mettre en œuvre. Fry et Killing (1989) décrivent, au tableau 17.3, le comportement de gestion requis, les caractéristiques organisationnelles exigées ainsi que les systèmes et les plans de gestion des ressources humaines nécessaires à deux moments différents du cycle de vie d'un produit (croissance et maturité).

TABLEAU 17.2
Les caractéristiques de six types de gestionnaire

Pionnier	Personne très flexible, très créatrice, extravertie et opportuniste Hyperactive, à la recherche de défis Pense de façon intuitive-irrationnelle
Conquérant	Personne légèrement non conformiste Recherche la nouveauté, forme de petits groupes Nerveuse mais capable de contrôle, capable de vision Généraliste, rationnelle
Modérateur	Personne très structurée, aimable Travaille en équipe, travaille avec des objectifs Recherche le consensus, aime contrôler la situation Pensée systématique
Technocrate	Personne routinière, remplaçable, introvertie Favorise les procédures. Aime les situations stables, statiques Adepte du statu quo Pensée conformiste
Bureaucrate	Action bureaucratique, dogmatique, rigide Aime diriger par procédures. Laisse aller les choses Réagit aux pressions Pensée légaliste
Diplomate	Personne flexible dans un mandat bien défini À l'écoute des personnes. Inspire confiance Agit de façon prévisible, se préoccupe du long terme Pense de façon holistique

Source : Wissema, J.G. *et al.*, *Strategic Management Journal*, vol. 1, n° 1, 1980.

Comme on peut le constater à la lecture du tableau 17.3 (voir p. 308), les plans de comportement humain, la culture, la structure, les systèmes et les plans de gestion des ressources humaines sont opposés pour chacun des deux cycles de vie et font appel à des gestionnaires qui possèdent des habiletés et des attitudes très différentes.

TABLEAU 17.3

Le comportement de gestion requis, les caractéristiques organisationnelles, les systèmes de gestion des ressources humaines et le cycle de vie d'un produit

	Croissance	Maturité
Structure		
1. Spécialisation	faible	élevée
2. Centralisation	faible	élevée
3. Intégration par		
– politiques standard	faible	élevée
– références hiérarchiques	faible	élevée
– groupe interfonctionnel	élevée	faible
– gestionnaire de projet	élevée	faible
Systèmes		
1. Processus de planification	négociation	dirigée
Degré de formalité	faible	élevée
Révision	selon les besoins	programmée
2. Allocation de ressources	flexible	structurée
Critères d'allocation	peu, globaux	beaucoup, spécifiques
3. Évaluation du rendement	souvent, au besoin	programmée
– critères	peu, globaux	plusieurs, détaillés
– place au jugement	élevée	faible
Dotation — Sélection		
1. Critères de sélection	adaptés à la situation	besoins standard
2. Accent sur le développement	selon la situation	selon la situation
3. Cycle de notation	selon les besoins	programmé
– critères	reliés à la situation	buts fixés
– marge d'erreur tolérée	élevée	faible
4. Accent sur la récompense	résultats globaux	résultats liés à une tâche
Moment de l'évaluation	reporté	immédiat

SOURCE: Fry, J.N. et Killing, J.P., *Strategy Analysis and Action*, Scarborough, Prentice-Hall, 2ᵉ édition, 198

Les stades de développement d'une entreprise, le comportement et les caractéristiques organisationnelles

Le développement d'une entreprise et son passage d'une entreprise à activité unique à une entreprise à activités multiples modifie le comportement des gestionnaires ainsi que les caractéristiques organisationnelles, ce qui nécessite des profils de dirigeants différents.

Fry et Killing (1989) décrivent ces modifications au tableau 17.4.

TABLEAU 17.4

Les stades de développement d'une entreprise, les types de gestionnaire et les caractéristiques de la dotation

Stade 1	Stade 2	Stade 3
Entreprise de type entrepreneurial à activité unique	Entreprise professionnelle à activité unique	Entreprise professionnelle à activités multiples
Comportement de gestion requis		
	Moins de priorité accordée aux opérations courantes; plus de priorité à la gestion et à l'intégration des gestionnaires de fonction	Forte priorité accordée à définir le contexte pour les gestionnaires divisionnaires; priorité aux actions symboliques et au leadership
Dotation		
	Orientation vers des procédures plus systématiques et des critères plus objectifs de dotation, d'entraînement et de notation du rendement. Les récompenses reposent moins sur le paternalisme et les relations personnalisées.	Augmentation des procédures systématiques afin de mettre l'accent sur le développement de directeurs généraux. Les récompenses varient en fonction du rendement du CAS.

SOURCE: Fry, J.N. et Killing, J.P., *Strategy Analysis and Action*, Scarborough, Prentice-Hall, 2e édition, 1989.

CHAPITRE 18

Gérer stratégiquement, c'est être vigilant et adapter constamment ses plans à la réalité du moment afin d'éviter le paradoxe d'Icare en se méfiant des risques du succès

Chaque entreprise œuvre généralement dans un environnement dynamique et fluide en utilisant des ressources qui se modifient de façon constante. L'adaptation au changement représente une exigence fondamentale de la gestion stratégique, puisque chacun des éléments constitutifs du processus décisionnel est dynamique, interrelié et interdépendant. Lorsqu'on parle d'adaptation au changement, il faut s'arrêter à trois considérations principales.

– **La vitesse requise pour introduire les changements**   À quel rythme voulons-nous déterminer et comprendre les besoins de changement, évaluer les écarts entre les exigences nouvelles et anciennes, créer un engagement de la part des gens visés par le changement?

– **La concentration sur le changement**   Quels sont les objectifs à atteindre à un moment donné? Où mettons-nous les priorités?

– **Les plans et tactiques de changement adoptés**   Quelles sont les actions concrètes de changement qui seront entreprises à l'intérieur d'un échéancier donné et comment seront-elles présentées aux personnes touchées par les modifications (négociées, imposées...)?

Même si les plans d'action adoptés s'appuient sur des changements prévus, ces plans exigent des modifications plus ou moins radicales, et leur mise en œuvre sera plus ou moins réussie selon la perception de l'urgence et de la gravité de la situation par les acteurs touchés. Il n'en demeure pas moins que des situations de crise surgissent fréquemment à cause de problèmes qui proviennent de l'environnement ou des ressources internes de l'entreprise. Les dirigeants doivent faire face rapidement aux menaces, soit en les évitant lorsqu'elles se révèlent insurmontables, soit en les ignorant parce qu'on se sent la force de les affronter, soit en les repoussant par une contre-attaque.

Il devient important pour les dirigeants d'une entreprise de prendre le pouls de la gestion stratégique de leurs collaborateurs en leur demandant, comme le suggèrent Hamel et Prahalad (1994 : 117), de décrire brièvement dans leurs propres mots comment ils entrevoient le futur de leur industrie, de leur division (sans définir les mots «industrie» et «futur»); de déterminer les principaux changements qui vont survenir dans les prochains trois ans. La compilation de leurs réponses devrait être très révélatrice de leur façon de percevoir leur industrie, leur activité, leur vision et leurs méthodes de gestion. Ils risquent d'avoir un choc en découvrant qu'une portion sensible de leurs collaborateurs sont surtout, selon Hamel et Prahalad (1994 : 9), des «gestionnaires du dénominateur» qui ont appris à jouer avec le volume de capital utilisé pour augmenter leur rentabilité plutôt qu'avec le numérateur pour accroître leur part de marché et leurs profits. Ils réaliseront sans doute qu'il ne suffit pas de devenir plus productif par la réingénierie en se faisant plus petit et plus efficient, mais qu'il faut aussi avoir de l'imagination et de la créativité pour pouvoir regénérer ses stratégies en réinventant son industrie et en adoptant de nouvelles structures et de nouvelles méthodes de gestion.

Éviter le piège de trop «bureaucratiser le processus de planification»

«Trop de planification peut nous conduire au chaos, mais trop peu de planification nous y conduirait aussi et plus directement» (Mintzberg, 1994 : 414). Deux cas significatifs de la Harvard Business School qui décrivent la démarche et le processus de planification stratégiques en vigueur à la compagnie GE au cours des dernières décennies permettent de bien illustrer ce point. Il y a une décennie, l'entreprise américaine citée en exemple comme modèle pour sa planification stratégique était GE. En effet, le président Jones, assisté d'une équipe de près de 200 conseillers en stratégie, s'engageait directement dans la révision et l'approbation des plans stratégiques soumis par les directeurs d'unités stratégiques. Ses interventions et celles de ses experts étaient si intenses que tout le monde en était venu à perdre de vue la raison d'être de la planification, étant trop occupé à suivre une démarche et des procédures rigides conçues par des consultants externes et raffinées par ses experts internes (cas GE 1980). À sa nomination en 1984, Jack Welch (qui avait expérimenté la méthode de Jones) voulut dès sa nomination simplifier et assouplir le processus de formation de la stratégie chez GE. Il déplaça d'un seul coup l'équipe d'experts localisée au siège social vers les unités opérationnelles et élimina «la bureaucratie» qui s'était installée autour de la planification en simplifiant la démarche stratégique. Il recentra l'attention de ses collaborateurs sur l'essentiel en demandant à tous ses responsables d'unités stratégiques de répondre individuellement aux cinq questions suivantes :

1. Quelle est la dynamique de votre marché aujourd'hui? Que sera-t-elle dans le futur?

2. Quelles actions ont été entreprises par vos concurrents au cours des trois dernières années pour modifier cette dynamique ?

3. Qu'avez-vous fait au cours des trois dernières années pour influencer cette dynamique ?

4. Quelles actions les plus dangereuses peuvent être entreprises par vos concurrents, au cours des trois prochaines années, pour influencer ou modifier cette dynamique ?

5. Quelles sont les actions les plus efficaces que vous pouvez entreprendre pour avoir un impact sur cette dynamique ?

Comme on peut le constater à la lecture et à l'analyse de ces questions, des réponses précises doivent reposer sur une vision, une pensée et une réflexion stratégiques en plus d'exiger d'excellents diagnostics, tant externes qu'internes, posés personnellement par chacun des directeurs des centres d'activité stratégiques, assistés au besoin par des conseillers. Welch avait cessé de faire de la planification stratégique à la Jones et venait d'amorcer une vraie démarche de planification stratégique avec les véritables acteurs, replaçant dans leur rôle secondaire normal conseillers et analystes, outils et modèles. Ainsi, des réponses honnêtes et réalistes à ces questions, accompagnées d'une vraie démarche et d'une pensée stratégiques encadrées par une vision claire et assez bien partagée, ont accompagné la redéfinition de la culture et des valeurs de GE. Toute cette nouvelle démarche de planification stratégique a produit des résultats remarquables en un très court laps de temps, transformant le portefeuille d'activités de GE afin de lui permettre d'affronter la concurrence mondiale avec succès (cas GE 1984).

Le stratège, un funambule

Ainsi, Welch, à l'instar d'autres bons dirigeants, avait compris que le métier de stratège est ainsi comparable à celui de funambule (Noël, 1989). En effet, le stratège doit se mouvoir constamment sur une surface restreinte tout en cherchant à conserver en équilibre des forces plus ou moins opposées, pour ne pas dire contradictoires, qui se retrouvent à l'intérieur et à l'extérieur de l'entreprise. La figure 18.1 (voir p. 314) souligne quelques-uns des éléments que le stratège doit conserver en équilibre, chaque élément constituant l'extrémité d'un continuum :

le cœur	la raison
l'humain	l'économique
etc.	etc.

La gestion stratégique représente ainsi la perche qui aide le stratège à maintenir son équilibre comme gestionnaire au sommet chargé d'analyser les propositions venant de plus bas, de coordonner les activités disparates, de partager

FIGURE 18.1
L'administrateur

Un FUNAMBULE
à la recherche d'un équilibre entre:

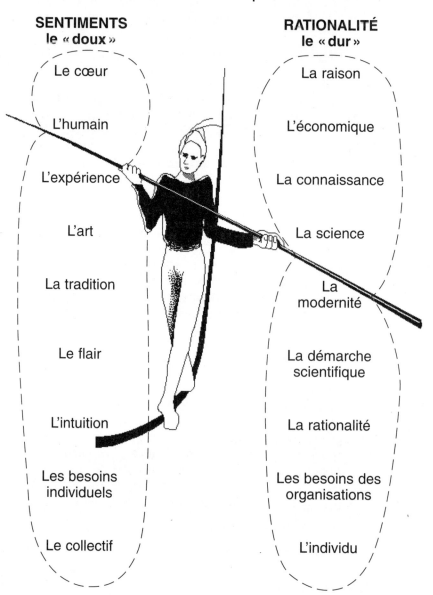

SENTIMENTS le « doux »	RATIONALITÉ le « dur »
Le cœur	La raison
L'humain	L'économique
L'expérience	La connaissance
L'art	La science
La tradition	La modernité
Le flair	La démarche scientifique
L'intuition	La rationalité
Les besoins individuels	Les besoins des organisations
Le collectif	L'individu

des ressources limitées entre des CAS gourmands, d'arbitrer les conflits qui surviennent entre les spécialistes du siège social qui ont une vision à long terme et les directeurs des CAS qui visent les rendements immédiats. Selon Strategor (1988), le travail du stratège consiste à maintenir un bon équilibre entre :

— les coûts de l'autonomie et les coûts de coordination ;

— les coûts de l'intégration et les coûts de la différenciation ;

— l'influence exercée par l'expert et celle exercée par le chef de projet, par le client, par le chef de produit.

Apprendre à remettre en cause ses activités même quand elles sont couronnées de succès afin d'éviter les excès de confiance, voilà l'essence du message que propose Danny Miller (1991) dans les pages qui suivent. Laissons-le nous raconter l'histoire de plusieurs grandes entreprises américaines considérées comme des entreprises à succès par plusieurs, en évoquant le paradoxe d'Icare pour illustrer ses propos.

par Danny Miller*

Le paradoxe d'Icare ou « Si Icare avait connu la chaleur du soleil, il n'aurait pas perdu ses ailes »

Icare, personnage fabuleux de la mythologie grecque, vola si haut, si près du soleil, que la cire de ses ailes artificielles fondit et qu'il tomba dans la mer Égée, y trouvant la mort. Le pouvoir des ailes d'Icare fut à la source de la témérité qui le perdit. Le paradoxe, bien sûr, est que ses atouts les meilleurs l'amenèrent à la mort. Le même paradoxe s'applique à beaucoup de compagnies remarquables : bien souvent, leurs victoires et leurs forces les entraînent dans des excès qui causent leur chute. Le succès mène à la spécialisation et à l'exagération, à la confiance et à la suffisance, aux dogmes et aux rituels. En fait, il semble que ce soient les éléments mêmes qui provoquent le succès des entreprises – des stratégies spécifiques et éprouvées, un leadership assuré, une culture d'entreprise mobilisée, et particulièrement l'interaction de tous ces éléments – qui, lorsqu'ils sont poussées à l'excès, entraînent aussi leur déclin. Des organisations solides et supérieures se transforment en pur sang dégénérés ; d'entreprises au caractère riche, elles deviennent des caricatures, perdant graduellement toute subtilité et toute nuance. Cette tendance générale, ses causes et la façon de la gérer, voilà de quoi nous traiterons ici.

Beaucoup d'organisations exceptionnelles sont entraînées dans cet élan mortel, dans des trajectoires qui sont de véritables bombes à retardement où les

---

* « Le paradoxe d'Icare », *Gestion*, vol. 16, n⁰ 3, septembre 1991, p. 33-41. Reproduit avec la permission de Danny Miller.

attitudes, les politiques et les événements mènent à une diminution des ventes, à une dégringolade des profits, et même à la faillite. Ces compagnies développent et amplifient les stratégies auxquelles elles attribuent leur succès. L'attention productive accordée aux détails, par exemple, se transforme en obsession pour des vétilles ; l'innovation payante se métamorphose en invention gratuite ; la croissance mesurée se change en expansion débridée. Par opposition, les activités sur lesquelles on mettait simplement moins d'accent – parce qu'elles n'étaient pas vues comme essentielles à la recette du succès – sont virtuellement étouffées. Un marketing modeste se détériore en une promotion terne et en une distribution inadéquate ; une conception tolérable se dégrade en design de mauvaise qualité. Résultat : les stratégies perdent leur équilibre. Elles se concentrent de plus en plus autour d'une seule force fondamentale qui est amplifiée à l'excès, alors que les autres aspects sont presque complètement oubliés.

Ces changements ne se limitent pas à la stratégie. Les héros qui ont façonné la formule gagnante se voient adulés et investis d'une autorité absolue, tandis que les autres sont relégués au rang de citoyens de troisième classe. Une culture de plus en plus monolithique pousse les firmes à se concentrer sur un ensemble de problèmes toujours plus réduit et à s'engager dans une voie de plus en plus étroite pour réussir, Les relations entre supérieurs et subordonnés, les rôles, les programmes, le processus de prise de décision, même les marchés cibles, tout vient à refléter et à servir la stratégie centrale, et rien d'autre. L'entreprise se convertit à des credos et à des idéologies, transformant ses politiques en lois et en rituels rigides. À ce moment, l'apprentissage organisationnel cesse, la vision étroite fait la loi, et la flexibilité est perdue.

Certaines de nos compagnies les plus reconnues se retrouvent prises au piège de ce scénario du roi déchu. Dans nos recherches sur certaines de ces entreprises exceptionnelles, nous avons découvert quatre principales variétés de ce scénario, quatre « trajectoires » très communes de déclin (voir le tableau 18.1)* :

— la trajectoire de concentration ou trajectoire « focalisatrice » transforme des organisations attentives aux détails, centrées sur la qualité, possédant des ingénieurs experts et des opérations impeccables, des organisations artisanes en des organisations rigidement contrôlées, obsédées par des vétilles, en organisations puristes – des firmes à la monoculture technocratique et insulaire qui s'aliènent leurs clients en leur offrant des produits et des services parfaits, mais sans aucune pertinence ;

— la trajectoire spéculative convertit des compagnies centrées sur la croissance, où règne l'esprit d'entreprise, des compagnies bâtisseuses gérées par des leaders

---

* Cette recherche est exposée dans mon livre *The Icarus Paradox*, New York, Harper & Row, 1990.

imaginatifs et des équipes de finance et de planification créatives, en firmes impulsives et cupides, des impérialistes qui abusent sans compter de leurs ressources en prenant une expansion désordonnée dans des secteurs auxquels elles ne connaissent rien ;

— la trajectoire innovatrice prend des compagnies aux départements de recherche et développement sans rivaux, possédant des groupes informels de recherche flexibles et des produits perfectionnés et avant-gardistes, des organisations inventives, et les transforme en firmes rêveuses aux projets utopiques, menées par des sectes de scientifiques à l'aise dans le chaos, qui gaspillent les ressources dans la poursuite d'inventions désespérément grandioses et futuristes ;

— la trajectoire divergente transforme des organisations aux talents de marketing imbattables, détenant des marques importantes et de vastes marchés,

TABLEAU 18.1
Les quatre trajectoires

Trajectoire de concentration ou focalisatrice

TYPE :	ARTISAN ⟶	PURISTE
Stratégie	Leadership en qualité	Purisme technique
Objectif	Qualité	Perfection
Culture	Ingénierie	Technocratie
Structure	Ordonnée	Rigide

Trajectoire spéculative

TYPE :	BÂTISSEUR ⟶	IMPÉRIALISTE
Stratégie	Bâtir	Surexpansion
Objectif	Croissance	Grandeur
Culture	Entrepreneuriale	Opportuniste
Structure	Divisionnaire	Fragmentée

Trajectoire innovatrice

TYPE :	INVENTEUR ⟶	RÊVEUR
Stratégie	Innovation	Rêve technologique
Objectif	Science dans un but social	Utopie de haute technologie
Culture	Recherche et développement	*Think tank*
Structure	Organique	Chaotique

Trajectoire divergente

TYPE :	VENDEUR ⟶	MARCHAND DE MIRACLES
Stratégie	Marketing brillant	Prolifération sans but
Objectif	Parts de marché	Résultats trimestriels
Culture	*Organization-man*	Insipide et politisée
Structure	Modestement décentralisée	Bureaucratie oppressive

des entreprises vendeuses, en organisations bureaucratiques pour qui le fétiche des ventes finit par l'emporter sur tout le reste, et qui en viennent à proposer une gamme de produits sans nouveauté et incohérente, du genre « moi aussi », en organisations marchandes de miracles.

Plusieurs des firmes que nous avons étudiées sont tombées dans le piège de l'une ou l'autre de ces quatre trajectoires. Ces firmes incluent IBM, Polaroïd, Procter & Gamble, Texas Instruments, ITT, Chrysler, Dome Petroleum, Apple Computer, A & P, General Motors, Sears, Digital Equipment, Caterpillar Tractor, Montgomery Ward, Eastern Airlines, Litton Industries et Disney.

Les quatre trajectoires sont apparues dans une étude que nous avons menée auprès de compagnies exceptionnelles. Nos recherches précédentes nous avaient permis de découvrir quatre configurations très répandues, merveilleusement cohérentes et ayant de puissants avantages stratégiques. Nous avons étudié l'évolution à long terme de firmes remarquables représentatives de chacun de ces types en les suivant pendant plusieurs années. Cela nous a permis de découvrir que les artisans, les bâtisseurs, les inventeurs et les vendeurs avaient chacun leur propre trajectoire. De plus, les firmes d'un type donné suivaient des voies parallèles, bien qu'à des vitesses différentes.

D'artisans à puristes : la trajectoire de concentration ou trajectoire « focalisatrice »

La compagnie Digital Equipment fabriquait les meilleurs ordinateurs au monde. Le fondateur, Ken Olsen, et sa brillante équipe d'ingénieurs-designers inventèrent le mini-ordinateur, un produit moins coûteux et plus flexible que celui de son cousin plus imposant. Ils perfectionnèrent leurs minis jusqu'à ce qu'ils soient absolument imbattables, autant pour leur qualité que pour leur durabilité. Leur série d'ordinateurs VAX donna naissance à une légende industrielle de fiabilité, et les profits ne se firent pas attendre.

Toutefois, Digital Equipment se transforma en entreprise où régnait une monoculture de l'ingénierie. Ses ingénieurs devinrent des idoles ; les spécialistes en marketing et les comptables étaient à peine tolérés. Les caractéristiques techniques des composantes et les standards de design étaient la seule préoccupation des gestionnaires. En fait, le perfectionnement technologique devint une obsession si dévorante que les besoins des consommateurs pour des appareils plus petits ou moins coûteux et pour des systèmes plus conviviaux furent ignorés. L'ordinateur personnel DEC, par exemple, connut un échec retentissant parce qu'il ne tenait absolument pas compte des moyens financiers, des préférences et des habitudes d'achat des usagers potentiels. La performance de l'entreprise commença à chuter.

Les artisans ont la passion du travail bien fait. Leurs leaders veulent absolument produire le meilleur produit sur le marché, leurs ingénieurs passent des nuits blanches à mesurer des micromètres, et leur personnel responsable du contrôle de la qualité fait la loi d'une main ferme et impitoyable. Les détails comptent. La qualité est la source première de fierté dans l'entreprise : elle est reconnue et récompensée, et elle est de loin ce qui donne à la firme son avantage concurrentiel déterminant. En fait, c'est sur la qualité qu'est basée la culture de l'entreprise. La mauvaise qualité est un péché mortel. (Mentionnons que la catégorie de l'artisan présente une variante, l'entreprise de type *cost leader* dont l'objectif premier n'est pas la qualité mais l'offre des prix les plus bas possible.)

Beaucoup d'artisans deviennent des parodies d'eux-mêmes en se transformant en puristes. Ils finissent par être si obnubilés par les menus détails techniques qu'ils oublient que le but de la qualité est d'attirer et de satisfaire les acheteurs. Les produits deviennent surperformants, mais aussi trop coûteux ; ils sont durables, mais sans nouveauté. Le design supérieur du passé cède la place à des anachronismes. La monoculture de l'ingénierie prend un ascendant de plus en plus grand, si absorbée dans les détails du design et de la fabrication qu'elle perd de vue le client. Avant longtemps, le marketing et la recherche et développement deviennent d'ennuyeux parents pauvres, des départements qui existent mais que l'on n'écoute pas. Et, malheureusement, les structures bureaucratiques qui se sont développées pour assurer la qualité finissent par perpétuer ces conditions et par supprimer toute initiative.

De bâtisseurs à impérialistes : la trajectoire spéculative

Charles « Tex » Thornton était un jeune entrepreneur texan quand il acheta une petite compagnie basée sur la technologie des micro-ondes et en fit Litton Industries, l'un des conglomérats de haute technologie les plus prospères des années soixante. Les ventes bondirent de trois millions à 1,8 milliard de dollars en douze ans. En effectuant de façon sélective des acquisitions reliées, Litton Industries atteignit un rythme de croissance explosif, et ses excellents résultats aidèrent la firme à regrouper les ressources nécessaires à une expansion rapide.

Toutefois, la compagnie commença à trop s'éloigner des domaines qui lui étaient familiers, achetant des entreprises plus grandes et moins saines dans des secteurs qu'elle comprenait à peine. Les cadres administratifs et les systèmes de contrôle furent bientôt débordés, la dette devint difficile à gérer, et tout un éventail de problèmes surgirent dans les divisions en pleine prolifération. La spirale qui entraîna Litton Industries à sa perte fut tout aussi spectaculaire que celle qui avait provoqué son ascension.

Les entreprises bâtisseuses sont des compagnies où règne l'esprit d'entreprise, qui sont centrées sur la croissance et qui mettent toute leur énergie dans l'expansion et dans les fusions et les acquisitions. Elles sont dominées par des gestionnaires aux objectifs ambitieux, à l'énergie immense et qui ont un mystérieux tour de main pour trouver des créneaux lucratifs dans le marché. Ces leaders ont les talents de vendeur nécessaires pour amasser du capital, l'imagination et l'initiative qu'il faut pour exploiter les plus belles occasions de croissance, et le courage de prendre des risques importants. Ils sont aussi des maîtres dans l'art de contrôler, instaurant des systèmes d'information et d'incitation au rendement précis et sensibles pour tenir la bride à leurs activités en pleine effervescence.

Beaucoup de bâtisseurs deviennent des impérialistes accrochés comme à une drogue à la croissance désordonnée et avides d'acquisitions. Dans leur ruée aveugle vers la croissance, ils prennent des risques à faire dresser les cheveux sur la tête, déciment leurs ressources et s'endettent lourdement. Ils ont les yeux plus grands que la panse, achetant des compagnies malsaines dans des secteurs qu'ils ne comprennent pas. Les structures et les systèmes de contrôle deviennent chroniquement surchargés. Enfin, une culture dominante de spécialistes financiers, juridiques et comptables oriente encore davantage l'attention de la direction sur l'expansion et la diversification ; la firme néglige ainsi les questions de production, de marketing et de recherche et développement qui ont pourtant besoin d'être examinées avec attention.

D'inventeurs à rêveurs : la trajectoire innovatrice

Au milieu des années soixante, la compagnie Control Data de Minneapolis était devenue le plus important concepteur de superordinateurs. L'ingénieur en chef Seymour Grey, génie prééminent parmi les maîtres, avait plusieurs fois satisfait son ambition de bâtir l'ordinateur le plus puissant au monde. Il s'isola dans son laboratoire de Chippewa Falls, travaillant en étroite collaboration avec une petite équipe de concepteurs brillants en qui il avait confiance. Le superordinateur 6600 qu'il mit au point était si perfectionné qu'il provoqua une vague de mises à pied chez IBM dont les ingénieurs avaient été pris tout à fait au dépourvu par ce minuscule concurrent.

Enhardie par ses premiers succès, Control Data entreprit de nouveaux projets de développement d'ordinateurs de plus en plus futuristes, complexes et coûteux. Cela entraîna de longs délais d'exécution, d'importants investissements et la prise de risques considérables. Les systèmes présentaient aussi plusieurs problèmes qui durent être résolus. Les délais de livraison s'allongèrent et les coûts bondirent. La science et le désir d'innovation excessif avaient triomphé de la compréhension qu'avait l'entreprise de ses concurrents, de ses clients et des exigences de la production et du financement.

Les inventeurs sont les stars de la recherche et développement. Le but principal des entreprises inventrices est d'être les premières à offrir un nouveau produit ou une nouvelle technologie. Constamment à l'avant-garde de leur industrie, elles sont des pionnières. Leurs forces principales sont les habiletés scientifiques et techniques que recèlent leurs brillants départements de recherche et développement. De façon typique, les compagnies inventrices sont dirigées par des leaders messianiques en sarrau de laboratoire, des détenteurs de doctorat qui veulent changer le monde. Ces dirigeants réunissent des équipes de recherche et de conception hors pair qu'ils dotent d'un pouvoir suffisant, et ils créent une structure fertile et flexible qui favorise la collaboration intense et le libre jeu des idées.

Malheureusement, bien des inventeurs se laissent emporter par leurs brillantes inventions et deviennent des rêveurs, ce qui crée des firmes qui cherchent sans relâche à atteindre le nirvana technologique. Elles lancent des produits peu pratiques et futuristes qui sont trop en avance sur leur temps, trop coûteux à développer et trop chers à l'achat. Elles deviennent aussi leur propre concurrent, rendant prématurément vétustes plusieurs de leurs produits. Pire encore, le marketing et la production en viennent à être vus comme des maux nécessaires, et les clients comme des gêneurs grossiers et incultes. Il semble que les rêveurs soient les victimes d'une culture de l'utopie forgée de toutes pièces par les enfants prodiges autoritaires de la recherche et développement. Les objectifs de ces entreprises, qui tendent vers des sommets désespérément élevés, s'expriment dans le champ technologique et non pas par des préoccupations relatives au marché ou par des considérations économiques. Et si leur structure lâche, « adhocratique », peut suffire à organiser le travail de quelques ingénieurs travaillant dans un sous-sol, elle mène au chaos dans des organisations complexes.

De vendeurs à marchands de miracles : la trajectoire divergente

Lynn Townsend accéda à la présidence de Chrysler au jeune âge de 42 ans. Il était reconnu comme un magicien de la finance et comme un maître du marketing. « On ne fait pas seulement des ventes ; on les provoque », avait-il l'habitude de dire. Durant ses cinq premières années comme président, il doubla la part de marché de Chrysler aux États-Unis et tripla la part internationale de l'entreprise. Il fut aussi à l'origine de la garantie de cinq ans ou 50 000 milles. Toutefois, Townsend fit très peu de changements radicaux dans les produits de Chrysler. Il leur apporta surtout un marketing dynamique, des ventes et une promotion de premier ordre, et des lignes racées.

Le succès de Chrysler avec cette stratégie où le paraître l'emportait sur l'être eut pour résultat que l'on négligea de plus en plus l'ingénierie et la production.

Cette stratégie entraîna aussi la prolifération de nouveaux modèles qui pouvaient tabler sur le programme de marketing. Cela rendit les opérations très complexes et peu économiques, ce qui contribua à l'apparition d'une gestion distante et mécaniste, d'une bureaucratie de plus en plus lourde et de luttes de pouvoir. Les stratégies perdirent rapidement leur netteté et leur direction, et la rentabilité se mit à chuter.

Les vendeurs sont les spécialistes par excellence du marketing, ce qui est leur force principale. En employant une publicité intensive, un design et un conditionnement attrayants, un service attentif et des canaux de distribution bien implantés, ces entreprises créent et soutiennent des marques connues, confirmant ainsi leur rôle d'acteurs importants dans leur secteur industriel. Afin que les gestionnaires gardent un contract étroit avec leurs vastes marchés, les entreprises vendeuses sont divisées en centres de profit assez petits pour être gérés adéquatement et qui sont responsables chacun d'une gamme de produits importante.

Malheureusement, les vendeurs tendent à devenir des marchands de miracles insensibles aux besoins du marché. Ils en viennent à remplacer le design et la fabrication de qualité par le conditionnement, la publicité et une distribution dynamique. Les gestionnaires se mettent à croire qu'ils peuvent vendre n'importe quoi, et concoctent une prolifération délirante de produits sans intérêt et copiés des concurrents. La diversité grandissante des gammes et des divisions rend difficile pour les gestionnaires la maîtrise de la substance de toutes leurs activités. Ils comptent donc de plus en plus sur une bureaucratie sophistiquée pour remplacer la gestion *hands-on* des produits et de la fabrication. Graduellement, les marchands de miracles deviennent des dinosaures lourds et empâtés, déchirés par des luttes de factions et de territoires qui empêchent leur adaptation. Dans un scénario qu'on pourrait croire tiré de Kafka, il faut des mois, voire des années, avant que les plus simples problèmes soient même abordés. Ultimement, le leader se dissocie de sa compagnie, la compagnie s'éloigne de ses marchés, et les gammes de produits et les divisions divergent les unes des autres.

Les trajectoires focalisatrice, spéculative, innovatrice et divergente montrent comment des compagnies exceptionnelles, ayant du caractère et un avantage stratégique formidable, deviennent spécialisées et monomaniaques. Les forces sont amplifiées au point qu'un objectif, qu'une vision stratégique, qu'un département ou qu'une habileté écrasent complètement les autres. Toute subtilité est perdue. Les petits génies du design que sont les artisans deviennent des puristes hyperconcentrés, les bâtisseurs à l'esprit d'entreprise deviennent d'impulsifs impérialistes, les inventeurs deviennent des rêveurs aux idées utopiques, et les vendeurs à l'affût du marché deviennent des marchands de miracles incohérents. Les nuances disparaissent; seuls les traits les plus marqués, même exagérés, et les obsessions fondamentales demeurent.

Les forces à surveiller

En pensant à ces quatre trajectoires, il est important de garder à l'esprit les causes cachées de l'œuvre en coulisse qui sont à l'origine de chacune d'elles. Les *sources de momentum* sont décrites décrites ci-après.

– **Les pièges du leadership**   Si les leaders peuvent tirer de précieuses leçons de l'échec, les bons résultats ne font que renforcer leurs idées préconçues et les attacher plus fermement à leurs «recettes éprouvées». Le succès rend aussi les gestionnaires trop confiants : il les rend plus sujets à l'excès et à la négligence, et plus enclins à formuler des stratégies qui reflètent leurs préférences plutôt que celles de leurs clients. Certains leaders peuvent même devenir gâtés par le succès, prenant trop à cœur leur longue suite de conquêtes et les louanges idolâtres de leurs subordonnés. Ils en viennent à être suffisants et obstinés, refusent les remises en question et, ultimement, se coupent de la réalité.

– **Les cultures et les habiletés monolithiques**   La culture de l'organisation exceptionnelle finit souvent par être dominée par quelques départements-vedettes et leur idéologie. Par exemple, parce que les artisans voient la qualité comme à l'origine de leur succès, les départements d'ingénierie, qui la créent et en sont les garants, acquièrent toujours plus d'influence – et avec eux leurs objectifs et leurs valeurs. Cela diminue l'importance des autres départements et des autres problèmes : la culture d'entreprise devient encore plus monolithique et intolérante, poursuivant plus avidement encore un objectif unique.

La situation est aggravée par le fait que des récompenses séduisantes poussent les gestionnaires vers les riches départements dominants, tandis que les unités les moins imposantes sont privées de leur présence. L'éventail d'habiletés organisationnelles devient bientôt incomplet et déséquilibré, ce qui compromet la capacité d'adaptation et de réorientation de l'entreprise.

– **Le pouvoir et les intrigues**   Les gestionnaires et les départements dominants sont très réticents à réviser les stratégies et les politiques qui leur ont donné tant de pouvoir. Un changement, estiment-ils, minerait leur statut, appauvrirait leurs ressources et diminuerait leur influence à l'égard des gestionnaires et des départements rivaux. Ceux qui détiennent le pouvoir sont plus susceptibles de renforcer et d'amplifier les stratégies en place que de les changer.

– **La mémoire structurelle**   Les organisations, tout comme les gens, ont des souvenirs : elles mettent en œuvre des stratégies gagnantes en utilisant des systèmes, des procédures et des programmes. Plus la stratégie réussit et devient bien établie, plus elle fera profondément partie de tels programmes, et plus elle sera mise en œuvre de façon routinière, automatiquement et sans être remise en question. En fait, même les prémisses de la prise de décision – les indices qui attirent l'attention et les standards servant à évaluer les événements et les gestes – seront contrôlées par des procédures. Les programmes d'hier façonneront les perceptions d'aujourd'hui et engendreront les actions de demain. Encore une fois, la continuité triomphe.

Le paradoxe d'Icare

Les caractéristiques de leadership, de culture, d'habiletés, de pouvoir et de structure que nous venons de mentionner ne sont en aucun cas indépendantes. Elles interagissent et forment une configuration où peut se lire un thème central. Avec le temps, les organisations se structurent de plus en plus autour de ce thème, devenant ainsi focalisées et cohésives. Au début, il s'agit d'un grand atout pour les firmes. Toutefois, la concentration devient de l'obsession. Les caractéristiques les plus marquées deviennent exagérées, tandis que tout le reste – les habiletés auxiliaires, les valeurs supplémentaires, les sous-stratégies essentielles et les débats constructifs – disparaît.

Cela nous amène au paradoxe d'Icare dans lequel se laissent piéger tant de firmes exceptionnelles : les dirigeants, rendus trop confiants en eux-mêmes et complaisants, amplifient les facteurs qui ont contribué au succès de l'entreprise à un point tel qu'ils provoquent son déclin. Il y a, en fait, deux aspects à ce paradoxe. Le premier est que le succès peut mener à l'échec. Il peut engendrer un excès de confiance, de la négligence et d'autres mauvaises habitudes qui entraînent des excès dans les stratégies, dans le leadership, dans la culture et dans les structures : Icare, se voyant voler avec tant d'aisance, est devenu suffisant et trop ambitieux.

Le second aspect du paradoxe est que plusieurs des causes déjà analysées de déclin – une culture forte et mobilisée, des procédures et des programmes efficaces, des configurations précisément coordonnées – étaient aussi au départ les causes du succès. Ou inversement, les causes mêmes du succès, lorsqu'elles sont amplifiées, peuvent devenir les causes de l'échec. L'entreprise tombe alors tout simplement dans l'abus d'une bonne chose. Par exemple, une stratégie focalisée, parce qu'elle mobilise les ressources de façon si efficace, peut apporter des avantages concurrentiels extraordinaires à l'entreprise ; poussée trop loin, cette stratégie se transforme toutefois en obsession étroite. Le fait de mettre de l'avant certains départements et de valoriser certaines habiletés peut engendrer des compétences distinctives et contribuer à la mobilisation des gens dans l'entreprise ; cela peut cependant produire des monocultures intolérantes. Les programmes et les procédures aident à l'efficacité et simplifient la coordination, mais ils peuvent aveugler les gestionnaires et rendre l'organisation prisonnière de son passé. Et, par-dessus tout, les configurations cohésives et précisément coordonnées sont indispensables aux entreprises pour qu'elles fonctionnent efficacement, mais elles provoquent la myopie. Les ailes d'Icare et son courage étaient des forces, mais des forces qui, poussées à leurs limites, devinrent mortelles. Malheureusement, il est parfois très difficile de distinguer entre la concentration, l'harmonie et le dévouement passionné si nécessaires aux performances exceptionnelles, et les excès et les extrêmes qui mènent au déclin.

Combattre les dangers du succès

Les problèmes ayant été exposés, passons maintenant à leurs solutions. Nous suggérerons des moyens d'éviter les trajectoires de déclin et de parer à la myopie engendrée par des configurations cohésives. Nous décrirons les « miroirs » que les gestionnaires peuvent développer, qui sont en particulier la capacité de se regarder et celle d'aller chercher l'information appropriée. Ces outils peuvent protéger l'entreprise contre les excès et les égarements. Les gestionnaires doivent résoudre un brûlant paradoxe : l'excellence exige de la concentration, de l'engagement et une configuration cohésive, mais ces éléments sont précisément ceux qui engendrent le momentum, l'étroitesse de vue, la complaisance et l'excès. Que faire ?

Certaines organisations à succès ont adopté quelques lignes de conduite potentiellement puissantes pour éviter ces problèmes. Elles bâtissent des configurations thématiques et cohésives, mais encouragent aussi leurs gestionnaires à réfléchir en profondeur à l'orientation de la compagnie. En d'autres termes, elles agissent de façon télescopique, mais réfléchissent en utilisant des miroirs. De plus, elles scrutent et contrôlent la performance assidûment et, quand cela est possible, elles séparent les nouvelles activités des activités établies, du moins au début.

Utiliser les configurations thématiques

Il est tentant d'utiliser les sources de momentum analysées plus haut pour en tirer des moyens d'éviter le déclin. Les visions du monde sont-elles trop étroites ? Démantelez-les. Les cultures sont-elles trop monolithiques ? Ouvrez-les. Les configurations sont-elles trop cohésives pour permettre une adaptation significative ? Remettez-les en question, mettez un grain de sable dans l'engrenage, faites des changements dérangeants. Malheureusement, l'emploi trop libéral de ces remèdes peut détruire la concentration et la synergie si essentielles à la réussite.

Pour les êtres humains, atteindre la grandeur exige un engagement soutenu et de la concentration – être exceptionnel, c'est en quelque sorte vivre au bord du précipice. Les génies dans le domaine des arts ne sont pas reconnus pour leur vie harmonieuse et équilibrée. Les scientifiques et les entrepreneurs brillants laissent presque complètement de côté leur vie familiale. D'excellents athlètes universitaires sont trop préoccupés par leur entraînement pour bien réussir dans leurs études. Pour faire certaines choses vraiment bien, il faut en abandonner d'autres. De plus, le talent et l'énergie dont chacun de nous dispose sont limités. Ils doivent donc être focalisés pour porter tous leurs fruits.

La même logique s'applique aux organisations. La concentration et la synergie – et non pas la flexibilité moyenne – sont les caractéristiques des entreprises supérieures. Ces organisations ordonnent minutieusement leurs stratégies, leurs structures et leur culture autour d'un thème central afin de créer des configurations puissantes, cohésives et brillamment orchestrées.

Au contraire, les stratégies du juste milieu peuvent être fatales pour l'avantage concurrentiel : le touche-à-tout n'est que trop souvent médiocre en tout. Cela est aussi vrai pour la culture et la structure. L'égalité entre les départements de marketing, de production et de recherche et développement peut ralentir la prise de décision et empêcher l'apparition d'un thème stratégique cohérent. De la même façon, les cultures organisationnelles qui abritent trop de dissidents peuvent se retrouver paralysées par les conflits.

Les gestionnaires devraient par conséquent tirer tous les bénéfices possibles d'une configuration bien réglée. Ils devraient prendre garde à ne pas saborder leur avantage concurrentiel en diluant prématurément les choses, en mettant trop de sable dans le système ou en permettant l'existence de trop de pratiques discordantes.

Nous voudrions ici rectifier la thèse de Peters et Waterman. Ce ne sont pas que les éléments de la configuration – la proximité des clients, l'innovation, la qualité, les produits différenciés, les structures résilientes – qui engendrent l'excellence. On atteint aussi le sommet par la configuration, par la façon dont les pièces s'ajustent, leur complémentarité et leur organisation. Pour arriver au succès, la forme ou la configuration doit animer et orchestrer le fond des éléments individuels.

Se regarder en face

Malheureusement, c'est habituellement au prix de la myopie que l'on obtient la configuration et la synergie. Ceux qui atteignent l'excellence voient le monde à travers un télescope à œillères. Un point de vue l'emporte sur tous les autres ; un ensemble d'idées reçues vient à dominer. La conséquence de cela est la complaisance et l'excès de confiance.

La seule façon dont les gestionnaires peuvent éviter la myopie et les trajectoires d'excès qui en découlent est de réfléchir à leurs propres présomptions concernant leurs clients et leurs concurrents et à ce qu'ils considèrent bon et mauvais dans la stratégie, la structure et la culture de l'entreprise. Ils doivent chercher quelles sont les valeurs sous-jacentes et les présomptions qui mènent leur organisation. Ce n'est qu'après avoir pris conscience des diverses prémisses qui guident l'action qu'ils pourront commencer à les remettre en question.

Les gestionnaires doivent utiliser des miroirs. Ils doivent réfléchir plus et être moins centrés sur eux-mêmes. Ils doivent s'examiner et solliciter l'opinion d'une tierce partie objective afin de découvrir quels sont leurs points aveugles. Ils peuvent commencer par se poser les questions suivantes :

– Quel genre de clients préférons-nous ? Pourquoi ?

– Que tenons-nous pour acquis à propos de nos clients et de nos concurrents ? Comment notre vision de nos clients a-t-elle changé au cours des dernières années ?

– Quels sont les aspects de notre stratégie qui n'ont pas changé depuis plusieurs années ? Pourquoi ?

– À qui portons-nous le plus d'attention, à la fois à l'intérieur et à l'extérieur de l'organisation ? Qui ignorons-nous et pourquoi ?

– Quels sont les objectifs et les valeurs auxquels nous tenons le plus ? Comment ont-ils changé ?

– Lesquelles de nos forces sont en déclin ? Lesquelles sont en train de prendre de l'importance ?

– Comment nous apercevrons-nous que nos stratégies ne conviennent pas ? Combien de temps cela prendra-t-il ?

– Quels sont les départements et le type d'employés auxquels nous tenons le plus et à qui nous accordons les plus grandes gratifications ? Comment cela se fait-il ?

– Quels préjugés sont susceptibles de biaiser notre opinion ? Qui pourrait nous indiquer quels sont ces préjugés ?

– Comment les autres dans l'industrie nous voient-ils ?

Les gestionnaires pourraient tirer beaucoup de profit en répondant individuellement à ces questions intentionnellement générales, et ensuite en transmettant leurs réponses écrites à leurs collègues, pour finalement se réunir avec eux et discuter franchement des réponses apportées.

Aller chercher l'information

On n'arrive pas à la connaissance de soi dans un vide. Les meilleures sources de connaissance à cet égard sont souvent à l'extérieur de l'organisation. Pour découvrir si le momentum pousse les organisations vers de dangereux excès, les gestionnaires doivent tester leurs idées reçues relativement à la réalité – à l'égard des nouveaux besoins des clients, des nouvelles technologies et des menaces concurrentielles.

Cette recherche d'information n'a qu'un but: créer un malaise, lutter contre la complaisance. L'information doit être le clairon qui donne l'éveil à un système somnolent, le frein qui ralentit une trajectoire emballée. L'information, combinée à la connaissance de soi, peut prévenir plusieurs des excès dont des firmes ont été victimes. Nous donnons ici quelques maximes générales pour la collecte de l'information sur l'entreprise, qui, pour rendre l'exposé plus vivant, sont énoncées sur le mode impératif.

– **Restez à l'affût** La recherche d'information ne doit pas être vue comme une fonction comptable routinière; elle est la sentinelle qui garde le fort. Rassemblez et analysez l'information comme si la vie de votre entreprise en dépendait – car c'est souvent le cas. Regardez ce qui est arrivé à Sears quand elle a ignoré K-Mart et Wal-Mart, ou à Caterpillar quand elle n'a pas tenu compte de la tendance du marché à délaisser l'équipement lourd.

Les gestionnaires de tous les niveaux et de tous les départements doivent entreprendre d'examiner attentivement et d'analyser scrupuleusement leurs clients, leurs fournisseurs et leurs concurrents. Un tel processus peut prendre beaucoup de temps et d'argent, mais cela en vaut habituellement la peine. Xerox, par exemple, a formé 200 de ses plus brillants gestionnaires *line* à déceler rapidement et systématiquement tous les changements dans les prix, les produits et les technologies des concurrents.

– **Pratiquez l'examen anti-intuitif** Analysez les tendances des données que vous n'estimez pas habituellement être d'une importance fondamentale, puis essayez de les interpréter de la façon la moins favorable possible pour la compagnie. Par exemple, les vendeurs, en plus des rapports sur les ventes et le marché qu'ils trouvent si nécessaires, devraient se donner des indicateurs de la qualité des produits et de l'efficacité de la production. Les artisans devraient écouter ce que les clients ont à dire sur leurs produits et examiner leurs coûts de production. Les inventeurs devraient établir le coût de leurs projets innovateurs et tenter de voir quels résultats obtiennent des concurrents offrant des produits beaucoup moins perfectionnés que les leurs. Finalement, les bâtisseurs devraient regarder quelles activités ils pourraient vendre et dans quels domaines ils pourraient effectuer des coupures afin de tirer davantage des activités existantes.

– **Rejoignez le sommet** Assurez-vous que l'information soit transmise aux plus puissants et qu'elle soit rassemblée par les forts. Ne tirez jamais sur le messager. Faites en sorte que les gens aux plus hauts niveaux participent à la collecte et à l'analyse de l'information – comme ces dirigeants de chez Apple qui écoutent la ligne téléphonique réservée aux plaintes des clients, à la fois pour connaître les points faibles de leurs produits et pour voir comment les plaintes sont résolues. Les membres du conseil d'administration doivent aussi jouer un rôle dans le contrôle de la performance. Comme ils ont le pouvoir de faire la différence, ils devraient se familiariser le plus possible avec les produits et le marché.

Assurez-vous que le jeu reste honnête en utilisant plusieurs sources d'information. Un leader comme le président Franklin Roosevelt s'informait à fond sur un sujet en ayant recours à une source d'information avant d'assister à un *briefing* formel avec une autre source. Il manifestait ouvertement son expertise durant le *briefing*, dégageant une aura de supercompétence qui décourageait toute tentative de dissimulation.

— **Examinez les opérations**   En particulier si vous êtes un dirigeant, allez vous promener sur les lieux des opérations. Vous pourriez prétendre être un client et essayer d'acheter vos propres produits ou services incognito. Parlez à un grand nombre d'employés de tous les niveaux ; faites embaucher votre neveu adolescent et demandez-lui des rapports ; trouvez ce que les gens disent dans les usines, les entrepôts et les succursales. Sam Walton, de la chaîne à succès Wal-Mart, visitait chaque année chacun des 700 magasins de la chaîne, voyageait dans les camions de Wal-Mart à travers tout le pays en tant qu'auto-stoppeur et fréquentait les centres de distribution pour bavarder avec les travailleurs. Tom Peters et Nancy Austin appellent cette forme de gestion *management by wandering around* (MBWA). Elle permet aux gestionnaires de sentir les « premières vibrations » lorsqu'il se passe quelque chose (Peters et Austin, 1985 : 20).

— **Questionnez vos clients**   Allez visiter vos clients et invitez-les chez vous. Travaillez ensemble sur des projets et tirez parti de leurs conseils gratuits. Trouvez de quoi ils ont besoin, ce qu'ils aiment et n'aiment pas. Allergan, une filiale de l'énorme entreprise pharmaceutique Smithkline Beckman, fournissait des onguents aux patients en ophtalmologie, en particulier aux porteurs de lentilles cornéennes. La compagnie sollicita l'avis des consommateurs, avec lesquels la plupart des compagnies pharmaceutiques ne font jamais affaire directement. Ceux-ci se plaignirent à maintes reprises d'avoir les yeux secs et irrités, un problème qui n'avait jamais été déterminé de façon précise dans les ordonnances formelles compilées dans la banque de données de la compagnie. La découverte de ce symptôme qualitatif fut à l'origine d'un des nouveaux produits les plus populaires jamais lancés par Allergan (Peters et Austin, 1985 : 16).

— **Observez vos concurrents**   Voyez comment l'entreprise se compare aux firmes concurrentes dans l'esprit des analystes financiers de l'industrie. Achetez et évaluez les produits de vos rivaux. Déterminez ce que pensent les clients de ce qu'offrent vos concurrents, voyez quels nouveaux produits ceux-ci mettent sur le marché ; trouvez à quel point vos concurrents réussissent avec leurs nouveaux produits. Xerox acheta les appareils d'entreprises rivales comme Canon et les mit en pièces pour découvrir de quelle façon elle pourrait réduire ses coûts ou améliorer ses produits[*]. La puissante firme Komatsu, qui était au départ un petit fabricant audacieux d'équipement lourd, surpassa finalement sa rivale Caterpillar en analysant et en testant les machines Cat et en trouvant le moyen de faire un produit de qualité équivalente, mais à une fraction du prix.

– **Suivez la tendance de la performance**   Une donnée répététive est tellement moins révélatrice qu'une tendance. Contrôlez toutes les variables dans le temps. Illustrez l'information sous forme de graphique, de façon à dégager les tendances. Par exemple, essayez de déterminer la courbe des prix, des marges de profit et du taux de croissance de vos divers produits, celle de vos parts de marché, celle de vos points de vente selon les régions géographiques et le type de magasin. Une combinaison créative de l'information est cruciale. Par exemple, pour trouver où vous devez prendre de l'expansion, suivez les résultats par région; pour découvrir quel genre de nouveaux produits vous devez lancer, analysez vos gammes produit par produit.

– **Allez au-delà du système d'information formel**   Les choses changent, mais les systèmes d'information formels ne reflètent que le genre d'information, essentiellement quantitative, qui était important hier. Bien des défis critiques n'y apparaîtront pas. Utilisez donc ces systèmes de façon créative, et allez plus loin. Pour déceler les problèmes potentiels, trouvez-vous des «indicateurs discrets» qui vous révéleront bien des choses:

• Quels bureaux font le plus de photocopies, écrivent les notes de service les plus longues et les plus nombreuses, commandent le plus de papeterie *per capita*? (Ont-ils une bureaucratie trop lourde ou un effectif trop important?)

• Combien de jours les vendeurs sont-ils à l'extérieur du bureau? Voyagent-ils plus qu'auparavant? Quel pourcentage des appels est destiné à de nouveaux clients? Ce nombre est-il en augmentation ou en diminution? (Sommes-nous en expansion ou en contraction de marché?)

• Dans quels départements le taux d'absentéisme est-il le plus élevé? Où y a-t-il le plus de roulement de personnel, la plus grande perte d'employés bien cotés et la plus petite perte d'employés mal cotés?

• De quels départements viennent (ou ne viennent pas) les individus promus? Quelle expérience et quel profil ont ces individus, ceux qui ne sont pas promus et ceux qui quittent l'entreprise? (Quelle sorte de culture avonsnous? Quelles sont nos valeurs?)

---

[*] *Fortune*, 7 novembre 1988, p.76.

Presque toutes les actions d'une organisation laissent des traces d'information. Ces « chiens de garde » potentiels devraient être utilisés régulièrement pour compléter l'information.

— **Sachez reconnaître les patterns**   Usez de vos capacités à reconnaître des patterns dans la montagne de données disponibles. Des tendances alarmantes qui se font jour ont-elles une cause commune et dangereuse ? Les symptômes s'intensifient-ils ? Y a-t-il un cercle vicieux qui explique cela ? Demandez-vous quelle configuration est en train d'émerger, quelle trajectoire vous êtes susceptible d'emprunter. Imaginez les questions qui compléteraient le tableau et recueillez les nouvelles informations en conséquence.

Engagez les gestionnaires des différentes fonctions dans ces tâches d'investigation et d'interprétation. Rencontrez-les régulièrement, non pas pour aligner des chiffres dans un budget *pro forma* mais à seule fin de déceler les occasions et les menaces importantes. C'est la seule façon de découvrir à quel moment le changement devient nécessaire. Les cloches ne sonneront pas lorsque cela arrivera. Il n'y a pas de règle infaillible – c'est une question de jugement. Le seul impératif est que tous les dirigeants doivent fonctionner avec la ferme conviction qu'un jour ils devront partir en guerre contre le passé.

Apprendre et innover en périphérie

Des configurations concentrées ou « focalisées » et coordonnées avec précision produisent d'excellents résultats mais peuvent ralentir l'apprentissage et le renouvellement. Il y a pourtant une façon pour les grandes organisations d'avoir le beurre et l'argent du beurre : c'est de mettre sur pied de petites unités indépendantes qui expérimenteront et réaliseront de nouveaux projets à l'extérieur de la configuration des activités existantes, de façon à ne pas la perturber. Les firmes pourraient par exemple créer de petites équipes de développement qui ont la flexibilité voulue pour réaliser des choses rapidement et économiquement. La compagnie 3M possède des équipes de ce genre. Elle leur donne beaucoup d'indépendance mais des ressources limitées ; les projets qui n'ont pas porté fruit après une période d'environ cinq ans sont tout simplement abandonnés. Au milieu des années quatre-vingt, les petites équipes souples de la firme Hewlett Packard lançaient huit nouveaux produits par semaine. Certains produits furent réalisés dans un délai de 17 semaines, de la conception jusqu'à la production d'un prototype parfaitement au point (Peters et Austin, 1985 : 25).

Plusieurs compagnies japonaises font aussi appel à de petites équipes de développement pour accroître le nombre d'expérimentations sur de nouveaux produits. Ces équipes travaillent toujours à l'extérieur de la structure normale. Elles sont composées de jeunes professionnels dotés d'une énergie extrême (l'âge moyen chez Honda était de 27 ans), et elles constituent des voies rapides pour leur avancement.

La plupart des équipes échouent, mais celles qui réussissent deviennent des unités très importantes de l'entreprise (Garnett, 1986 : 13).

Épilogue

Dans son ouvrage monumental *A Study of History*, Arnold Toynbee a minutieusement retracé la montée et la chute de 21 civilisations. Toutes ces cultures, après avoir connu la grandeur, sauf peut-être la nôtre, se sont effondrées ou se sont mises à stagner. Toynbee soutient que ces déclins n'ont pas été le résultat de désastres naturels ou d'invasions de barbares mais celui de la rigidité interne, de la complaisance et de l'oppression. Certaines des institutions et des pratiques qui ont provoqué l'ascension de ces sociétés se sont finalement transformées en idolâtries perverses qui ont causé leur déclin : « Lorsque la route qui mène à la destruction doit nécessairement être suivie dans la quête qu'est la vie, il n'y a peut-être pas à s'étonner que la quête se termine par un désastre » (Toynbee, 1947 : 246).

Les organisations aussi atteignent le sommet puis se mettent à décliner à cause de facteurs très similaires : des stratégies de concentration ou «focalisées», des cultures organiques et mobilisées, des habiletés spécialisées, des programmes efficaces, tous ces éléments étant organisés en une configuration harmonieuse. S'ils sont utilisés avec intelligence et sensibilité, ces facteurs peuvent mener à un succès extraordinaire. Toutefois s'ils sont poussés à l'extrême, ils engendrent le désastre. Et, ironiquement, le succès lui-même provoque souvent la myopie et la négligence qui mènent à de tels excès. Le succès transforme l'innovation inspirée en invention aveugle, les mécanismes de contrôle précis en règles étouffantes, la culture cohésive en cabale monolithique ; il étouffe aussi toutes les stratégies secondaires vitales. Dans ce processus, des organisations riches et nuancées deviennent des caricatures déformées de leur ancien moi. De systèmes intelligents et sachant s'adapter, elles sont transformées en machines programmées et isolées.

Paradoxalement, la puissance de l'outil accroît à la fois ses bénéfices potentiels et ses dangers. Icare n'aurait pas pu voler sans les ailes si bien fabriquées par son père Dédale ; mais, en même temps, ces ailes plaçaient une terrible responsabilité sur Icare, l'obligeant à la maîtrise et à la discipline. De la même façon, des cultures et des stratégies focalisées et des configurations harmonieuses contribuent à une performance extraordinaire, mais elles comportent les risques terribles de la rigidité et de l'isolement. Le problème est encore aggravé par le fait qu'il est très difficile de distinguer la concentration nécessaire au succès et l'étroitesse qui mène inévitablement à la perdition. Les gestionnaires des organisations en plein essor doivent donc toujours demeurer en éveil devant les «dangers de l'excellence».

CONCLUSION

En guise de conclusion, laissons Jacques Lauriol (1994 : 69) nous rappeler un certain nombre d'observations clés. Ces dernières peuvent permettre au dirigeant d'aujourd'hui et de demain non seulement de survivre, dans une économie qui s'est totalement transformée, à une concurrence de plus en plus mondiale, à des valeurs nouvelles présentes dans les milieux de travail, mais d'assumer un leadership capable de le stimuler et de lui donner le courage nécessaire pour changer ses façons de faire. Il pourra ainsi s'interroger sur ses manières de voir la direction des entreprises, d'entretenir des relations avec ses clients, ses fournisseurs, ses alliés et modifier totalement ses méthodes de travail et sa manière de gérer son personnel afin de lui permettre de se tailler une place parmi les « gagnants ». Voici les quatre grandes orientations proposées.

par Jacques Lauriol

L'organisation vue comme un système social en action*

L'émergence d'une nouvelle économie et la redéfinition des règles du jeu concurrentiel qu'elle impose exigent que la pensée stratégique s'oriente d'une nouvelle façon. Le comportement des firmes n'est pas uniquement la résultante d'un processus de prise de décision visant l'adaptation optimale aux conditions imposées par un environnement. L'organisation n'est pas une boîte noire, mais un système social dans lequel se déroule une action organisationnelle qui contraint les choix et la formation des stratégies. C'est l'objet du management stratégique que de garder la maîtrise de ce système d'action qui engendre des ressources, source d'avantages concurrentiels. Pour que ces ressources deviennent compétences, il faut être capable de les configurer dans une forme organisationnelle adéquate : celle du réseau qui permet leur déploiement et leur valorisation en satisfaisant les conditions de flexibilité et d'intégration permettant d'atteindre une efficience globale. Ces ressources résultent de processus d'apprentissage multiples qui doivent être gérés et animés selon de nouvelles modalités caractérisant l'entreprise intelligente. Ce dernier aspect souligne l'importance capitale des dimensions cognitives développées dans l'organisation pour accéder à une meilleure compréhension des problématiques de management stratégique.

---

* Extrait de « Management stratégique : repères pour une fin de siècle », *Gestion*, vol. 9, n° 4, décembre 1994, p. 69-71. Reproduit avec la permission de Jacques Lauriol.

Le management stratégique : un système de pensée et une vision

Définir le management stratégique comme un système de pensée organisé autour d'une vision qui tend à mobiliser des ressources difficiles à déterminer, pour les organiser ensuite dans des configurations en réseau qui, si elles résolvent un certain nombre de problèmes, en créent de nouveaux (comment protéger ses ressources du risque de copiage, jusqu'où aller en matière de perte d'autonomie...), enfin, diriger l'ensemble au sein d'une entreprise intelligente dont les systèmes et modes de fonctionnement sont finalement peu précis (mis à part le fait qu'ils demandent de profonds changements dans nos modèles mentaux), voilà qui n'aide pas beaucoup ceux et celles qui œuvrent quotidiennement au pilotage des organisations.

La pensée stratégique issue d'un processus heuristique confronté à deux phases : la réorientation de la production des connaissances et leur mise en commun

Sans doute faut-il reconnaître ici un processus de nature heuristique dans la production de cette pensée stratégique, qui cherche à rompre avec des paradigmes dont la crédibilité est largement entachée par le doute résultant d'expérimentations peu concluantes. Pour reprendre une analyse inspirée de Lant et Mezias (1992), nous nous trouvons aujourd'hui dans une phase de réorientation de la production de connaissances en matière de management stratégique, phase qui suit une période de convergence marquée par l'analyse industrielle.

Cette phase de réorientation semble s'articuler autour de deux axes centraux :

– L'axe de l'existence d'une cognition organisationnelle, l'entreprise intelligente devant développer une capacité d'apprentissage collective, organisationnelle, ce qui entraîne un ensemble de micro-apprentissages locaux. Ces savoirs sont produits par des individus ou des groupes situés socialement dans des contextes organisationnels. Il devient fondamental de comprendre comment s'organise la production de ces savoirs par un individu (ou un groupe) et quelles influences ces savoirs exercent sur le comportement ou l'action sociale que développent ces individus ou groupes (Stubbart, 1989).

L'hypothèse posée par certains (Johnson, 1987 ; Lyles et Schwenk, 1992) de l'existence d'une structure cognitive centrale, placée au sommet de l'organisation, qui guide l'action et la pensée collectives, doit être approfondie. Elle est au cœur de nouvelles conceptualisations sur la manière dont se forment les ressources et les compétences de l'organisation, et leur valorisation dans l'organisation (autour d'un processus de fertilisation interne entre entités), et à l'extérieur de l'organisation en tant que vecteur de développement. De même, l'idée de vision stratégique et celle de l'intention pourraient être cernées plus précisément par une approche des contenus « représentationnels » qu'elles contiennent (Laroche et Nioche, 1994).

— L'axe de la « nature » ou de « l'essence » de la firme. Pour que ces savoirs locaux deviennent globaux, il faut également s'interroger sur les processus qui permettraient cette mise en commun, réflexion qui dépasse l'approche des systèmes d'information. C'est de la nature des mécanismes de coopération mis en place dont il s'agit ici. Plus globalement, c'est donc la nature des relations sociales, la « nature » ou « l'essence » de l'organisation qui sont questionnées.

La « firme C » ou coopérative (Zarifian, 1994) reste encore à préciser ; il en est de même pour l'organisation apprenante (Senge, 1990) ou intelligente (Quinn, 1992). Au-delà de simples processus d'apprentissage individuels et collectifs, c'est bien la question de ce qui fonde l'action collective et concertée qui est posée ici (Friedberg, 1993).

Voilà de larges avenues de recherche qui s'ouvrent pour cette fin de siècle, et probablement pour le début du siècle prochain.

Le mot de la fin

Nous nous sommes proposé, en réécrivant ce livre, d'accroître les connaissances des gestionnaires en action ou en devenir en leur présentant un certain nombre de concepts et de modèles qui peuvent vraisemblablement leur permettre d'améliorer leur manière d'élaborer la stratégie en les amenant à tenir compte de nouvelles perspectives qu'ils avaient ignorées jusqu'ici ou en leur faisant réaliser que leurs méthodes de gestion et de planification ont besoin d'être révisées. Nous avons voulu les mettre en garde contre la recherche de recettes toutes faites élaborées à l'aide de modèles de décision tous imparfaits, quelle que soit leur origine. Le champ de la stratégie est maintenant envahi par de multiples façons de voir la stratégie et sa formation, chacun des tenants des diverses écoles s'efforçant de démontrer qu'il est le seul à détenir la vérité. Il faut, bien sûr, apprendre à se méfier d'une telle attitude, car gérer stratégiquement de nos jours nécessite la contribution de plus d'une façon de voir. En écrivant ce livre, notre souci a été et est toujours d'amener le planificateur, qu'il soit gestionnaire ou conseiller, de type cartésien ou de type intuitif, à réaliser que le meilleur modèle ne fournit, au mieux, qu'une reproduction réductrice et souvent simpliste d'une réalité complexe en perpétuel changement. Nous souhaitons qu'il réalise maintenant qu'il doit privilégier autant l'analyse qualitative d'informations et d'opinions glanées ici et là d'une manière informelle et peu structurée que l'analyse de données quantitatives vérifiables, s'il veut éviter la myopie des marchés traditionnels tout comme la myopie du concept actuel du produit, rappellent Hamel et Prahalad (1994 : 83-85).

Nous espérons avoir convaincu le planificateur que tous les modèles de décision stratégique ont des limites et qu'aucun ne peut se substituer à l'intuition, au flair et à la connaissance d'une industrie, encore moins à la maîtrise d'un métier aussi exigeant que celui de dirigeant stratège. Nous osons croire qu'il réalise une fois de plus que les données quantitatives, qui représentent davantage le reflet du passé, sont souvent peu utiles pour prédire un futur à trajectoire non linéaire, alors que les informations qualitatives qui sont plus difficiles à agencer et à classer, à analyser et à contrôler reflètent sans doute mieux les tendances futures encore imprécises mais qui commencent à se dessiner. Il peut sans doute mieux percevoir maintenant que le besoin de penser différemment la stratégie et sa formation fait naître le besoin de penser différemment l'organisation, ce que résument Hamel et Prahalad (1994 : 287) de la manière suivante : mobilisation des employés à tous les niveaux autour d'une vision (intention) stratégique ; réaffectation des ressources au-delà des frontières organisationnelles connues ; recherche et exploitation de nouvelles occasions d'affaires par le biais d'un partenariat nouveau ; redéploiement des compétences centrales ; souci d'émerveiller constamment ses clients.

Enfin, comme la majorité des outils et modèles de gestion stratégiques ont été élaborés pour gérer des entreprises de production, nous soulignons, une fois de plus, en terminant, l'importance de les adapter aux entreprises de services qui emploient aujourd'hui la grande part des travailleurs. Les dirigeants, les conseillers, les gouvernements et les représentants des corps intermédiaires devront se convaincre qu'il est urgent

> [...] *d'abandonner leurs stratégies à court terme, orientées vers les produits et les performances, pour adopter des politiques à plus long terme, qui soient centrées sur les personnes, orientées vers les services, basées sur la connaissance et focalisées sur les clients. Mais pour évaluer et gérer ces nouvelles stratégies, il faut changer les méthodes de mesure à la fois au niveau de chaque activité, de chaque entreprise et de l'ensemble du pays.* (Quinn 1994 : 488)

Ainsi plusieurs défis se posent au dirigeant de demain. Sa réussite sera peut-être proportionnelle à sa volonté de remettre en cause ses façons de faire pour les ajuster pendant qu'il en est encore temps.

BIBLIOGRAPHIE

Abell, D.F., *Defining the Business : The Starting Point of Strategic Planning,* Englewood Cliffs, New Jersey, Prentice-Hall, 1980.

Abell, D.F. et Hammond, J.S., *Strategic Market Planning,* Englewood Cliffs, New Jersey, Prentice-Hall, 1979.

Aktouf, O., « Le symbolisme et la culture d'entreprise », dans *L'individu dans l'organisation,* Paris, Éditions d'Organisation, 1990.

Al-Bazzaz, S.J. et Grinyer, P.H., « How Planning Works in Practice : A Survey of 48 U.K. Companies », dans D.E. Hussey (dir.), *The Truth About Corporate Planning,* Oxford, Pergamon Press, 1983, p. 211-236.

Albert, M., *Capitalisme contre capitalisme,* Paris, Seuil, 1991.

Allaire, Y., « Organisations, stratégies et environnements turbulents », *Gestion, revue internationale de gestion,* vol. 5, n° 2, avril 1982, p. 20-23.

Allaire, Y. et Firsirotu, M., « La stratégie en deux temps, trois mouvements », *Gestion, revue internationale de gestion,* vol. 9, n° 2, mai 1984, p. 13-20.

Allaire, Y. et Firsirotu, M., « How to Implement Radical Strategies in Large Organizations », *Sloan Management Review,* vol. 26, n° 3, printemps 1985, p. 19-34.

Allaire, Y. et Firsirotu, M., *L'entreprise stratégique : penser la stratégie,* Boucherville, Gaëtan Morin Éditeur, 1993.

Anderson, D., « Une démarche pour revitaliser les grandes entreprises », *Revue française de gestion,* mars-avril-mai 1986.

Andrews, K.R., « Le concept de stratégie », dans *Encyclopédie du management,* Paris, Éditions France-Expansion, 1971, p. 2-11-1-2-11-23.

Andrews, K.R., *The Concept of Corporate Strategy,* Homewood, Illinois, Irwin, 1980, 180 p.

Andrews, K.R., *The Concept of Corporate Strategy,* Homewood, Illinois, Irwin, 3e édition, 1987.

Andrews, K.R., « Ethics in Practice », *Harvard Business Review,* vol. 7, n° 5, septembre-octobre 1989, p. 99-104.

Angers, F.-A., *La coopération : de la réalité à la théorie économique,* Montréal, Fides, 1974.

Ansoff, H.I., *Corporate Strategy,* New York, McGraw-Hill, 1965 ; en français, *Stratégie du développement de l'entreprise,* Paris, Hommes et techniques, 1968.

Ansoff, H.I., *From Strategic Planning to Strategic Management* (avec Declerck et Hayes), New York, John Wiley & Sons, 1976.

Ansoff, H.I., *Implanting Strategic Management,* Englewood Cliffs, New Jersey, Prentice-Hall, 1984.

Argyris, C., *Strategy, Change and Defensive Routines,* Boston, Massachusetts, Pitman, 1985.

Backoff, R.W. et Nutt, P.C., « Organizational Publicness and Its Implications for Strategic Management », *Journal of Public Administration,* vol. 3, n° 2, 1993, p. 209-231.

Baile, S. et Lauriol, J., « De l'alignement économique des réseaux de PME à l'alignement aux technologies de l'information », actes du colloque *Territoires et PME–PMI en réseau,* Ajaccio, mai 1994.

Baranson, J., « Transnational Strategic Alliances : Why, What, Where and How », *Multinational Business,* 2, été 1990, p. 54-61.

Barney, J.B., « Asset Stocks and Sustained Competitive Advantage : A Comment », *Management Science,* vol. 35, n° 12, 1989, p. 1511-1513.

Barney, J.B., « Firm Resources and Sustained Competitive Advantage », *Journal of Management,* vol. 17, n° 1, 1991, p. 99-120.

Barreyre, P.Y., *L'impartition politique pour une entreprise compétitive,* Paris, Hachette, 1968.

Barreyre, P.Y., « Les choix de sous-traitance dans la stratégie de l'entreprise », *Revue française de gestion,* n° 14, 1978, p. 70-83.

Barreyre, P.Y. et Bouche, M., « Éclairages récents sur les problèmes de désinvestissement », *Direction et Gestion,* n° 4, 1977, p. 9-22.

Barreyre, P.Y et Bouche, M., « Pour une meilleure compétitivité fondée sur la solidarité inter-entreprises : les politiques d'impartition », communication au colloque des IAE, Lyon, 1982, 15 p.

Bartlett, C. et Ghoshal, S., «Global Strategic Management, Impact on The New Frontiers of Strategy Research», *Strategic Management Journal*, vol. 12, numéro spécial, été 1991, p. 5-16.

Bartness, A. et Cerny, K., «Building Competitive Advantage Through a Global Network of Capabilities», *California Management Review*, vol. 35, n° 2, hiver 1993.

Beamish, P. et Newfeld, C., «Diversification Strategy and Multinational Enterprise», compte rendu de la conférence ASAC, vol. 5, 6ᵉ partie, 1984, p. 1-9.

Beck, N., *La nouvelle économie*, Montréal, Éditions Transcontinentales inc., 1994.

Bender, D.A., Murphy, A.W. et Redden, J.P., «Managing Strategic Change», *Health Care Supervisor*, vol. 9, n° 2, déc. 1990, p. 27-31.

Bennis, W. et Manus, B., *Leaders: The Strategies for Taking Charge,* New York, Harper & Row, 1985.

Berger, M. et Cuvecle, G., «Les stratégies de compétences», *Revue Afplane*, décembre 1992.

Bernier, G., «L'industrie de la pêche et le rôle des Pêcheurs unis du Québec», *Revue canadienne du CIRIEC*, vol. 4, n° 1, 1971, p. 49-62.

Berry, J., «Life After Strategic Plan», *Journal of Management Consulting*, vol. 6, n° 4, 1991, p. 20-21.

Bhide, A., «How Entrepreneurs Craft Strategies That Work», *Harvard Business Review*, vol. 72, n° 2, mars-avril 1994, p. 150-161.

Bibeault, D., *Corporated Turnaround*, New York, McGraw-Hill, 1982.

Blais, R.A. et Toulouse, J.-M., *Entrepreneurship technologique*, Montréal, Éditions Transcontinentales inc., 1992.

Borys, B. et Jemison, D.B., «Hybrid Arrangements as Strategic Alliances: Theoretical Issues in Organizational Combinations», *Academy of Management Review*, vol. 14, n° 2, 1989, p. 234-249.

Bosche, M., «*Corporate Culture*: la culture sans histoire», *Revue française de gestion*, n° 47-48, 1984.

Boston Consulting Group (BCG), « La plate-forme stratégique», *Conférence Paris*, janvier 1991.

Boucharlat, D., *La méthode des cas, son application en France*, Paris, Presses universitaires de France, 1961.

Bower, J.L., *Managing the Resource Allocation Process: A Study of Corporate Planning and Investment*, Division of Research, Graduate School of Business Administration, Boston, Harvard University Press, 1970.

Bruno, A.V. et Tyebjee, T.T., « The Entrepreneur's Search for Capital », *Journal of Business Venturing*, vol. 1, n° 1, 1985, p. 60-74.

Bryson, J.M., *Strategic Planning for Public and Nonprofit Organizations*, San Francisco, Jossey-Bass, 1988.

Bushnell, D.S. et Halus, M.B., «TQM in the Public Service Strategies for Quality Service», *National Productivity Review*, vol. 11, n° 3, été 1992, p. 366.

Butera, F., *La métamorphose de l'organisation*, Paris, Éditions d'Organisation, 1991.

Byars, L.L. et Rue, L.W., *Human Resource and Personnel Management*, Homewood, Illinois, Irwin, 1980, 180 p.

Calori, R. et Harvatopoulos, Y., «Diversification – les règles de conduite», *Harvard-L'Expansion*, vol. 48, 1988, p. 48-59.

Calori, R., Atamer, T. et Dufour, B., *L'action stratégique, le management transformateur*, Paris, Éditions d'Organisation, 1989.

Campbell, A. et Yeung, S., «Brief Case: Mission, Vision and Strategic Intent», *Long Range Planning*, vol. 24, n° 4, 1991.

Cannon, J.T., *Business Strategy and Policy*, New York, Harcourt, Brace, 1968.

Carrier, C., «Intrapreneurship et PME», *Gestion, revue internationale de gestion*, vol. 16, n° 4, 1991, p. 20-26.

Carrier, C., «Intrapreneurship in Large Firms and SMEs: A Comparative Study», *International Small Business Journal*, vol. 12, n° 3, 1994, p. 54-61.

Cas General Electric (A), Boston, Harvard Business School Press, n° 9, 1980, p. 381-174.

Cas General Electric (B), Boston, Harvard Business School Press, n° 9, 1984, p. 385-315.

Chakravarthy, B. et Doz, Y., « Strategy Process Research: Focusing on Corporate Self-Renewal», *Strategic Management Journal*, vol. 13, 1992.

Chambre de commerce du Québec, *Rapport du Comité sur la responsabilité sociale de l'entreprise,* Montréal, Chambre de commerce du Québec, novembre 1982.

Chandler, A.D. *Strategy and Structure : Chapters in the History of the American Industrial Enterprises,* Cambridge, Mass., The MIT Press, 1962.

Chandler, A.D., «The Evolution of Modern Global Competition», dans M.E. Porter (dir.), *Competition in Global Industries,* Boston, Harvard Business School Press, 1986, p. 405-448.

Chanlat, A., Bolduc, A. et Larouche, D., *Gestion et culture d'entreprise. Le cheminement d'Hydro-Québec,* Montréal, Éditions Québec-Amérique, 1984.

Charan, R., «How Networks Reshape Organizations», *Harvard Business Review,* vol. 69, n° 5, septembre-octobre 1991, p. 104-115.

Charih, M. et Paquin, M., *La planification stratégique dans l'administration gouvernementale : une comparaison Ottawa-Québec,* Centre canadien de gestion, 1993a.

Charih, M. et Paquin, M., «La planification stratégique dans un ministère : les motifs et les conditions de succès», *Optimum,* vol. 21, n° 1, 1993b, p. 7-14.

Charih, M. et Paquin, M., «La planification stratégique dans l'administration gouvernementale : une comparaison de quelques ministres», *Administration publique du Canada,* vol. 36, n° 2, 1993c, p. 175-189.

Charih, M. et Paquin, M. (dir.), *Les organisations publiques à la recherche de l'efficacité,* Québec, École nationale d'administration publique, Université du Québec, 1994.

Christensen, C., *Teaching by the Case Method,* Division of Research, Boston, Mass., Harvard Business School Press, 1981.

Christensen, R.C., Andrews, K. et Bower, J., *Business Policy, Text and Cases,* Homewood, Illinois, Irwin, 1973.

Clarke, C. et Brennan, K., «Allied Forces», *Management Today,* novembre 1988, p. 128-131.

Clarke, C. et Brennan, K., «Global Mobility – The Concept», *Long Range Planning,* vol. 25, n° 1, février 1992, p. 73-80.

Collis, D.J., «A Resource Based Analysis of Global Competition», *Strategic Management Journal,* vol. 12, numéro spécial, été 1991, p. 49-68.

Contractor, F. J. et Lorange, P., *Cooperative Strategies in International Business,* Massachussett-Toronto, Lexington Books, 1988.

Côté, A., «Agricultures périphériques et organisation coopérative : le Bas-Saint-Laurent 1960-1980», *Revue canadienne du CIRIEC,* vol. 16, n° 1, 1983-1984, p. 111-126.

Côté, D., «Relevancy of Dairy Cooperatives and the Challenges of 2004 – Looking for a New Consensus», dans Bundon Group, *The Role of Co-operatives in the Canadian Economy : Opportunities and Constraints for the Future,* Ottawa, The Group, 1991.

Côté, D., «Modèle d'analyse stratégique des coopératives», *Coopératives et Développement,* vol. 24, n° 1, 1992-1993, p. 18-39.

Côté, M., *La gestion stratégique : concepts et cas,* Boucherville, Gaëtan Morin Éditeur, 1991.

Côté, M., «Le management au Canada : deux mondes (anglophone-francophone) entre deux mondes (Europe, États-Unis)», dans P. Hermel (dir.) *Management européen et international,* Paris, Gestion et Economica, 1993, p. 135-160.

Côté, D. et Vézina, M., «La mutation de l'entreprise coopérative : le cas de l'industrie laitière au Québec», *Coopératives et Développement,* vol. 23, n° 1, 1991-1992, p. 61-82.

Coulson-Thomas, C., «Strategic Vision or Strategic Con ? : Rhetoric or Reality ?», *Long Range Planning,* vol. 25, n° 1, 1992, p. 81-89.

Crozier, M. et Friedberg, E., *L'acteur et le système. Les contraintes de l'action collective,* Paris, Seuil, 1977.

Cyert, R.M. et March, J.G., *A Behavioral Theory of The Firm,* Englewood Cliffs, New Jersey, Prentice-Hall, 1963.

D'Amboise, G., «Planification stratégique dans les PME : des modèles émergents de la littérature», *PMO,* vol. 4, n° 2, 1989, p. 46-57.

D'Amboise, G. et Nkongolo, B., «Vision stratégique : concept et signification empirique», document spécial 92-109, Sainte-Foy, Faculté des sciences de l'administration, Université Laval, 1992.

Datta, D.K., «International Joint Ventures : A Framework for Analysis», *Journal of General Management,* vol. 14, n° 2, 1989, p. 78-91.

David, F., *Strategic Management*, Columbus, Ohio, Merrill Publishing Co., 1989.

Day, G.S., *Strategic Market Planning*, St. Paul, Minnesota, West Publishing Co., 1984.

Deal, T.E. et Kennedy, A.A., *Corporate Cultures, The Rites and Rituals of Coporate Life*, Reading, Mass., Addison-Wesley, 1982.

De Bodinat, H., «La segmentation stratégique», *Harvard-L'Expansion,* printemps 1980, p. 95-104.

De Bodinat, H. et Mercier, V., «L'analyse stratégique moderne», *Harvard-L'Expansion,* nᵒ 11, hiver 1978-1979, p. 102-115.

Denis, J.-L. et Séguin, F., «Les alliances stratégiques: quand et comment y recourir, *Gestion, revue internationale de gestion*, novembre 1992, p. 22-28.

Denhardt, R.B., «Strategic Planning in State and Local Government», *State and Local Government Review*, vol. 17, nᵒ 1, hiver 1985, p. 175-176.

Desforges, J.-G., «Stratégie et structure des coopératives», dans J.-G. Desforges et C. Vienney, *Stratégie et organisation de l'entreprise coopérative*, Montréal, Éditions du Jour-CIEM, 1980.

Desroche, H., *La gestion des coopératives*, Montréal, École des Hautes Études Commerciales, Centre de gestion des coopératives, 1975, cahier T-75-2.

Dierickx, I. et Cool, K., «Asset Stock Accumulation and Sustainability of Competitive Advantage: Reply», *Management Science*, vol. 35, nᵒ 12, 1989, p. 1514.

Donaldson, G. et Lorsch, J., *Decision Making at the Top: The Shaping of Strategic Decisions*, New York, Basic Books, 1983.

Dooley, A.R. et Skinner, C.W., «Casing, Casemethod, Methods», *Academy of Management Review*, vol. 2, nᵒ 2, avril 1977, p. 277-289.

Doz, Y.L., «Technology Partnerships Between Larger and Smaller Firms: Some Critical Issues», *International Studies of Management & Organization*, vol. 17, nᵒ 4, hiver 1988, p. 31-57.

Doz, Y.L., «Les dilemmes de la gestion du renouvellement des compétences clés», *Revue française de gestion*, janvier-février 1994, p. 92-104.

Drucker, P., *La pratique de la direction des entreprises,* Paris, Éditions d'Organisation, 1957.

Drucker, P., *Les entrepreneurs*, Paris, L'expansion-Hachette, 1985.

Drucker, P.F., *Post-Capitalist Society*, New York, Harper-Collins, 1993.

Duchesne, B., *La prise de décision: Forage*, document miméographie, Montréal, École des Hautes Études Commerciales, 1987.

Dussauge, P., «Le cas des industries aérospatiales et de l'armement. Les alliances stratégiques entre firmes concurrentes», *Revue française de gestion*, septembre-octobre 1990, p. 5-15.

Dussauge, P. et Garette, B., «Les alliances stratégiques: analyse et mode d'emploi», *Groupe HEC, France*, 1990, 44 p.

Dussauge, P. et Garette, B., «Alliances stratégiques: mode d'emploi», *Revue française de gestion*, septembre-octobre 1991, p. 4-18.

École des Hautes Études Commerciales, document interne du service d'administration et ressources humaines, École des HEC, Montréal, janvier 1983.

Erksine, J.A., Leenders, R. et Mauffette-Leenders, L.A., *Teaching with Cases*, Research & Publications Division, School of Business Administration, University of Western Ontario, 1981.

Fiévet, G., *De la stratégie, l'expérience militaire au service de l'entreprise*, Paris, InterÉditions, 1993.

Filion, L.-J., «Le développement d'une vision: un outil stratégique à maîtriser», *Gestion, revue internationale de gestion,* vol. 14, nᵒ 3, septembre, 1989a, p. 24-34.

Filion, L.-J., «The Design of Your Entrepreneurial Learning System: Identify a Vision and Assess Your Relations System», Third Canadian Conference on Entrepreneurial Studies, dans J.G.M. McKirdy (dir.), *Proceedings of the Third Canadian Conference on Entrepreneurial Studies,* 1989b, p. 77-90.

Filion, L.-J., «Vision and Relations: Elements for an Entrepreneurial Metamodel», Tenth Annual Babson Entrepreneurship Research Conference, Babson College, Mass., avril 1990, dans N.C. Churchill *et al.* (dir.), *Frontiers of Entrepreneurship Research 1990*, Babson College, 1990a, p. 57-71.

Filion, L.-J., *Les entrepreneurs parlent*, Montréal, Éditions de l'entrepreneur, 1990b.

Filion, L.-J., *Vision et relations: clefs du succès de l'entrepreneur*, Montréal, Éditions de l'entrepreneur 1991.

Filion , L.-J., «Les systèmes de gestion des propriétaires-dirigeants, entrepreneurs et opérateurs de PME regardés à partir de la métaphore mécanique», dans J.J. Obrecht (dir.), *Les PME/PMI et leur contribution au développement régional et international*, actes de la 39e Conférence mondiale de l'ICSB (International Small Business Council), 1994, p. 107-118.

Firsirotu, M., «Strategic Turnaround as Cultural Revolution : The Case of Canadian National Express», thèse de doctorat non publiée, Université McGill, 1984.

Forrest, J.E., «Strategic Alliances and the Small Technology-Based Firm», *Journal of Small Business Management*, vol. 28, no 3, juillet 1990, p. 37-45.

Fox, H., «A Framework for Functional Coordination», *Atlanta Economic Review*, nov.-déc. 1973, p. 10-11.

French, J.R.P. et Raven, B., «The Bases of Social Power», dans D. Cartwright (dir.), *Studies in Social Power*, Ann Arbor, Mich., ISR, 1959, p. 150-167.

Friedberg, E., *Le pouvoir et la règle*, Paris, Seuil, coll. Sociologies, 1993.

Fry, J.N. et Killing, J.P., *Strategy Analysis and Action*, Scarborough, Prentice-Hall, 2e édition, 1989.

Galbraith, J.R., «Matrix Organization Designs», *Business Horizons*, vol. 14, no 1, février 1971, p. 29-40.

Galbraith, J.R., *Designing Complex Organizations*, Reading, Mass., Addison-Wesley, 1973.

Galbraith, J.R., *Organization Design*, Reading, Mass., Addison-Wesley, 1977.

Galbraith, J.R. et Kazanjian, R., *Strategy Implementation*, Chicago, West Publishing Co., 2e édition, 1986.

Galbraith, J.R. et Nathanson, D.A., «The Role of Organizational Structure and Process in Strategy Implementation», dans D.E. Schendel et C.W. Hofer, *Strategic Management, a New View of Business Policy and Planning*, Boston, Little, Brown and Company, 1979, p. 249-302.

Gargan, J.J., «An Overview of Strategic Planning for Officials in Small to Medium Size Communities», *Municipal Management*, été 1985, p. 162.

Garnett, N., *Financial Times* (Londres, Angleterre), 9 mai 1986.

Gasse, Y. et Carrier, C., *Gérer la croissance de sa PME*, Montréal, Éditions de l'entrepreneur, 1992.

Gellerman, S.W., «Why Good Managers Make Bad Ethical Choices», *Harvard Business Review*, vol. 64, no 4, juillet-août 1986, p. 85-90.

Gerlach, M.L., «The Japanese Corporate Network», *Administrative Science Quarterly*, vol. 37, no 1, 1992, p. 105-139.

GEST, *Grappes technologiques : les nouvelles stratégies d'entreprises*, Montréal, McGraw-Hill, 1986.

Ghemawat, P., *Commitment : The Dynamic of Strategy*, New York, Free Press, 1991.

Ghemawat, P., Porter, M.E. et Rawlinson, R.A., «Patterns of International Coalition Activity», dans M.E. Porter (dir.), *Competition in Global Industries*, Boston, Harvard Business School Press, 1986, p. 345-365.

Glueck, W.F., *Business Policy : Strategy Formation and Management Action*, New York, McGraw-Hill, 1976.

Goldhar, J.D. et Lei, D., «The Shape of Twenty-First Century Global Manufacturing», *Journal of Business Strategy*, vol. 12, no 2, mars-avril 1991 p. 37-41.

Govindarajan, V., «Implementing Competitive Strategies at the Business Unit Level : Implications of Matching Managers to Strategies», *Strategic Management Journal*, vol. 10, no 3, 1989, p. 251-269.

Grant, R.M., «Porter's Competitive Advantage of Nations : An Assessment», *Strategic Management Journal*, vol. 12, no 7, 1991.

Gravel, R.J., «La planification stratégique dans les centres hospitaliers québécois et les municipalités. Les difficultés de mise en œuvre», dans M. Charih et N. Paquin (dir.), *Les organisations publiques à la recherche de l'efficacité*, Québec, ENAP-Université du Québec, 1994, p. 91-106.

Gross, T. et Neuman, J., «Strategic Alliances Vital in Global Marketing», *Marketing News*, vol. 23, no 13, juin 1989, p. 1-2.

Grundy, T. et King, D.. «Using Strategic Planning to Drive Strategic Change», *Long Range Planning*, vol. 25, no 1, février 1992, p. 100-108.

Gugler, P., « Building Transnational Alliances to Create Competitive Advantage », *Long Range Planning*, vol. 25, nº 1, février 1992, p. 90-99.

Guillette, M.M. (dir.), *The Art and Craft of Teaching*, Cambridge, Mass, Harvard-Danforth Center for Teaching and Learning, 1983.

Hafsi, T., « Du management au métamanagement : les subtilités du concept de stratégie », *Gestion, revue internationale de gestion*, vol. 10, nº 1, février 1985, p. 6-14.

Hafsi, T., « The Dynamics of Government in Business », *Interfaces*, vol. 15, nº 4, juillet-août 1985.

Hafsi, T., « Le défi de la diversification par acquisitions et fusions », *Gestion, revue internationale de gestion*, vol. 12, nº 3, septembre 1987, p. 7-10.

Hafsi, T. et Demers, C., *Le changement radical dans les organisations complexes. Le cas d'Hydro-Québec*, Boucherville, Gaëtan Morin Éditeur, 1989.

Hage, J. et Dewar, R., « Elite Values Versus Organizational Structure in Predicting Innovations », *Administrative Science Quarterly*, vol. 18, nº 3, 1973, p. 279-290.

Hagedoorn, J. et Schakenraad, J., « Strategic Partnering and Technological Cooperation », dans B. Dankbaar, J. Groenewegen et H. Schenck (dir.), *Perspectives in Industrial Economics*, Rotterdam, Kluwer Academic Publishers, 1989.

Hahn, D., « Strategic Management, Tasks and Challenges in the 1990's », *Long Range Planning*, vol. 24, nº 1, 1991, p. 26-39.

Halachmi, A., « Strategic Planning and Management ? Not Necessarily », *Public Productivity Review*, vol. 40, 1986, p. 35-50.

Hall, D.J. et Saias, M.A., « Les contraintes structurelles du processus stratégique », *Revue française de gestion*, nº 23, novembre-décembre 1979, p. 4-15.

Hambrick, D.C., « Putting Top Managers Back in the Strategy Picture », *Strategic Management Journal*, vol. 10, édition spéciale, 1989, p. 5-15.

Hambrick, D.C. et Brandon, G., « Executive Values », dans D.C. Hambrick (dir.), *The Executive Effect : Concepts and Methods for Studying Top Managers*, Greenwich, Conn., J.A. Press, 1988, p. 3-34.

Hambrick, D.C. et Mason, P.A., « Upper Echelons : The Organization as a Reflection of Its Top Managers »,

Academy of Management Review, vol. 9, nº 2, 1984, p. 195-206.

Hamel, G., « Competition for Competence and Inter-Partner Learning Within International Strategic Alliances », *Strategic Management Journal*, vol. 12, été 1991, p. 83-103.

Hamel, G., Doz, Y.L. et Prahalad, C.K., « Collaborate with Your Competitors – and Win », *Harvard Business Review*, vol. 67, nº 1, janvier-février 1989, p. 133-139.

Hamel, G. et Prahalad, C.K., « Strategic Intent », *Harvard Business Review*, vol. 67, nº 3, mai-juin 1989, p. 63-76.

Hamel, G. et Prahalad, C.K., « The Core Competence of the Corporation », *Harvard Business Review*, vol. 68, nº 3, mai-juin 1990, p. 79-91.

Hamel, G. et Prahalad, C.K., « Strategy as Stretch and Leverage », *Harvard Business Review*, vol. 71, nº 2, mars-avril 1993, p. 75-84.

Hamel, G. et Prahalad, C.K., *Competing for the Future*, Boston, Mass., Harvard Business School Press, 1994.

Hamermesh, R.G., « The Corporate Response to Divisional Profit Crises », thèse de doctorat non publiée, Harvard University, 1976.

Hamermesh, R.G., « A Note on Implementing Strategy », *HBS Case Services*, Boston, Mass., Harvard Business School Press, nº 9-383-015, édition août 1985.

Hamermesh, R.G., *Making Strategy Work – How Senior Managers Produce Results*, New York, John Wiley & Sons, 1986.

Harrigan, K.R., « Joint Ventures and Global Strategies », *Columbia Journal of World Business*, vol. 19, nº 2, été 1984, p. 7-15.

Harrigan, K.R., *Managing for Joint Venture Success*, Lexington, D.C. Heath and Company, 1986.

Harrigan, K.R., « Joint Ventures and Competitive Strategy », *Strategic Management Journal*, vol. 9, nº 2, 1988a, p. 141-158.

Harrigan, K.R., « Strategic Alliances : Their New Role in Global Competition », *Columbia Journal of World Business*, vol. 22, nº 2, 1988b, p. 67-69.

Harrigan, K.R., « Strategic Alliances and Partner Asymmetries », *Management International Review* vol. 28, numéro spécial, 1988c, p. 53-72.

Harrison, J.S. et St. John, C.H., *Strategic Management of Organizations and Stakeholders*, New York, West Publishing Co., 1994.

Hatcher, J., Vaghefi, M.R. et Arthur, J., *The Case Method – Its Philosophy & Educational Concept*, Boston, Intercollegiate Case Clearing House, 1973.

Hax, A.C., « Redefining the Concept of Strategy and the Strategy Formation Process », *Planning Review*, vol. 18, n° 3, mai-juin 1990, p. 34-40.

Hax, A.C. et Majluf, N.S., *Strategic Management: An Integrative Perspective*, Englewood Cliffs, New Jersey, Prentice-Hall, 1984a.

Hax, A.C. et Majluf, N.S., « The Corporate Strategic Planning Process », *Interfaces*, vol. 14, n° 1, 1984b, p. 47-60.

Hax, A.C. et Majluf, N.S., « The Concept of Strategy and the Strategic Formation Process », *Interfaces*, vol. 18, n° 3, mai-juin 1988, p. 99-109.

Hedley, B., « Strategy and the Business Portfolio », *Long Range Planning,* février 1977, p. 9-15.

Hermel, P. (dir.), *Management européen et international*, Paris, Gestion et Economica, 1993.

Hill, C.W. et Jones, G.R., *Strategic Management: An Integrated Approach*, Boston, Mass., Houghton Mifflin Co., 1989.

Hofer, C.W., *Conceptual Constructs for Formulating Corporate and Business Strategies*, Boston, Intercollegiate Case Clearing House, 1977, Report n° 9, p. 378-754.

Hofer, C.W. et Davoust, M.J., *Successful Strategic Management*, Chicago, A.T. Kearney Inc., 1977.

Hofer, C.W. et Schendel, D., *Strategy Formulation: Analytical Concepts*, New York, West Publishing Co., 1978.

Hofer, C.W. et Schendel, D., *Strategic Management*, Boston, Little, Brown and Company, 1979.

Hofer, C.W., « Turnaround Strategies », *Journal of Business Strategy*, vol. 1, n° 1, 1980.

Hofstede, G., « Le sens et les aspects de la culture dans le management international », dans P. Hermel (dir.), *Management européen et international*, Paris, Gestion et Economica, 1993, p. 91-110.

Hull, F. et Slowinski, E., « Partnering with Technology Entrepreneurs », *Research-Technology Management*, vol. 33, n° 6, nov.-déc. 1990, p. 16-20.

Hyland, J.S., « Planning in Today's Environnement: An Empirical Study », *Topics in Health Care Financing*, vol. 18, n° 3, p. 38-45.

Jarillo, J.C. et Stevenson, H.H., « Co-operative Strategies – The Payoffs and the Pitfalls », *Long Range Planning*, vol. 24, n° 1, 1991, p. 64-70.

Jarniou, P., *L'entreprise comme système politique*, Paris, Presses universitaires de France, 1981.

Jauch, L.R. et Glueck, W.F., *Management stratégique et politique générale*, Montréal, McGraw-Hill, 1990.

Jeanblanc, P., *Restructurations industrielles en Europe et stratégies fondées sur les ressources*, Cahiers de l'Esug, Toulouse, 1992.

Joffre, P. et Koenig, G., « Stratégie d'entreprise, Anti manuel », *Economica*, 1985.

Joffre, P. et Koenig, G., *Gestion stratégique*, Paris, Litec, 1992.

Johnson, G., *Strategic Change and The Management Process*, New York, Oxford, Cambridge, Blackwell, 1987.

Jorgensen, J.J., « À la recherche des fusions d'entreprises au Canada », *Gestion, revue internationale de gestion*, vol. 12, n° 3, septembre 1987, p. 29-39.

Jorgensen, J.J., « Managing Three Levels of Culture in State-Controlled Enterprises », dans T. Hafsi (dir.), *Strategic Issues in State-Controlled Enterprises*, Conn., Al Press, 1989.

Julien, P.-A. et Marchesnay, M., « Des procédures aux processus stratégiques dans les PME », dans A. Noël (dir.), *Perspectives en management stratégique*, Paris, Economica, 1992, p. 97-129.

Kanter, R., « Supporting Innovation and Venture Development in Established Companies », *Journal of Business Venturing*, 1985, vol. 1, n° 1, p. 47-60.

Kazemek, E.A., « Thermes a Ring Way To Do Strategic Planning », *Modern Health Care*, vol. 20, n° 45, novembre 1990.

Kemp, R.L. et Kemp, J.D. « Cities in the Year 2000: A New Planning Model », *Current Municipal Problems*, vol. 18, n° 3, 1992, p. 279.

Kent, R.H., « The Road to Progress », *Canadian Manager*, vol. 15, n° 3, septembre 1990, p. 20.

Kevers-Pascalis, C., *Crésus*, Paris, Buchet-Chastel, 1986.

Kilman, R.M. *et al.*, *Corporate Transformation*, San Francisco, Jossey-Bass Publishers, 1988.

Koenig, G., *Management stratégique*, Paris, Nathan, 1990.

Kogut, B., «A Study of the Life Cycle of Joint Ventures», *Management International Review*, vol. 28, numéro spécial, 1988, p. 39-52.

Kohn, S.J., «The Benefits and Pitfalls of Joint Ventures», *Bankers Magazine*, vol. 173, n° 3, mai-juin 1990, p. 12-18.

Koontz, H., O'Donnell C. et Weirich, H., *Essentials of Management*, New York, John Wiley & Sons, 1986, p. 77.

Kovach, C. et Mandell, M.P., «A New Public-Sector-Based Model of Strategic Management for Cities», *States and Local Government Review*, hiver 1990, p. 34.

Kuhn, T.S., *The Structure of Scientific Revolution*, Chicago, University of Chicago Press, 2ᵉ édition, 1970.

Langley A., Lozeau, D., Savard, L. et Denis, J.-L., «Planification stratégique dans le secteur hospitalier, bilan d'expériences récentes», *Administration hospitalière et sociale*, vol. 36, n° 4, 1990, p. 19-29.

Langley, A., *The Role of Formal Analysis in Organizations*, Montréal, École des HEC, thèse de doctorat, 1986.

Lant, T.K. et Mezias, S.J., «An Organizational Learning Model of Convergence and Reorientation», *Organization Science*, vol. 3, n° 1, 1992.

Lapierre, L. et collaborateurs, *Imaginaire et leadership*, tomes 1, 2, 3, Montréal, Éditions Québec-Amérique, 1992.

Larcon, J.-P. et Reitter, R., *Structure de pouvoir et identité de l'entreprise,* Paris, Nathan, 1979.

Laroche, H. et Nioche, J.-P., «L'approche cognitive de la stratégie d'entreprise», *Revue française de gestion*, juin-juillet-août 1994.

Laughlin, R.C., «Environmental Disturbance and Organizational Transitions and Transformations: Some Alternative Models», *Organization Studies*, vol. 12, n° 2, 1991, p. 209-232.

Lauriol, J., «Management stratégique: repères pour une fin de siècle», *Gestion, revue internationale de gestion*, vol. 19, n° 4, décembre 1994, p. 59-71.

Lawrence, P.R. et Lorsch, J.W., *Organization and Environment: Managing Differentiation and Integration,* Homewood, Illinois, Irwin, 1967.

Learned, P., Christensen, R., Andrews, R. et Guth, D., *Business Policy*, Homewood, Illinois, Irwin, 1965.

Lei, D. et Slocum, J.W. Jr., «Global Strategic Alliances: Payoffs and Pitfalls», *Organizational Dynamics*, vol. 19, n° 3, hiver 1991, p. 44-62.

Leonard-Barton, D., «Core Capabilities and Core Rigidities, A Paradox in Managing New Product Development», *Strategic Management Journal*, vol. 13, numéro spécial, 1992, p. 111-126.

Lewis, J.D., «Making Strategic Alliances Work», *Research-Technology Management*, vol. 33, n° 6, nov.-déc. 1990, p. 12-15.

Lewis, J.D., «Competitive Alliances Redefine Companies», *Management Review*, vol. 80, n° 4, avril 1991, p. 14-18.

Lindblom, C.E., «The Science of Muddling Through», *Public Administration Review*, vol. 19, printemps 1959, p. 79-88.

Limerick, D. et Cunnington, B., *Managing The New Organization*, San Francisco, Jossey-Bass Publishers, 1993.

Lorange, P., *Corporate Planning: An Executive Viewpoint*, Englewood Cliffs, New Jersey, Prentice-Hall, 1980.

Lorange, P. et Probst, G.J.B., «Joint Ventures as Self-Organizing Systems: A Key to Successful Joint Venture Design and Implementation», *Columbia Journal of World Business*, vol. 12, n° 2, été 1987, p. 71-77.

Lorange, P. et Roos, J., «Why Some Strategic Alliances Succeed and Others Fail», *Journal of Business Strategy*, vol. 12, n° 1, janv.-févr. 1991, p. 25-30.

Lorenzi, J.-H. et Truel, J.-L., «Se diversifier par les stratégies de filières», *Harvard-L'Expansion*, hiver 1981, p. 98-107.

Lyles, M. et Schwenk, C.R., «Top Management Strategy and Organizational Knowledge Structures», *Journal of Management Studies*, vol. 29, n° 2, 1992, p. 155-174.

Lynch, R.-P., «Building Alliances to Penetrate European Markets», *Journal of Business Strategy*, vol. 11, n° 2 mars-avril 1990, p. 4-8.

Lynch, D. et Kordis, P.L., *La stratégie du dauphin : les idées gagnantes du 21ᵉ siècle*, Montréal, Éditions de l'Homme, 1994.

MacCrimmon, K.R., « Do Firm Strategies Exist ? », *Strategic Management Journal*, vol. 14, nᵒ 2, février 1993, p. 113-130.

Mahoney, J.T. et Rajendran Pandian, J., « The Resource Based View Within the Conversion of Strategic Management », *Strategic Management Journal*, vol. 12, nᵒ 5, juin 1992, p. 363-380.

Maidique, M., « The New Management Thinkers », *California Management Review*, vol. 26, nᵒ 3, 1983, p. 151-161.

Main, J., « Making Global Alliances Work », *Fortune*, 17 décembre 1990, p. 121-126.

March, J.G. et Simon, H.A., *Organizations*, New York, John Wiley & Sons, 1958.

Martinet, A.C., *Stratégie*, Paris, Vuibert, 1983.

Martinet, A.C., *Management stratégique : organisation et politique*, Paris, McGraw-Hill, 1984.

Martinet, A.C., « Une nouvelle approche de la stratégie et pensée complexe », *Revue française de gestion*, mars-avril-mai 1993.

McGinnis, M.A., « The Key to Strategic Planning : Integrating Analysis and Intuition », *Sloan Management Review*, vol. 26, nᵒ 1, automne 1984, p. 45-52.

McManis, G.L., « Putting your Strategic Plan into Effect », *Modern Healthcare*, vol. 21, nᵒ 2, janvier 1991, p. 40.

Merrifield, D.B., « Global Strategic Alliances Among Firms », *International Journal of Technology Management*, vol. 7, nᵒˢ 1-3, 1992, p. 77-83.

Merrifield, D.B., « Strategic Alliances in the Global Market Place », *Research Technology Management*, janvier-février 1989, p. 15-20.

Mifflen, F.J., « The Antigonish Movement : A Summary Analysis of Its Development, Principles and Goals », *Revue canadienne d'économie publique et coopérative*, vol. 10, nᵒˢ 1 et 2, 1977, p. 77-96.

Miles, R.E. et Snow, C.C., *Organizational Strategy, Structure and Process,* New York, McGraw-Hill, 1978.

Miles, R.E., Snow, C.C. et Pfeiffer, J., « Organization-Environment : Concepts and Issues », *Industrial Relations*, vol. 13, octobre 1974, p. 244-264.

Miles, R.E. *et al.*, "Organizational Strategy, Structure and Process », *Academy of Management Review,* vol. 3, nᵒ 3, juillet 1978, p. 546-562.

Miles, R.E. et Snow, C.C., « Causes of Failure in Network Organizations », *California Management Review*, vol. 34, nᵒ 4, été 1992.

Miller, D. « Le paradoxe d'Icare », *Gestion, revue internationale de gestion*, vol. 16, nᵒ 3, septembre 1991, p. 33-41.

Miller, D. et Dröge, C., « Psychological and Traditional Determinants of Structure », *Administrative Science Quarterly*, 31, 1986.

Miller, D. et Friesen, P., « Archetypes of Organizational Transition », *Administrative Science Quarterly*, vol. 25, nᵒ 2, 1980, p. 268-299.

Miller, D., Kets de Vries, M.F.R. et Toulouse, J.-M., « Top Executive Locus of Control and Its Relationship to Strategy-Making, Structure and Environment », *Academy of Management Journal,* vol. 25, nᵒ 2, juin 1982, p. 237-253.

Miner, J.B., « Commentary », dans D.E. Schendel et C.W. Hofer (dir.), *Strategic Management : A New View of Business Policy and Planning,* Boston, Little, Brown and Company, 1979, p. 289-296.

Mintzberg, H., *The Nature of Managerial Work,* New York, Harper & Row, 1973.

Mintzberg, H., *Structure et dynamique des organisations,* Paris, Éditions d'Organisation, Montréal : Agence d'Arc, 1982.

Mintzberg, H., « Les organisations ont-elles besoin de stratégies ? Un autre point de vue », *Gestion, revue internationale de gestion*, vol. 12, nᵒ 4, novembre 1987, p. 5-9.

Mintzberg, H., « Opening Up the Definition of Strategy », dans J.B. Quinn, H. Mintzberg et R.M. James, *The Strategy Process : Concepts, Contexts, and Cases*, Englewood Cliffs, New Jersey, Prentice-Hall, 1988.

Mintzberg, H., *Grandeur et décadence de la planification stratégique*, Paris, Dunod, 1994.

Mintzberg, H. et Waters, J.A., « Tracking Strategy in an Entrepreneurial Firm », *Working Paper*, Faculty of Management, Montréal, Université McGill, 1980.

Mintzberg, H. et Waters, J., «Of Strategies, Deliberate and Emergent», *Strategic Management Journal*, vol. 6 , n° 3 , juillet-septembre 1985 , p. 257-272.

Mintzberg, H. et Waters, J., «Studying Deciding», *Organization Studies*, vol. 11, n° 1, 1990, p. 1-17.

Mooney, B., «Depuis 1985, les diversifications ratées ont coûté 1,6 milliard aux compagnies du Québec», *Les Affaires,* vol. 62, n° 35, semaine du 8 au 14 septembre 1990, p. 2.

Morgan, G., *L'image de l'organisation*, Québec, Presses de l'Université Laval, 1989.

Morin, J., *L'excellence technologique*, Paris, Publi-Union, Éditions Jean Picollec, 1985, 253 p.

Morin, J. et Seurat, R., *Le management des ressources technologiques*, Paris, Éditions d'Organisation, 1989.

Morris, D. et Hergert, M., «Trends in International Collaborative Agreements», *Columbia Journal of World Business*, vol. 22, n° 2, été 1987, p. 15-21.

Mowery, D.C., «Collaborative Ventures Between U.S. and Foreign Manufacturing Firms», *Research Policy*, 18, 1989.

Mucchielli, R., *La méthode des cas, connaissance du problème,* Paris, Les Éditions ESF-Entreprise moderne d'édition – Librairies techniques, 6e édition, 1984.

Mucchielli, R., *La méthode des cas, applications pratiques,* Paris, Les Éditions ESF-Entreprise moderne d'édition – Librairies techniques, 6e édition, 1984.

Mussche, G., «Les relations entre stratégies et structures dans l'entreprise», *Revue Économique*, vol. 25, n° 1, janvier 1974, p. 30-48.

Nadeau, B., «L'administration et le planning», dans P. Laurin (dir.), *Le management, textes et cas*, Montréal, McGraw-Hill, 1973.

Nadler, D. et Tushman, M., «Organizational Frame Bending: Principles for Managing Reorientation», *Academy of Management Executive*, 3, 1989.

Nantel, J., «La segmentation, un concept analytique plutôt que stratégique», *Gestion, revue internationale de gestion*, vol. 14, n° 3, septembre 1989, p. 76-82.

Newman, W.A. et Logan, J.P., *Strategy, Policy, and Central Management*, Cincinnati, Ohio, South-Western Publishing Co., 1971.

Newman, W.H., Logan, J.L. et Hegarty, W.H., *Strategy, a Multi-Level Integrative Approach,* West Chicago, South-Western Publishing Co., 1989.

Niederkofler, M., «The Evolution of Strategic Alliances: Opportunities for Managerial Influence», *Journal of Business Venturing*, vol. 6, n° 4, juillet 1991, p. 237-257.

Noël, A., «À la recherche d'une théorie en gestion stratégique», *ASAC,* vol. 3, 6e partie, 1982, p. 66-77.

Noël, A., «Les modèles de décision et leur application à la diversification par acquisitions ou fusions», *Gestion, revue internationale de gestion,* vol. 12, n° 3, septembre 1987, p. 40-50.

Noël, A., «Strategic Cases and Magnificent Obsessions», *Strategic Management Journal,* vol. 10, numéro spécial, été, 1989, p. 33-49.

Noël, A., *Apprendre par la méthode des cas,* texte miméographié, Montréal, École des Hautes Études Commerciales, 1989.

Noël, A., «Comme un funambule», *Gestion, revue internationale de gestion*, vol. 14, n° 3, numéro spécial, septembre 1989, p. 10-14.

Nueno, P., et Oosterweld, J., «Managing Technology Alliances», *Long Range Planning*, vol. 21, n° 3, 1988, p. 11-17.

O'Brien, P. et Tullis, M., «Strategic Alliances: The Shifting Boundaries Between Collaboration and Competition», *Multinational Business*, 4, hiver 1990, p. 10-17.

Ohmae, K., *Triad Power: The Coming Shape of Global Competition*, New York, Free Press, 1985.

Ohmae, K., «The Global Logic of Strategic Alliances», *Harvard Business Review,* vol. 67, n° 2, mars-avril 1989, p. 143-154.

Ohmae, K., *The Mind of the Strategist*, New York, McGraw-Hill, 1982; en français, *Le génie du stratège,* Paris, Dunod, 1991.

Ohmae, K., *L'entreprise sans frontières*, Paris, InterÉditions, 1991.

Olleros, F. J. et Macdonald, R.J., «Strategic Alliances: Managing Complementarity to Capitalize on Emerging Technologies», *Technovation*, vol. 7, n° 2, 1988, p. 155-176.

Olson, P.D., «Choices for Innovation-Minded Corporations», *The Journal of Business Strategy,* janvier-février 1990, p. 42-46.

Osborne, B.N., Hunt, J.G. et Jauch, L.R., *Organization Theory: An Integrated Approach,* New York, John Wiley & Sons, 1980.

Ouchi, W.G., *Theory Z: How American Business Can Meet the Japanese Challenge,* Reading, Mass., Addison-Wesley, 1981.

Paquin, M., «La planification stratégique dans les ministères québécois», dans G. Éthier *et al.* (dir.), *L'administration publique: diversité de ses problèmes, complexité de sa gestion,* Montréal, Presses de l'Université du Québec, 1994.

Pascale, R.T. et Athos, A.G., *The Art of Japanese Management,* New York, Simon and Schuster, 1981.

Pasquero, J., «Gérer stratégiquement dans une économie politisée», *Gestion, revue internationale de gestion,* vol. 14, n° 3, septembre 1989, p. 116-128.

Pearce II, J.A., «The Company Mission as a Strategic Tool», *Sloan Management Review,* vol. 23, n° 3, 1982, p. 15-24.

Pearce II, J.A. et Robinson, R.D., *Formulation and Implementation of Competitive Strategy,* Homewood, Ill., Irwin, 1982.

Peters, T. et Austin, N., «A Passion for Excellence», *Fortune,* vol. 111, n° 10, 13 mai 1985, p. 20-32.

Peters, T., «Get Innovative or Get Dead», *California Management Review,* vol. 33, n° 1, automne 1990, p. 9-26.

Peters, T. et Waterman, R., *Le prix de l'excellence: les secrets des meilleures entreprises,* Paris, Inter-Éditions, 1983.

Pettigrew, A.M., «Studying Strategic Choice and Strategic Change», *Strategic Management Journal,* vol. 11, n° 1, 1990.

Pfeffer, J., «Organizational Demography», dans L.L. Cummings et B.W. Staw (dir.), *Research in Organizational Behavior,* Greenwich, Conn., J.A. Press, 1983, p. 299-357.

Pfeffer, J. et Davis-Blake, J.A., «Administrative Succession and Organizational Performance: How Administrator Experience Mediates the Succession

Effects», *Academy of Management Journal,* vol. 29, n° 1, 1986, p. 72-83.

Pickholz, J.W., «The End of the World as We Know It», *Direct Marketing,* septembre 1988, p. 42-45.

Piotet, F., «Coopération et contrainte, à propos des modèles d'Aoki», *Revue française de sociologie,* 33, 1992.

Pitcher, P., «L'artiste, l'artisan et le technocrate», *Gestion, Revue internationale de gestion,* vol. 18, n° 2, mai 1993, p. 23-29.

Pitcher, P., *Artistes, artisans et technocrates dans nos organisations: rêves, réalités et illusions du leadership,* Montréal, Presses HEC et Québec-Amérique, 1994.

Pitts, R. et Snow, C., *Strategies for Competitive Success,* New York, John Wiley and Son, 1986 – Porter, M.E., *Competitive Strategy; Techniques for Analyzing Industries and Competitors,* New York, Free Press, a Division of Macmillan Publishing Co. Inc., 1980.

Pitts, R.A. et Hopkins, H.D., «Firm Diversity, Conceptualization and Measurement», *Academy of Management Review,* vol. 7, 1982, p. 620-629.

Popcorn, F., *Le rapport Popcorn,* Montréal, Éditions de l'Homme, 1994.

Porter, M., *Competitive Strategy,* New York, Free Press, 1980; en français, *Choix stratégiques et concurrence,* Paris, Economica, 1982.

Porter, M., *L'avantage concurrentiel,* Paris, InterÉditions, 1985; en anglais, *Competitive advantage, Creating and Sustaining Superior Performance,* New York, Free Press, 1985.

Porter, M.E. et Fuller, M.B., «Coalitions and Global Strategy», dans M.E. Porter (dir.), *Competition in Global Industries,* Boston, Harvard Business School Press, 1986, p. 315-344.

Poulain, C., *Jacques Cœur,* Paris, Fayard, 1982.

Prahalad, C.K. et Hamel, G., «The Core Competence of the Corporation», *Harvard Business Review,* vol. 68, n° 3, mai-juin 1990, p. 79-91.

Quinn, J.B., «Strategic Change: Logical Incrementalism», *Sloan Management Review,* vol. 1, n° 20, automne 1978, p. 7-21.

Quinn, J.B., *Strategies for Change: Logical Incrementalism,* Homewood, Illinois, Irwin, 1980.

Quinn, J.B., «The Intelligent Enterprise: A New Paradigm», *Academy of Management Executive*, vol. 6, n° 4, novembre 1992, p. 48-63.

Quinn, J.B., *Intelligent Enterprise: A Knowledge and Service Based Paradigm for Industry*, New York, Free Press, 1992.

Quinn, J.B., *L'entreprise intelligente, savoir, services et technologie*, Paris, Dunod, 1994.

Quinn, J.B. et Evered, R., «So What Is Strategy?», *Working Paper,* Monterey, Naval Postgraduate School, 1980.

Quinn, J.B. et Paquette, P.C., «Technology In Services: Creating Organizational Revolutions», *Sloan Management Review*, n° 31, 1990.

Reitter, R., *Culture d'entreprises*, Paris, Vuibert, 1991.

Reynolds, J., *Méthode des cas et formation au management*, Genève, BIT, 1985. (Contient une bibliographie sur cas et méthode des cas.)

Rieger, F., «Cultural Influences on Organization and Management», dans *International Airlines*, Montréal, Université McGill, 1986.

Ring, P.S. et Perry J.L., «Strategic Management in Public and Private Organizations: Implications of Distinctive Contexts and Constraints», *Academy of Management Review*, vol. 10, n° 2, 1985, p. 276-286.

Robert, M.M., «Why CEO's Have Difficulty Implementing Strategies», *The Journal of Business Strategy*, vol. 12, n° 2, mars-avril 1991.

Roberts, R.F., «The Do's and Don'ts of Strategic Alliances», *Journal of Business Strategy*, vol. 13, n° 2, mars-avril 1992, p. 50-53.

Ronstadt, R., *The Art of Case Analysis: A Guide to the Diagnosis of Business Situations,* 2e édition, Dober, Mass., Lors Publishing, 1986.

Rue, L.W. et Holland, P.G., *Strategic Management, Concepts and Experiences,* New York, McGraw-Hill, 1989.

Rumelt, R.P., «How Much Does Industry Matters», *Strategic Management Journal*, vol. 12, n° 3, mars 1991, p. 167-186.

Rumelt, R.P., *Strategy, Structure and Economic Performance*, Boston, Mass., Harvard University Press, 1974, 1986.

Rumelt, R.P., Schendel, D.E. et Teece, D.J., «Strategic Management and Economics», *Strategic Management Journal*, vol. 2, 1991.

Saffold, G.S., «Culture Traits, Strength and Organizational Performance: Moving Beyong *Strong* Culture», *Academy of Management Review*, vol. 13, n° 4, 1988, p. 546-558.

Balas, M. et Grefeuille, J., *L'état de l'art: vers de nouveaux paradigmes stratégiques*, WP 401, IAE, Aix-en-Provence, 1992.

Sainsaulieu, R., «Culture, entreprise et société», dans J.-F. Chanlat (dir.) *L'individu dans l'organisation*, Éditions Eska, 1990.

Salter, M., «Stages of Corporate Development», *Journal of Business Policy*, vol. 1, n° 1, 1970.

Salter, M., «Taylor Incentive Compensation to Strategy», *Harvard Business Review,* vol. 51, n° 2, mars-avril 1973, p. 94-102.

Saporta, B., *Stratégies pour la PME*, Paris, Montchestien, 1986.

Savage, G.T., Nix, T.W., Whitehead, C.J. et Blair, J.D., «Strategies for Assessing and Managing Organizational Stakeholders», *Academy of Management Executive*, vol. 5, n° 2, mai 1991, p. 65.

Savary, J., «Des stratégies multinationales aux stratégies globales», dans *L'Europe industrielle, horizon 93*, Paris, La Documentation française, 1991.

Schein, E., *Organizational Culture & Leadership,* San Francisco, Jossey-Bass Publishers, 1985.

Schendel, D.E. et Hatten, K.J., «Business Policy or Strategic Management: A View for an Emerging Discipline», dans R.T. Barth et F. H. Mitchell, *Academy of Management Proceedings*.

Schnelle, K.E., *Case Analysis and Business Problem Solving,* Toronto, McGraw-Hill, 1967.

Schumpeter, J. A., *The Theory of Economic Development,* Cambridge, Mass., Harvard University Press, 1934.

Scott, B.R., *Stages of Corporate Development,* Boston, Intercollegiate Case Clearing House, 1971, Report No. 9-371-294 BP998.

Senge, P., «a) The Fifth Discipline», *Doubleday*, 1990a.

Senge, P., «b) The Leader's New Work: Building Learning Organization», *Sloan Management Review*, 1990b.

Serieyx, H., « Le projet d'entreprise, mode d'emploi pour valoriser la ressource humaine », *Futuribles,* novembre 1989, p. 63-78.

Simard, M., « Tricofil : une analyse socio-historique », *Coopératives et Développement*, vol. 15, nº 2, 1982-1983, p. 167-186.

Simon, H.A., *Administrative Behavior : A Study of Decision-Making Processes in Administrative Organizations*, New York, Free Press, 1976.

Smircich, L., « Concepts of Culture and Organizational Analysis », *Administrative Science Quarterly*, vol. 28, nº 3, septembre 1983, p. 339-358.

Smith, N.R., *The Entrepreneur and His Firm : The Relationship Between Type of Man and Type of Company*, Bureau of Business Research, East Lansing, Michigan, Michigan State University Press, 1967.

Smith, J.E., Carson, P.C. et Alexander, R.A., « Leadership : It Can Make a Difference », *Academy of Management Journal*, vol. 27, nº 4, 1984, p. 765-776.

Smothers, N.P., « Patterns of Japanese Strategy : Strategic Combinations of Strategies », *Strategic Management Journal*, vol. 11, nº 7, novembre-décembre 1990, p. 521-533.

Snow, C.C, Miles, R.E. et Coleman, H.J., « Managing 21st Century Network Organisations », *Organizational Dynamics*, vol. 20, nº 3, hiver 1992, p. 5-20.

Sorkin, D.L., Ferris N.B. et Hudak, J., *Strategies for Cities and Counties : A Strategic Planning Guide*, Washington, Public Technology Inc., 1985, p. 51.

Steiner, G.A. et Miner, J.B., *Management Policy and Strategy : Text, Readings and Cases*, Homewood, Illinois, Dow Jones-Irwin, 1990.

Steiner, G.A. et Schollhammer, H., « Pitfalls in Multi-National Long-Range Planning », *Long-Range Planning*, vol. 3, nº 2, avril 1975, p. 2-12.

Stengel, R., « Morality Among the Supply Siders », *Time*, vol. 129, nº 21, 25 mai 1987, p. 20-22.

Strategor, *Stratégie, structure, décision, identité : politique générale d'entreprise,* Paris, InterÉditions, 1988.

Stubbart, C.I., « Managerial Cognition – A Missing Link in Strategic Management Research », *Journal of Management Studies*, vol. 26, nº 4, 1989, p. 325-348.

Svatko, J.E., « Joint Ventures », *Small Business Reports*, vol. 13, nº 10, décembre 1988, p. 65-70.

Teece, D.J., « Toward an Economic Theory of the Multi-Product Firm », *Journal of Economic Behavior & Organization*, vol. 3, 1982, p. 39-63.

Teece, D.J., « Competition, Cooperation, and Innovation : Organizational Arrangements for Regimes of Rapid Technological Progress », *Journal of Economic Behavior & Organization*, vol. 18, nº 1, juin 1992, p. 1-25.

Thériault, Y., « Développement dépendant et pénétration coopérative », *Revue de l'Université de Moncton*, vol. 13, nºs 1 et 2, 1980, p. 7-23.

Thevenet, M., « Le management participatif : un problème plutôt qu'une solution », *Revue française de gestion*, nº 88, 1992.

Thiétart, R.A., « La stratégie mixte et ses syndromes », *Harvard-L'Expansion*, automne 1981.

Thiétart, R.A., *La stratégie d'entreprise,* Paris, McGraw-Hill, 1984, 2ᵉ édition : Paris, Édiscience International, 1990.

Thiétart, R.A. et Forgues, B., « La dialectique de l'ordre et du chaos dans l'organisation », *Revue française de gestion*, mars-avril-mai 1993, p. 5-15.

Thompson, J.D., *Organizations in Action,* New York, McGraw-Hill, 1967.

Toynbee, A., *A Study of History*, Londres, Oxford University Press, 1947.

Tremblay, B., « Gestion des coopératives et prise de décisions », dans J.-G. Desforges et C. Vienney, *Stratégie et organisation de l'entreprise coopérative*, Montréal, Éditions du Jour-CIEM, 1980, p. 315-330.

Tushman, M.L. et Romanelli, E., « Organizational Evolution : A Metamorphosis Model of Convergence and Reorientation », *Research in Organizational Behavior*, JAI Press, Connecticut, vol. 7, 1985.

Ulrich, D. et Lake D., *Organizational Capability : Competing from the Inside Out*, New York, John Wiley & Sons, 1990.

Véry, P., *Stratégies de diversification*, Paris, Éditions Liaisons, 1991, p. 27.

Vienney, C., « État du secteur coopératif français », *Coopératives et Développement*, vol. 22, nº 2, 1991-1992, p. 105-122.

Vienney, C., « Rapports d'activité et rapports de sociétariat », dans J.-G. Desforges et C. Vienney, *Stratégie et organisation de l'entreprise coopérative*, Montréal, Éditions du Jour-CIEM, 1980a, p. 251-286.

Vienney, C., *Socio-économie des organisations coopératives,* tome 1 : *Formation et transformations des institutions du secteur coopératif français*, Paris, CIEM, 1980b.

Vienney, C., *Spécificité de l'entreprise et de la gestion coopérative*, Montréal, École des Hautes Études Commerciales, Centre de gestion des coopératives, 1980c, cahier T80-13.

Vincent, P., « Coopératives de travailleurs et changements technologiques : un arbitrage entre la protection de l'emploi et le développement de l'entreprise – une étude de cas », présentation à l'ACFAS, 1990.

Waterman, R.H. Jr, Peters, T.J. et Phillips, N.J.R., « Structure Is Not Organisation », *Business Horizons,* vol. 23, n° 3, juin 1980, p. 5-20.

Weber, A.M., « What's So New About the New Economy », *Harvard Business Review*, vol. 71, n° 1, janvier-février 1993, p. 24-43.

Weick, K.E., *The Social Psychology of Organizing*, Reading, Mass., Addison-Wesley, 1969.

Wernerfelt, B., « A Resource – Based View of the Firm », *Strategic Management Journal*, vol. 5, n° 2, 1984, p. 171-180.

Westley, F. et Mintzberg, H., « Visionary Leadership and Strategic Management », *Strategic Management Journal*, vol. 10, numéro spécial, été 1989, p. 17-32.

Wildavsky, A.B., *Speaking Truth to the Power : The Art and Craft of Policy Analysis*, Toronto, Little, Brown and Company, 1979, 431 p.

Wissema, J.G. *et al.*, « Strategic Management Archetypes », *Strategic Management Journal*, vol. 1, n° 1, 1980, p. 37-48.

Wrapp, H.E., « Good Managers Don't Make Policy Decisions », *Harvard Business Review*, vol. 62, n° 4, juillet-août 1984, p. 8-21.

Zarifian, P., *Quels modèles d'organisation pour l'industrie européenne ?*, Paris, L'Harmattan, 1994.

INDEX DES AUTEURS CITÉS

INDEX DES SUJETS

L.-Braul**ATE DE RETOUR**

2 6 FEV. 2002   0 3 DEC. 2003

                   0 1 MARS 2004

0 4 FEV. 2003   2 3 NOV. 2004

2 5 MARS 2003
                   1 6 MAR. 2005

2 2 AVR. 2003   1 1 JAN. 2006

                   2 1 FEV. 2006

                   1 8 MAR. 2007

0 6 OCT. 2003

1 7 NOV. 2003

1 5 FEV. 2004

0 1 NOV. 2005